AF538091

Bernhard Viel

EGON FRIEDELL

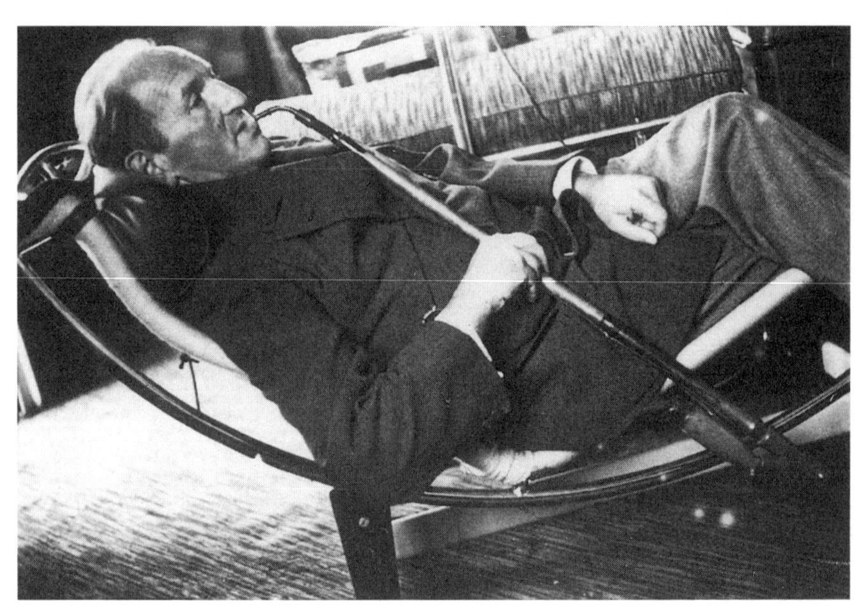

Bernhard Viel

EGON FRIEDELL

Der geniale Dilettant

Verlag C.H.Beck

Mit 82 Abbildungen

Satz: Fotosatz Amann, Aichstetten
Druck und Bindung: CPI – Ebner & Spiegel, Ulm
Umschlaggestaltung: Geviert, Büro für
Kommunikationsdesign, München, Christian Otto
Umschlagabbildung: Portrait mit Zigarre,
Foto: Archiv C.H.Beck
Gedruckt auf säurefreiem, altersbeständigem Papier
(hergestellt aus chlorfrei gebleichtem Zellstoff)
Printed in Germany
978 3 406 63850 3

www.beck.de

INHALT

III. DER GEFORMTE FRIEDELL ODER DIE GEBURT DES ICHS AUS DEM GEIST DER ROMANTIK

IV. DIE WELT IST DIE BÜHNE

V. KRIEGER AM SCHREIBTISCH, MAULHELD UND TINTENSKLAVE

VI. DIE KULTURGESCHICHTE

Vorwort

Der Untergang des Abendlandes war nicht mehr aufzuhalten. «Es gibt», sagt sein Diagnostiker, «keine Realitäten mehr, sondern nur noch Apparate: eine Welt von Automaten». Der «europäische Mensch» sehe sich am Ende: «was der europäische Mensch ein halbes Jahrtausend lang die Wirklichkeit nannte», das fällt «vor seinen Augen» auseinander «wie trockener Zunder.»[1] Das war schrecklich – und es war gut. Der Untergang schuf die Voraussetzung für einen Neubeginn, den Aufgang eines neuen Zeitalters des Geistes und der Schönheit, eines neuen Zeitalters der Götter. Nur in einem solchen Zeitalter, wenn es einträfe, würde der europäische Mensch sein Heil zurückgewinnen.

Dabei hatte sich der europäische Mensch den Untergang selbst bereitet. Mit seinem Rationalismus hatte er Gott vertrieben, und fortan war der Himmel verlassen, das Universum öde. Für die Leere seines Daseins hatte sich der europäische Mensch trügerische Surrogate geschaffen. Die Wissenschaft konnte nachweisbare Tatsachen produzieren, doch sie war außerstande, die Welt mit neuem Sinn zu füllen. Dies ahnend, hatte der europäische Mensch die Banken, die Börse und den Geldverkehr erfunden. Doch was ihn befreien, was ihn zu einem autonomen, der Macht des Schicksals nicht länger preisgegebenen Wesen machen sollte, setzte in Wahrheit die Ziffer, die Menge, an die Stelle des Wertes. Da das Geld Maßstab aller Dinge geworden war, waren alle Dinge entwertet. Mochte der Mensch der Moderne auch Dampfmaschinen konstruieren, Eisenbahnen bauen, Energien durch Stromleitungen jagen, mochte er Mikrophone und Radioapparate installieren, über die sich Papstreden übertragen ließen – all das konnte nicht darüber hinwegtäuschen, dass der moderne Mensch Europa in die Finsternis instrumentellen Wissens, technischer Hörigkeit und materialistischer Mentalität getaucht hatte. Die Katastrophe des Ersten Weltkriegs war dann nur die sichtbare Form einer geistigen Katastrophe, die in der frühen Neuzeit ihren Anfang genommen hatte. «Es gibt auch keine Ware mehr, sondern nur noch Reklame, der wertvollste Artikel ist der am wirksamsten angepriesene: in dessen Reklame das meiste Kapital investiert wurde. Man bezeichnet all dies als Amerikanismus. Man könnte es ebenso gut Bolschewismus nennen, denn auf politischem und sozialem Gebiet kennzeichnet sich die planetarische Situation als doppelseitig bedroht von einem medusenhaften Vernichtungswillen, dessen Vollstreckungsmächte bloß im Osten und im Westen verschiedene Namen tragen: beide Verkörperungen desselben materialistischen Nihilismus, beide durch die Nemesis der Selbstverzehrung zum Untergang bestimmt.»[2] – Egon Friedells *Kulturgeschichte der Neuzeit* ist nicht zuletzt für ihre Scharfzüngigkeit, ihre geschmeidige Sprache, ihre eigenwillige Wahrhaftigkeit bekannt.

Doch wenn ihre Form auch Ausdruck einer Art homerischen Gelächters ist, zu dem sich ihr Schöpfer immer wieder aufschwingt, so ist sie zugleich auch Spiegel einer tiefen Skepsis, mehr noch: eines tiefen Kulturpessimismus, mit dem Friedell, der «heitere Philosoph», auf die Entwicklung sah, die das Abendland seit dem Ausgang des Mittelalters genommen hatte. Das nähert ihn dem Werk Oswald Spenglers an, dessen *Untergang des Abendlandes* er als epochale, der Zeit angemessene und überdies künstlerisch glänzende Geschichtsdeutung bewunderte: «Man muß in der Weltliteratur schon sehr hoch hinaufsteigen, um Werke von einer so funkelnden und gefüllten Geistigkeit, einer so sieghaften psychologischen Hellsichtigkeit und einem so persönlichen und suggestiven Rhythmus des Tonfalls zu finden wie den ‹Untergang des Abendlandes›».[3] Gleichwohl unterscheidet sich Friedells Geschichtsentwurf mit seiner Verheißung einer neuen Welt der Götter, nicht der Titanen, fundamental von den Schlüssen, die Spengler aus den Zeichen seiner Zeit zog. Diese bislang kaum beleuchtete, indessen wesentliche Seite an Friedells Weltbild zu würdigen, sie in ihre geistes- und ideengeschichtlichen Zusammenhänge zu rücken und im Zusammenhang mit Friedells Persönlichkeit zu betrachten, ist eines der zentralen Anliegen dieses Buches.

Friedells Leben umspannt jene Epoche, in der sich in Europa die Agrarlandschaft in eine Industrielandschaft verwandelte. Als er geboren wurde, war es erst ein gutes Jahrzehnt her, dass Preußen das über Jahrhunderte hin zu Deutschland gehörende Österreich von diesem Deutschland abgetrennt hatte. Das deutsche Kaiserreich war sieben Jahre alt, die Doppelmonarchie Österreich-Ungarn nicht viel älter, und beide nach ihrer Identität suchenden Staaten hatten eine erste tiefgreifende, die Zeitgenossen beunruhigende Banken- und Finanzkrise überstanden. Doch der politischen und wirtschaftlichen Erschütterungen zum Trotz: Noch war der Glaube an den «Fortschritt» in der bürgerlichen Welt, die diesen Fortschritt hervorbrachte und beschleunigte, stärker als die Skepsis gegenüber den Verlusten.

Wenn auch die Entwicklung in der k. u. k.-Monarchie nicht die forcierte Dynamik des deutschen Nachbarn hatte, so versuchte doch Wien im letzten Jahrzehnt des 19. Jahrhunderts an die europäischen Zentren London, Paris und Berlin anzuknüpfen. Wollte man also nach einer Metapher suchen, einem Sinnbild, in dem der Fortschritt seine künstlerische Form erhielt, so fände man es beispielsweise in der Fassade des 1902 eröffneten Depeschenbüros einer jungen Wiener Tageszeitung mit dem bezeichnenden Namen *Die Zeit*. Der stilprägende Architekt Otto Wagner hatte es konstruiert. Wagner hatte bereits mit seinen Bahnhofsgebäuden der Stadtbahn bewiesen, dass er die Strenge des von ihm bewunderten preußischen Klassizismus mit dem Eindruck pulsierender, gleichwohl spielerisch anmutender Bewegung zu vereinen wusste. Dies trat am Depeschenbüro in noch schärferer Kontur hervor. Die Fassade schien so modern, dass man das hektische Geratter der Telegraphen zu hören vermeinte. Die neuen Materialien, Glas und Alu, verwiesen auf Ökonomie und Effizienz, auf das Tempo industrieller Fertigung. Die großen, schwungvollen und zugleich gediegen anmutenden Versalien, die das Wort «Telegramme» wie ein Emblem abbilden; die ebenso rational wie beschleunigt wirkende Rhythmisierung; endlich die fünf wie Motorenzylinder geformten Leuchten und die quadratischen, scharf hervorstehenden Alu-Nieten an der Tür – das alles scheint zu rufen: Hier schießen die Ereignisse der Welt wie in einem Brennspiegel zusammen, und wir von der *Zeit* fühlen ihren Puls![4]

Doch viele Zeitgenossen, insbesondere in Österreich und Wien, dessen Entwicklung hinter dem deutschen Nachbarn zurückhing, erleben den Wandel eher als Gefährdung ihrer gewohnten Lebensform denn als Beginn «einer vielversprechenden Zukunft». Das Gefühl, in krisenhaften Zeiten zu leben, wächst zudem unter dem subtilen Eindruck der Rückständigkeit: «Die Wiener Zeitgenossen selbst hatten eher das Gefühl in einer Provinz zu leben, die weder den Vergleich mit Paris noch mit London oder selbst Berlin standhielt.»[5]

Auch die Künstler und Intellektuellen der Residenzstadt, «niemals an den Fortschritt der Zivilisation glaubend», blickten durchaus skeptisch auf die Entfaltung von Kraft und Tempo, die die neuen Mächte der Technik und Wirtschaft vorantrieben.[6] Die Zweifel der Schriftsteller, Maler, Philosophen am Nutzen der industriellen Zivilisation, ihr gesteigerter Sinn für die Werte der Kunst, bündeln sich in Stefan Zweigs Äußerung zum forschen Tatendrang des deutschen Kaiserreichs: «Statt der deutschen ‹Tüchtigkeit›, die schließlich allen andern Völkern die Existenz verbittert und verstört hat, statt dieses gierigen Allen-andern-vorankommen-Wollens und Vorwärtsjagens liebte man in Wien gemütlich zu plaudern.»[7]

Gleichwohl war auch in Wien die Gemütlichkeit nicht mehr dieselbe. Dort geben zwei weitere gesellschaftliche Entwicklungen dem Krisengefühl Nahrung. Da ist einmal jenes Phänomen, das als Frauenemanzipation so manchem Furcht einflößte. «Die ‹emanzipierte Frau› verärgert und beunruhigt selbst in Wien, wo doch die feministische Bewegung weniger militant (...) in Erscheinung tritt als in Deutschland oder England».[8]

Zum anderen sind es die Wellen jüdischer Einwanderer aus den östlichen Gebieten der Monarchie, die Abwehr provozieren, umso mehr, als etliche dieser Zuwanderer in Handel, Industrie und Bankenwesen überaus erfolgreich waren, oder als Künstler, Schriftsteller, Musiker jene kulturelle Blüte schufen, die als «Wiener Moderne» zu den Schätzen der europäischen Kulturgeschichte zählt. Einwanderung und Aufstieg befeuerten zugleich judenfeindliche Reaktionen und trieben mit dem «populistischen rassischen Antisemitismus» eine neue und aggressivere Form der alten Judenfeindschaft hervor.[9]

Für die Generation Friedells, die in den 1860er bis 80er Jahren Geborenen, die die hochgespannte Kunst und Literatur der «Wiener Moderne» gleichsam in die Ewigkeit tragen sollten, war das Klima ihrer Epoche ungemein erregend, in ihrem nervösen Vibrieren und ihrer neurosenblühenden Müdigkeit aber auch gefährlich. Nicht nur kultivierten die sensitiven Gemüter eine feine Witterung für die heraufziehenden politischen Katastrophen und ahnten die Sprengkraft der nationalistischen Bekenntnisse, die den fragilen Bau des Vielvölkerstaates in Trümmer legen würden. Es breiteten sich auch intellektuelle Stimmungen aus, die einen reißenden Sog entwickelten. Insbesondere wurden der Mensch und sein Seelenleben obsessiv durchleuchtet.

Da tauchte etwa ein junger jüdischer Philosoph namens Otto Weininger auf, der in den gebildeten Kreisen als eine «Supernova» des

Geistes galt.[10] In seiner zündenden Studie *Geschlecht und Charakter* vertrat er die ebenso verstiegen anmutende wie in ihrer leidenschaftlichen Bedingungslosigkeit fesselnde These der natürlichen homosexuellen Anlagen des Menschen, um sich in einer irrwitzigen Volte zu der Erkenntnis aufzuschwingen, das weibliche Geschlecht sei von Natur aus doppelzüngig und auf Begattung fixiert, und der jüdische Charakter sei von Natur aus mit dem weiblichen identisch. «Ob sich die Frauen je ändern werden, ist fraglich. Man darf auch nicht glauben, daß sie je anders gewesen sind. Heute mag das sinnliche Element stärker hervortreten als früher, denn unendlich viel in der ‹Bewegung› ist nur ein Hinüberwollen von der Mutterschaft in die Prostitution; sie ist als Ganzes mehr Dirnen-Emanzipation als Frauen-Emanzipation (...): ein mutigeres Hervortreten des kokottenhaften Elementes im Weibe. Was *neu* erscheint, das ist das Verhalten der *Männer*. Mit unter dem Einfluß des Judentums sind sie heute nahe daran, der weiblichen Wertung ihrer selbst sich zu fügen, ja selber sie sich anzueignen. Die männliche Keuschheit wird verlacht, gar nicht mehr *verstanden*, das Weib vom Manne nicht mehr als Sünde, als *Schicksal* empfunden.»[11] Hinter solchen Sätzen lodert eine inbrünstige Sehnsucht nach den Ekstasen moralischer Reinheit, einem vollkommen geistigen Leben. Wie gefährlich solches Denken freilich sein konnte, zeigt allein Weiningers in Beethovens Sterbehaus theatralisch inszenierter Selbstmord – der Philosoph war psychisch seinem eigenen Denken erlegen.

Gegen den Biologismus Weiningers stand Sigmund Freuds der Aufklärung verpflichtete psychoanalytische Lehre, die allerdings nicht weniger unerhörte Dinge behauptete: Jede Gefühlsregung des Menschen habe libidinöse, triebhafte Quellen. Da der libidinöse Wunsch notwendig in Konflikt mit der kulturbedingten Moral gerate, müsse seine Erfüllung immer wieder versagt bleiben. Der erzwungene Verzicht aber kehre die seelische Energie gegen ihren Träger und rufe psychopathologische Symptome hervor – ein letztlich tragischer, da unlösbarer, bestenfalls abzumildernder Konflikt. Wenn auch der amerikanische Kulturhistoriker Carl E. Schorske in seiner maßgebenden Studie zum Wiener *Fin de Siècle* behauptet, Freud habe «seinen liberalen Zeitgenossen eine ahistorische Theorie von Mensch und Gesellschaft» geschenkt, «die eine aus den Fugen und aus der Kontrolle geratene politische Welt leichter zu ertragen erlaubte»,[12] so blieb die Psychoanalyse eine ungeheure Herausforderung, schon deshalb, weil sie die christliche Anthropologie, derzufolge der Mensch neben seiner Triebhaftigkeit die von Gott gestiftete Vernunft habe, in Frage stellte.

Zu diesen für die Literatur und Kunst der Zeit ungemein anregenden Denkmodellen kamen die Lehren der Wiener Philosophen Ernst Mach und Ludwig Wittgenstein hinzu, die beide einen metaphysischen Zusammenhang der Dinge leugneten und den Menschen in verschiedene Teil-Ichs zerlegten – in der Tat, es war aufregend und gefährlich, in diese Epoche hineingeboren zu werden. Die Kunst der Jahre und Jahrzehnte um 1900 war mithin auch ein Versuch, eine neue Einheit zu finden, dem Tempo Dauer entgegenzusetzen, den Wandel zugleich zu verdecken wie zu ästhetisieren und zu feiern – aus dieser unauflösbaren Widersprüchlichkeit zieht sie ihre bis heute faszinierende, ja hypnotisierende Spannung.

Friedell nun begegnet der Bedrohung des Ichs, dem Angriff der Zeit auf die physische Existenz und der Gebrochenheit des Charakters, welche die jüdische Herkunft noch verschärft, mit einer dreifachen Strategie: indem er sich eine neue, gleichsam um den prekären Kern gruppierte Identität erfindet, sucht er sich seelisch zu panzern und sich selbst zu einer Einheit zu formen; und indem er ein Geschichtsmodell erschafft, das den Wandel der Neuzeit als Absturz in die Heillosigkeit deutet, aber doch in eine Heilsperspektive mündet, stiftet er neuen Sinn und pflanzt Hoffnung in die skeptischen und sehnsüchtigen Herzen. Das mag, mehr noch als der flüssige Stil und die anschauliche Darstellung, den Erfolg erklären. Und endlich übt er sich virtuos in der Fertigkeit, seine geschriebenen Worte und seine Person als Darsteller dem Markt als Markenprodukt anzubieten – in Friedell verknüpfen sich konservative, retrospektive Weltbilder mit modernen Methoden und Einstellungen in einer Art, die typisch für seine Epoche ist. Was an Friedells Denken und Persönlichkeit Zeitgeist ist und was original Friedell, das sollte sich, wie wir hoffen, im Laufe dieser Lebensbeschreibung erweisen.

Friedells glänzende Inszenierung seiner selbst als Gesamtkunstwerk entspricht, ohne Frage, der ästhetizistischen Haltung, die Schorske als Signatur dieser Epoche ausmacht. Doch das, was Friedells Lebens- und Denkmodell vom eigentlichen Ästhetizismus unterscheidet und ihn Schnitzler oder Hugo von Hofmannsthal annähert, das ist sein Versuch, die künstlerische Form des Daseins zu überschreiten und mit einer metaphysisch begründeten Moral zu verbinden: Nicht die ästhetische Ordnung liefert das Maß, die ästhetische Ordnung steht vielmehr im Dienst der moralischen Ordnung. Sie ist nur ihr Abbild, das auf eine höhere Ordnung verweist. So betrachtet, ist Friedell ein in die Moderne geworfener Mann der Spätaufklärung, des Übergangs vom 18. zum 19. Jahrhundert, und es ist kein Zufall, dass er an den Denkern dieser Zeit die entscheidenden Erkenntnisse für sein eigenes Denken gewann.

So ist auch Absicht dieses Buches, Friedells Gesamtkunstwerk aus Worten, Garderoben und Gewohnheiten durchschaubar zu machen, soweit es überhaupt möglich ist, einen Menschen, und zumal einen der Vergangenheit, zu durchschauen. Ihr gerecht zu werden, wird umso schwieriger, doch umso reizvoller auch, als Friedell emsig bemüht war, seine Spuren zu verwischen, sich hinter Masken und Verkleidungen zu verstecken und den Betrachter auf Irrwege zu führen – und dies wohl auch dadurch, dass er kurz vor seinem Tod, drei Tage nach dem Einmarsch Hitlers in Wien, vermutlich etliche Manuskripte und andere Lebensdokumente verbrannte. Dass von Friedells Nachlass wiederum ein guter Teil in den Wirren des Zusammenbruchs verloren ging oder durch Verkäufe in den Nachkriegsjahren in alle Winde zerstreut wurde, macht die Suche nach den Spuren seiner Existenz ebenfalls nicht einfacher.

Das posthume Verwehen seiner Spuren hätte Friedell vermutlich nicht ganz ohne Schadenfreude beobachtet. Er war der Meinung, der Dichter, als der er sich sah, offenbare sich ohnehin in seinen Werken, zu denen auch seine Lebensführung bis in die Abfolge des Tagesablaufs zählt. Zum anderen hätte er, der im Sinne Karl Kraus' die Psychoanalyse nicht als Form der Therapie, wohl aber als Symptom der pathologischen Zeit ansah und behauptete: «Man müßte einmal die Psychoanalyse psychoanalysieren»,[13] seinem Zeitgenossen Freud gewiss zugestimmt, der – sich seiner Sendung früh bewusst – im April 1885 an seine Verlobte Martha Bernays schrieb: «Die Biographen aber sollen sich plagen, wir wollen's ihnen nicht zu leicht machen.»[14] Und als ihm genau ein halbes Jahrhundert später Arnold Zweig vorschlug, seine Biographie zu schreiben, antwortete Freud bissig: «Wer Biograph wird, verpflichtet sich zur Lüge, zur Verheimlichung, Heuchelei, Schönfärberei und selbst zur Verhehlung seines Unverständnisses, denn die biographische Wahrheit ist nicht zu haben, und wenn man sie hätte, so wäre sie nicht zu brauchen.»[15]

* * *

Der französische Kulturphilosoph Pierre Bourdieu meint in seinem Aufsatz «Die biographische Illusion», die Biographie sei schlechthin und unausweichlich ein Konstrukt, ein Modell, eine Behauptung, da sie Zusammenhänge von Ursache und Wirkung stiftet, wo tatsächlich der Zufall regiert. Dessen eingedenk folgen wir Marcel Reich-Ranicki, der einmal gesagt haben soll, ein guter Roman müsse einen Anfang, eine Handlung und einen Schluss haben. Insofern ist jede Biographie ein Roman.

I
KINDHEIT UND JUGEND

1. Deutschstunde

Goethe.

Friedmann blickt aus dem Fenster. Im Hof, ausgerichtet wie Wachsoldaten, drei, vier gestutzte Zierbäume. Im rechten Winkel eine Säulenhalle in klassischer Manier, einer Kreuzung aus griechischem Tempel und romanischer Basilika ähnlich. Hinter dem Zaun, an dem entlang die Zierbäume strammstehen, dehnt sich ein Boulevard, Frauen mit großen, blumengeschmückten Hüten gleiten vorüber wie sanfte Schwäne. Männer eilen in Kontore und Schreibstuben.

«Goethe ...», dringt es verschwommen an Friedmanns Ohr, «... Goethe, ... ein Heiligtum ...» Auf dem Boulevard klappert eine Pferdedroschke vorbei, von einem der Zierbäume fliegt eine Meise auf. Friedmann blickt ihr versonnen nach. «... keinen Spaß», hört er wie aus weiter Ferne.

R. Hauschild, Oberlehrer, wird in Friedmanns Zeugnis unter der Rubrik «Aufmerksamkeit» bemerken: «oft abgelenkt». Dr. Joseph Wulff, Oberlehrer, wird mahnen: «nicht immer vollkommen den Anforderungen entsprechend». Auch Oberlehrer Prof. Arno Chaumont, Französisch, muss sich, bedauerlicherweise, dem Urteil der Kollegen anschließen: «oft störend u. häufig abgelenkt u. mit anderen Dingen beschäftigt»

Wahrhaftig, es ist kein Vergnügen, wie Oberlehrer Wulff den «Dichterfürsten» traktiert. «Goethe ist eine Erscheinung von so gigantischer Bedeutung, daß sie jedem Gebildeten aufs genaueste vertraut sein muß.» Hört, hört. Wenn man denn nur etwas merkte, von dieser gigantischen Bedeutung. Aber man bekommt nur schale und frostige Phrasen zu hören.

«Nur der kann mit Aussicht auf Erfolg in den Ernst des Lebens hineintreten, der Goethes Leben und Schaffen zu seinem täglichen Brot gemacht hat.» Der Teufel soll ihn holen. Dreiundachtzig Jahre, denkt der Schüler, hat dieses olympische Monstrum alt werden müssen, in alles hat er sich dreinmischen müssen. Jeden, der ihm begegnet ist, hat er in «Gespräche mit Goethe» verwickelt, und als er schon nicht mehr hat schreiben können, hat er sich den Eckermann geholt und hat ihm Löcher in den Bauch geredet, nur damit auch aus dieser Zeit etwas über ihn zu lernen ist. Da war der Körner, der Theodor, der Dichter der Befreiungskriege, ein anderer Bursch. Der war mit zweiundzwanzig Jahren schon tot.

«... Goethes Leben ...», knarrt sandig die Stimme im Raum, «... nichts unwichtig ...»

Haben, denkt der Schüler, die Klassiker eigentlich gelebt? Geistern sie nicht wie unwirkliche Legendengestalten durch unsere Erinnerung? «... erste Umarbeitung der ‹Stella›, ... 1806 ...»

Irgendwann, denkt der Schüler, wird er über Goethe schreiben. Er wird sich rächen für die hohlen Gipsköpfe, die sich der deutsche Bürger voll Andacht auf seine Konsole stellt. Goethes Geist soll leibhaftig werden, in Gestalt eines Schülers soll er auferstehen, und er soll an Fragen scheitern wie der: «Wann verließ Goethe Wetzlar?» Darauf muss Goethe antworten: «Ei, wann war's denn nur?» Oder: «Welche seelischen Erlebnisse veranlassten Goethe zur Fortführung des Wilhelm Meister?»

Der Schüler belebt sich. Den Einfall muss er festhalten. Er zieht sein schwarzes Schulheft hervor, notiert: «Goethe: ‹No, da hat er doch schon vom Verleger die 200 Taler Vorschuß ...»

«...mann!» Der Schüler merkt auf. «Jawohl, Friedmann, Sie sind gemeint! Wiederholen Sie doch bitte einmal: «Wann besorgte Goethe die erste Umarbeitung der ‹Stella›?» – «Die Stella...?», der Schüler kramt fieberhaft in seinem Gedächtnis, «warten Sie – – das war, das war – 1804!» Der Professor schüttelt bedauernd den Kopf: «Sie wissen wirklich nicht, daß die erste Umarbeitung der ‹Stella› 1806 stattfand? Können Sie mir wenigstens sagen: wann erschien ‹Hermann und Dorothea›?» Der Schüler überlegt abermals, sagt dann, zögernd: «1796 ...»

«Friedmann, Sie täten besser daran, aufzupassen, statt aus dem Fenster zu träumen. ‹Hermann und Dorothea› erschien selbstverständlich im Jahre 1797. Wenn Sie so weitermachen, wird nie etwas aus Ihnen.»[1]

Das schulische Trauma verfolgte Friedell (kniend) ein Leben lang und war eine Quelle seines künstlerischen Antriebs: mit Hans Moser (links) in dem französischen Lustspiel Zurück zur Schule, *das von Juni bis Juli 1926 im Theater in der Josefstadt lief.*

Es ist nicht das erste Mal, dass Egon Friedmann diesen peinlichen Augenblick durchlebt. Von Monat zu Monat sind seine Leistungen abgefallen, und nun, in der Untertertia des Städtischen Gymnasiums zu Frankfurt am Main, ist er am Tiefpunkt angelangt. So ganz schlecht sind seine Zensuren freilich nicht, er hat in Deutsch eine Zwei, in Latein, Griechisch und Französisch ein «genügend». Aber da sind, ausgerechnet, Geschichte und Erdkunde: «meist nicht genügend». In Mathematik steht es noch schlimmer: «nicht genügend».[2]

Insonderheit aber missfällt sein Betragen. Friedmann gilt als renitent, seine Unlust führt immer wieder zu Konflikten mit den Lehrern, alle Ermahnungen nützen nichts, Strafen sind fruchtlos, der Schüler gibt freche Antworten. Die Eltern einiger Mitschüler haben gar gemeldet, Friedmann versuche, die Klasse aufzuwiegeln. Schließlich sieht sich Dr. Karl Reinhardt, Direktor, gezwungen, der übergeordneten Behörde, dem Königlichen Provincial-Schulkollegium in Kassel, mitzuteilen, «daß die Lehrerkonferenz (…) gestern den einstimmigen Beschluß gefaßt hat, den Schüler der M II Egon Friedmann, Sohn des verstorbenen Fabrikanten Moritz Friedmann, (…) aus der Schule auszuweisen.» «Seit einiger Zeit», setzt Dr. Reinhardt hinzu, habe der Schüler in absichtlicher Weise die Lehrer der Klasse zu stören und zu ärgern gesucht». Bei der Untersuchung seiner «Unbotmäßigkeiten» zeige er «eine solche Verlogenheit, daß ein weiteres Arbeiten an der Erziehung dieses Schülers uns aussichtslos erscheinen muß». Wie «erst jetzt der Leitung der Schule bekannt» geworden sei, lebe «die Mutter dieses Schülers in Wien in sittlich verkommenem Zustande», ein älterer Bruder treibe sich gleichfalls «in verwahrlostem Zustande» dort umher. Es sei also wahrscheinlich, «daß auch unser bisheriger Schüler sittlich belastet und ungesund ist.»[3] Im «Abgangs-Zeugnis» wurde über den Schüler vermerkt: «Er mußte unsere Anstalt verlassen, weil sein längeres Verbleiben mit der Schulordnung nicht vereinbar war.»[4] Das war am 2. März 1894.

Gewiss, die Szene im Klassenzimmer ist erdichtet. Sie kann sich in haarscharf diesem Wortlaut allein deshalb nicht abgespielt haben, weil Egon Friedell den Dialog zwischen «Professor» und Prüfling bekanntlich ein knappes Jahrzehnt nach Ende seiner Schulzeit, 1908, zusammen mit Alfred Polgar geschrieben hat. Ebenso unzweifelhaft steht aber auch fest, dass er ähnliche Szenen mit ähnlichen Wortwechseln wieder und wieder durchlebt hatte: Egon Friedell empfand, wie mancher seiner späteren Kollegen und Freunde, wie auch Alfred Polgar, sein Leben als Schüler als einen langen Leidensweg.

Mag sich Friedell auch später in Essays, Polemiken, im Stück *Goethe im Examen*, über Lehrer, Stoffpläne, Prüfungsaufgaben lustig machen, wie er will – die Demütigung sitzt tief, das Gefühl des Ungenügens, der Bedrohung, die Angst, dem Spott preisgegeben zu sein, diese Gefühle werden ihn immer wieder einholen. Und immer werden diese Gefühle ein Stachel im Fleisch seines Geltungsbedürfnisses sein, das ihn treibt, seine geheimsten Regungen mit dem Geschick und der Souveränität des Künstlers in eine Lebenshaltung umzuprägen, und die Angst, minderwertig zu sein, mit traumwandlerischem Formempfinden in einen Stil zu verwandeln, der das Leben selbst als Stoff für ein Kunstwerk begreift. In solchen Wandlungen beflügelt ihn von Anfang an ein wunderbares Gespür eigener Überlegenheit, ein tiefer Instinkt für die Besonderheit eines Talents, das ihn, davon ist er überzeugt, der Welt seiner Lehrer, überhaupt aller Kathederweisheit und allen Schulwissens enthebt. Dieses Gespür auch reißt ihn früh zu seinen Frechheiten hin, die er später in seine nicht immer kleinen Unverschämtheiten, in seine Satiren und Polemiken kleidet, mit denen er die Kaffeehausrunden und Salons zwischen Wien und Berlin entzückt.

Das Gefühl der Demütigung, des Ausgesetztseins aber wird ihn verfolgen bis zum Schluss, wie ihn auch die Sehnsucht nach Menschen, die seine abweichenden Gedankengänge mitzuempfinden in der Lage sind und seiner Phantasie Nahrung geben, immer wieder anstacheln wird. Ja, gerade am Schluss, als sein Leben bedroht ist und der Schrecken in Gestalt einer beispiellos bösartigen Vernichtungspolitik einbricht, wird ihn die Angst wieder heimsuchen – ohne ihm indessen den Glauben an die Überlegenheit seines Geistes und damit die Kraft zur Selbstbehauptung zu rauben, ein Glauben, den schon der Schüler kultivierte. Am Schluss wird in Egon Friedell, dem berühmten Schriftsteller und Schauspieler, wieder Egon Friedmann, das verletzte Kind, erscheinen.

Die Ursachen seiner trotzigen Resignation liegen tiefer als in dem Martyrium, das ihm die Schule war. Die Erfahrungen dort haben nur zu Tage gefördert, was die Erlebnisse im Elternhaus lange vorher geprägt hatten. Das indessen war nicht nur von Übel. Man muss sogar sagen: So leidvoll für Egon Friedmann der Schulweg auch war, stellte dieser Weg auch die Bedingungen dafür bereit, später als Egon Friedell seine Talente entfalten zu können. Wo der Widerstand fehlt, bildet sich keine Widerstandskraft aus.

Der Schüler konnte von solchen Zusammenhängen noch nichts wissen. Zu seinen ersten Erfahrungen zählt, dass der Schein der Dinge mitunter eine Wirklichkeit verbirgt, die stärker als das Ich ist, deren lebensbestimmende Macht aber erst allmählich, durch besondere Erlebnisse, zu Tage tritt. Denn zweifellos: begonnen hatte alles unter einem guten Stern.

2. Unter einem guten Stern

Das Horoskop

Am 10. November 1933 ließ sich Egon Friedell, er war 55 Jahre alt, war mit seiner dreibändigen *Kulturgeschichte der Neuzeit* zum Bestsellerautor aufgerückt und arbeitete mit Nachdruck am ersten Band der

Kulturgeschichte des Altertums, der den Titel «Ägypten und Vorderasien» tragen sollte – Friedell also, tatsächlich, ließ sich ein Horoskop ausfertigen![5] Das indessen kam seiner Neigung für kosmologische Bewegungen entgegen, die, das werden wir noch sehen, keineswegs im Widerspruch zu seinem Bemühen stand, die Welt mit dem Verstand zu erfassen, sondern dessen mystische Entsprechung war.

Was Friedell jedenfalls in seinem Horoskop zu lesen bekam, musste ihn zuversichtlich stimmen. Er sei, hieß es da, «keineswegs auf dem Höhepunkte seines Ruhmes» angelangt. Vielmehr werde ihm «in kurzer Zeit eine neue Erfolgsserie bevorstehen». Wenn auch Rückschläge oder «Feindseligkeiten» drohten, welche «die aufsteigende Linie seines Lebens zeitweilig scheinbar unterbrechen», sei diese Linie doch zweifellos «bis zuletzt in Geltung».

Aber auch der Optimismus des Astrologen hatte seinen Zenit noch nicht erreicht: War doch «die Konjunktion des mit der Sonne in Rezeption befindlichen Uranus mit dem Geburtsgebieter Mond» äußerst günstig, so dass also zweifellos «das reifere Alter des Nativen das schicksalsmässig bedeutendere Gewicht» erhalten werde. Es könnte sogar sein, schlussfolgert der Sternendeuter, dass seine, Friedells, «Berühmtheit den Zenit erst bei oder gar nach seinem Tode erreicht» – für einen Künstler zweifellos eine vielversprechende Prognose!

Friedell mag die Lektüre ihrer sprachlichen Eigenart wegen amüsiert haben – der magischen Lebensdeutung an sich stand er keineswegs ungläubig gegenüber. Das Datum, November 1933, lässt sogar vermuten, Friedell habe das Horoskop deshalb in Auftrag gegeben, weil der Horizont, der sein Leben bestimmte, sich zu verdüstern begann.

Am 22. Januar war Adolf Hitler zum Reichskanzler berufen worden. Wenn anfangs auch noch viele glaubten, Hitler werde sich «nicht einmal so lange wie sein Vorgänger General von Schleicher im Amt» halten können, wenn ein großer Teil der Deutschen dem Ereignis sogar eher gleichgültig gegenüberstand, so wurde doch bestürzend schnell klar, dass dieses Datum das Ende der Weimarer Republik bedeutete.[6] «Es war», beschrieb ein evangelischer Pastor die Stimmung, «als ob der Flügel einer großen Schicksalswendung über uns hinwehe ...»[7] Noch vor den Neuwahlen am 5. März, die die eigentliche «Machtergreifung» einleiteten, konnten SA- und SS-Trupps ungestraft auf politische Gegner und vor allem auf jüdische Opfer einprügeln. Der SPD-Reichstagsabgeordete Julius Leber wurde sogar noch an dem Abend, als Hitler Reichskanzler wurde, von einem braunen Schlägertrupp überfallen und unter Missachtung seiner Immunität verhaftet.[8] Seit Mai waren die Gewerkschaften zerschlagen, die Parteien aufgelöst und verboten worden.

Die Nachrichten aus Deutschland mussten auch Friedell beunruhigen, mag er sich das selbst auch noch nicht wirklich eingestanden haben. Dass er aber ausgerechnet Ende des Jahres 1933, als an der Diktatur Hitlers nicht mehr zu zweifeln war, die Sterne befragen lässt, ist auffällig – er wird wohl kaum einen seiner Kabarett-Scherze im Sinn gehabt haben. Dies ist umso wahrscheinlicher, als das an sich durchaus amüsante Horoskop nicht zu irgendeinem Zeitpunkt des Jahres 1933 gestellt wurde, sondern das Datum des 10. November trägt: Genau zehn Jahre zuvor, am 9. November 1923, hatte Hitler mit seinem Marsch auf die Feldherrnhalle zu München seinen politischen Absichten unmissverständlich Ausdruck gegeben. Und auch wenn der Putsch selbst auf geradezu lächerliche Weise scheiterte – mit dieser Aktion hatte Hitler die Voraussetzungen seines Aufstiegs geschaffen.[9]

Friedell hat sich zu dem Ereignis nicht geäußert, dessen historische Dimension den meisten Zeitgenossen noch nicht völlig erfassbar war. Friedell hat überhaupt selten zu politischen Ereignissen Stellung bezogen, und es ist durchaus denkbar, dass ihn der unbeholfene, ja operettenhaft wirkende Staatsstreich des österreichischen Gefreiten belustigte. Doch nun, Ende 1933, dürften ihm die Dinge in einem anderem Licht erschienen sein. So mögen sich die Vorhersagen des Astrologen, die sich angesichts von Friedells Schicksal, das 1933 im Grunde schon besiegelt war, heute wie die bösartige Ironie eines fatalen Propheten ausnehmen – ihrem damaligen Leser indes müssen sie Zuversicht eingeflößt haben.

Und das umso sicherer, als das Horoskop auch sonst Erfreuliches zu künden hatte.

So sei «eine derartige harmonische Aspektierung (noch gefördert durch jene feste Bodenständigkeit, die die Erdzeichen schenken)» das «sicherste Kennzeichen einer Durchsetzungskraft, die mit den Schwierigkeiten des Lebens gut fertig zu werden weiss». Gewiss, an solchen Schwierigkeiten «dürfte es auf dem Lebensweg des Nativen keineswegs fehlen, aber eben auch nicht an der Fähigkeit, spielend damit auf gleich zu kommen.» Eine Fähigkeit im Übrigen, «die sich im Fortschreiten der Jahre immer schöner entwickelt». Und seien gar noch «gelegentliche Rückschläge» denkbar, so sei es doch «Saturn, der als Herr des 7. Hauses, in Rezeption mit dem dort befindlichen Jupiter (…) den Nativen zu seriösen wissenschaftlichen Leistungen führt, die die früheren, dem ‹leichten Tag› zugehörigen, so gut sie auch immer waren, doch noch weit in den Schatten stellen.»[10]

Es ist nicht auszuschließen, dass Friedell, bei seiner Verehrung für Goethe und der genauen Kenntnis von dessen Werk, an diesem Punkt nachgelesen hat, was dieses «Modell der Menschheit», wie er den Dichter später einmal nennt,[11] in seinen Lebenserinnerungen über seine Geburt mitzuteilen hat – ein Ereignis, das Goethe gleichsam an die große Glocke hängte: «Am 28. August 1749, mittags mit dem Glockenschlage zwölf, kam ich in Frankfurt am Main auf die Welt.» Auch bei Goethe, mag Friedell gedacht haben, war schließlich die Konstellation glücklich: «(…) die Sonne stand im Zeichen der Jungfrau und kulminierte für den Tag; Jupiter und Venus blickten sie freundlich an, Merkur nicht widerwärtig; Saturn und Mars verhielten sich gleichgültig: nur der Mond, der soeben voll ward, übte die Kraft seines Gegenscheins um so mehr, als zugleich seine Planetenstunde eingetreten war. Er widersetzte sich daher meiner Geburt, die nicht eher erfolgen konnte, als bis diese Stunde vorübergegangen.» Goethe war vom lebensbestimmenden Einfluss der Gestirne überzeugt – eine derartige Konstellation musste dem Genius förderlich sein. Ja, er hielt sogar für möglich, die Sterne hätten ihm bereits in der Stunde seiner Geburt das Leben gerettet: «Diese guten Aspekte, welche mir die Astrologen in der Folgezeit sehr hoch anzurechnen wußten, mögen wohl Ursache an meiner Erhaltung gewesen sein: denn durch Ungeschicklichkeit der Hebamme kam ich tot auf die Welt, und nur durch vielfache Bemühungen brachte man es dahin, daß ich das Licht erblickte.»[12]

Das Schicksal der jüdischen Geburt

Egon Friedell, Sohn des Tuchfabrikanten Moritz Friedmann und dessen, wie sich zeigen wird: treuloser Gattin Caroline, geborene Eisenberger, kam als Egon Friedmann am 21. Januar 1878 in Wien im Haus Mariahilferstraße 110 im VI. Bezirk zur Welt. Von den Vorfahren, wer sie waren, woher sie kamen, ist nichts überliefert. Sicher ist, dass Egon Friedmanns Eltern jüdischer Herkunft waren und aus den östlichen

Ein aufstrebendes bürgerliches Quartier: die Mariahilferstraße im VI. Bezirk. Als das Foto entstand, etwa 1895, besuchte Egon Friedmann das Internat in Baden bei Wien.

Gebieten der Donaumonarchie nach Wien eingewandert waren. Damit repräsentierte Friedells Elternhaus die Laufbahn tausender anderer handeltreibender jüdischer Familien, die sich zwischen 1870 und dem Ersten Weltkrieg aus Brody, Belz, Seroka, Drohobycz und Werbowitz,[13] aus Dörfern und Kleinstädten in Galizien, Ungarn und der Bukovina an der Donau anzusiedeln suchten. Sie alle hofften, den ärmlichen und oftmals trostlosen Zuständen ihrer Heimatorte zu entkommen. «Wien blieb in diesen Jahrzehnten eine beliebte Zuflucht für jüdische Einwanderer aus dem Osten. Sie kamen in weit größerer Zahl als in jede deutsche Stadt (...).»[14] Die Residenzstadt entwickelte sich im deutschsprachigen Raum zum größten «Sammelplatz von Menschen unterschiedlicher, vor allem ost- und südosteuropäischer Herkunft».[15]

Hatten einer Volkszählung zufolge in den späten 1850er Jahren 6000 Juden in Wien gelebt, also «etwas mehr als zwei Prozent der Bevölkerung», so waren es um 1870 bereits über 40 000, jeder sechste Einwohner stammte damit aus jüdischem Milieu. In dem Leopoldstädter Gymnasium beispielsweise, in das Sigmund Freud 1865 als Neunjähriger eintrat, waren zu diesem Zeitpunkt noch 68 jüdische Schüler eingeschrieben. 1873 waren es 300, somit waren sieben von zehn Schülern

Juden. Und noch einmal zehn Jahre später lebten mehr als 72 000 Juden in der Stadt – so stammte nunmehr jeder zehnte Einwohner Wiens aus jüdischer Herkunft.[16]

Die meisten von ihnen hatten dasselbe Ziel: Sie wollten sich der eingesessenen christlichen Gesellschaft angleichen, wollten leben wie die Wiener, wollten aufsteigen. «Wien galt ihnen als Ort der Verheißung. Freunde und Verwandte, die schon früher losgezogen waren, berichteten von guter Arbeit und gewachsenem Ansehen; ihre Briefe klangen wie ein Versprechen.»[17]

Dass es möglich war, den Traum vom Aufstieg Wirklichkeit werden zu lassen, zeigten allein jene wenigen Familien, die sich in der vom Reformgeist des 18. Jahrhunderts berührten Herrschaft Maria Theresias und ihres Sohnes, Kaiser Josephs II., etablieren konnten. So war Joseph von Sonnenfels, der getaufte Sohn eines getauften und seiner Forschungen wegen in den Adelsstand erhobenen jüdischen Theologen und Wissenschaftlers, als Staatsrat sogar zum politischen Ratgeber Maria Theresias aufgestiegen – eine seiner geschichtsmächtigen Amtshandlungen bestand darin, die Folter abzuschaffen. Zudem sorgte er in seiner Eigenschaft als kaiserlicher Zensor dafür, dass Schriften der französischen und englischen Aufklärung sogar nach Wien gelangten[18] – noch heute steht der verdienstvolle Politiker jüdischer Herkunft als Steinskulptur des klassizistischen Bildhauers Hanns Gasser (1817–1868) vor dem Wiener Rathaus. Auch die Familie Hugo von Hofmannsthals gab das Beispiel einer geglückten Integration: Einer der Vorfahren des später berühmten Schriftstellers war ein mährischer Jude namens Isak Löw Hofmann, der 1835 geadelt wurde und nun «von Hofmannsthal» hieß.[19]

Allerdings: Juden mussten sich gänzlich assimilieren, die Taufe war notwendige Bedingung jedweden Erfolgs. So hatte Maria Theresia dem ungetauften Bankier Diego D'Aguilar, als Kreditgeber für die Vollendung des Baus von Schloss Schönbrunn immerhin kein ganz unwichtiger Mann, die Audienz verweigert – von einer spanischen Wand verdeckt, als wolle sie sich schützen, soll die Kaiserin den Vertragsabschluss verfolgt haben.[20] So wenig solche Gepflogenheiten mit heutigen Begriffen von Menschenwürde vereinbar sind, so markiert allein die Möglichkeit, durch den Übertritt zum Christentum die Voraussetzungen für den Schritt in Amt und Würden zu schaffen, dass das gesellschaftliche Gefüge in Bewegung geraten war.

Ein Jahrhundert später, als die Massenzuwanderung begann und das Debakel von Königgrätz – 1866 war Österreich von Bismarcks und Moltkes Truppen geschlagen und aus dem Deutschen Bund sozusagen entlassen worden – eine liberale Gesetzgebung auf den Weg brachte und, als Folge des politischen Schocks, die große Wiener Kulturepoche einleitete: ein Jahrhundert nach Maria Theresias Regentschaft und ein Jahr nach dem verlorenen Krieg, 1867, wurde den Juden das volle Bürgerrecht zuerkannt. Endlich durften sie «ihren Wohnort frei wählen, Grundbesitz erwerben, ihre Kinder auf die Universität schicken, christliche Dienstboten halten».[21] Ihre Emanzipation galt nunmehr «für abgeschlossen und gesichert.»[22] Ein Vierteljahrhundert später ist es Karl Lueger, der als Wiener Bürgermeister nach Kräften Öl in das in Witzblättern, Karikaturen, Artikeln und politischen Versammlungen schwelende judenfeindliche Feuer gießen wird. Auf Seiten der Deutschnationalen indessen, deren politische Phantasie sich am Gedanken eines völkisch bestimmten großdeutschen Reiches erhitzte, machte der aus Linz gebürtige Georg Ritter von Schönerer, ein früher weltanschaulicher Lehrmeister Luegers, dessen Ideen auch den jungen Adolf Hitler begeisterten, Stimmung gegen die Juden. In seinem 1882 formulierten «Linzer Programm» gab er die Losung aus, «nicht liberal, nicht klerikal, sondern national» zu sein, und das hieß: gesamtdeutsch-völkisch. Diese «Kampfansage an das Vielvölkerreich Österreich-Ungarn»[23] war damit auch gegen die Monarchie, also auch gegen den Katholizismus gerichtet, und das offenbart wiederum, dass sich die Feindschaft gegen die Juden mit geschichtsmächtiger Wirkung zu verschärfen begann: Sie begründete sich in diesen Kreisen nicht allein religiös und historisch, also kulturell, sondern auch biologisch.

Gleichwohl: Für die Eingewanderten ließ sich der Eindruck, judenfeindliche Stimmungen gehörten endgültig der Geschichte an, leicht gewinnen. Nicht wenigen war es binnen kurzem gelungen, sich eine respektable, oft gar einträgliche und gesellschaftlich angesehene Stellung zu erobern. Insbesondere der Emanzipationsschub, den die vollen Bürgerrechte der damit auch für die Monarchie eingenommenen Juden bedeuteten, wirkte sich gesellschaftlich und wirtschaftlich gewinnbringend aus: «Durch Arbeit und Bildung versuchten sie die alten Unterschiede und Demütigungen rasch zu überwinden und sich einen gesicherten Platz in der Gesellschaft zu erarbeiten.» Das trug zur

Ausgestaltung eines modernen Wien bei, die nachhaltig den Charakter der Stadt prägte: Reiche Familien «machten es sich zur Ehre, für ein Ringstraßen-Grundstück weit überhöhte Preise zu zahlen, um so ihren Patriotismus und ihre Kaisertreue zu beweisen. Franz Joseph, der mit dem eingenommenen Kapital stattliche Bauten an der Ringstraße finanzierte, bedankte sich mit Orden und der Aufnahme der Wohltäter in den Kleinadel.» Viele der so Geehrten wechselten ihren Glauben «und verheirateten ihre Töchter mit verarmten Aristokraten».[24]

Die Mehrzahl der aus dem Osten stammenden mittellosen Juden freilich suchte sich «als Hausierer und kleine Händler» durchzuschlagen. Doch zahlreiche ihrer Söhne schafften den Schritt «ins Bankwesen oder in den Großhandel oder wurden Journalisten.» Bereits in den 1880er Jahren, als Egon Friedmann heranwuchs, waren «mindestens die Hälfte aller Wiener Journalisten, Ärzte und Anwälte Juden»[25] – hatte doch das neue Lebensgefühl «vor allem auch eine wahre Bildungsexplosion» ausgelöst: «In höheren Schulen waren Juden bald weit über ihren Bevölkerungsanteil vertreten». Ihre liebsten Studienfächer: Medizin und «Jus».[26]

Ein prominentes Beispiel dieses Bildungsfleißes bietet etwa die Familie des Arztes und Schriftstellers Arthur Schnitzler, Sohn eines aus der ungarischen Stadt Groß-Kanizsa eingewanderten Vaters und einer Mutter, deren Familie das assimilierte, in geachtete Berufe aufgestiegene Judentum repräsentierte. So war Schnitzlers Großvater «Doktor der Medizin und Philosophie»; aus der Familie sind, wie Schnitzler berichtet, «Bankiers, Offiziere, Gelehrte» hervorgegangen[27] – das zeigt auch, dass die Aufstiegschancen so gut wie nie zuvor in der Geschichte waren, dass Eisenwalzwerke und Schienenfabriken, dass Banken, die Börse und die aufkommende Massenpresse im Verein mit Freizügigkeit, Erwerbs- und Bildungsfreiheit unverhoffte Wege in die Gesellschaft eröffneten; dass endlich auch die veritable Integrationsleistung der eingesessenen Wiener Bevölkerung Anlass zur Zuversicht bot – wenn auch die Eingesessenen diese bis dahin beispiellosen Bewegungen oft als «Anprall der jüdischen Invasion» empfanden.[28] Auch der sogenannte Gründerkrach in Deutschland, der 1873 als Börsensturz eine internationale Finanzkrise auslöste und Österreich in Mitleidenschaft zog, rief antijüdische Stimmungen wieder wach – sie richteten sich «zunächst gegen die ‹Börsejuden› und die ‹Geldjuden›».[29]

Im Übrigen mussten diejenigen, die «aus den elenden Dörfern des Ostens kamen» und Jiddisch sprachen, in ihren Kaftans schmuddelig und mit ihren Korkenzieherlocken lächerlich wirken, fremd in jedem Falle: «zu exotisch, um vertraut zu sein, und nicht exotisch genug, um reizvoll zu sein.»[30] Diesen Eindruck hatten gerade auch jene ihrer Glaubensgenossen, die sich inzwischen zu den Etablierten zählen durften. Selbst scharf denkende Köpfe können dafür Beispiele liefern: Als der junge Sigmund Freud, geboren am 6. Mai 1856 in dem mährischen Städtchen Freiberg als Sohn eines schlecht bemittelten jüdischen Wollhändlers, im Alter von 16 Jahren von einem Besuch seiner Heimatstadt nach Wien zurückfuhr und sich im Zug einem «alten Juden» und seiner Frau «samt melancholisch schmachtendem Töchterlein und einem frechen hoffnungsvollen Sohn» gegenübersieht, schreibt er seinem Freund Emil Fluß: «Die Gemeinschaft war mir unerträglicher als jede andere». Er sagt auch, warum: «Der Mann war ein Typus. Der Junge, mit dem er sich über Religion unterhielt, war es ebenfalls. Er war vom Holz, aus dem das Schicksal die Schwindler schneidet, wenn die Zeit gekommen ist: pfiffig, verlogen, von den teueren Verwandten im Glauben erhalten, er sei ein Talent, dabei ohne Grundsätze und Weltanschauung.»[31]

Doch bei allen schwelenden und offenen Ressentiments: In der Zeit, als Friedell zur Welt kam, schien die Eingliederung der zugewanderten Juden nicht mehr umkehrbar zu sein. Bezeichnend für die Wahrnehmung vieler Juden ist die Erinnerung Arthur Schnitzlers, der, 1862 geboren, im Geburtsjahr Friedells also 16 Jahre alt war: Bis in die 80er Jahre hinein sei die Judenfeindlichkeit vergleichsweise verhalten gewesen: «Damals, es war die Spätblütezeit des Liberalismus, existierte der Antisemitismus zwar, wie seit jeher, als Gefühlsregung in zahlreichen, dazu disponierten Seelen und als höchst entwicklungsfähige Idee; aber weder als politischer noch als sozialer Faktor spielte er eine bedeutende Rolle. Nicht einmal das Wort war geprägt, und man begnügte sich damit, Leute, die den Juden besonders übel gesinnt waren, fast abschätzig als ‹Judenfresser› zu bezeichnen.»[32] Bald aber trieb insbesondere im Milieu der kleinen Leute das antijüdische Klima neue Blüten, die ihr ätzendes Gift aus dem ideologischen Boden eines biologisch begründeten, also rassentheoretisch verankerten Antisemitismus zogen. So wuchs also Friedell in Stimmungen auf, die zwischen Zukunftsglauben und Bildungsethos, antijüdischen Ressentiments und alldeutschen Phantasien changierten. Das wird auch ihn, wie viele seiner späteren jüdischen Kollegen, ein Leben lang antreiben, eine eigene Identität zu finden.

Wie tausende anderer Juden muss auch Friedells Vater von der Hoffnung nach Aufstieg und Anerkennung beflügelt worden sein. Tatsächlich war ihm als Unternehmer eine typische Laufbahn in das mittelständische Bürgertum gelungen. So wenig über Moritz Friedmanns Leben bekannt ist, ist aber kaum zu bezweifeln, dass er ein geschäftstüchtiger Kaufmann war: Konnte er doch in seiner neuen Heimat, offenbar rasch, als Textilunternehmer Fuß fassen. Dass der jüdische Einwanderer in der Lage war, sich im gutbürgerlichen und aufstrebenden VI. Bezirk niederzulassen, ist bezeichnend. Üblicherweise zogen die ostjüdischen Einwanderer in die nordöstlich vom VI. Bezirk gelegene Leopoldstadt, das alte jüdische Viertel, in dem rund 30 Prozent der in Wien ansässigen Juden wohnten, viele davon orthodox und die meisten arm. Auch Freuds Eltern beispielsweise hatten sich in dem Bezirk, in dem «die meisten Straßen (…) schmutzig, die meisten Wohnungen dunkel, eng und muffig» waren, Mitte des 19. Jahrhunderts niedergelassen.[33]

Offenbar also war Moritz Friedmann mit seiner Tuchfabrik erfolgreich genug, um seinen Hausstand in der gutbürgerlichen Mariahilferstraße aufzuschlagen. Sein Lebensstil und seine Arbeitsweise werden in ihren Grundausstattungen von denen seiner christlichen Umgebung nicht allzu verschieden gewesen sein. Wieder liefert Schnitzler in seinen Erinnerungen anschauliche Miniaturen bürgerlichen Lebens im letzten Drittel des 19. Jahrhunderts. Über die auch in jüdischen Häusern übliche Hygiene beispielsweise berichtet der Schriftsteller aus dem Rückblick von 1912: «In dieser Hinsicht war in der häuslichen Erziehung von Anfang an mancherlei vernachlässigt worden, wie man ja zu jener Zeit der Körperpflege im engeren und weiteren Sinne überhaupt noch nicht so viel Aufmerksamkeit zuwandte, als dies heute geschieht.» Wie sich das abspielte, verschweigt er nicht: «Wie in den meisten, selbst neueren und eleganteren Stadtwohnungen fehlte es, zum Beispiel auch in der unseren, so lang an einem Badezimmer, bis wir uns selbst eines einrichten ließen. Vorher wurde, wie in den meisten Mittelstandsfamilien, jede Woche einmal in irgendeinem Nebenraum durch die Diener einer Badeanstalt eine ungefüge Holzwanne geschafft und aus Fässern mit heißem Wasser gefüllt, in dem sich's der Reihe nach Papa, Mama, die Kinder und endlich die Dienstboten, so gut es ging, behagen ließen.»[34]

Auch die wirtschaftliche Entwicklung, damit auch die Entwicklung des Lebensstils, ist in den wesentlichen Zügen ähnlich den deutschen Verhältnissen – wenn auch die Industrialisierung später einsetzt und gemächlicher voranschreitet, so dass das Bürgertum in der Hauptstadt der Donaumonarchie länger braucht, sich gegen die etablierten Kräfte von Adel, Klerus und Verwaltung durchzusetzen.

Friedells Vater wird also seinen Betrieb nach nicht wesentlich anderen Gesichtspunkten geführt haben als beispielsweise die Eltern Carl Zuckmayers, mit dem Friedell später befreundet sein sollte. Zuckmayer, 1896 in Nackenheim bei Mainz am Rheinufer geboren, schildert den Betrieb seiner Eltern als repräsentativ für damalige Familienunternehmen – wobei sich die Zuckmayersche Fabrik für Weinflaschenverschlüsse von anderen mittelständischen Unternehmen wohl dadurch unterschied, dass sie mitten in einem Weinberg lag. Zuckmayer: «Mein Vater hatte die Kapselfabrik, die er in den achtziger Jahren für wenig Geld und mit hohem Risiko übernommen hatte, innerhalb kurzer Zeit auf die Höhe der damaligen Industrie gebracht. Als er dort anfing, wurde die Maschinerie noch mit einem Mühlrad betrieben, bald wurde das Werk dann auf Dampf und später auf elektrische Kraft umgestellt, immer größer wurde die Zahl der Arbeiter und Angestellten (...).»[35] Diese Unternehmenskultur gedieh nicht zuletzt auch deswegen, weil der Fabrikant sich persönlich für seinen Betrieb verantwortlich fühlte. Seine Eltern hätten, erinnert sich Zuckmayer, «wohl jedes Einzelschicksal, jede einzelne Person» unter den Arbeitern gekannt.[36]

«Herzblättchens Zeitvertreib» oder Egon und seine Familie

So ist auch anzunehmen, Friedell habe in der geräumigeren Wohnung in der Mariahilferstraße ein Zimmer für sich selbst gehabt – das eigene Zimmer war Ausdruck bürgerlichen Lebensgefühls, das der Bildung der individuellen Persönlichkeit und ihrer Anlagen breiten Raum gab. «Die Bürger erhoben ihre Bindung an die Privatheit zum Ideal und behandelten jeden Verstoß als Beleidigung.»[37] Ob indessen auch Egons Geschwister diesen Luxus teilen konnten?

Egon war nicht das einzige Kind der Friedmanns. Zwei Jahre vor ihm wurde ein Bruder, Oskar, geboren, ein Jahr später kommt Elsa zur Welt. Das Verhältnis unter den Geschwistern war herzlich – in den Kinder- und Jugendjahren. Das geht aus einem achtseitigen Brief hervor, den Egon von Wien aus an Weihnachten vermutlich des Jahres 1892 an seine in Frankfurt lebende Tante Olga Gumpf schreibt, bei der er nach dem frühen Tod seines Vaters einige Jahre lebt: «Also Samstag Nachmittag ging ich mit Oskar spazieren, besuchte Hr. Dr. Neuda, dieser aber war in schlechter Laune, denn Frau Dr. Brull hat vor 8 Tagen ihr 3tes Mädchen bekommen und ist jetzt sehr krank. Es geht ihr aber schon wieder besser. Wir waren auch bei Herrn Schmidt, dieser aber war nicht zu Hause, die 3 Fräuleins putzen den Baum und da wollten wir nicht stören. Ich gab also meine Karte ab und wir gingen.»[38] Sein älterer Bruder hat Egon also begleitet, als er seine Vormünder Neuda und Schmidt besuchte, die ihm nach dem Tode seines Vaters zugesprochen wurden, und sich offenbar nach dem Befinden von Neudas Frau, eben jener Dr. Brull, erkundigte – der 14-Jährige erprobt bereits den gesellschaftlich geschliffenen Auftritt. Auch deutet sich in seinem Ton bereits ein Gefühl seinem Bruder gegenüber an, das in seinem späteren Verhältnis zu Oskar bis zur Häme hervortritt: Es fühlt sich überlegen. So schreibt er vier Sätze später: «Für Abend waren alle (Oskar, Frl. Marie u. ich) bei Hrn. Kohn eingeladen. Oskar gab sowohl Herrn als [auch] Frau Kohn ein wundervolles Geschenk. Von ihm bekam ich einen vollständigen Werkzeugkasten, sehr schön. Er ist wirklich viel nobler geworden.»[39]

Von seiner Schwester schwärmt er geradezu: Am nächsten Tag holt er mit dem Bruder und eben jenem «Frl. Marie», seinem ehemaligen Kindermädchen und vielleicht die einzige Frau in seinem Leben, zu der er ein ungetrübtes Vertrauen zu entwickeln vermag, «das l.[iebe] Elschen» von deren Lyzeum in Wien ab: «Die Vorsteherin ist eine sehr nette Dame, sie ließ sogleich Else holen», berichtet er nach Frankfurt, und fährt fort: «Diese ist ganz reizend geworden, schlank und groß, wunderschöne, große Augen, reizendes Benehmen, wirklich, ich war ganz entzückt.» Stolz zeigt die Schwester dem großen Bruder ihre Geschenke: «l.[iebes] Elschen hat im Institut sehr viel bekommen: von der Vorsteherin 1 Schreibmappe, von ihrer Lehrerin einen Arbeitsbeutel und ein Buch, von Hrn. u. Fr. Kohn ein Spiel und ein Buch, von Hrn. u. Fr. Dr. Brull-Neuda ein ‹Herzblättchens Zeitvertreib› und einen

Sprachlehrer namens Tritsch. Der Vater ist verzweifelt, er fühlt sich mit den drei Kindern heillos überfordert. Über diese Verletzung und Demütigung kommt er, warum auch immer, niemals ganz hinweg. Eine Art von harmonischem oder gar heiterem Familienleben hat Friedell also nie erfahren. Von dem, was man unter glücklicher Kindheit versteht, wie sie etwa sein späterer Freund Zuckmayer erlebte, kann kaum die Rede sein, wenn auch der Vater rasch ein Kindermädchen ins Haus holt: Marie Gabriel, das «Fräulein Marie» des Briefes, die für Friedells weiteres Leben eine zentrale Rolle spielen wird. Sie ist für das Kind und den Schüler der einzige Mensch, dem er sich vorbehaltlos anvertrauen kann, von dem er sich geliebt und anerkannt fühlt – und wird es vermutlich auch für den Schriftsteller bleiben. Nicht, dass Egons Verhältnis zum Vater gestört wäre: in den wenigen Äußerungen, die Friedell über seine Familie verlauten lässt, bekundet er seinen Respekt vor dem Vater, den er sogar verehrt haben muss. Darauf immerhin deuten die spärlichen Urteile, die Friedell über seinen Vater hinterlassen hat. So gibt er in dem langen Brief an die Tante Olga Gumpf in Frankfurt seiner Freude über ein Geschenk Ausdruck, das ihn an den verstorbenen Vater erinnert: «Von Frl. Marie bekam ich ein reizendes Medaillon mit Haaren vom l.[ieben] Papa.»[41] Auch wenn diese Wendung zu einem guten Teil der Konvention geschuldet sein mochte – sie klingt nicht so, als habe er zu seinem jüdischen Vater ein zerrüttetes Verhältnis gehabt. In einem späteren Brief spricht er von Moritz Friedmann als «unserem größten Wohltäter», der den Seinen gegenüber «übergroße Güte und Liebe» gezeigt habe.[42] Moritz Friedmann hat sich, das ist kaum zu bezweifeln, um seine Kinder gekümmert. Die Mutter konnte er nicht ersetzen.

Wie also könnte das Familienleben im Hause Friedmann ausgesehen haben, sofern man überhaupt von einem geregelten Familienleben sprechen kann? Pflegte der Vater die jüdische Tradition? Besuchte er die Synagoge, stand ein neunarmiger Leuchter auf dem Wohnzimmerbüffet? Hat Moritz Friedmann seine Söhne in die Thora eingeführt, hat er Hebräisch gesprochen?

Egon Friedmanns «Geburts-Zeugniß» jedenfalls wurde von der «Seelsorge der israel. Kultusgemeinde in Wien» ausgestellt[43] – Moritz Friedmann scheint mit der jüdischen Tradition nicht gebrochen zu haben.

Sonst lässt sich nur aus den Gepflogenheiten der ins Bürgertum aufgestiegenen jüdischen Einwanderer schließen: Der Wille, zu leben wie die Eingesessenen, war stärker als die Bindung an die Religion der Väter. Dafür spricht auch, dass es für Egon wie für seine Geschwister offenbar selbstverständlich war, Weihnachten zu feiern. Gleichwohl muss Friedell früh ein Bewusstsein seiner jüdischen Herkunft entwickelt haben, in der er sich mitnichten zu Hause fühlt: Weshalb sonst wäre er so früh konvertiert? Auch seine lebenslange und intensive Auseinandersetzung mit dem Christentum, dessen Mystik weit mehr als dessen Dogmatik seinen Glauben trug, scheint ein Indiz dafür, dass der Übertritt einem inneren Bedürfnis entsprach und eher die Konsequenz inniger Gottsuche war als ein gesellschaftlicher Konvention folgender Schritt. Viele Jahre später wird er in einer Betrachtung über die Zeitspanne zwischen spätem Mittelalter und beginnender Neuzeit, die er, wie seine eigene Gegenwart, als Zeit religiöser Zweifel und historischer Umbrüche schildert, schreiben: «Und dennoch war Gott nicht tot, er lebte so stark wie je in den Gemütern der irrenden und suchenden Menschen.» Die Erscheinungen jener rund 200 Jahre, von den Mystikern bis zum Auftauchen Luthers, seien «von einem großen gemeinsamen Grundwillen ins Leben gerufen worden: dem Willen, zu Gott zurückzufinden, nicht zu dem durch tausend äußere Zeremonien verdeckten und durch ein Gewirr spitzfindiger Syllogismen verdunkelten Kirchengott, sondern zu der tiefen, reinen und heitern Quelle selbst, aus der alles Leben fließt.»[44] Friedell beschwört in diesen Worten nicht nur die religiösen Sehnsüchte seiner Epoche, in der die religionskritische positivistische Philosophie alle überkommenen metaphysischen Sicherheiten aufgelöst zu haben scheint – er spricht auch von sich selbst.

Und endlich: Die Äußerungen, die er in der *Kulturgeschichte der Neuzeit* zur jüdischen Theologie macht, legen den Schluss nahe, er habe sich seit je dem jüdischen Gottesverständnis wie dessen Ritus fremd gefühlt, da sie Ausdruck eines Glaubens seien, der, aufs Diesseits gerichtet, sich dem Wunderbaren verschließe. So bestehe «das jüdische Ritual (...) im wesentlichen aus sanitätspolizeilichen Vorschriften, und die höchste Idee des Judentums, der Messiasgedanke», sei zwar verstiegen, aber keineswegs weltfremd, vielmehr «ein konkretes Hirngespinst».[45] Gewiss – die Zeit, in der Friedell aufwuchs und seine Prägungen erhielt, war von wachsender Judenfeindlichkeit geprägt, und seine Abneigung gegen die eigene Überlieferung hat er mit tausenden anderer assimilationsbereiter Juden gemein. Gleichwohl erwecken, wie sich noch zeigen wird, seine Bekenntnisse zur christlichen Religion und insbesondere zu Jesus den Eindruck, als sei seine Abwehr eher einer tief empfundenen Unbehaustheit in der jüdischen Gottesvorstellung geschuldet als dem Ressentiment oder gar dem Hass gegen die Juden selbst.

Und gewiss hat auch das Gefühl, von der eigenen – jüdischen – Mutter eines Liebhabers wegen verlassen worden zu sein, seine Abneigung verstärkt. Bald auch kann er sich darin in Otto Weiningers berüchtigten Überlegungen zu *Geschlecht und Charakter* bestätigt sehen – und umso wirksamer, als er in Marie Gabriel die von der Mutter verweigerte Zuneigung, das vorenthaltene Verständnis findet. Die Haushälterin des Vaters wird zur Ersatzmutter für den Sohn. Bezeichnend, dass Egon sie nicht nur als Schüler, als er größte seelische Not leidet, immer wieder um Beistand bittet. Sie wird auch für den Schriftsteller und Saloncauseur Friedell einer jener Menschen bleiben, die ihm ein Gefühl unbedingter Verlässlichkeit geben. Er wird Marie Gabriel als gute Seele des Hauses in seine Wohnung holen.

Einige Monate zuvor, 1899, hatte sich der 21-Jährige in einem geharnischten Brief an seinen Vermögensverwalter, der, wie aus dem Schreiben hervorgeht, offenkundig eine monatliche Anweisung an die Mutter vorgeschlagen hat, dazu folgendermaßen geäußert: «4. Habe ich über die fragliche Summe bereits verfügt, da ich Fräulein Gabriel eine jährliche Zulage von fl. 200.– zusicherte; ich glaube hierin völlig recht zu handeln, denn erstens verfügt Fräulein Gabriel nicht einmal über die Hälfte des Einkommens der Frau Tritsch, und zweitens glaube ich, daß sie sich diese Unterstützung eher verdient hat als meine Mutter.»

Er wird noch deutlicher: Er würde in einer «Schenkung, die nicht durch dringendste Not gerechtfertigt erscheint, eine Sympathiekundgebung für Frau Tritsch erblicken, was ich unter allen Umständen perhorreszieren muß.»

Und als spürte er während des Schreibens die Kränkung immer tiefer, verschärft sich sein Ton von Wort zu Wort: «Eine Frau, die ihre Kinder im zarten Alter freiwillig verlassen hat, um umso ungestörter ihren Lüsten fröhnen zu können», die die Liebe ihres Gatten «damit gelohnt hat, daß sie ihn fürs Leben unglücklich gemacht hat, hat kein Recht mehr auf die Liebe ihrer Kinder, und ich erinnere mich nur daran, daß mein seliger Vater jede Annäherung zwischen dieser Frau und ihren Kindern nie geduldet hat und ganz außer sich war, als Oskar einmal dergleichen thun wollte.» Er, Friedell, sei bemüht, «dieser Frau Gefühle der Gleichgültigkeit entgegenzubringen». Wie sehr indessen die Verletzung einschneidet, zeigt der Satz, mit dem er unwirsch die Angelegenheit als beendet angesehen haben will: «Geschenke mache ich meinen Freunden, nicht einer Frau, die das Unglück unserer Familie bedeutet.»[46]

Das erste Exemplar seiner Doktorarbeit, die fünf Jahre nach diesem Brief erscheint, wird er Marie Gabriel widmen. Als Motto stellt er ein Zitat des ebenfalls mütterlich schwer traumatisierten Friedrich Nietzsche voran: «Wenn man keine gute Mutter hat, so soll man sich eine anschaffen.»[47]

3. Das Martyrium

a) Der Heilige Stuhl im Klassenzimmer

In Artikel 5 des Konkordats des Jahres 1855 mit dem Heiligen Stuhl heißt es: «Der ganze Unterricht der katholischen Jugend wird in allen sowohl öffentlichen als nichtöffentlichen Schulen den Lehren der katholischen Religion angemessen sein; die Bischöfe aber werden (…) sorgsam darüber wachen, daß bei keinem Lehrgegenstande etwas vorkomme, was dem Katholischen und der sittlichen Reinheit zuwiderläuft.»[48]

Diese Bestimmung wirkte auf die Stoffpläne ein: Der Unterricht auch an den allgemeinen Volksschulen sollte wieder stärker den Glauben in die Herzen senken, damit zwangsläufig das Bündnis von Thron und Altar kräftigen, herrscherliche Macht sei von Gott eingesetzt. Zu jener Zeit herrschte seit sieben Jahren Kaiser Franz Joseph, der bis zum großen nationalen Schock, dem verlorenen Krieg gegen Preußen 1866, eine betont konservative Linie verfolgte und mit Hilfe der Bürokratie und Aristokratie, der Armee und des Klerus einen «neuen Absolutismus» zu etablieren suchte, somit das Bürgertum um seine in der Revolution von 1848 geschöpften «Hoffnungen auf eine Verfassung und auf Mitwirkung in der Politik» fürs Erste betrog.[49]

So schien Mitte des 19. Jahrhunderts auch die «Konfessionalisierung» der Schule erneut auf dem Vormarsch. Ja, es sah so aus, als sei mit der Waffe des Konkordats «der Kirche ein Einbruch in das Schulwesen gelungen»[50] – um anzuknüpfen an die Verhältnisse im sogenannten System Metternich.[51] Es liegt auf der Hand, dass die Liberalen sich zu «vehementer Kritik» veranlasst sahen.[52]

Allein: Versucht man, das Konkordat von 1855 in den historischen Horizont des 19. Jahrhunderts zu rücken, so wird seine Kehrseite erkennbar, und der neue Bund mit der alten Macht erweist sich auch als ordnungspolitischer Schritt, der einer Entwicklung Ausdruck verleiht, die mit der Regierungszeit Maria Theresias und vor allem Josephs II. begonnen hatte: die Hoheit des Staates auch im Bildungswesen durchzusetzen, mithin also den Einfluss der Kirche zurückzudrängen, ihr jedenfalls die Herrschaft über die Schulen und damit auch die Definitionsmacht über ihren Lehrstoff zu beschneiden.

Wesentlich an dieser Entwicklung war die Absicht, den Staat als lebensbestimmende Macht zu etablieren, in die sich auch die Kirche zu integrieren hatte. Nach und nach setzt die Verwaltung, oft gegen den Widerstand der Bauern und Handwerker, die ihre Kinder für die Arbeit brauchen, die Schulpflicht durch. Diese richtungsweisenden Entwicklungen sind in Deutschland wie in Österreich ähnlich, das bis 1866 ohnehin dem deutschen Staatenverbund angehörte: «Die allgemeine Schulpflicht wird – neben der Wehrpflicht und der Steuerpflicht – zu einer der Grundpflichten des modernen Bürgers. Es ist der Staat, der diese Pflicht setzt und die Schulen organisiert und damit wie nie zuvor in Leben und Lebensweg des Einzelnen eingreift.»[53]

Dieser Prozess erwuchs aus der aufgeklärten Staatsidee, die sich im 18. Jahrhundert durchgesetzt hatte und die gerade die Schule als Einrichtung erkannte, die Untertanen zu loyalen Staatsbürgern zu erziehen, die des Lesens und Schreibens mächtig waren und dergestalt ausgebildet auch den wirtschaftlichen, wissenschaftlichen und technischen Fortschritt voranzutreiben vermochten.[54] Zudem entsprach dieser Prozess dem «Emanzipationsverlangen der Bürger» und der ebenfalls der Aufklärung entstammenden Idee eines individuellen, «vernünftigen» und innengeleiteten Menschen.[55] Mochte also das Konkordat 1855 auch der Kirche aufs Neue größeren Einfluss im Bildungswesen zuerkennen – es offenbart doch zugleich, dass die Kirche inzwischen gezwungen war, die Vormacht des Staates anzuerkennen. «Mit den Bestimmungen über das Verhältnis der Schule zur Kirche wurde ein langwieriger, immer wieder unterbrochener Prozeß zum Abschluß gebracht, der, beginnend mit den Maßnahmen Maria Theresias, eine endgültige Verstaatlichung der Schule bedeutete.»[56]

Damit aber richtet das Konkordat bereits den Blick auf jenes entscheidende Gesetz, das 1867 die moderne Trennung von Kirche und Staat besiegeln sollte: das «Staatsgrundgesetz», das im Zusammenhang mit der im Dezember 1867, ein gutes Jahr nach der Katastrophe von Königgrätz, auf den Weg gebrachten Verfassung für eine konstitutionelle Monarchie verabschiedet wurde. Artikel 17 dieses Staatsgrundgesetzes lautete: «Die Wissenschaft und ihre Lehre ist frei.» Dem Staat stehe «rücksichtlich des gesamten Unterrichts- und Erziehungswesens das Recht der obersten Leitung und Aufsicht zu».[57]

Wenige Monate später, im Mai 1868, erging das sogenannte Schule-Kirche-Gesetz, welches festschrieb, lediglich der Religionsunterricht habe «unter der Leitung und Aufsicht der betreffenden Kirche oder Religionsgemeinschaft» zu bleiben.[58] Damit war die Volksschule, immerhin dem Gesetz nach, von der konfessionellen Bindung befreit.[59] Sie besaß somit «interkonfessionellen Charakter» und war «der Jugend ohne Unterschied des Glaubensbekenntnisses zugänglich.»[60]

Wieder ein Jahr später, am 17. Mai 1869, sanktionierte Kaiser Franz Joseph das «Reichsvolksschulgesetz», das die «Feinarbeit» des «Schule-Kirche-Gesetzes» regelte – der entscheidende Schritt auf dem Weg zu einem der bürgerlichen Wissens- und Produktionsgesellschaft angemessenen Bildungssystem, damit «die wichtigste und dauerndste Frucht des ‹österreichischen Kulturkampfes›»[61] – was natürlich keineswegs heißt, damit sei die Religion aus dem Unterricht verdrängt worden. «Es ist nicht der atheistische, oder antireligiöse, auch nicht der areligiöse Staat», der die neue Schule einrichtet, «nicht einmal der von der Schule grundsätzlich getrennte Staat, wohl aber das liberale Staatskonzept», das zum einen den Staat aus dem Willen seiner Bürger begründet, andererseits aber «mit Religion und Kirche rechnet und diese daher auf bestimmte Plätze im Staatsgebäude verweist».[62] So sollte auch die Volksschule «die Kinder sittlich-religiös» erziehen, um nicht zuletzt dadurch «deren Geistestätigkeit zu entwickeln» – und: «sie mit den zur weiteren Ausbildung für das Leben erforderlichen Kenntnissen und Fertigkeiten auszustatten». So legt es Paragraph 1 des neuen Schulgesetzes fest.[63]

Und wie teilte sich das im Unterricht mit? «Inhaltlich waren diese Schulen auf das Erlernen der elementaren Kulturtechniken und auf Religion konzentriert; dazu kam ein Weniges an ‹Realien› (Geographie und Naturkunde z. B.) und – dem Programm nach – ein Stück abstrahierender Reflexion, zumal durch die formalen Fächer: Sprachlehre und Mathematik vermittelt.»[64] In Fächern ausgedrückt: Religion, Lesen und Schreiben, Rechnen «in Verbindung mit geometrischer Formenlehre»; auch der als weltanschaulicher Macht an Bedeutung gewinnenden, sich zusehends auf Darwins Evolutionslehre stützenden Biologie soll in «Naturgeschichte» und «Naturlehre» Rechnung getragen werden. Dass die Lehrer Geographie und Geschichte «mit besonderer Rücksichtnahme auf das Vaterland und dessen Verfassung» vermitteln sollen, bekundet gleichfalls eine unmittelbare Reaktion auf die großen politischen Tendenzen der Zeit. Schließlich zeigen auch die musischen Fächer den Einfluss eines bürgerlichen, humanistisch geprägten Bildungsbegriffs: Zeichnen und Gesang, «Handarbeiten für Mädchen, Turnen für Knaben».[65] Allein für den Religionsunterricht noch war die Kirche zuständig. «Die Religion trat damit als Fach neben andere Fächer, während sie bislang den Hauptgegenstand bildete.»[66] Auch war der Staat bemüht, seine Schüler in Räumen unterzubringen, die dem breiten Fächerspektrum gerecht würden und einen einigermaßen effektiven Unterricht ermöglichten; einheitliche Schulbücher erschienen, die bislang nachlässige Lehrerausbildung – der eigentliche Lehrer bis dahin schien immer noch das Leben selbst – sollte angehoben werden, und: die Schule sollte «nach Möglichkeit so viele Klassen umfassen, wie ihr Jahrgänge entsprachen.»[67]

So also war das von politischer Morgenluft umwehte, zwischen den Kräften der Beharrung und der Bewegung wechselnde Klima, in dem Friedell 1882 in die städtische allgemeine Volksschule, VI. Bezirk, Mariahilf, Stumpergasse 10, eintrat, unweit der Wohnung, in der er zur Welt gekommen war.

b) Friedmanns Irrfahrten

Der Einserschüler

Egon Friedmann war ein wissbegieriger Schüler. Mit den Lehrern hatte er keine Probleme. So wenig wie seinen Vater berührt ihn unangenehm, dass in Religion der katholische Glaube gelehrt wird und von den Wundern Christi die Rede ist. Auch dass in «Geographie und Geschichte» die großen habsburgischen Herrscher, die Heldenfiguren und Feldherrn vom Schlage eines Prinz Eugen, der 1716 die Türken vor Wien geschlagen hatte, eines Windischgrätz und Radetzki, die 1848 den Aufstand der bürgerlichen Revolutionäre niederstreckten, dass die glorreiche Vergangenheit der Monarchie im Vordergrund stand, war selbstverständlich – ohnehin hingen die jüdischen Bürger treu dem Kaiserhaus an, seit Franz Joseph sie verfassungsrechtlich gleichgestellt hatte.

Friedmann lernt leicht. Noch im Zeugnis der 4. Klasse, Schuljahr 1886/87, der «Schulnachricht», bringt er in den ersten drei Quartalen in Lesen, in Sprache, in Naturkunde, Geographie und Geschichte eine Eins nach Hause, eine Zwei in Rechnen und sogar in Gesang und Turnen. Im IV. Quartal hat er nur noch Einser[68] – der Vater kann stolz sein. Dem Übertritt des offenkundig begabten Buben in das Mariahilfer Communal-Real- und Obergymnasium im IV. Bezirk steht nichts im Wege.

Egon ist neun Jahre alt, vor sechs Jahren hatte die Mutter das Haus verlassen. Und vielleicht hängt es mit dem zunehmenden Bewusstsein über diesen als schwere Zurückweisung empfundenen Schritt zusammen, dass die Leistungen von nun an abfallen.

Mit der Schulordnung nicht vereinbar

Egon Friedmann scheint lernwillig, doch durchschnittlich. Die Zeugnisse am Realgymnasium, an dem in der ersten Klasse mit Latein begonnen wird, vermerken darin ein «befriedigend». Auch Religion, Geographie und Geschichte und – Deutsche Sprache: «befriedigend.» Mathematik, Naturwissenschaft/Physik: «genügend». In der dritten Klasse im Schuljahr 1890/91 kommt Griechisch hinzu: «lobenswert», Latein: «lobenswert». «Fleiß» und «Sittliches Betragen» pendeln zwischen «entsprechend» und «befriedigend».

Egon Friedmann ist 13 Jahre alt. Dann, am 15. Dezember 1891, stirbt der Vater.[69] Wenige Jahre zuvor erst, im November 1887, war die Ehe geschieden worden. Hatte Moritz Friedmann bis dahin gehofft, «Frau Tritsch», wie Egon die Mutter abfällig nennt, werde zurückkommen? Und für Egon beginnen nun die Irrfahrten.

Im Städtischen Gymnasium Frankfurt, heute Goethe-Gymnasium, nahm Egon Friedmanns gymnasiales Trauma seinen Anfang: Am 2. März 1894 wurde der später berühmte Autor der Kulturgeschichte der Neuzeit *wegen schlechten Benehmens relegiert.*

Die Vormünder begleiten die folgenden Jahre sein Leben: Emanuel Kohn, Dr. Alfred Schmidt, Dr. Max Neuda-Brull. Da Egon eine Tante in Frankfurt hat, Olga Gumpf, beschließt man, ihn im Frankfurter Goethe-Gymnasium einzuschulen.

Bei der Tante, einer offenkundig herzlichen Dame, fühlt er sich aufgehoben und angenommen. Als er längst wieder von Frankfurt fort und in Baden nahe Wien am dritten Gymnasium seiner schulischen Odyssee angelangt ist, denkt er gern an die Jahre in Frankfurt, während derer ihn offenbar auch die Schwester besucht. In einem Brief an die Tante erinnert er sich: «Am Sonntag Abend war ich noch mit l.[ieben] Elserl zusammen. Denke Dir nur, als die Sprache auf Dich kam, fing sie auf einmal an: Macht die Tante Olga noch ‹Mehja›? Ich mußte wirklich so lachen, denn ich dachte dabei an Dich, wann Du so recht gut aufgelegt warst und wir uns an lustigen Reminiscenzen ergötzen.»[70]

Außerdem: Die Sauberkeit, die Ordnung, die gute Organisation, die im prosperierenden Deutschen Reich herrschen, müssen ihm imponiert haben. Es liegt nahe, anzunehmen, seine künftige Sympathie

Die Inszenierung im nachgestellten historischen Raum gehörte zum Selbstverständnis des neuen Bürgertums: Egon Friedmann posiert im Alter von etwa 13 Jahren im Atelier des Fotografen Friedrich Müller in der Amalienstraße 9 in München als künftiger Gelehrter.

für das Kaiserreich habe ihre Anfänge in den Eindrücken, die er bei Olga Gumpf in Frankfurt empfängt. Zudem herrscht dort ein vergleichsweise toleranter Geist den Juden gegenüber.

Die Schule lässt sich dann auch nicht übel an: In Geschichte und Geographie legt er ein «sehr gut» vor, mit den Bemerkungen: «sehr schöner Vortrag» und: «lobenswerte Kenntnisse». In Latein und Griechisch immerhin ein «genügend», mit der Tendenz: «manchmal besser». Aufmerksamkeit und Fleiß: meist «sehr gut». Selbst in der Rubrik «Betragen» ist anfangs in allen Fächern, auch in Mathematik und Französisch, und selbst in Turnen, ein «gut» eingetragen. Einige Kommentare zu den Zensuren werden die Tante amüsiert, den Direktor, Karl Reinhardt, eher bedenklich gestimmt haben: «noch ein großes Kind», urteilt Dr. W. Zint, der Mathematiklehrer. Und Dr. Dieter Schwemer,

Oberlehrer für Geschichte und Geographie, findet: «oft noch kindsköpfisch.» Hoffnungsvoll, fast will man sagen: prophetisch, ist die Einschätzung des Deutschlehrers, Dr. Josef Wulff: «noch zu phrasenhaft u. gekünstelt, doch zeigen d. Arbeiten eine rege Phantasie u. entbehren eines lebhaften, gewählten Stils nicht.»[71]

Das war treffend erkannt. Gewiss: Den Schüler Friedmann trennt noch über ein Jahrzehnt von seinem Literatentum, und sicherlich wagt er selbst an eine Laufbahn als Künstler noch nicht zu denken. Es scheint klischeehaft, doch wer die beiden Aufsätze liest, die Friedell am Goethe-Gymnasium im Frühjahr und Herbst 1893 schreibt, denkt unwillkürlich an seinen Stil als Feuilletonist. So schreibt er über den Kurfürsten Moritz von Sachsen: «Einerseits müssen wir ihn als Verräter und Thronräuber verdammen, während er wieder andererseits (...) als Verteidiger des Rechts und Schützer des Glaubens der bedrängten Protestanten auftritt. Hauptsächlich allerdings that er dies alles nur aus Politik, und daher allein können wir uns seine sich so widersprechende Handlungsweise erklären.»[72] Bemerkung: «Sehr gut. Schw.»[73]

Und in Aufsatz «No. 4» vom 15. September 1893 zeichnet er selbstbewusst folgendes Charakterbild Cyrus' des Jüngeren, jenes persischen Oberfeldherrn, der während des Peloponnesischen Krieges Sparta unterstützte: «Cyrus der Jüngere war der bedeutendste persische Satrap, den die Geschichte kennt.» Als «Sohn des Perserkönigs Darius und Parysatis (...) wurde er am königlichen Hof erzogen, und wir erfahren von Xenophon, daß er sich schon in früher Jugend durch seine Bescheidenheit und Liebenswürdigkeit gegen Leute jeden Standes auszeichnete.» Auch sei er ein unerschrockener Reiter und Jäger gewesen: «Kein Weg war ihm zu gefährlich, kein Tier zu wild, als daß er es nicht durch Wald und Busch verfolgt hätte.» Doch nahm die Laufbahn des hoffnungsvollen Jünglings ein unglückliches Ende, nachdem er seinen Bruder, den Thronfolger Artaxerxes, von dem er sich zu Unrecht als möglicher Usurpator verfolgt sieht, in Mesopotamien zur Schlacht gestellt hatte. Friedmann: «Er kämpfte mit großer persönlicher Tapferkeit, war es doch ein Kampf um Ehre und Recht. Aber es sollte auch sein letzter Kampf sein.» Denn als Cyrus seinen Bruder entdeckt, stürmt er blindwütig auf den Verhassten ein und verdirbt die schon fast gewonnene Partie «durch seine unbesonnene Tollkühnheit». Kurz: «Als die Kunde von dem Tode des geliebten Führers bekannt wurde, da

Angeeckt wegen Aufsässigkeit gegen den Lehrkörper: Egon Friedmann ließ sich in Frankfurt beim Hof-Fotografen Hugo Thiele, Opernplatz 2a, ablichten.

herrschte große Trauer bei Allen, und tausende von Thränen wurden um den edlen Mann vergossen.»[74]

Die Kühnheit dieser Zeilen ist auch dem Geschichtslehrer aufgefallen, der zu Friedmanns Behauptung: «und niemand, selbst keiner unter den Feinden, konnte sich einer gewissen Rührung verwehren, wenn er des Mannes gedachte, der es so vortrefflich verstanden hatte, sich in die Herzen aller Eingang zu verschaffen» – der also zu dieser Behauptung an den Rand notiert: «Der Verfasser weiß mehr als Xenophon.»[75] Ist das nicht schon der fast ganze Friedell, der es stets besser wusste als die Experten und Sachwalter des Schulwissens?

Schon in Frankfurt versteht es Friedmann, sich mit ironischen Kommentaren und komödiantischen Rollenspielen bei den Mitschülern so beliebt wie bei den Lehrkräften unbeliebt zu machen. Seine Unsicherheit verbirgt er hinter der Attitüde des Lebensklugen, der das Kostüm des Hofnarren wählt. «Der gemeinhin schwierige Charakter des Literaten», schreibt Ernst Jünger, auch er einst ein schlechter Schüler, «bringt ihn mit den Einrichtungen leichter in Konflikt als den normalen Bürger.»[76]

Den Rest kennen wir: Der Schulleiter, Dr. Reinhardt, sieht sich veranlasst, die Entfernung des Schülers zu beantragen. «Er mußte», heißt es im «Abgangs-Zeugnis» vom 2. März 1894 lapidar, «unsere Anstalt verlassen, weil sein längeres Verbleiben mit der Schulordnung nicht vereinbar war.»

Als Egon Friedell wird der Schüler Friedmann spotten: «In Frankfurt am Main war ich nur drei Jahre auf dem Gymnasium. Dann wurde ich hinausgeschmissen. Mein Ordinarius erklärte plötzlich eines Tages, einer von uns beiden könne die Klasse nicht mehr betreten. Der Rektor entschied sich für mich», witzelt er im Mai 1914 unter dem Titel *Der Lausbub* im *Neuen Wiener Journal*, einem seiner damaligen Stammblätter.[77]

Doch über das, was ihm nun bevorsteht, hat er sich niemals wieder geäußert.

Die Leiden eines Knaben

Es scheint, der Spaß sei fürs Erste vorbei. Der Schüler Friedmann ist seit Ende März des Jahres 1894 am altehrwürdigen Gymnasium an der Hammerlingstraße 3 in Horn, dem in Wien hauptsächlich durch das «Horner Weißbier» bekannten mittelalterlichen Städtchen im nördlichen Waldviertel. Dass es ihm nicht gut geht, ist den Hilferufen abzulesen, die er kurz nacheinander an Olga Gumpf, an den Vormund Kohn, an einen Herrn Rettich, einen alten Freund seines Vaters, sowie an seine Amme Marie Gabriel sendet. Von Überlegenheit, von Heiterkeit gar, ist nichts zu spüren. Und doch: Die Klarheit und Eindringlichkeit, mit der er seine Lage schildert, die Zielstrebigkeit, mit der er darum kämpft, aus dieser Hölle befreit zu werden, bekunden neben großer Empfindsamkeit einen zähen Willen zur Selbstbehauptung.

Schon in der Woche nach seinem Eintritt in Horn, am 2. April, klagt er in einem Brief an Marie Gabriel über seine «trübselige Stimmung», über die «unsagbaren Seelenqualen», und versichert: «ich halte es keine 8 Tage mehr aus».[78]

Am selben Tag noch, einem Montag, teil er Emanuel Kohn mit: «Ich werde nicht früher einen frohen Atemzug thun können, nicht früher wird wieder ein Lächeln über meine Lippen kommen, bis ich erfahren habe, daß ich das Convict endgiltig verlassen darf.» Denn: «Meine physische und moralische Kraft ist erschöpft, nichts vermag mich mehr aufrecht zu erhalten als die Hoffnung, Sie und alle Lieben *noch in dieser Woche* sehen und sprechen, Ihnen meine Lage mündlich auseinandersetzen zu können (...), mein Haupt bergen zu können an fühlender Brust.»[79]

Am folgenden Tag setzt er sich morgens um acht hin, um an Rettich, den alten «Hausfreund», zu schreiben: «diese verflossenen 8 Tage haben aber die Vergehen, die ich in Frankfurt begangen, reichlich gesühnt. Wie eine glückliche Zeit rasch dahinfliegt, so wird mir hier jede Minute zur langen Höllenqual.» Dass er darüber nicht die Kraft eingebüßt hat, über die Begrenztheit des Daseins an sich nachzudenken, beweist er auch in den folgenden, treffsicher gewählten Worten: «Am Ende bin ich doch nur ein sterblicher Mensch und habe so lange als möglich versucht, mich zu halten, aber ich kann doch nur, was ich nach den Gesetzen der Natur zu können fähig bin, und, wenn nicht sehr bald Hilfe kommt, fürchte ich, wird es zu spät sein. (...) Niemand hat hier die geringsten Gefühle für mein Leid – im Gegenteil, mich trifft nur Spott und Hohn.»[80] Will er damit seiner Befürchtung eines seelischen Zusammenbruchs Ausdruck geben? Oder spielt er hier zum ersten Mal auf die Möglichkeit des Selbstmords an? Im selben Brief jedoch bekundet er seinen Willen zur Flucht: «Zugleich aber ist mein Entschluß fest gefasst, noch vor Begin nächster Woche dieses Haus zu verlassen. (...) Die Verzweiflung gibt mir Kraft zu jedem Wagnis.»[81]

Wie dieses Wagnis aussehen soll, hat er Marie Gabriel bereits tags zuvor anvertraut: Er sei entschlossen, «*noch diese Woche* (...) das Haus zu verlassen u. kein Mittel dazu unversucht zu lassen.» So werde er sich für Sonntag Nachmittag «vom Covictsleiter freien Ausgang» erbitten und mit dem Zug «um 5 Uhr 20 Minuten» nach Wien fahren. «Bei Ihnen hoffe ich nun vorläufig für ein paar Tage (...) eine Heimstätte zu finden, u. glaube mich hierin nicht getäuscht zu haben. Sie waren mir ja stets eine zweite Mutter u. sind auch jetzt noch meine liebe treue mütterliche Freundin; Sie werden mich nicht verlassen.» Bei aller Verzweiflung – er weiß, was er seiner Ehre schuldig ist: «Vom Bahnhof aus sende ich ein Telegramm an den Convictsleiter, in dem ich ihm mitteile, was vorgefallen. Einen höflichen Brief mit Danksagung u. Darlegung der Gründe, die mich zum Fortgehen bewogen, sende ich ebenfalls dorthin ab. Auf diese Weise brenne ich nicht wie ein Verbrecher bei Nacht u. Nebel u. mit Hilfe von Gewaltmitteln durch, sondern gehe auf anständige Weise aus der Anstalt.»[82]

Was nun diese Gründe betrifft, so lässt das «*NB*», das nota bene, aufhorchen, das er anfügt: zu dem «schrecklichen Gefühl der Lieblosigkeit und Einsamkeit» komme hinzu, «daß meine Mitschüler mich durch die ausgesuchteste Rohheit und Bosheit quälen».[83]

Ähnlich äußert er sich auch in seinem ersten Brief an Rettich: den «Mangel an Liebe» verschlimmere «auch noch boshafte Roheit, Gemeinheit und Abscheuenswürdiges».[84]

Abscheuenswürdiges: Was ist in Horn vorgefallen? Hat er erlebt, was Musils Erzähler im *Zögling Törless* berichtet: sadistisch aufgeladene Sexspiele unter den Mitschülern? Ist er am Ende zu sexuellen Handlungen gezwungen, ist er gar missbraucht worden? Man kann es vermuten. Beweise gibt es nicht.[85]

Die Empfängerin wird alarmiert gewesen sein, wird sich mit Kohn, Rettich und den anderen Vormündern in Verbindung gesetzt haben. Den Fluchtplan jedenfalls braucht er nicht auszuführen. Bereits am Nachmittag des 3. April schreibt er erleichtert an Rettich: «Welche Freude Ihr lieber Brief, den ich vor 10 Minuten erhielt und sogleich mich zu beantworten beeile, mir bereitet hat, vermag ich Ihnen nicht zu schildern. Ihre liebevollen trostreichen baldige Erlösung verheißenden Worte haben mich mit neuer Hoffnung erfüllt, sie werden mich stärken es noch einige Tage hier auszuhalten.» Und er schließt mit den Worten: «Indem ich Sie im Gefühle überströmender Dankbarkeit innigst umarme bin ich in warmer Liebe Ihr Egon.»[86]

Friedmann hat die schlimmste Strecke seiner Schulzeit, wenn sicher auch nicht bald überwunden, so doch bald hinter sich: Noch im selben Jahr überstellen ihn die verantwortlichen Herren an die Winkler'sche Knaben-, Lehr- und Erziehungsanstalt im ebenfalls niederösterreichischen Baden, nahe Wien. Der Kurort mit seinem eleganten Publikum sagt ihm mehr zu als das provinzielle Horn, auch nutzt er jede Gelegenheit, nach Wien zu fahren, die Vormünder, vor allem Marie Gabriel zu besuchen und die geliebte Schwester zu treffen.[87]

Doch die Tretmühle, als die er das Gymnasium empfindet, hat ihm noch ein paar Extrarunden reserviert.

Man stellt ihm einen Hauslehrer zur Seite: Heinrich Ruff, einen rechtschaffenen Lehramtskandidaten, der ihm vor allem in Mathematik auf die Sprünge helfen soll. Ruff nimmt dafür sogar in Friedmanns Wohnung Quartier. Die Leistungen reichen dennoch nicht aus, Friedmann wird nicht einmal zum Abitur zugelassen. Sein Fleiß, wen erstaunt das noch, gilt als «gering». In Latein, Geschichte, Mathematik, Physik: «nicht genügend». So das Zeugnis vom 30. März 1896.

Folgt: Heidelberg. Am 1. Dezember 1896, einen Monat vor seinem 18. Geburtstag, nimmt ihn das Gymnasium an den Neckarstaden 2 in die Operprima auf – nur als Hospitanten. Ruff hat wegen eigener Vorbereitungen auf die Lehramtsprüfung keine Zeit, ihn zu begleiten. Friedmann scheint es hoffnungslos, allein die Lücken in Mathematik, vor allem der projektivischen Geometrie, zu schließen. Er reist nach Wien, einen Ersatz-Tutor zu «acqirieren»,[88] doch die Vormundschaft äußert Bedenken. Wochen verstreichen. Friedmann kehrt nach Heidelberg zurück, quartiert sich bei der «Gymnasialprofessorsgattin Frau Anna Müller, geborene von Gaffron»,[89] ein. Er versucht sein Bestes, kommt in Latein und Philosophie auf «sehr gut». Doch in Mathematik hat er nichts vorzuweisen, obwohl Ruff, dem er «seine Lebensnoth klagte»,[90] zu Ostern doch noch in Heidelberg erscheint. Es reicht nicht – so kann er kraft Schulgesetz zur Maturitätsprüfung im Juli nicht zugelassen werden.

In dieser Lage scheint sich ein Ausweg zu öffnen.

Er könnte sich, auch ohne Abitur, an der Universität Heidelberg einschreiben. Die Statuten lassen diesen Ausnahmefall zu, sofern ein Fakultätsmitglied dem Schüler bestätigt, er besitze grundsätzlich die geistige Reife und habe in den alten Sprachen und in Philosophie hinreichende Kenntnisse. Der Direktor des Gymnasiums selbst, Dr. Uhlig, zugleich Honorarprofessor an der Universität, erklärt sich bereit, diese Bestätigung auszufertigen – Uhlig hegt Sympathien für seinen schwierigen und fraglos begabten Schüler und will ihm den Weg ins Studium nicht verbauen.

Kaum hat Uhlig Friedmann auf diese Möglichkeit aufmerksam gemacht, hat sich der auch schon immatrikuliert. Dann setzt er sich an den Schreibtisch und verfasst eine Petition an das Vormundschaftsgericht in Wien, in der er ausführlich darlegt, er könne nun an jeder deutschen Universität studieren und sich als Privatdozent habilitieren, könne dann sogar kraft eines Majestätsgesuches auch an eine österreichische Hochschule wechseln – wobei er kein Hehl daraus macht, man sei ihm in Deutschland «ungleich conciliánter» entgegengekommen als in seiner Heimat, habe somit «meinen Leistungen und Fähigkeiten ungleich gerechtere Würdigung» angedeihen lassen. Er bitte also das Gericht um die Genehmigung, im Kaiserreich bis zum Abschluss seines Studiums bleiben zu dürfen, betone aber zugleich seine Absicht, die Matura «in den nächsten Semestern» nachholen zu wollen, da er dies «überhaupt als Ehrensache» betrachte. Doch vergisst er nicht, anzufügen: «obgleich die dringende Nothwendigkeit hierzu heute bereits nicht mehr vorhanden ist.»[91]

Die Vormundschaft schöpft Verdacht: Hat Friedmann erst ein, zwei Semester Philosophie hinter sich, wäre es naiv, zu glauben, er werde sich dann noch überwinden, für eine Matura zu pauken, die er ja eigentlich sowieso nicht mehr zu brauchen glaubt. So stimmen denn die Herrn Kohn, Schmidt und Neuda Friedmanns Antrag zu – unter der Bedingung, dieser habe sich der «Maturitätsprüfung im Verlaufe *des* nächsten (nicht wie es im Petite heißt *der* nächsten) Semester unbedingt zu unterziehen».[92] Die Herren kennen ihren Pappenheimer.

Und zweifellos wissen sie: Das Gefühl, die Hürde, vor der er zurückschreckt, am Ende doch genommen zu haben, wird sein Selbstbewusstsein stärken. Auch ist es einem Menschen, der allem Anschein nach eine bürgerliche Laufbahn einschlagen will, dringend anzuraten, nicht als gescheiterter Maturant zu gelten.

Ruff, der Privatlehrer, drängt also an die Arbeit.

Da in Preußen jene spezifische Geometrie, an der es hakt, nicht auf dem Stundenplan steht, beschließt man, in Berlin einen neuen Anlauf zu wagen. So findet sich Friedmann unverhofft in der Hauptstadt des Kaiserreichs wieder, das sich in diesen Jahren mit historisch beispielloser Dynamik zur führenden Wirtschafts- und Industriemacht Europas entwickelt hat, dessen Wissenschaftler weltweit in Ansehen stehen. Friedmann ist beeindruckt und wie betäubt vom Tempo Berlins – und Ende August dieses turbulenten Jahres 1897 tritt er am Gymnasium

Steglitz, Heerstraße 15, zur schriftlichen Prüfung an. Am 24. September sollte die mündliche stattfinden. Doch als er sich in dem schmucken neoromanischen Bau einfindet, wird ihm eröffnet, er habe das zweitschlechteste Prüfungsergebnis dieses Jahrgangs, durch die Bank «nicht genügend». Zur mündlichen Prüfung braucht er gar nicht erst anzutreten. Also wieder nach Wien.

Dort wird er am 26. September 1898 an dem mächtigen Bau des Akademischen Gymnasiums am Beethovenplatz zum Abitur zugelassen, das «Maturitäts-Prüfungs-Zeugnis» teilt am 11. Oktober mit, er sei aufgrund mangelnder Leistungen «noch nicht reif zum Besuche einer Universität», er könne aber im nächsten Jahr die Matura wiederholen.

Er verzichtet. Und als wolle er beweisen, dass er sehr wohl reif zum Besuche einer Universität sei, fährt er trotzig nach Berlin, um sich an der Friedrich-Wilhelm-Universität in Philosophie einzuschreiben. Doch pfeift man ihn, mit seinen 20 Jahren ist er noch nicht volljährig, im Winter nach Wien zurück. Rasch indessen zieht es ihn wieder ins geliebte Heidelberg, von wo aus er beim Provincialschulkollegium in Kassel um die vierte Zulassung zum Abitur ersucht.

Und nun winkt dem 21-jährigen Egon Friedmann, dieser ja ganz offenkundig verkrachten Existenz, die große Lebenswende.

4. Per aspera ad astra oder: in Geschichte «gut»

Professor Philipp Hafner war ein kluger Mann. Der Schüler Friedmann ist in Wien aufgewachsen, er hat das Realgymnasium besucht, er wird also die wichtigen Stationen der österreichischen Geschichte kennen. Das wird in der Prüfung zu berücksichtigen sein.

Hafner will es Friedmann so leicht wie möglich machen. Er hat Verständnis für diesen eigenwilligen Schüler, der sich nicht leicht in die festgelegten Bahnen der Stundenpläne fügen lässt. Aber Friedmann hat zweifellos sprachliches Talent, er hat Sinn für geschichtliche Zusammenhänge, er kann, wenn ihn etwas interessiert, sich begeistert in den Stoff wühlen. Das hat ihm, Hafner, auch Dr. Duden bestätigt.

Friedell, der noch immer Friedmann heißt, hat in der Tat Glück, am Königlich Preußischen Gymnasium in Hersfeld gelandet zu sein, dessen Direktor Konrad Duden heißt, der Mann, der sich mit seinem ambitionierten Wörterbuch einen Namen gemacht hat.

Humanistische Tradition hat den Geist von Dudens Schule geformt. Mehr als zwei Jahrhunderte hat sie aus ihren drei *auditoria*, den Hörsälen des ehemaligen Internats, Gelehrte, insbesondere Theologen und Philologen, in die kurhessischen Gymnasien, Hofämter und Pfarrsprengel entlassen.[93] Hervorgegangen aus einem im frühen 13. Jahrhundert gegründeten Franziskanerkloster, ist die Gelehrtenschule von Abt Michael Landgraf, einem der letzten Äbte des benachbarten Benediktinerklosters, 1570 begründet worden. Bereits Abt Michael hatte in der Stiftungsurkunde seine hohen pädagogischen Ansprüche festgehalten: Wissenschaften und Künste seien an «Köpfe von bester Begabung» zu vermitteln, «woraus dann die dereinst zur Leitung von Kirche oder Staat berufene Jugend Erfahrung, Fleiß, Bildung und Einsicht schöpfen» könne. Da «gute Anlagen» der «besonders sorgfältigen Pflege bedürfen», solle man «billigerweise (...) fromme und in jeder Beziehung gelehrte (...) Lehrer» berufen.[94] Obwohl das Kloster bald danach im Zuge der Reformation aufgelöst wurde – Luther selbst hatte Hersfeld bereits 1521 besucht – und das inzwischen protestantische Gymnasium im Dreißigjährigen Krieg schwere Schäden erlitten hatte, so hat sich doch der Geist seines aufgeklärten Gründers über die Wechselfälle der Zeit erhalten.

Als Egon Friedmann am 2. August 1899 nach Hersfeld kommt, leitet Konrad Duden seit knapp einem Vierteljahrhundert die Anstalt. Als Duden 1876 das Amt übernahm, lag es genau zehn Jahre zurück, da Preußen sich den Hessischen Kurstaat einverleibt hatte und das Gymnasium dem Muster des fortschrittsbewegten Nationalstaats anzupassen begann. Duden führte als Reformator der deutschen Rechtschreibung die Linie humanistischer Bildung würdig fort, indessen den Forderungen der im industriellen Aufschwung befindlichen Zeit gemäß, die den Akzent deutlich auf die naturwissenschaftlich-technischen Fächer verschob, also die praxisbezogene Ausbildung zuungunsten der klassischen Bildung bevorzugte – eine Entwicklung, die Nietzsche schon 1876 mit den Worten geißelte, sie schaffe den (vorwiegend protestantisch geprägten) «Bildungsphilister», also einen, der Faktenwissen für Bildung hält und dessen «Seele» bei der Aufgabe erglühe, «die Staubfäden einer

Preußen und das deutsche Kaiserreich wurden für Egon Friedmann zum lebensprägenden Erlebnis. Auf dem Königlichen Gymnasium in Hersfeld schaffte der 21-jährige Schüler unter tätiger Mithilfe seiner Lehrer im vierten Anlauf die seelisch schwierige Abitur-Hürde. (Stich von 1850, mit Direktorhaus, Lehrerwohnung und Gymnasium)

Blume zu zählen oder die Gesteine am Wege zu zerklopfen». Allein: «Vieles Wissen und Gelernthaben ist aber weder ein notwendiges Mittel der Kultur, noch ein Zeichen derselben und verträgt sich nötigenfalls auf das beste mit dem Gegensatze der Kultur, der Barbarei.»[95]

Friedmann würde dergleichen Sätze von Herzen bestätigt haben – vermutlich aber wird er zu diesem Zeitpunkt noch nichts von der Philippika jenes Philosophen gekannt haben, den er später als den schärfsten Kritiker des «Nihilismus» der bürgerlichen Erwerbs- und Gewinnideologie hochschätzen und als Gottsucher verehren wird.

Friedmann ist keine vier Wochen in Hersfeld. Wenn überhaupt, wird er den regulären Unterricht wenig besucht haben. Zweifellos hat es Gespräche mit dem Direktor gegeben, auch mit den Lehrern, die ihn prüfen werden. Es ist seine letzte Chance, er wird mit Ruff die Stofffelder, die die Lehrer umrissen hatten, wieder und wieder abgeschritten sein, am sorgfältigsten die Mathematik. Dennoch ist nicht anzunehmen, der Kandidat habe gelassen das Prüfungszimmer betreten.

Für Egon Friedmann wird dieser 28. August 1899, der Tag der schriftlichen Prüfung, ein lebensentscheidender Tag. Die Aufgabe in Deutsch lautet: «Inwiefern findet der Ausspruch ‹Per aspera ad astra› Anwendung auf die brandenburgisch-preußische Geschichte?»[96] Per aspera ad astra: das scheint ihm fast wie eine Prophetie. Er beantwortet die Frage mit Anstand, auch in Mathematik und Physik schafft er den Sprung in die mündliche Prüfung. Am Dienstag und Mittwoch, 19. September und 20. September, fällt die Entscheidung. Die Kollegen begegnen ihm mit Wohlwollen, Hafner fragt: «Wie kommt Böhmen an Österreich?» Ausgerechnet hier ist Friedmann unsicher. «Warum kam es 1809 zum Krieg Österreichs gegen Napoleon?» Mit einiger Nachhilfe kommt er auf den Aufstand in Spanien. «Was wissen Sie über den 30jährigen Krieg?» Da weiß Friedmann genau Bescheid. Offenbar gefällt ihm die deutsche Geschichte doch besser.

Am selben Tag, 20. September 1899, bekommt er das Reifezeugnis ausgehändigt – kein Glanzexamen, solider Durchschnitt, Mathematik sogar 3, und immerhin: der Beste seiner Klasse.

Ein wichtiger Tag im Übrigen auch für das «Königlich-Preußische Gymnasium» – nicht dieses Abgängers wegen, der als Egon Friedell sein berühmtester Schüler werden sollte. Sondern insbesondere, weil in diesem denkwürdigen Schuljahr 1899/1900 zum ersten Mal eine Frau absolvieren durfte. Der Jahresbericht vermerkt, dass das gesellschaftspolitische Experiment, als das mancher Lehrkörper dieses Ereignis einschätzte, tadellos verlaufen war: Die Abiturientin habe «allen Anforderungen in ehrenvollster Weise» genügt.[97]

Egon Friedell äußert sich später gegen die Einrichtungen institutioneller Wissensvermittlung nicht nur polemisch. Im März 1919 veröffentlicht er im *Neuen Wiener Journal* einen Aufsatz, dessen Titel ohne Umschweife seinen Gegenstand benennt: «Die Gymnasialreform». Mit diesem Text reagiert Friedell auf die seit dem späteren 19. Jahrhundert, also seit seiner eigenen Gymnasialzeit, immer wirksamere Tendenz, den Unterricht auf die «Realien», auf die berufsbedingten Anforderungen hin auszurichten. Friedell räumt ein, der «Lehrbetrieb» des Gymnasiums alter Schule sei in der Tat allen Reformversuchen zum Trotz «immer noch ein mehr oder weniger mittelalterlich-formalistischer». Gleichwohl sei es im Sinne einer harmonischen und damit klassischen Bildung gefährlich, die alten Sprachen zu verdrängen. «Ein wenn auch nur elementarer Unterricht im Lateinischen scheint mir für jedermann nützlich und notwendig», allein schon «wegen der Fülle der Vokabeln, die er für sämtliche modernen Fachsprachen bereitstellt», aber auch «wegen der unübertrefflichen Schulung im knappen, schnellen und deutlichen Denken».[98]

Wie so viele seiner journalistischen Texte hat Friedell auch «Die Gymnasialreform» in seine *Kulturgeschichte der Neuzeit* übernommen, und in dieser stark gekürzten Fassung blitzt die Lanze, die er für die alten Sprachen bricht, noch viel deutlicher hervor: Selbst die eigene Muttersprache sei nur «auf dem Wege über die toten Sprachen» zu beherrschen: «man wird ohne die Schule des Lateinischen nie ein vollkommen präzises, klares und flüssiges Deutsch und ohne Bekanntschaft mit dem Griechischen nie ein philosophisches Deutsch schreiben lernen; und in der Tat hat es keinen klassischen deutschen Stilisten gegeben, der der klassischen Sprachen unkundig gewesen wäre». Deren allgemeine Verbreitung «im Mittelstand» sei dann auch die Ursache dafür gewesen, dass «man bis in den Anfang des neunzehnten Jahrhunderts in Briefen, Tagebüchern und allen anderen schriftlichen Äußerungen so selten auf elendes Deutsch trifft», das nunmehr aber, «durch die Zeitungen mächtig gefördert, im Privatverkehr beinahe zur Regel geworden» sei. Und er schließt sein Plädoyer mit dem Satz: «Was das Gymnasium wert ist, beweist sich weniger an denen, die es besucht, als an denen, die es *nicht* besucht haben.»[99]

II
ERZIEHUNG IM KAFFEEHAUS

1. Am Stammtisch

Karl Lueger, Dr. Karl Lueger, geht auch gern ins Kaffeehaus. Er hat dann meist zwei, drei Parteigänger im Schlepptau, darunter Wenzel Pumera, einen ehemaligen Schuster, der es als Leibdiener des Herrn Doktor noch zu «einer maßlosen Arroganz» bringen sollte.[1] Die Herren nehmen in einer der heimeligen Nischen Platz, deren Polster der Speck der Jahre eine mild glänzende Patina gegeben hat. Dann kommt der Ober, bringt einen Schwarzen, ein Krüg'l Pilsner und einen «Kaiserwein», wie man den Gumboldskirchner Heurigen nennt.[2] Lueger ist Chef der vor kurzem noch zersplitterten «Christlichsozialen», der Partei, die sich als «Garant des Staates» versteht und sich für die katholische Kirche stark macht.[3]

Man bespricht das Programm. Lueger, von Jugend an ein starker Raucher, zündet sich eine der eleganten «Senoritas» an, die er besonders schätzt.[4] Die soziale Frage, sagen die Christlichsozialen, die Armut der Vielen, die Arbeitslosigkeit, die in Wien herrscht – da müsse man den Unternehmer an seine christliche Verantwortung erinnern, eine Verantwortung, die der jüdische Fabrikant, der bekanntlich schuld ist an diesem Elend, natürlich nicht kennt.

Es ist die Zeit, da Lueger, «für seine eigene Person der größte Agitator»,[5] Bürgermeister von Wien zu werden gedenkt und mit Parolen auf Stimmenfang geht wie: Die «Geld- und Börsejuden» würden an den Prachtbauten der Ringstraße Millionen verdienen, während der Mann auf der Straße kaum die Butter aufs Brot verdient. Seine Anhänger, meistenteils Kleinbürger, Hausmeister, Bierkutscher, Lehrer wie der Oberlehrer Gustav Schmolek, «überzeugter Antisemit»,[6] Conducteure, Gendarmen, Zollbeamte, auch die Damen vom katholischen Frauenbund und die Oberkontrollorswitwe Josefine Kollarz,[7] hören solche Worte mit Hoffnung und Ergebung. Der Gemeinderat Eßlbauer zum

Beispiel hat das Nebenzimmer seines Gasthauses «Lueger-Stüberl» getauft, weil der populäre Politiker dort regelmäßig sein «Krennfleisch» oder Rostbraten und Apfelstrudel isst.[8] «Alle», erinnert sich eine Zeitgenossin, «standen eben unter dem Banne seiner Persönlichkeit», die wie von einem «mysteriösen Zauber» umwoben schien.[9]

Dass der promovierte Rechtsanwalt Lueger, Sohn eines Hausdieners, auch ein Freund der Hausbesitzer ist, deren Macht kein Mietergesetz beschränkt, stört sie nicht: Sie vertrauen dem charismatischen Politiker, der es wie kein anderer versteht, auf Marktplätzen und in Wirtshäusern glaubwürdig als Freund jenes Mittelstandes aufzutreten, der sich durch die rasch anwachsenden Scharen der Zuwanderer – nicht nur Juden, auch Polen, Slowaken, Tschechen, Ungarn, Serben, Ruthenen – zusehends gefährdet glaubt. Wenn Lueger gegen «die Reichen» wie gegen «den Pöbel da unten», also die Anhänger der Sozialdemokraten, wettert; wenn er gegen die «Ungläubigen», gegen die «Fremden, die uns die Frauen, Wohnungen, Arbeit usw. abnehmen», zu Felde zieht; wenn er gar im Wiener Dialekt sagt, er wolle am liebsten einem jeden, «der die Nacht durchdraht hat», der also im Morgengrauen nach Hause wankt, «einen Fiaker zur Verfügung stellen», dann herrscht Volksfeststimmung im Saal.[10] Seine Beliebtheit versteht er mit sicherem Gespür für die Regungen der Volksseele zu steigern, indem er sich gekonnt deren herzhafter Sprache bedient und etwa über Parteifreunde verbindlich plaudert: «‹Na, gschamster Diener›, wenn der *Hraba* an Rausch hat, servus.»[11]

Wie die Literaten des Feuilletons, so liebt auch Lueger das Bonmot. Aus seinem Munde klingt es dann zum Beispiel so: «Groß-Wien darf nicht Groß-Jerusalem werden.»[12] Die judenfeindlichen Sprüche hat er auch von Georg Ritter von Schönerer gelernt, dem Linzer, der früher manchmal mit in der Runde war. Bald aber trennten sich die Wege der beiden: Schönerer, als ein Wortführer der Alldeutschen, erträumt sich ein großdeutsches Reich, er ist gegen die Kirche, gegen die Habsburger und für den deutschen Kaiser. Seine Parole heißt: «ohne Juda, ohne Rom, bauen wir Germaniens Dom».[13] Seinen Antisemitismus stützt Schönerer, der einigen Rückhalt in bildungsbürgerlichen Kreisen hat, auf die neue rassenbiologische Theorie, der Charakter liege «im Blut», sei angeboren, also durch keinerlei kulturelle Einflüsse zu ändern, nicht durch Konversion, nicht durch Taufe, nicht durch Sprache.

Lueger ist zwar auch der Meinung, Wien müsse «deutsch bleiben». Daher pocht er auch darauf, die nichtdeutschen, aber christlichen

Zuwanderer müssten sich mit Haut und Haaren deutscher Sitte, deutschem Sinn anpassen – eine Forderung, die nach der Doktrin Schönerers gar nicht zu erfüllen wäre, da ja der Charakter mit dem «Blut» übertragen werde. Luegers Judenfeindschaft hingegen ist religiös, somit in der Mentalität, der Kultur begründet. Juden sind für ihn «Christusmörder», aber, bei allen Ressentiments, nicht zwangsläufig eine minderwertige «Rasse». Freilich, die antijüdischen Formen verschmelzen, derart feinsinnige akademische Unterscheidungen sind nicht unbedingt Sache jener «kleinen Leute», die Lueger anhängen. Bei Lueger spielt gleichwohl auch politisches Kalkül eine Rolle; er teilt nicht den blinden Hass, der Schoenerer dazu trieb, die Redaktion des *Neuen Wiener Tagblatts*, eine im kunstbegeisterten Publikum beliebte liberale Zeitung, als ein Symbol der «Judenpresse» anzugreifen,[14] nachdem er dessen Chefredakteur, dem wirtschaftlich überaus erfolgreichen Moritz Szeps, eine Verleumdungsklage angehängt hatte.[15] So war es nur eine Frage der Zeit, wann sich der Führer der «Christlichsozialen» vom Prediger des rassereinen Germanenstaates trennen, ihn kaltstellen würde. Ja, Lueger pflegt als Privatmann durchaus Umgang mit denen, die er für die Arbeitslosigkeit und Armut verantwortlich macht und zu Sündenböcken stempelt – und hier, im Kaffeehaus, sind solche Begegnungen auch nicht zu vermeiden. Die Mehrzahl der Gäste stammt aus jüdischem Milieu, nicht nur unter den Künstlern, den Literaten, Verlegern und Journalisten, sondern auch unter den Geschäftsleuten, Anwälten und Fabrikanten.

Und Lueger stört auch nicht, dass der eine oder andere politische Gegner es ebenso schätzt, an diesen angenehm dämmrigen Orten seine Melange zu trinken: Der als Sohn eines jüdischen Kaufmanns in Prag geborene Viktor Adler etwa, der als junger Arzt noch Georg von Schönerer und den Deutschnationalen anhing. Dann schloss er sich, da er deren Antisemitismus ablehnte, dem Arbeiterbildungsverein an, um schließlich auf dem sozialdemokratischen Parteitag zum Jahreswechsel 1888/89 die verschiedenen linken Strömungen zu einigen. So wurde er «zum eigentlichen Gründer der sozialdemokratischen Partei» Österreichs.[16] Adler erscheint meist in Begleitung seines Freundes Karl Renner, der nach dem Ersten Weltkrieg als Regierungschef der Ersten Republik den Adel und dessen Titel abschaffen wird. So wurde also im Kaffeehaus «der Grundstein zur rechts- wie zur linksradikalen Politik gelegt, deren Widerstreit die Monarchie erschüttern sollte».[17]

Grande Dame der Wiener Kunst- und Literaturkritik und Gönnerin Egon Friedells, die ihm manchmal bei der Bearbeitung klassischer Theaterstücke half: Berta Zuckerkandl in einem Reformkleid.

Man ist an diesem magischen Ort, inmitten der Bohemiens, der Schauspieler, Politiker, Ärzte und Unternehmer, auf einem Marktplatz, an dem mit Programmen, Ideen und Meinungen ebenso wie mit Klatsch und Gerüchten gehandelt wird – wobei das seelische Schmiermittel dieser geistigen Handelsmaschinerie nicht zuletzt in jener Selbstwahrnehmung der Mitwirkenden besteht, die das eigene Ich zum inszenierten Mittelpunkt des Geschehens erhebt.[18] Hier, auf diesem Forum des virtuosen Rollenspiels, das nicht weniger Börse der Handlungswilligen als Refugium der Weltflüchtigen ist, kreuzen sich die Lebenslinien derer, die der Zeit ihre Form aufprägen, ob sie nun Politik mit der visionären Gestaltungskraft des Künstlers betreiben, oder Theaterstücke und Feuilletons schreiben, in denen sie die Wirklichkeit zur ästhetischen Erscheinung umzugestalten suchen.

2. Jung Wien stellt sich vor

a) Im Banne des Herolds

Der Mann lauscht verzückt dem Klang seiner eigenen Worte nach. Was hatte er da eben gesagt? «Wien», hatte er gesagt, «Wien ist ein Friedhof...» Die Mienen der anderen sind neugierig, gespannt, einer blickt den Sprecher leicht belustigt an. Noch ehe einer antworten kann, korrigiert sich der Mann. «Nein, ein Friedhof ist etwas Ehrfurchtgebietendes, da war einmal etwas. Aber in Wien spürt man ja nicht einmal das!» Ein zynisches Lächeln ist um seine Mundwinkel: «Haben Sie», wendet er sich erneut an die Runde, «haben Sie, meine Herren, je eine Stadt schnarchen gehört? Wien schnarcht.»

Der Mann war jüngst in Paris gewesen, der Stadt, in der Jacques Offenbach den *Can Can* dirigiert, Toulouse-Lautrec mit seinen Huren-Porträts der Kunst eine Sprache gibt, in der sich der verschwommene Reiz des Augenblicks so lebendig und doch so seltsam unwirklich ausdrückt, wie eben ein Mensch den Augenblick, der im Nu vorüberhuscht, empfindet. Dann war der Mann von Eindrücken so überwältigt, dass er fort musste. «Wenn man ein Gefäß», sagt er, «lange unter den sprudelnden Quell hält, so läuft es über.» Er habe, schwärmt er weiter, «die großartigsten Dinge erlebt, Zola, die Impressionisten, Dostojewski, Stendhal (...).» Und jetzt ist er entschlossen, den Elan, der ihn treibt, auf die jungen Talente zu übertragen, die sich um ihn versammelt haben. Einer Freundin, Berta Zuckerkandl, Tochter genau jenes aus Galizien eingewanderten Moritz Szeps, der als Herausgeber des *Neuen Wiener Tagblattes* mehrmals Ziel der antisemitischen Angriffe des alldeutschen Fanatikers von Schönerer war, erscheint der sendungsbewusste Intellektuelle wie der Inbegriff des romantischen Genius – ein Besessener, der der Kunst und Literatur den Weg in die Nervositäten, die Empfindlichkeiten, die Sinnsuche modernen Lebens bahnen will: «Die Locke in der Stirn, mit den sprühenden braunen Augen keck in die Welt blickend (...), hochgewachsen, selbstbewußt und unbekümmert.»[19] Die «geistige Energie», die Berta Zuckerkandl, als Autorin des *Neuen Wiener Journals* mit Schriftstellern, Malern, Musikern, Schauspielern, Architekten, Theaterdirektoren auf vertrautem Fuß, an diesem neuen Romantiker begeistert, ist der ihm angemessene Ausdruck seiner «leidenschaftlichen Gier, an der Welt teilzunehmen und die Teilnahme in Produktivität zu verwandeln».[20]

Der Ruf der Liebesnächte

So versammelt er um diese Zeit eine Handvoll vielversprechender junger Literaten in einem jener Kaffeehäuser, in dem Literaturgeschichte geschrieben wurde: im «Griensteidl» in der Herrengasse. Dort, inmitten schachspielender Anwälte, palavernder Journalisten und zeitunglesender Studenten, sind die Gäste von Stimmengewirr wie von Musik umflutet. Die Luft, ein Gemisch aus Zigarrenqualm, Kaffee- und Weindunst, entwickelt ein nicht weniger narkotisierendes als anregendes Odeur, das Gedanken und Gespräche in Fluss hält.

«Du weißt also schon», hört man einen jungen Mann sagen, «wann es vorbei sein wird?» – «Traurig genug», entgegnet sein in elegante Blässe gekleideter Freund, «daß ich überhaupt schon ans Ende denke.» Sein Gegenüber zuckt die Achseln: «Das ist selbstverständlich, bei derlei Dingen».[21]

Auch die Gruppe der jungen Schriftsteller zieht jenes gleichermaßen stickige wie erfrischende Klima in dieses Kaffeehaus. Zunächst nicht mehr als ein loser Bund Gleichgesinnter, zeigt die Runde, wie einer von ihnen, seinem Beruf nach Facharzt für Kehlkopferkrankungen, kürzlich in sein Tagebuch notiert hat, «Ansätze zu einem lit. Verein Jung Wien».[22] Seit Jahren versucht er sich an Skizzen, Erzählungen, Stücken, inzwischen sind etliche seiner Gedichte unter dem Pseudonym «Anatol» in der Zeitschrift *An der schönen blauen Donau* erschienen, der 14-tägigen Feuilleton-Beilage der bürgerlich-liberalen Tageszeitung *Die Presse*. Im Moment ist er dabei, die letzten Szenen eines Zyklus von sieben Einaktern zu schreiben, den er *Anatol* nennt und dessen Hauptfigur durchaus Ähnlichkeiten mit ihm, dem Autor, aufweist: ein junger Mann aus gutem Hause, ein betuchter Bohemien, der seine so überreizten wie schwächlichen Nerven in Liebesabenteuern aufzufrischen sucht und zugleich an der Leere seines tatenlosen, in Scheinwelten ästhetisierenden Daseins leidet. Anatols Schöpfer freilich wird in wenigen Jahren mit seinem Bühnenstück *Liebelei*, einer tragischen Verführungskomödie nicht ohne gesellschaftskritische Botschaft, am Burgtheater seinen ersten literarischen Triumph feiern. Dann wird auch die Darstellerin

Jung Wien vergnügt sich: Arthur Schnitzler (rechts oben) mit Felix Salten (rechts unten), Richard Beer-Hofmann (links unten) und zwei süßen Mädels im Pratergarten.

seiner Hauptfigur Christine Weiring, Adele Sandrock, zu den zahlreichen Geliebten des Autors gehört haben.

Noch aber ist Arthur Schnitzler am Urteil der um den Tisch versammelten Runde «Jung Wien» gelegen – bekannt ist der Arzt und angehende Schriftsteller mit dem gepflegten Vollbart bisher nur durch den «Ruf seiner Liebesnächte».[23] Er liest seine kürzlich beendete Erzählung *Die drei Elixiere* vor, die nicht nur im Titel an E. T. A. Hoffmann erinnert: das aus einer märchenhaften Handlung gewobene Porträt eines übernarzisstischen, wirklichkeitsfernen jungen Mannes, der in seinem Wahn, Erinnerung und Zukunft seiner Geliebten auszulöschen, um sie in jedem Augenblick ganz für sich zu besitzen, eine von der Natur gezogene Grenze überschreitet und sich damit selbst ins Verderben stürzt. «Er litt unendliche Qualen: wie konnte er sich mit einem Weibe glücklich fühlen, da die Zweifel ihn peinigten. Er mußte immer an die anderen denken, die dieses Weib vor ihm geliebt, die es nach ihm lieben würde» – die Geschichte ist straff und doch elegant erzählt, sie greift, um ihr Thema in einen metaphysischen Raum einzubetten, auf die mythologischen Motive von Eros und Thanatos zurück, bildet aber dennoch eine vollkommen gegenwärtige Figur ab, einen Charakter, wie er täglich an den Kaffeehaustischen seine Zeit vertändelt – eine Erzählung also, die nicht zuletzt auch in ihrer erotischen Kühnheit dem entspricht, was die jungen Dichter unter «moderner» Literatur verstehen. «Und sie erzählte von jungen Burschen, wildlockigen Dichtern, eleganten Kavalieren, grauen Wüstlingen, denen sie sich hingegeben, wie ihr eben die Laune kam ... Da wollte er fast wahnsinnig werden».[24]

Kein Wunder, dass die Zuhörer den jungen Autor ermuntern: eine bezaubernde, geistreiche Geschichte, die viel Wahres enthalte, gerade weil ihr Held «toll», ja «krank» sei. Vor allem einer, anerkennend nickend, die qualmende «Virginia-Zigarre»[25] zwischen den Fingern drehend, ist angetan. Es ist jener, der, seit er sich an der Seine mit den Eindrücken neuer Kunst vollgesogen hat, die Jüngeren mit seinem ästhetischen Erweckungs-Furor ansteckt. Obwohl sich Hermann Bahr der Runde erst vor kurzem angeschlossen hat, wird er von den anderen als Autorität angesehen, immerhin hat der 27-Jährige mit zahlreichen Essays Aufmerksamkeit erregt, in denen er eine Literatur jenseits platter Realitätsabbildung verfocht, die seelische Vorgänge ausleuchten und phantastische, märchenhafte Motive als bedeutungstragende Elemente in ihre dargestellte Welt einbeziehen soll. Außerdem hat Bahr vor kurzem in einigen Artikeln Eleonora Duse, die italienische Schauspielerin, in Deutschland vorgestellt und auf die Autoren der neuen französischen Literatur, Prosper Mallarmé, André Gide, Charles Baudelaire, aufmerksam gemacht. Auch ist er ein Anhänger Joris-Karl Huysmans', dem literarischen Propheten des in den Cafés und Salons zwischen Paris, Berlin, München und Wien heiß diskutierten Glaubens an die bezwingende Kraft der literarischen *Décadence.* Vor einiger Zeit hat Bahr eine Sammlung seiner programmatischen Arbeiten unter dem Titel *Die Überwindung des Naturalismus* herausgegeben.

Die Kraft der Kunst

Während der Monate, die Bahr zwischen 1888 und 1890 in Paris verbrachte, hatte sich sein Verständnis einer zeitgemäßen Literatur ausgeformt. War der 1863 in Linz geborene «ungestüme, aber ehrgeizige Sohn eines Notars» anfangs noch dem Naturalismus zugeneigt, so hat

Geistiger Mittelpunkt, Organisator und Theoretiker der jungen, naturalistisch-symbolistischen Literatur: Hermann Bahr, als er noch die Pepita-Hosen des Montmartre-Künstlers trug, mit seiner Pariser Freundin Nini. (Foto um 1900)

er nun als «*spiritus rector* seiner Generation»[26] eine neue, den gegenwärtigen Lebensverhältnissen gerecht werdende Ästhetik entwickelt, die er nicht zuletzt aus seiner Begeisterung für die jungen Romanciers Maurice Barrès und Paul Bourget gewann – wenn er deren radikalen Ästhetizismus auch keineswegs vollständig und kritiklos in sein eigenes Konzept übernimmt. Bevor er sich in Paris in den Cafés und Künstlersalons umsah, war er bereits drei Jahre, von 1884 an, in Berlin gewesen, war mit dem Naturalismus eines Arno Holz bekannt geworden, hat bei Heinrich von Treitschke, dem brillanten preußischen, freilich auch judenfeindliche Stimmungen schürenden Nationalhistoriker, Vorlesungen besucht. Nach dieser kurzen nationaldeutschen Phase wandte er sich Kant, Marx, Lassalle zu.[27] Doch gilt für den 20-Jährigen, was schon Schnitzler als angehender Student in sein Tagebuch notierte: «Ich fühl' es schon, die Wissenschaft wird mir nie das werden, was mir die Kunst schon jetzt ist.»[28] Dass Bahr sein Studium der Philologie, Rechtswissenschaften und Nationalökonomie abbricht, nachdem er schon «von allen Österreichischen Universitäten relegiert» worden war, fügt sich ohne Frage günstig in die Entwicklung eines Kunstbegriffs, in dem «das morbide Spiel mit Tod und Verfall», in dem Überfeinerung und empfindliche Nerven geschmacksbildende Zutaten liefern.[29] Es scheint gar, betrachtet man auch Schnitzlers Vergangenheit, als gehöre es zum guten Ton dieses Zirkels so gepflegter wie intelligenter Hochnäsigkeit, ein schlechter Schüler gewesen oder im bürgerlichen Beruf der Väter wenn nicht gescheitert, so immerhin nachlässig gewesen zu sein. Es war dies wie der Ausweis höherer Berufung, das nicht ohne Herablassung getragene Kainsmal eines Künstlertums, das sich als Ausdruck einer zeitgemäßen Metaphysik des Scheins verstand, in dem sich zugleich die Wirklichkeit spiegeln sollte. Kam, wie bei den meisten des Kreises der Fall, zur Attitüde Talent hinzu, so formte sich daraus eine der einflussreichen Spielarten in der Literatur der klassischen Moderne, die zumal in Schnitzler, Hofmannsthal und Richard Beer-Hofmann jene ernsthaften Geister gefunden hatte, die den Zerfall der Persönlichkeit unter den Bedingungen der Technokratie und der analytischen Wissenschaften zu gestalten vermochten.

Ihre Neigungen kamen Bahrs geforderter *Überwindung des Naturalismus*, wie er seinen 1891 erschienenen Essay-Band nannte, entgegen. Die Worte des Älteren berührten einen sensiblen Nerv der Zeit. Scharfsichtig diagnostiziert er bereits in seinem im September 1887 in der Wiener Zeitschrift *Deutsche Worte* erschienenen Essay über *Henrik Ibsen*, den er vor seiner Paris-Reise in München getroffen hatte, die Moderne als den Willen, Empfinden, Denken und Handeln zur Einheit zu bringen. Derart zu einem sozusagen natürlichen, authentischen Zustand gelangt, will Bahr mit Nietzsche zur «That» vorstoßen. «Ganz nur er selbst zu sein», sei der wegweisende Zug an Ibsen, «allen fremden Einfluß völlig zu vernichten, seiner Eigenart rückhaltlos zu folgen, ward seine dichterische Begierde, eben da es seine menschliche Begierde geworden war.» Ibsen habe erreicht, «alle fremde Autorität zu verachten, nur der erkannten Wahrheit zu leben und sich der anerkannten Lüge zu verschließen.» So sei diese Dichtung insonderheit dadurch «eine moderne» zu nennen, «daß sie die Einheit von Leben und Willen begehrt, und dadurch, daß er», Ibsen, «vom wirkenden thätigen Individuum ausgeht».[30]

Aus der Verbindung von wirklichkeitsnaher Milieuschilderung, die auch natur- und gesellschaftswissenschaftliche Erkenntnisse zu berücksichtigen hat, mit dem intuitiven Denken des Romantikers gewinnt die Kunst unerhörte Stoßkraft: «Das moderne Genie sucht die Wirklichkeit auf und mit ihrer Macht die Wirkungen seines Willens zu rüsten, ist sein Verlangen.»[31] Es geht also keineswegs um die simple «Überwindung des unempirischen Geistes durch eine geistlose Empirie, sondern um die Verbindung von Erfahrung und Denken zu gemeinsamer Arbeit handelt es sich.» Das heißt: «Naturalismus» oder «Realismus», wie man damals realitätsorientierte Beschreibungen nannte, sind unverzichtbar für die moderne literarische Technik, bilden aber nur ein Element, das mit seelischen und metaphysischen Räumen verschmelzen muss.[32] Bahr nennt diesen Akt die «Synthese von Naturalismus und Romantik». So sei also «die gegenwärtige Aufgabe der Literatur», in «naturalistischer Form den allgemeinen Gedankenbesitz einer Zeit künstlerisch zu gestalten».[33] Dies verfolgt zu haben, sei Ibsens epochales Verdienst.

Allein – der Dichter scheitere daran, diesen allgemeinen Gedankenbesitz, die großen Ideen, den kleinbürgerlichen Figuren seiner Heimat unterzuschieben: «Daran verdirbt alle Kunst Henrik Ibsens und daran erlahmt trotz aller raffinierten List jedes Mal seine Technik, daß er die großen Fragen der modernen Kultur niemals in ihrer natürlichen Umgebung, die er nicht kennt, sondern an Verhältnissen erörtert, denen sie und die ihnen fremd, aber seinem Gedächtnisse vertraut sind.»[34] Er flüchte sich in Übertriebenheiten, überziehe «die realistische Treue des Dialogs bis zur Plattheit und Langeweile» und verscheuche so «alle teilnehmende Aufmerksamkeit des Hörers».[35]

Damit hat Bahr, noch vor seinem als eine Art Erweckung empfundenen Paris-Erlebnis, den Anlauf für seine *Überwindung des Naturalismus* genommen, wenngleich er damals noch nicht daran dachte, als Designer und Herold einer eigenen literarischen Moderne in Wien zu erscheinen, als der er nun unter den im «Griensteidl» versammelten Dichtern «Jung Wiens» auftritt.[36]

Nun aber kann er selbstgewiss verkünden: «Die Herrschaft des Naturalismus ist vorüber, seine Rolle ist ausgespielt, sein Zauber ist gebrochen.»[37] Enthusiastisch beschwört er «eine Mystik der Nerven» – was im ersten Anhören überspannt, intellektuell affektiert klingt, doch eine der ideengeschichtlichen Achsen bezeichnet, auf denen die Kunst und Literatur der «Wiener Moderne» Fahrt aufnahm: Gemeint ist damit einerseits ein Ausleuchten seelischer Untiefen, pathologischer Zustände, unbewusster Gründe, andererseits verweist das Schlagwort auf einen Zusammenhang von Geist und Seele, Psychologie und Metaphysik, der auch die Gedankenwelt des 15 Jahre jüngeren Friedell bald beherrschen wird. So wird er, um nur ein Beispiel zu nennen, in einer Betrachtung, die er *Hermann Bahrs Katholizismus* betitelt, eben diesen Zusammenhang als ein Merkmal seiner Zeit benennen, das Ähnlichkeit mit den Tendenzen der Romantik aufweise, «deren Sinn und Aufgabe die Synthese des gesamten Kulturinhalts» gewesen sei: «Diese Tendenz war es, die Goethe beim ‹Faust› und ‹Wilhelm Meister› leitete, Beethoven bei seinen Symphonien, Hegel bei seiner Enzyklopädie, den anderen Humboldt bei seinem ‹Kosmos› und alle die vielen größeren und kleineren Zeitgenossen, die damals geistig tätig waren.»[38] Solche Spuren bilden nur *ein* Indiz für die Wirkung, die Bahr auf die «Wiener Moderne» übte. Und wenn er bei seinem Bemühen, seine Vorstellungen in Worte zu fassen, behauptet: «Es wird etwas Lachendes, Eilendes, Leichtfüßiges sein. Die logische Last und der schwere Gram der Sinne sind weg (...), es ist ein Rosiges, ein Rascheln wie von grünen Trieben, ein Tanzen wie von Frühlingssonne im ersten Morgenwind» – so habe er gar, sagt Hilde Spiel, die «Bildwelt des frühen Secessionismus» vorweggenommen.[39] In jedem Fall stand er dessen Künstlern nahe, denen er in den folgenden Jahren etwa mit seiner *Rede über Klimt* auch publizistische Schützenhilfe gab. Mag er auch im Vergleich zu Schnitzler oder Hofmannsthal als Schriftsteller «zweitrangig» gewesen sein, so besaß er fraglos «einen ebenso unglaublichen Spürsinn für Veränderungen des Zeitgeists wie grenzenlosen Enthusiasmus für alle Künste».[40]

b) Die blöde Geschichte mit der Mutzenbacher

Immer dieser Friedell!

Mit dem nächsten in der Runde, Siegmund Salzmann, wird Friedell später – nach dem Ende eines Krieges, der im Augenblick, trotz der Balkan-Krisen, trotz der riskanten Flottenpolitik des deutschen Nachbarn außerhalb jeder Wahrscheinlichkeit zu stehen scheint – die Theaterkritik einer neu gegründeten Tageszeitung, des liberalen *Morgen*, übernehmen. Salzmann, 1869 in Budapest geboren, doch bereits vier Wochen später von den Eltern nach Wien mitgenommen, wagt im Augenblick noch kaum an eine Zukunft als berühmter Autor zu denken: Obwohl sich sein Vater als Ingenieur nicht in der Leopoldstadt, sondern im gutbürgerlichen Währing niedergelassen hat, ist Salzmann im Gegensatz zu den Freunden nicht in der glücklichen Lage, vom väterlichen Vermögen leben zu können – sein Vater hat falliert, aus geschäftlicher Ungeschicklichkeit, wie Salzmann glaubt. So muss er, als er 16 Jahre alt ist, das Gymnasium verlassen. Seinen Unterhalt verdient er in einem Gewerbe, das im Aufwind der industriellen Konjunktur steigende Gewinne einfährt und als solide gilt: einer Versicherung. Schon vor zwei Jahren allerdings sind von Salzmann erste Gedichte erschienen – ebenfalls in der gutbürgerlichen und liberalen *Schönen Blauen Donau*. Und es wird nicht mehr lange dauern, bis er als Theaterreferent bei der *Wiener Allgemeinen Zeitung* beginnt, sich einen Namen zu machen – eine gemäßigt liberale Tageszeitung, die in den 1920er Jahren auch Friedell einige Male mit Beiträgen bedient.[41]

Salzmanns Klatsch- und Skandalgeschichten über das Wiener Hofleben werden ihn bald bekannt machen. Sie erscheinen regelmäßig in der 1894 von Salzmanns Mentor Hermann Bahr gegründeten, zunächst als Wochenschrift, von 1902 an auch als Tageszeitung erscheinenden *Zeit*. Den pikanten Stoff dazu verdankt er seiner Bekanntschaft mit Erzherzog Leopold Ferdinand – obwohl sie der mondän auftretende Gesellschaftsreporter, der sich längst Felix Salten nennt, unter dem Pseudonym Sascha veröffentlicht. Salten gilt nunmehr nicht nur seiner freizügigen Berichte über blaublütiges Treiben wegen als skandalträchtiger Autor, sondern vor allem wegen des pornographischen Romans *Josephine Mutzenbacher* – eine der wenigen Schriften ihrer Gattung, der es gelingt, ihren detailfreudigen Realismus durch Witz und sprachliche Eleganz in einen Hauch poetischer Verklärung zu kleiden. Zweifellos: «In ihrer Art ist sie (...) ein Meisterstück.»[42] Nicht zuletzt auch ihrer gekonnten, musterhaft naturalistischen Milieuschilderungen wegen: «Mein Vater», beginnt dieser «Roman einer Wiener Dirne», «war ein blutarmer Sattlergehilfe, der in einem Geschäft in der Josefstadt arbeitete. Wir wohnten ganz weit draußen in Ottakring, in einem damals neuen Hause, einer Zinskaserne, die von oben bis unten mit armen Leuten angefüllt war. Alle diese Leute hatten viele Kinder, und im Sommer war der Hof zu klein für ihre Schar. Ich selbst hatte zwei

Der Schick der jungen Wiener Literatur: Felix Salten, der als (höchstwahrscheinlicher) Autor der Josefine Mutzenbacher *ein Meisterwerk des naturalistischen erotischen Romans geliefert hatte.*

Brüder, die beide um wenige Jahre älter waren als ich. Mein Vater, meine Mutter, wir drei Kinder wohnten in einer Küche und einem Zimmer und hatten noch einen Bettgeher mit dazu»[43] – es waren die Jahre, in denen Wien rapide zur Großstadt heranwuchs, Lueger noch nicht Bürgermeister, die umfassende Modernisierung noch Zukunft war.

Bekanntlich ist das Werk im Privatdruck und anonym erschienen. Und da Salten sich nie dazu äußerte, wurde angenommen, sein Autor sei derselbe wie der Verfasser der höfischen Skandalgeschichten. Wer auch hätte es sonst sein sollen, nachdem Saltens Freund Schnitzler die Urheberschaft dementiert hatte? Friedell soll einer Anekdote zufolge dazu beigetragen haben, den Namen Salten als Autor zu bestätigen. So berichtet der Kritiker Franz Tassié, wenige Tage vor seiner Unterhaltung mit Salten sei am Volkstheater im kleinen Kreis über den Urheber der *Mutzenbacher* spekuliert worden. Dabei habe Friedell «launig» geäußert, dieses Buch könne «a) nur ein Schriftsteller geschrieben haben und b) daß dieser Schriftsteller Felix Salten hieß» – eine Leistung, die er, Friedell, Salten nicht zugetraut hätte.[44]

Kurz danach soll Tassié Salten auf einem Gang des Wiener Volkstheaters auf den Skandalroman angesprochen haben: Er habe «kürzlich ein Buch gelesen, dessen Autor verschwiegen wird und von dem es heißt (...).» Darauf Salten: «Ach, die blöde Geschichte mit der Mutzenbacher! Das hängt mir schon zum Hals heraus! Mit wem haben Sie darüber gesprochen?» Tassié antwortet: «Herr Doktor Friedell hat behauptet (...).» Und Salten, unwillig: «Friedell! Natürlich! Immer dieser Friedell! Das ist bei ihm nur der Neid, weil er das Buch nicht geschrieben hat.» Salten soll dann aber doch neugierig gewesen sein, ob dem Feuilletonisten der Roman gefallen habe, worauf der junge Tassié entgegnet: «Vielleicht ein furchtbares Buch, vielleicht ist es ein Meisterwerk». Salten habe einen Moment nachgedacht und dann bemerkt: «Furchtbar vielleicht in der Jugend, aber mit den Jahren wird es langsam zum Meisterwerk.»[45]

Nachdem sich der ehemalige Jung Wiener als Journalist, Kritiker und Erzähler in die Reihe der Starautoren emporgeschrieben hatte, verfasste er Geschichten für ein neues, sich blitzartig in die Wahrnehmung einfressendes Medium, dessen Möglichkeit, Kunst zu produzieren, allerdings noch von vielen seiner Kollegen bestritten wurde: Bis 1918 schreibt Salten für rund elf Filme das Drehbuch. Weltberühmt wird Salten schließlich mit der an Äsop geschulten Fabel *Bambi, eine Lebensgeschichte aus dem Walde*, die, 1923 erschienen, knapp zwei Jahrzehnte später von Walt Disney verfilmt werden wird.

Unerhört in dem Alter!

Niemand in der Runde kann von solchen Entwicklungen etwas ahnen, von Erfolgen höchstens träumen, als sich die jungen Dichter an diesen Abenden des Jahres 1892 im Café «Griensteidl» treffen, um sich ihre Werke vorzulesen und über ästhetische Fragen zu debattieren. Nicht nur ihr Wortführer Hermann Bahr findet seinen Begriff einer modernen Art, das Leben wirklichkeitsnah abzubilden und zugleich in einer ästhetischen Ordnung aufzuheben, gerade auch in den Gedichten des Jüngsten in der Runde ausgedrückt. Der ist erst 16 Jahre alt, hat aber erste Werke veröffentlicht, die den anderen als vollendet erscheinen.

«Ganz vergessener Völker Müdigkeiten / Kann ich nicht abtun von meinen Lidern, / Noch weghalten von der erschrockenen Seele / Stummes Niederfallen ferner Sterne.»[46] Unbestritten klingt da ein eigener, unverwechselbarer Ton an. Und was für eine Melancholie, in so jungen Jahren, ein merkwürdiges, wie geheimes Wissen um die Verlorenheit vergangener Größe! Doch keine Spur von Wehleidigkeit, stattdessen: Noblesse wie alter Adel, Stolz, eine leise Verachtung des Schicksals.

Bahr hält den Schüler für ein Genie. Auch Schnitzler ist beeindruckt: «Bedeutendes Talent, ein 17j Junge (...). Wissen, Klarheit und, wie es scheint, auch echte Künstlerschaft, es ist unerhört in dem Alter».[47] Noch tarnt sich der junge Dichter mit dem Pseudonym Loris, da die Schulordnung der Monarchie Gymnasiasten verbietet, in Zeitungen zu publizieren.[48] Der Kritiker, Schriftsteller und spätere Trauzeuge Schnitzlers, Gustav Schwarzkopf, hat ihn jüngst in die «Griensteidl»-Runde eingeführt. Schwarzkopf war dem «frühreifen Schüler des Wiener Akademischen Gymnasiums» in der Sommerfrische in Bad Fusch begegnet, dem ehemals St. Wolfgang genannten, in der Oberschicht beliebten Höhenkurort im Salzburger Land, unweit von Zell am See. Zum ersten Mal erscheint der 16-Jährige dann in Begleitung seines Vaters, eines Bankiers, der, das gab es vielleicht nur in Wien, die literarischen Ambitionen seines Sohnes unterstützt, wenn er sich auch wegen dessen hochempfindsamer, leicht aufzuwühlender Gemütsverfassung ein wenig sorgt.[49] Doch ist auch den anderen in der Runde rasch klar, dass es nicht zuletzt diese in den Schmelz erlesener Morbidität getauchte Schwermut sein muss, die Hugo von Hofmannsthal zu einem der großen Dichter Österreichs macht, in dessen ganzer Erscheinung sich die Spätblüte einer erfüllten Geschichte zu verkörpern scheint.

Nein – an literarischem Potential mangelt es «Jung Wien» wahrhaftig nicht. Auch nicht, wie schon der Name ihrer lockeren Vereinigung anzeigt, an künstlerischem Selbstbewusstsein – mag auch der eine oder andere, wie Schnitzler, seine heimlichen Selbstzweifel gerne dem Tagebuch anvertrauen.

Kein Gesprächsthema

Und dann ist da noch dieser bleiche, etwas verwachsen wirkende junge Mann mit dem kantigen Gesicht und dem helmartigen Haarschnitt, der am liebsten allein am Tisch sitzt. Aufmerksam verfolgt er die Veröffentlichungen der anderen, macht sich indessen seine eigenen Gedanken. Auf den ersten Blick scheint er, immer gut gekleidet, «kaum anders als die Ästheten von Jung Wien» zu sein. Wie Hofmannsthal genießt auch er die Unterstützung eines wohlhabenden Vaters, mit Hofmannsthal auch besuchte er dieselbe Klasse «jenes Akademischen Gymnasiums (…), dessen Schüler einst auch Grillparzer gewesen war».[50] Doch wird man seine Gedanken bald fürchten, versteht es doch dieser leicht verschrobene, im Böhmischen Jicin «im Schatten von Wallensteins Schloß»[51] als Sohn jüdischer Eltern geborene junge Mann, selbst erst 17 Jahre alt, sich in bissigen Kommentaren zu äußern. Unter dem durchaus blasiert knisternden Pseudonym *Crêpe de Chine* feuert er in einem Münchener Magazin seine erste Wortgarbe gegen Hermann Bahr ab, dem er eine «verheerende Wirkung» auf die junge «Litteratur» vorwirft und glaubt, «Jüngstdeutschland» vor diesem «Französling» warnen zu müssen.[52] Und nicht lange, dann wird er sein verbales Geschoss auch gegen seinen früheren Klassenkameraden Hugo von Hofmannsthal richten: Dieser sei es «seiner Abgeklärtheit schuldig, seine Manuskripte für den Nachlaß vorzubereiten.»[53] Ebenso wird er über Hofmannsthals Herzensfreund Leopold von Andrian in der neuen *Wiener Rundschau* spotten, einer Kulturzeitschrift der Edelklasse, in der auch August Strindberg, Maurice Maeterlinck, Anton Tschechow, Ricarda Huch, Annette Kolb und eben Berta Zuckerkandl als Grande Dame des traditionellen Wiener Feuilletons publizieren: «Eine der zartesten Blüthen der Decadence sprosste dem Café Griensteidl in einem jungen Freiherrn, der, wie man erzählte, seine Maniriertheit bis auf die Kreuzzüge zurückleitet.»[54] In Hofmannsthals Haus soll, wie die Tochter des Dichters später berichtet, der Name des Querulanten «kein Gesprächsthema» gewesen sein.[55]

Dass die erste Ausgabe der *Fackel* an einem 1. April erscheint, 1899, genau ein halbes Jahr vor Egon Friedells Matura, mag den einen oder anderen Witz provoziert haben, das Lachen wird freilich so manchem Journalisten, Literaten, Schauspieler vergehen: Der rote Einband der kleinformatigen, nur 10 Kronen teuren Hefte wird wie ein Angriffssignal wirken – die passende Farbe für Karl Kraus' moralistische Kritik, sein Ethos der Aufrichtigkeit, dessen Schärfe auch Freunde nicht verschont, weshalb der Autor und Herausgeber über kurz oder lang fast jeden zum Feind haben wird, der schreibt, vorträgt, malt oder singt.

Einen «Bruder Goethes und Shakespeares» nannte Stefan Zweig den Dichter: Hugo von Hofmannsthal.

c) Lichter der Großstadt

So erwächst also aus demselben geistigen und gesellschaftlichen Boden, aus demselben Klima, das sich im Café Griensteidl wie in einer anthropologischen Versuchsanordnung verdichtet, der jungen Literatur ein ernsthafter Gegner – als wolle die Wirklichkeit selbst Hermann Bahrs Leitsatz bestätigen, Entwicklung sei nur aus dem Gegensatz eines jeweiligen Zustands heraus möglich. Aus dieser Perspektive betrachtet, bildet das Kaffeehaus einen historischen Augenblick lang tatsächlich ein Gesamtkunstwerk, das Fiktion und Realität zur ästhetischen Utopie vereinigt. Es könnte der Phantasie seiner Stammgäste entsprungen sein.

Noch während Hermann Bahr damit beschäftigt ist, die junge Wiener Literatur zu etablieren und ihr gegenüber der Berliner Konkurrenz eine eigene, lokale Identität zu geben, noch während ihre Repräsentanten ihren Siegeszug durch die künstlerischen Salons, die Buchhandlungen, Theaterbühnen und Vortragssäle beginnen, sitzt in «achtungsvoller Entfernung» eine andere Gruppe junger Männer, die selbst in leidenschaftliche Debatten vertieft sind. Ihre Blicke wandern dennoch immer wieder «mit Respekt» zu den «Großen» hinüber.[56] Unter ihnen scheint «ein hübscher blonder Mensch» besonders eifrig sein schmales, von «einem kleinen Spitzbärtchen» geziertes Gesicht den eleganten Dichtern zuzukehren.[57] Es ist der Sohn eines aus Slowakien in die Leopoldstadt eingewanderten jüdischen Klavierlehrers und einer aus Pest stammenden jüdischen Mutter, der am Abitur – vielleicht nur aus Trotz gegen den Schulzwang[58] – gescheitert und nun entschlossen ist, Journalist zu werden. Mit Karl Kraus ist er sich bald einig, «Jung Wien» sei ein Kreis blasierter Snobs, denen die Form, die ästhetische Ordnung alles ist, Moral und Politik und soziale Gerechtigkeit aber offenkundig wenig bedeuten. Der hübsche blonde Mensch heißt Alfred Polak – ein Name wie Polak freilich ist in einem Wien, dessen antisemitische Stimmungen sich zusehends verdichten, dem Fortkommen hinderlich. So ist Alfred Polaks Werdegang durchaus beispielhaft: «Nachdem er beschlossen hatte, von jenem Zweiten Bezirk», also der jüdischen Leopoldstadt, «zuerst in den – von Akademikern bevorzugten – Neunten zu übersiedeln, dann in den Ersten Bezirk, die innere Stadt, und unterwegs auch seinen Namen zu ändern, vollzog sich seine Integration in das Wiener Bürgertum und das intellektuelle Leben der Stadt mit außerordentlicher Geschwindigkeit.»[59] Diesen Aufstieg hatte Alfred Polgar freilich nicht allein Umzug und Namensänderung zu danken.

Den anfänglichen Respekt vor den «Großen» streift er schnell ab. Als seine ersten Berichte als Gerichtsreporter der liberalen *Wiener Allgemeinen Zeitung* und einige Zeit später als «Burgtheaterreferent» der *Wiener Sonn- und Montagszeitung* erscheinen, bestätigt ihm Karl Kraus, sich vom «journalistischen Geschmeiß» vorteilhaft abzuheben.[60] In den folgenden Jahren bilden Polgar und Kraus eine Art oppositionellen Kreis, zu dem Polgars Jugendfreund Max Graf ebenso gehört wie der radikalste unter den modernen Architekten, Adolf Loos, und der revolutionäre Komponist Arnold Schönberg. Sie alle lehnen ästhetizistische und romantische Neigungen ab, vermeiden die Arabesken und streben «urbane» Kunstformen an. Und wenn auch Polgars erste Erzählungen die «nervösen (...) Seelenqualen» der ihm bekannten Kaffeehaus-Boheme in typisierte Charaktere presst, so zeigen sie doch die weltanschaulichen und stilistischen Züge, deretwegen Polgar sich zu einem der stilbildenden Autoren einer «neuen Generation von Satirikern, Kritikern und Feuilletonisten» entwickelt, eine tonangebende Stimme jenes «gehobenen Journalismus, der früher oder später in Buchform erscheint».[61]

Nicht nur wird Polgar in seinen Kritiken eine sensible Wahrnehmung für die Stärken und Schwächen der Schauspieler kultivieren, die als Hamlet, Franz Mohr oder Soldat Schwejk die Bühnen zwischen Wien und Berlin bevölkern. Er entwickelt ein scharfes Auge für die bleichen Schatten im Gesicht der vom Leben Getretenen, er besitzt einen klaren Blick für die Lichter der Großstadt, die gewundenen Blechkolonnen der Automobile, das Gedränge der Passanten. Und er findet für seine Eindrücke die richtigen kurzen, bisweilen mit expressionistischer Gehetztheit einander verfolgenden und doch immer geschmeidig fließenden Worte. *Die großen Boulevards* von Paris beispielsweise beschreibt er so: «Lichterloh brennt das Leben oder was man so heißt, angefacht von den Blasebälgen Kommerz und Vergnügen, durch das breite Bett der Straße stürzt die Stadt Welle auf Welle, immer ist Sturm, hier kann niemand stehenbleiben (auch die Zeit nicht, das begreift man), (…), kurz wie der Frühling sind die Röcke (…), rechts sind Bäume, links sind Bäume, um die meisten windet sich metallische Wand (…), Schrift und Zeichen glühen von Dächern und Mauern, feurige Pfeile, Sterne, Räder, Trompetenstöße ins Auge, Menschenmassen, Wagenmassen, die Straße, so viel bewegt, scheint selbst in Bewegung, (…), schlingend, schluckend, würgend.»[62] Der moderne Schriftsteller, erläutert Polgar in seiner Kritik zu einem Novellenband des später mit ihm befreundeten linksliberalen Stefan Großmann, müsse «das Complicirte im Einfachen erkennen». Dazu benötige er «ein mikroskopisches Auge» ebenso wie «ein ähnlich construirtes Ohr, welches Schicksale hört, die auf leisen Sohlen gehen, die im Unscheinbaren sich kundgeben, nicht in lärmenden Tragödien.»[63]

Damit dürfte Polgar auch den seit der Uraufführung von *Liebelei* am 9. Oktober 1895 berühmten Schnitzler gemeint haben, dessen Werke der Kritiker leichthändig als mit Seelenpein beladene, Treibhausluft atmende Zierpflanzen für Leihbibliotheks-Abonnennten-Interieurs zu bezeichnen beliebte.[64]

Und zur gleichen Zeit, als sich das Griensteidl zum Nährboden wegweisender Literaturfehden heranbildet, deren Akteure im Grunde nur verschiedene Varianten der ästhetischen Moderne verkörpern, taucht dort ein Mann auf, dessen eigenwillige Erscheinung die Blicke auf sich zieht. Er klappert in Holzsandalen einher, und mit seinem karierten Überwurf, dem langen Schal, seinem breiten Seehund-Schnauzer sieht er aus wie einer der kauzigen Naturapostel, die neuerdings die gesundheitsfördernde Wirkung roher Karotten predigen. Er selbst schwärmt für die Einsamkeiten unberührter Natur und vertritt, wie auch Franz Kafka, diätetische Lebensansichten, die ihn beispielsweise veranlassen, seiner schwächlichen Physis mit Milch- und Eierkuren zu begegnen und Plädoyers für die kräfteschonende Potenz breiiger Nahrung zu halten. Das hindert den Mann im Reformdress keineswegs, Wein und Schnaps zuzusprechen und vorerst seinen kargen Lebensunterhalt mit dem Verkauf ägyptischer Zigaretten zu verdienen. Manchmal lässt er sich vom Wirt, Herrn Griensteidl, Papier und Bleistift bringen, zieht sich auf irgendeinen freien Thonet-Sessel zurück und beginnt zu schreiben.

Das fällt bald auch den Literaten am Tisch Hermann Bahrs auf. «Sie freuten sich», erinnert sich viele Jahre danach sein Freund Alfred Polgar, «seines hängenden Schnurrbarts und seiner sonderbaren Kleidung und seiner Riesen-Zwickerschnur und sagten: ‹Du Peter›, und waren überhaupt sehr amüsiert von ihm.»[65] Tatsächlich, berichtet einer der Beteiligten, Felix Salten, in seinen Erinnerungen, sei die Gesellschaft des nachlässig gekleideten Mannes mit dem hängenden Schnurrbart «außerordentlich amüsant» gewesen. Arthur Schnitzler kennt ihn ohnehin schon länger: Er war dem Mann vor einigen Jahren mehrmals im Hotel Talhof in Reichenau begegnet, wohin er regelmäßig in die Sommerfrische fuhr. Beide hatten sich in die attraktive Wirtin Olga Waissnix verliebt, doch während der schüchterne Verehrer es nur zu einem zaghaften Handkuss bringt, unternimmt Schnitzler mit Olga Spaziergänge in die Wälder, tauscht an der «Table d'hote» heimlich Liebesschwüre und tanzt, wenn ein Gast sich ans Klavier setzt, mit ihr Walzer und Quadrille.[66] Sein Konkurrent kommt ihm wie ein «geistreicher Sonderling» vor, der sich «in einer mir nicht ganz echt erscheinenden Weise als berufsmäßiger Neurasthehniker» gebärdet. Von dichterischen Leistungen sei damals weder bei ihm noch bei dem anderen viel zu bemerken gewesen.[67]

Nun aber ist Schnitzler einer der Ersten, den interessiert, was der noch gänzlich Unbekannte an seinem Tisch im Griensteidl zu Papier bringt. Er ist an jenem Abend dabei, als Richard Beer-Hofmann, der technikskeptische Traum-Novellist, die Kaffeehausrunde zu sich einlädt und eine Skizze namens *Seeufer* vorliest. Den weiteren Verlauf des Abends schildert Felix Salten dann so: «Als er den hellen Jubel sah und hörte, mit dem wir diese zarte Dichtung empfingen, las er noch eine ganze Anzahl anderer kleiner Prosastücke (...). Wie groß war unser Erstaunen, als uns nun Beer-Hofmann voll Freude mitteilte, der Schöpfer dieser Gedichte in Prosa sei Richard Engländer, der Zigarettenagent aus dem Nachtcafé. (...)

Wir hatten einen Dichter entdeckt: Peter Altenberg.»[68]

3. Seelenverwandte Geister

a) Die Ohrfeige

Das erste Buch des neuen Dichters erscheint 1896 beim renommierten S. Fischer Verlag in Berlin unter dem bezeichnenden Titel *Wie ich es sehe*. Altenberg ist mit einem Schlag bekannt. Es dauert nicht lange, bis er, so kurios wie charismatisch, einen eigenen Kreis um sich versammelt. Alfred Polgar und der Architekt Adolf Loos gehören dazu, Karl Kraus schließt sich hin und wieder an, ebenso der als wohlhabender Bohemien geltende niederösterreichische Maler und Karikaturist Carl Leopold Hollitzer, der bissige Porträts seiner Tischnachbarn auf Bierdeckel kritzelt, Landsknechtslieder singt und alte Waffen und Uniformen sammelt. Auch Schauspielerinnen des Burgtheaters kommen zu vorgerückter Stunde vorbei.

Unterdessen hat Altenberg das Lokal gewechselt. Nicht lange, nachdem sein Buch erschienen war, am 21. Januar 1897 – Friedell befindet sich zu dieser Zeit inmitten seiner Irrfahrten durch Gymnasien und Internate und hält sich in Heidelberg auf –, stürzt das Café Griensteidl unter den Spitzhacken der Bauarbeiter zusammen. Die innere Stadt befindet sich im Wandel, und entsprechend ersetzt einer jener historistischen Prachtbauten das alte Palais Herbertstein, mit denen das erfolgreiche Wirtschaftsbürgertum seinen Geschmack öffentlich

Bis zu seinem Abriss 1897 war das altehrwürdige Café Griensteidl am Michaelerplatz, gegenüber der Hofburg, der bedeutendste Treffpunkt des literarischen Wien. Der Zirkel der Jung-Wiener Autoren versammelte sich am runden Tisch des Literaturzimmers.

zum Ausdruck bringt. «Wien wird jetzt zur Großstadt demolirt», kommentiert Karl Kraus.[69]

Am letzten Abend des Griensteidl, den die Stammgäste mit Champagner begießen, ereignet sich ein Skandal, der offenbart, wie scharf die Frontlinie zwischen den literarischen Gruppen verläuft: Karl Kraus hat einen Essay veröffentlicht, den er, passend zum Anlass, *Die demolirte Litteratur* nennt – ein vor Bosheit strotzender Angriff, der sich mit unschuldiger Mine heranschleicht, doch unter dem Samtrock seiner gespielten Nostalgie den Dolch schneidender Häme birgt: «Unsere Literatur sieht einer Periode der Obdachlosigkeit entgegen, der Faden der dichterischen Production wird grausam abgeschnitten.» Denn «wie kein zweites» schien das Griensteidl geeignet, «das literarische Verkehrscentrum zu repräsentieren». Leider dahin: «Wer gedenkt nicht der schier erdrückenden Fülle von Zeitungen und Zeitschriften, die den Besuch unseres Kaffeehauses gerade für diejenigen Schriftsteller, welche nach keinem Kaffee verlangten, zu einem wahren Bedürfnisse gemacht hatte? Braucht es den Hinweis auf sämmtliche Bände von Meyer's Conversationslexikon, die (…) es jedem Litteraten ermöglichten, sich Bildung anzueignen? (…) Dass in einem so exceptionellen Café auch die Kellnernatur einen Stich ins Literarische aufweisen musste, leuchtet ein.»[70]

Dann geht er mit den jungen Dichtern ins Gericht: sie seien wirklichkeitsfern, maniriert, gespreizt. Ihr größtes Verbrechen: «die Verwechslung des Dativs mit dem Accusativ».[71] Er bespöttelt sie als in Eitelkeit geblähte Poseure, als «Nachempfinder» im «Schneckengehäuse ihres angeblichen Ich».[72] Einen dieser «Jung-Wiener Dichtergalerie»[73] porträtiert er also: «Der am tiefsten in diese Seichtigkeit taucht und am vollsten in dieser Leere aufgeht, der Dichter, der das Vorstadtmädel burgtheaterfähig machte, hat sich in überlauter Umgebung eine ruhige Bescheidenheit des Grössenwahns zu bewahren gewusst. Zu gutmüthig, um einem Problem nahe treten zu können, hat er sich ein- für allemal eine kleine Welt von Lebemännern und Grisetten zurechtgezimmert, um nur zuweilen aus diesen Niederungen zu falscher Tragik emporzusteigen.»[74] Und über Hofmannsthal heißt es: «Die Thatsache, daß Einer noch ins Gymnasium ging, begeisterte den Entdecker zu dem Ausruf: ‹Goethe auf der Schulbank!› Man beeilte sich, den Jüngling für das Kaffeehaus zu gewinnen, und seine Eltern selbst führten ihn ein (…). Seine Bewegungen nahmen bald den Charakter des Ewigen, seine Correspondenzen den des ‹Briefwechsels› an (…) – dann studierte er sich seine ‹Letzten Worte› ein.»[75] Und am Schluss, als Resümee: «Hier ergänzen sich die Individualitäten wohl so, dass, was dem Einen an Humor fehlt, der Andere durch Mangel an Erfindung wettmacht.»[76]

Jedermann an diesem Abend weiß, dass Karl Kraus mit diesen Karikaturen vor allem einen treffen will, jenen, den er schon auf dem Umschlag des Bändchens als geplusterten Zwerg vorführen lässt: Hermann Bahr, den Wortführer und geschickten Vermarkter der Autoren «Jung Wiens», der seine Verbindungen auch zu Berliner Zeitungen nutzt, um Salten, Schnitzler und anderen Raum für ihre Publikationen zu schaffen. Gleichwohl traf der so kühne wie freche Angriff des noch kaum bekannten Kritikers alle im Umkreis Bahrs, so dass einer von ihnen aufsprang, um die Ehre der Gruppe zu retten. Schnitzler hält in seinem Tagebuch fest, was geschah, als der empörte Dichter den Provokateur, den Schnitzler kurz davor auch als den «bekannten Lausbuben» tituliert hatte,[77] unter den Gästen ausmachte: «Gestern Abd. hat Salten im Kfh. noch den kleinen Kraus (der auch ihn angegriffen) geohrfeigt, was allseitig freudig begrüßt wurde.»[78]

b) Im Etablissement der Menschenfeinde

Weltanschauung im Ammoniak-Dunst

«Wohin steuert nun unsere junge Literatur? – Und welches ist ihr künftiges Griensteidl?», fragt Karl Kraus mit scheinheiligem Bedauern.[79]

Der Kraus-Freund Peter Altenberg braucht nur ein paar Schritte die Herrengasse hinaufzugehen, um eine neue Heimstatt zu finden: Die neogotischen Gewölbe des «Café Central» nehmen den Unbehausten auf. Von nun an wird er die von hohen Bündel-Säulen gegliederten Räume in jenen halbmythischen Ort verwandeln, als der er in die kulturgeschichtliche Erzählung der Wiener Moderne eingegangen ist. Auch Polgar arbeitet an der Legende: «Das Café Central», behauptet er, «ist nämlich kein Kaffeehaus wie andere Kaffeehäuser, sondern eine Weltanschauung, und zwar eine, deren innerster Inhalt es ist, die Welt nicht anzuschauen.» Das Klima dieses «leicht nach Ammoniak» riechenden Ortes lasse «das Lebensunfähige» gedeihen, «und nur dieses, bei voller Wahrung seiner Lebensunfähigkeit.» Nur dort «entwickelt Ohnmacht die ihr eigentümlichsten Kräfte, Früchte der Unfruchtbarkeit reifen, und jeder Nichtbesitz verzinst sich». Auch andere Beobachtungen Polgars werden oft zitiert: «Das Café Central liegt unterm wienerischen Breitengrad am Meridian der Einsamkeit. Seine Bewohner sind größtenteils Leute, deren Menschenfeindschaft so heftig ist wie ihr Verlangen nach Menschen, die allein sein wollen, aber dazu Gesellschaft brauchen.» Denn: «In diesem gesegneten Raum wird jedem halbwegs unbestimmten Menschen Persönlichkeit kreditiert.»[80]

Auch nachgeborene Beobachter, die die Szenerie aber noch aus eigener Anschauung kennen, finden ähnliche Urteile: «Die Wiener aber gelangten in seiner dunstigen Atmosphäre zu jenem Schwebe- und Zwischenzustand, der ihrer Wirklichkeitsscheu, ihrer verborgenen Daseinsangst angemessen war.» Und: «Es war eine Scheinexistenz, die man hier führte»[81] – in jedem Fall ein Ort, an dem ein Charakter wie Peter Altenberg gedeiht, vielleicht der einzige Ort überhaupt, an dem er gedeihen kann. Vor einem Jahr erst, 1895, hat er seine erste Skizze verfasst, er war 36 Jahre alt: «Ein Fertiger, als er begann»,[82] wie Alfred Polgar urteilt. Andere nennen ihn auch einen «Spätzünder».[83]

Die 36 Jahre, die Altenberg zu diesem Zeitpunkt hinter sich hatte, glichen einem Weg, den mehr Dornen und Steine säumten als Flieder-

Die Weltanschauung des Café Central sei es, schrieb Alfred Polgar, die Welt nicht anzuschauen: Nach dem Abriss des Café Griensteidl wurde es Heimat oder gelegentlicher Treffpunkt zahlreicher Schriftsteller, Intellektueller und Politiker, von Egon Friedell bis Sigmund Freud, von Karl Lueger bis Leon Trotzki.

büsche. Begabt mit einer übersensiblen, flaumfederzarten Wahrnehmung, litt er schon als Jugendlicher an starken Verlassenheitsgefühlen, psychoanalytisch geschulte Augen diagnostizieren heute die Psychopathologien des «Wiener Originals» als «schwere narzißtische Persönlichkeitsstörung» mit Neigungen zu psychotischen Zuständen.[84] Was für manchen dieser Kaffeehaus-Bohemiens gilt, betrifft Peter Altenberg in besonderem Maß: Ihm wird das Schreiben zur Therapie, zur Notwendigkeit, die ihn, wie der Alkohol, befähigt, sein Leben unter den gegebenen gesellschaftlichen und medizinischen Umständen in einer halbwegs stabilen Schräglage zu halten. Er selbst hat den Ort seiner eigentlichen Existenz in einem Prosagedicht beschrieben, das sein Talent offenbart, durchdringende Beobachtungen in kurze Worte zu fassen, hinter denen sich eine Art Soziogramm öffnet:

> «Du hast Sorgen, seien es diese, seien es jene – ins *Kaffeehaus*!
> Sie kann, aus irgendeinem, wenn auch noch so plausiblen Grunde, nicht zu dir kommen – ins *Kaffeehaus*!

Du hast zerrissene Stiefel – *Kaffeehaus*!
Du hast 400 Kronen Gehalt und gibst 500 aus – *Kaffeehaus*!
Du bist Beamter und wärest gern Arzt geworden – *Kaffeehaus*!
Du stehst *innerlich* vor dem Selbstmord – *Kaffeehaus*!
Du haßt und verachtest die Menschen und kannst sie dennoch nicht missen – *Kaffeehaus*!»[85]

Es überrascht auch heute nicht, dass Altenberg, kaum war sein erstes Buch in den Läden, als Meister einer «Kurzprosa» galt, die in ziselierten Miniaturen die «Magie des Alltags» heraufbeschwört;[86] dass ein berühmter Zeitgenosse wie Gerhart Hauptmann Arthur Schnitzler brieflich mitteilte, seit Jahren habe kein Buch «einen so großen Eindruck auf ihn gemacht» wie Altenbergs Debüt; und dass Thomas Mann nach Altenbergs Tod in einem Schreiben an Friedell mit leicht ironischem Pathos behauptet, Altenberg sei zwar «nicht einmal einer von erster Größe» unter «den Sternen dieses Firmaments» gewesen: «Aber welch eine wundersam innig durchdringende Leuchtkraft besaß er! (…) Auf jeden Fall, wenn es erlaubt ist, von ‹Liebe auf den ersten Laut› zu sprechen, so ereignete sich dergleichen bei meinem frühen Zusammentreffen mit diesem Prosa-Poeten.»[87]

Ein Lebens-Werk

Peter Altenberg war am 9. März 1859, 19 Jahre vor Friedell, als Sohn eines jüdischen Seidenhändlers in Wien in dem Bezirk geboren, der unter allen Vorstädten die meisten Kaffeehäuser besaß: in der Leopoldstadt,[88] gleich hinter dem Café Setzer. Wie Friedell stammt auch er, dessen ursprünglicher Name Richard Engländer lautet, aus gutbürgerlicher, assimilierter Familie. Seine Kindheit muss glücklich gewesen sein, Richard hat ein inniges Verhältnis zu seinen beiden Schwestern, mit dem jüngeren Bruder versteht er sich gut. Die Mutter war offenbar eine gutmütige, naive Frau, die unter einem gewissen Ordnungszwang litt.

Wie sich seine Schwester Marie erinnert, habe die eigenwillige Art des Sensiblen, der sich gut mit dem Gesinde verstand, in der Jugendzeit Konflikte mit dem Vater heraufbeschworen, einem belesenen Mann, der für Victor Hugo schwärmt und dessen steigender Wohlstand es der Familie ermöglicht, in die innere Stadt umzuziehen und einen großbürgerlichen Zuschnitt zu pflegen. Marie zufolge habe ihr Bruder ein «ungeordnetes Leben» geführt, sei «sehr spät» aufgestanden und «erst tief in der Nacht nach Hause» gekommen[89] – er ist, wie man im Jiddischen sagt, ein Parch, ein Tunichtgut. Es drängt ihn fort aus der Welt der Geschäftsordnungen und Zierdecken, er verlangt nach Natur, Schönheit, Freiheit, und doch: er hängt im Grunde seines Herzens auch an den Annehmlichkeiten, die die bürgerliche Enge bietet. Er liest viel, in der Erinnerung der Schwester auch viele Bücher über gesunde Ernährung, er schreibt Gedichte und Skizzen aus dem Alltagsleben und trägt sie den Schwestern vor. Irgendwann wirft die Mutter die Blätter in den Ofen, weil sie die Fächer im Schreibtisch verstopfen. Früh schon habe er, berichtet Marie, über «körperliche und psychische Beschwerden» geklagt – seine Gesundheit wird dann auch später in den Briefen an Freunde und Gönner wie Friedell oder Karl Kraus ein Generalthema sein. Die Schule ist ihm lästig, die Lateinprüfung in der Matura schafft er im zweiten Anlauf. Früh auch sucht der Labile Zuflucht auf dem Land. Über Jahre reist er in den Sommermonaten in die Landschaftsidylle des Thalhofes, wo er zum ersten Mal Arthur Schnitzler begegnet. Später findet er im gediegenen Kurort Gmunden am Traunsee im Salzkammergut oder am Semmering seine Sehnsuchtsorte, wo er sozusagen am Busen der Natur seine seelischen Gleichgewichtsstörungen kuriert.

Beredt ist auch das Zeugnis seiner Schwester, dem Vater Altenbergs selbst habe an diesen Sommerfrischen gelegen, um «ihn wieder eine Zeit vom Haus fernzuhalten, denn sein andersartiges Wesen hatte im Kreise der Familie manches Unerquickliche zur Folge». Der Vater sorgt sich, beauftragt endlich, 1882, einen Arzt, welcher konstatiert: «Überempfindlichkeit des Nervensystems», damit «ungeeignet zum Ergreifen eines Berufs»[90] – ob er damit, zwei Jahrzehnte bevor Freud den Blick auf seelische Traumata und deren Verdrängung als Ursache psychopathologischer Zustände richtet, den unglücklichen Altenberg erst wirklich zur Untauglichkeit verurteilte oder den tatsächlich Untauglichen vor einem Schicksal bewahrte, wie Hölderlin es erlitten hatte, ist schwer zu entscheiden. Eine Buchhändlerlehre in Stuttgart jedenfalls bricht er ebenso ab wie ein Jurastudium.

Indes verstand es Altenberg, sein Leben in der Diagnose einzurichten. Er formt seine mit den Institutionen kollidierenden Eigenheiten in einen Stil, eine Lebensweise um, wechselt oft die Wohnungen, zieht

«Das Kaffeehaus ist das Laster des Wieners» – der 1889 in Wien geborene Hofrat und Schriftsteller Otto Friedländer, im Hauptberuf Sekretär im Handelsministerium, musste das ebenso wissen wie Peter Altenberg, der im Café Central seine eigentliche Heimstatt hatte. «Café Central, Wien I» gab er denn auch als offizielle Adresse an.

durch die Cafés, die Beisln und Nachtlokale und gilt als «schräger Vogel mit ausgeprägten Meinungen, die er lautstark zum Besten gab». Das Narrenspiel gehört zur Inszenierung: Seine «Freistil-Tänze», die er in Gmunden und auf dem nächtlichen Wiener Kohlmarkt vorführt, werden belustigt «Flugversuche» genannt, in großbürgerlichen Gesellschaften, wie sie sich in der Villa von Schnitzlers Vater Johann versammeln, wird er «gerade geduldet».[91]

Doch noch bevor die erste Zeile von ihm gedruckt erscheint, gilt er als «die ungewöhnlichste und originellste Spielart der Spezies ‹Kaffeehausliterat›».[92] Kurz: Er wandelt sich, beflügelt auch von dem Wunsch, seine jüdische Herkunft abzustreifen, von Richard Engländer zu Peter Altenberg. Und als Peter Altenberg gelang es ihm, dem Bürgerfeind, von Frauen der Gesellschaft bewundert, von Freudenmädchen angehimmelt, von Fabrikanten unterstützt zu werden. Ja, mehr noch: Indem er sich als Autor eines führenden Verlages durchsetzt und aus seiner Not die Tugend einer produktiven Künstlerexistenz macht, schaffte

Auf der Seepromenade im Kurort Gmunden: Oft suchte Peter Altenberg die Sommerfrische auf, um sich von seinen psychischen Krisen zu erholen.

er doch noch den Anschluss an den Markt der industrialisierten Gesellschaft. Dass diese allein an den Rändern oder in den Zwischenzonen der sozialen Welt stattfinden kann, liefert Stoff für jene Selbstinszenierung, die das Ich zum maßgebenden ästhetischen Ereignis macht und gleichzeitig erlaubt, sich von bürgerlicher Mediokrität abzuheben und Aufmerksamkeit, ja heimlichen Neid zu erregen. Auch darin verkörpert Altenberg einen Typus der Zeit: «Der Künstler ist Rebell – stilisiert sich je nachdem als Held, Führer, Prophet oder Märtyrer, als Dandy, Bohémien, Wahnsinniger oder als Kultfigur – wie sehr er auch, vor 1914, immer dem bürgerlichen Leben verbunden bleibt.»[93] «Sein Ideal war: lebenslängliche Aushaltung durch eine noch soviel Köpfe umfassende Aktiengesellschaft von Verehrern»,[94] erinnert sich Jahre danach der Stegreiferzähler und Feuilletonist Anton Kuh, auch einer jener «Centralisten», wie Polgar sie nennt.

Immer wieder griffen Freunde und Kollegen dem Kaffehausliteraten finanziell unter die Arme, wofür er sie manchmal auch beschimpfte: Peter Altenberg mit Adolf Loos.

Und der sozialistische Schriftsteller und Bohemien Erich Mühsam, wie Altenberg aus wohlhabender jüdischer Familie stammend, berichtet von einer Begegnung im Café Central, als sich «der als sehr geizig bekannte Bankier v. L.» an ihren Tisch setzt und Sekt bestellt. Da soll Altenberg gesagt haben: «Sie kommen daher, um unsere Unterhaltung zu schinden – das ist es! Jedes Wort, das Sie von uns hören, ist hundertmal mehr Wert als aller Sekt, den Sie uns überhaupt bezahlen können!» Der Bankier will sich «‹besser erkenntlich›» zeigen, worauf Altenberg von ihm zwanzig Kronen fordert. Zögernd entnimmt der Finanzmann seiner Brieftasche zwei Zehnkronenscheine und reicht sie Mühsam. Der bietet einen davon Altenberg an: «Hier, Peter, das Geld haben wir uns redlich miteinander erworben.» Doch Altenberg sagt zum Bankier: «‹Unter keinen Umständen nehme ich Ihnen das Geld ab. (…) Das ist Ihr Geld. Sie haben Ihre Methode, und ich hab meine Methode.›» Da steckt Mühsam die 20 Kronen ein. «Das Gespräch ging nun etwas lebhafter vonstatten, denn P. A. hatte sich sichtlich amüsiert, den Geizkragen ‹gewurzt› zu sehen.» Kaum war der Bankier fort, sagt Altenberg:

«‹Wissen Sie, Mühsam, Sie können mir die zehn Kronen eigentlich doch geben!›» Und Mühsam fügt an: «Das war seine Methode.»[95]

In der Tat: Das eigentliche Werk, die wahre Leistung Peter Altenbergs, war sein Leben selbst. «Er lebte Phantasie», sinnierte Alfred Polgar, «und dichtete die Wirklichkeit».[96] Anders gesagt: Er versuchte, sein Selbstbild zur Wirklichkeit zu machen.

Als Altenberg die literarische Bühne betrat, da markierte er einen Wandel im Charakter der Zeit: Seine Szenen der Gärten und Straßen, wie nicht weniger seine Lebensführung, bezeichnen in ihrer schwebenden Form eine Entwicklung, die sich als Krise bürgerlichen Selbstverständnisses beschreiben lässt: Für die Söhne und Enkel der Gründer ist es nicht mehr selbstverständlich, Fabrikant oder Professor oder Ehemann zu werden. So zweifeln sie auch die Moral unbedingter Selbstzucht an – die Feier der Erotik, des Irrationalen, Animalischen in Kunst und Literatur ist Ausdruck dieses Zweifels. In dieser die Assoziation als Stilmittel einsetzenden Kunst treffen sich Altenbergs sinnliche Miniaturen mit den Wahrnehmungen des Schnitzlerschen Anatol oder den Gedankensprüngen eines *Leutnant Gustl*.[97] Diese Art der künstlerischen *Décadence* als Ausdruck der Sinnkrise hat der philosophische Seismograph des späten 19. Jahrhunderts, Friedrich Nietzsche, bereits in seinem Essay über den *Fall Wagner* so erfasst: «Womit kennzeichnet sich die litterarische décadence? Damit, daß das Leben nicht mehr im Ganzen wohnt. Das Wort wird Souverain und springt aus dem Satz heraus, der Satz greift über und verdunkelt den Sinn der Seite, die Seite gewinnt Leben auf Unkosten des Ganzen – das Ganze ist kein Ganzes mehr.»[98]

So ist der Wille zur Selbsterschaffung, zur ästhetischen Einheit von Ich und Welt, zu einem Merkmal der Kunst nicht allein der Wiener Moderne geworden. Das ist sicherlich einer der Gründe, weshalb Altenberg als Virtuose dieser Kunst für Egon Friedell als Lehrmeister dienen sollte. Friedell wird in Altenberg sogar «in Wahrheit eine reformatorische Persönlichkeit von fast religiösem Charakter» zu erblicken glauben.[99] Das erscheint heute wie Ironie. Und doch werden viele bei diesem Satz zustimmend genickt haben.

c) Peter, einer von uns oder Die Verklärung des Weibes

Denn es ist natürlich nicht die von vielen, auch von Schnitzler, bewunderte, manchmal leicht manirierte und Altenbergs Verfassung angemessene Fragilität des Stils allein, die pointillistische und doch seltsam wirksame Leichtigkeit seiner Sätze, die diesen «Schauspieler des Lebens»[100] zu einer stilprägenden Erscheinung machten. Es sind ebenso die in diesen Formen vermittelten Anschauungen, in denen sich romantische Seelen-Metaphysik, jene Bahrsche Mystik der Nerven, vitalistisch-nietzscheanisch beflügelte «Lebens»-Frömmigkeit und messianische Körper-Prophetie mit einiger christlicher Mitleids-Ethik zu einer Zeitgeist-Melange vermengen, in die vom Kult der ätherischen Frau bis zur Kapital- und Bürgerkritik fast alles einfließen kann, was in den ästhetischen Debatten Gemeingut ist. Davon künden viele seiner staunenswert konzentrierten und doch nie schwer, wenn heute manchmal auch befremdend wirkenden Skizzen, seine aphoristisch verkürzten Gedanken-Medaillons wie das über den zeitgemäßen «Kulturmenschen», das der Beziehung zwischen den Geschlechtern gilt und den Titel *Geleit* trägt:

> Unbegrenzte Energien in seinem Organismus, in dieser Edelmaschine «Mann» anhäufen können und diese in *weisester Ökonomie* ausnützen, umsetzen, verbrauchen können heißt: Ein *moderner Kulturmensch* sein!
> Das Edelöl zu dieser Maschinerie liefert vor allem die ideal schöne, sanftmütige, förderungsfrohe Frau. Sie kann *ewig helfen* oder *ewig stören.* – Von ihrer *geistig-seelischen* Gnade lebt der Bismarck-Mann, der Goethe-Mann, diese Weltenmaschine von ergiebiger Edelkraft. Ihr ‹idealer Wille› sei *sein* ‹ideales Bedürfnis›. Sie sei eine Wegweiserin zu *seinen* eigenen Wegzielen. *Seine* Kraft sei ihre *Ehre* in diesem Kampf der Lebenskräfte. Sie halte Melancholien von ihm ferne, dieses *Allerzehrendste,* Verzehrendste, *Verzerrendste*! In ruhigem Gleichgewichte erhalte sie seine Seele, diese *Wurzel* des Geistigen in ihm! (...) Goethe liebte unglücklich und schrieb *dennoch* den «Werther». – Aber nicht *alle* haben die Fähigkeit, ihr ‹seelisches Streben› in ‹lebendige Dichtungen› zu verwandeln.
> Frauen, mehret die Energie des Edelmannes in sanftmütiger Weisheit.[101]

Die Natürlichkeit weiblicher Unschuld: Peter Altenberg dokumentierte mit zahlreichen Fotografien seine verklärende Neigung für minderjährige Mädchen. Sein Text auf diesem Porträt lautet: «Deine Seele, Albine Ruprich, / 14-Jährige, ist so vollkommen / wie Dein geliebter Leib! / Peter Altenberg / 1914.»

Man könnte hier einige zeittypische Aspekte benennen, die Mystifizierung des schöpferischen Charakters, die Feier des Heros und Tat-Menschen, die Metaphysik des schönen Körpers. Man könnte auch sagen: geschriebener Jugendstil. Ein Motiv indessen gibt den Ton an: die offenkundige Verklärung des Weibes und seine sublime Abwertung. Auch dieses Frauenbild wird zu den Denkfiguren zählen, die Friedell zu Altenberg ziehen. Denn auch sein Verhältnis zu Frauen wird sich als zwiespältig offenbaren.

Die Frau als Traumgespinst des verehrenden Mannes, als Erlöserin unerfüllter Lebensmöglichkeiten, als Circe der Unschuld, die noch nichts von den Bestimmungen weiß, die sie in sich trägt: Altenbergs Frauengestalt entspricht den Lithographien der lilienschlanken Geschöpfe, wie sie auf den Titeln von *Ver Sacrum* erscheinen, der Zeitschrift der Wiener Secession, für die Gustav Klimt, Josef Engelhart, Josef Hoffmann, Joseph Maria Olbrich, Kolomann Moser oder Hermann Bahr arbeiten. Der weibliche, zumal der junge weibliche Körper war als ästhetisches Ereignis zugleich ein Zeichen für die Erhabenheit der Natur: «Gottes Kunstwerk ‹Frauenleib›». Altenbergs Vorliebe für minderjährige Mädchen, für zarte Kindfrauen und schmalbeinige Elfen, die er in Parks betrachtete und dann besang, deren Fotos er sammelte und beschriftete und an den Wänden seines winzigen Hotelzimmers arrangierte, kannte jeder, der Altenberg kannte. Es ließe sich darüber spekulieren, inwieweit Altenbergs Frauenfiguren Folge einer seelischen Verfassung sind, die unausgelebte Begierden in Sinnbilder ätherischer Reinheit und sublimer Erotik verwandeln – klar ist, dass die Verklärung Element einer Denkfigur ist, die Altenberg bereits in seinem ersten Band *Wie ich es sehe* formuliert: Die bürgerliche Frau erscheint als Opfer männlichen Geschlechtstriebes und kommerzieller Interessen, die hinter galanten Umgangsformen verborgen würden. Der Erfolg, den Altenbergs Buch gerade bei gebildeten Frauen im Bürgertum hatte, zeigt, dass er mit seiner These eine auch von feministischer Seite geäußerte Gesellschaftskritik abruft. So bescheinigte ihm Ricarda Huch, er habe sich als «eine(r) von uns» zu erkennen gegeben.

Und Friedell, der nun bald in den erlauchten Kreis eintreten wird, wird zu Altenbergs 50. Geburtstag behaupten, dessen Literatur sei nicht zuletzt deswegen «ein absolutes Novum», da Altenberg die einzigartige Fähigkeit besitze, «die Vorstellungs- und Gefühlswelt der Frau (...) mit der überlegenen Intelligenz des Mannes» zu verbinden. Er besitze, «um es bildlich auszudrücken, ein Gehirn, das der Materie nach weiblich und der Struktur nach männlich ist».[102]

Die überlegene Intelligenz des Mannes – es hätte Friedell vermutlich zu Polemiken herausgefordert, hätte er gewusst, dass das scharfsinnigste Urteil über diese Symbolfigur des Kaffeehausliteraten ausgerechnet von einer Frau stammt: Lou Andreas-Salomé hatte 1895 zum ersten Mal Wien besucht, hatte mit Schnitzler, Salten und Hofmannsthal Ausflüge in den Prater unternommen, war im Café Griensteidl «versumpft»[103] und mit Altenberg bekannt geworden. Über ihn äußert sie sich in ihrem *Lebensrückblick* mit einer Einfühlsamkeit, die Altenbergs Charakter wie in einem Röntgenbild beleuchtet: Er scheint der berühmten Freud-Schülerin weder Mann noch Frau, ein Wesen aus «einem dritten Reich», dessen verschwimmendes Selbst «gleichsam beide Geschlechter am inneren Erwachsensein verhindert, indem er ihr Infantilbleiben dichterisch zu einer Spezialität verarbeitet, die sich auch in seinen personellen Besonderheiten voll ausdrückte.»[104]

Altenbergs Androgynität ist etlichen Zeitgenossen aufgefallen. So sagte Hofmannsthal, der Dichter blicke mit gleichsam «weiblichen Augen» in die Welt,[105] Adolf Loos schrieb nach Altenbergs Tod: «... Du, der Du eine Frauenseele in Deinem Männerkörper trugst».[106] Auf den Reiseschriftsteller Hanns Heinz Ewers wirkte Altenberg «männlich und weiblich zugleich».[107] Und Friedell schrieb, Altenberg erlebe geradezu «die Frau in sich selbst in der vollkommensten Weise».[108]

Im selben Maß indessen, in dem Altenberg die Frau als magische Kraftquelle beschwört, setzt er sie herab – sie besitzt Wert allein als Dienerin. Wie hieß es in *Geleit*? «Frauen, mehret die Energie des Edelmannes in sanftmütiger Weisheit». Je weniger sie dient, je mehr sie sich selbst ausbildet, studiert, die Schauspielschule besucht, Malerin oder Ärztin wird (was sie seit 1897, seit auch in Österreich die Universitäten für Frauen geöffnet sind, gerne und in steigender Anzahl tut, insbesondere die jüdische Frau), desto wertloser ist sie. Sie ist entweder Maria oder eben: Schlampe, Hure – eine recht kleinbürgerliche Ansicht, die vor allem auch in den Kreisen der Alldeutschen umgeht.

Diesen Zusammenhang hat Lina Loos, als Frau des Architekten Adolf Loos und Tochter eines Kaffeehauswirtes zum Altenberg-Kreis gehörig, scharfsichtig erkannt: «Peter Altenberg gilt als Frauenverehrer. Er war es nicht! Er hat uns gehaßt. Er hat uns Frauen gehaßt wie er reiche Leute haßte, die ihren Reichtum nicht zu verwenden wussten (...). An ihm, dem Ewig-Bereiten, sind die Frauen vorbeigegangen, so wurde er gezwungen, in Buchstaben zu gestalten, was Unerlebtes überblieb!»[109]

Er hat uns Frauen gehasst: Damit hätte er empfunden wie Otto Weininger, der das Weibliche mit dem Weichlichen und Schwachen, und das Schwache und Weichliche mit dem Jüdischen gleichsetzte und sich selbst damit hasste, weil er Jude war und weibliche Züge in sich zu erkennen glaubte. Sein *Geschlecht und Charakter* erschien kurz nach Altenbergs *Wie ich es sehe*, und tatsächlich bekennt Altenberg einmal in einem Brief an Karl Kraus: «Ich bin ein unentrinnbarer Schüler und Gleichgesinnter von (...) Otto Weininger und lasse nur die ‹Dame› gelten.»[110] Vermutlich sogar ist «Weininger bei Altenberg in die Schule gegangen».[111]

d) Der Kaffeehausliterat – eine Literaten-Legende?

«Es gibt Schreiber, die nirgendwo anders wie im Café Central ihr Schreibpensum zu erledigen imstande sind, nur dort, nur an den Tischen des Müßiggangs, ist ihnen die Tafel der Arbeit gedeckt, nur dort, von Faulenzlüften umweht, wird ihrer Tätigkeit Befruchtung»[112] – so hat Alfred Polgar das Kaffeehaus als Ort künstlerischer Produktion skizziert und damit das Seine zum mythologischen Bild des «Kaffeehausliteraten» geleistet. Allein: eine «Kaffeehausliteratur» im Sinne einer Gattung gibt es nicht. Es lässt sich keine Textsorte ausmachen, auf die der Begriff «Kaffeehausliteratur» anwendbar wäre. Selbst das schlichteste Kriterium, der Ort der Produktion, greift nicht, ist doch der größte Teil der Texte, die aus den Federn der «Kaffeehausliteraten» stammen, nicht an runden Marmortischen entstanden. Die meisten schrieben das meiste dort, wo Literatur gemeinhin zustande kommt: am Schreibtisch.

Vom Kaffeehausliteraten zum Schriftsteller: Arthur Schnitzler mit seiner Frau Olga, der Tochter Lili und Heinrich.

Schnitzler zwar hat nach eigenem Bekunden seine frühe Erzählung *Sterben* im Sommer 1892 im Griensteidl abgeschlossen, also zu der Zeit, als sich Hermann Bahr und die jungen Wiener Literaten dort trafen. So teilt er seinem Freund Hugo von Hofmannsthal in einem Brief vom 29. Juli 1892 mit: «Vorgestern habe ich meine Novelle beendet. (...) Ich habe sie plötzlich zu Ende schreiben müssen, nachts im Café, während schläfrige Kellner bereits die Sessel aufeinander türmten.»[113] Er mag auch manches «Billet» für seine Rendezvous dort gekritzelt haben – der große Rest seiner literarischen Produktion aber spielte sich in der Sternwartstraße ab, im grünen Cottageviertel im Bezirk Währing, etwa 15 Gehminuten von Friedells späterer Wohnung entfernt.

Schnitzler selbst zog sich mit seinem wachsenden Erfolg bald nach den ersten Treffen mit den Autoren Jung Wiens mehr und mehr zurück. Ebenso hielten es die anderen, besonders Hofmannsthal und Salten, mit denen Schnitzler befreundet blieb. Auf die als Repräsentanten der Kaffeehausliteratur geltenden Kollegen blickte er mit steigender Verachtung herab. So hielt er 1898 nach einem Praterbesuch mit dem Berliner Theaterkritiker Alfred Kerr im Tagebuch fest: «im Gasthaus Peter Altenberg, mit seinen widerlichen Jüngern, Pollak und Grossmann»[114] – also Alfred Polgar und der sozialistisch gesonnene Autor Stefan Großmann, mit dem auch Friedell noch zu tun haben wird. Und wieder ein paar Jahre später bemerkt der inzwischen berühmte Schnitzler anlässlich eines Besuches im Burgtheater: «Großmann und Polgar krochen an mir vorüber und steigerten den Ekel, der mich den ganzen Abend umwallte.»[115] Wie viele seiner Kollegen, die sich zunehmend etablierten oder von Anfang an aus wohlhabenden Häusern kamen, fürchtete Schnitzler um seine Reputation, falls die Öffentlichkeit ihn als typischen Kaffeehausliteraten wahrnähme.

Und wenn auch der Prager Publizist Friedrich Torberg in seinem nach dem Zweiten Weltkrieg als hymnischen Rückblick verfassten *Traktat über das Wiener Kaffeehaus* über die Stammgäste des Griensteidl, Central und der zahlreichen anderen Künstlercafés anmerkte: «Dort schrieben und dichteten sie»; und wenn er feststellt: «Im Kaffeehaus wurden literarische Schulen und Stile geboren und verworfen, vom Kaffeehaus nahmen neue Richtungen der Malerei, der Musik, der Architektur ihren Ausgang» – die eigentliche Stätte der Arbeit waren der Schreibtisch und das Atelier. Freilich gingen alle, auch Schnitzler, Hofmannsthal, Stefan Zweig, Karl Kraus, Arnold Schönberg, Franz

Sensible Anordnung der kleinen Dinge: Peter Altenberg bewohnte sechs Jahre dieses Zimmer im Hotel London in der Wallnerstraße, bis er 1913 ins Graben-Hotel in der inneren Stadt umzog. Als Wandschmuck arrangierte der Dichter die beschrifteten Fotos seiner verehrten Frauen und Mädchen.

Werfel, selbst Freud und die anderen gerne ins Kaffeehaus. Es war für die, die in der Boheme hängenblieben, als Wohnzimmer und Zufluchtsort sogar existentiell – es bot für wenig Geld Anregung und Geborgenheit und dazu eine reiche Auswahl an Zeitungen. Als soziale Orte, die für ein ambitioniertes Publikum halböffentliche Räume mit Börsen- und Bühnencharakter schufen, bereiten das «Central», das «Museum», wo die bildenden Künstler verkehrten, oder das «Parsifal», das Stammlokal der Musiker, den Nährboden für die Kulturblüte zwischen *Fin de Siècle* und dem Zusammenbruch der Ersten Republik. Dort finden die zeitgemäßen Ausformungen des Gelehrten, Intellektuelle, Künstler und Journalisten jeglicher weltanschaulicher Richtung, jenseits der «tradierten Methoden der Aneignung und Hervorbringung» von Wissen die passende Umgebung.[116] Doch wenn auch, wie Polgar schreibt, im Central die Manuskripte raschelten, so trat im Kaffeehaus im Allgemeinen die Produktion von Literatur gegenüber der Lektüre und dem Gespräch in den Hintergrund: «Geschrieben wurden dort meist journalistische Auftragsarbeiten, die unter Termindruck abgeliefert werden mußten, sowie Briefe oder kurze Mitteilungen.» Für Romane, Theaterstücke oder längere Essays «war der Rahmen eines Kaffeehauses kaum geeignet», schließlich konnte «dort nur mit der Hand geschrieben und auch nicht diktiert werden». So ist «wohl nur ein kleiner Teil» der sogenannten Kaffeehausliteratur «tatsächlich im Café entstanden.»[117]

Eine exemplarische «Kaffeehausexistenz», wie Altenberg sie verkörperte, führten also die wenigsten. So bleibt am Ende, nachdem auch Polgar begonnen hatte, sich in der Rolle des Grandseigneurs zu gefallen und einen gediegenen Habitus zu kultivieren, allein Altenberg als der, der die Figur des Kaffeehausliteraten in die Wirklichkeit trug – er lebte eben, wie Polgar sagte, Poesie, sofern man die prekäre Existenz dieses «nomadenhaften Gegentypus des bürgerlichen Schriftstellers» als poetisch bezeichnen mag.[118]

Und Friedell? Niemand hat ihn im Kaffeehaus arbeiten sehen. Fast scheint es, als führte er, nachdem er sich Altenberg und Polgar angeschlossen hatte, eine Art Doppelexistenz. Er spielte bühnenreif den Bohemien, den Bürgerschreck sogar, und lebte doch wie ein Bürger. Er hat ein Ziel. Er will ein großes Werk schreiben und alle, die ihn für einen begabten, doch verbummelten Genius halten, überraschen. Dafür zieht er sich in sein Arbeitszimmer zurück. Dort sitzt er meist nicht am Schreibtisch. Er bevorzugt die Couch, das heißt, seinen geliebten Diwan. Peter Altenberg übrigens hat die meisten seiner Texte im Bett geschrieben.

III

DER GEFORMTE FRIEDELL ODER DIE GEBURT DES ICHS AUS DEM GEIST DER ROMANTIK

1. Über die Grenze

Nordöstlicher Diwan

Friedmanns Blick wandert wieder aus dem Fenster. Aber diesmal sieht er ganz andere Dinge als damals in Frankfurt. Sie sind wohl nicht ganz so prachtvoll wie die klassizistischen Säulenreihen, die breite Flanierstraße, doch sie gefallen ihm entschieden besser.[1] Durch die hohen Scheiben der Flügeltüren, die zu dem kleinen Eckbalkon führen, grüßen die Giebel der Nachbarhäuser, direkt gegenüber die Zeile, die die Gentzgasse nach Norden hin begrenzt. Durch die zwei seitlichen, nach Osten gelegenen Fenster ist die Fassade des Nachbarhauses zu sehen, das die Ecke Semperstraße und Gentzgasse bildet, wie die meisten Häuser hier in Währing, dem XVIII. Bezirk, ein Wohnhaus für den Mittelstand – hier haben sich seit Mitte des 19. Jahrhunderts vor allem Handwerker, mittlere Angestellte und Facharbeiter angesiedelt. Die Bauten sind bescheidener als die prächtigen, mit üppigem Fassadenornament ausgestatteten Ringstraßenpalais, doch in ihrem Ausdruck diesen Repräsentationsbauten nachempfunden. Auch hier haben die Architekten vom Dreiecksgiebel bis zum Bossenwerk fast alles vereinigt, was an abendländischer Bautradition bewährt ist und auf die eigene große Geschichte verweist. Das zeigt auch der von dem Stadtgartendirektor Gustav Sennholz als romantischer Landschaftsgarten eingerichtete Türkenschanzpark, mit seinen weiten Wiesen, schattigen Wegen, seinen Teichen und Brunnen der größte Park der Stadt. Am Wochenende zieht es die Wiener von überall her in die weiträumige Anlage, deren 23 Meter hoher Aussichtsturm mit seinem das Fachwerk der Dürer-Zeit zitierenden obersten Geschoss einen reizvollen Blick

Das Haus an der Gentzgasse 7 wurde über 38 Jahre hin die Zentrale von Friedells weitverzweigtem geistigem und gesellschaftlichem Universum. Hinter dem Eckbalkon des dritten Stockwerks befand sich das Arbeitszimmer mit der angrenzenden Bibliothek.

über Baumwipfel und Hausdächer gewährt. Nahe dem Park und nur gute zehn Minuten Fußweg von Friedells Wohnung im dritten Stock der Gentzgasse 7 entfernt, reiht sich längs der Sternwartestraße das Cottage-Viertel mit seinen hübschen Villen – alles das entspricht den Vorstellungen, die sich Friedell von seinem weiteren Leben macht. Er braucht die Nähe der Stadt und doch eine Gegend, die ihm das Gefühl gibt, sich für seine Studien zurückziehen zu können.

Friedell ist jetzt 22 Jahre alt, und er muss, darf man jedenfalls der energischen Berta Zuckerkandl glauben, in deren berühmtem Salon er einige Jahre später verkehren wird, um diese Zeit «noch schlank» gewesen sein: «Die hünenhafte Gestalt bewegte sich beinahe behend, wenn er, wie es seine Gewohnheit war, im Gespräch hin und her ging.»[2] Betrachtet man seine Jugendfotos, so sieht man zwar nicht unbedingt eine schlanke Reiterfigur, doch noch nicht den Friedell, dessen Massigkeit immer wieder zu mokanten Bemerkungen Anlass gab.

So wird er sich möglicherweise mit leidlicher Behendigkeit vom Diwan, seinem Lieblingsplatz, erhoben haben, um sich an den geräumigen Schreibtisch zu setzen. Den mit braungestreiftem Stoff bezogenen Diwan hat er vor der Längsseite des diagonal und parallel zum Balkon mitten im Zimmer platzierten Schreibtischs aufgestellt, dergestalt, dass er nur nach oben über die Tischkante zu greifen braucht, um aus der gerillten hölzernen Bleistiftschale jederzeit eines der Schreibgeräte holen oder zu Federmesser und Radiergummi greifen zu können. Die Haushälterin hat die Stifte täglich, peinlich gespitzt, in der gleichen Reihenfolge bereitzustellen – da warten sie wie Geschosse auf ihren Einsatz. Friedell bevorzugt, im Liegen zu lesen. Im Liegen auch, ein Schreibbrett gegen die angewinkelten Knie gelehnt, hat er sein erstes längeres Manuskript verfasst, das ihm, gewiss, noch keinen Ruhm einbringt, wohl aber den Grundriss seines Denkens festlegt.

Doch im Augenblick braucht er seinen Schreibtisch, dessen Fläche ein rotes Filztuch überzieht. Von hier aus überblickt er das gesamte Arbeitszimmer mitsamt dem Balkon wie von einer Kommandobrücke aus. Dafür auch hat er sich den Schreibtischsessel anfertigen lassen, bevor er hier eingezogen ist: im Stil der deutschen Renaissance, wie Luther ihn benutzte, durchaus innenarchitektonischer Ausdruck seiner Lebensplanung. Das übrige Mobiliar ist zum größten Teil aus dem väterlichen Haushalt übernommen und alles übersichtlich und funktional und doch bequem angeordnet. So hat er die dunkelbraune Büchervitrine halbrechts vom Schreibtisch zwischen Fenster und Balkon aufstellen lassen, auch die halblinks zur Gentzgasse gelegene Wand ist bis zum zweiten Fenster von einem hohen braunen Bücherschrank eingenommen. Daneben hat er zwei große türkische Polster gelegt. Den dritten, bis fast zur Decke reichenden Bücherschrank, in dessen Schublade er das Bargeld deponiert, hat er hinter sich neben die Tür zum eigentlichen Bibliothekszimmer rücken lassen. Davor steht, als Bronzeguss, eine Eule – das Tier der Pallas Athene, Schutzgöttin des mit Eulenstatuen reich geschmückten antiken Athen und Symbol der Weisheit.

Die Pendeluhr, die links hinter ihm an der Wand hängt, die das Arbeitszimmer vom westlich gelegenen Speisezimmer trennt, erinnert ihn, dass bald die Suppe serviert wird. Er arbeitet. Er liest, Fichte: «Die Kunst macht den transzendentalen Gesichtspunkt zum gemeinen.» Und weiter: «Die Welt ist ein Produkt des Ich (...)». Novalis: «Man muß anfangen und aufhören können, wann man will – oder man muß sich einen *Willen* anschaffen. Der Wille ist allemal vernünftig – und stark. Wenn man erst will, dann kann man auch.»[3] Und: «Folglich ist die Bestimmung des Ich, als Ich, frei.»[4] Mit feinem Strich, akkurat mit dem Lineal gezogen, markiert er Sätze, bringt in winziger und gestochen scharfer deutscher Schrift Randglossen an: «Radikale Künstlerphilosopie», «Fichte, Prophet der Romantiker». «Lehre vom magischen Idealismus».

Während seiner Arbeit an der Dissertation *Novalis als Philosoph* hat er sich zahlreiche solcher Sätze aus Fichte und Novalis notiert. Nicht wenige davon sind in seinem Text angeführt, etliche hat er so geschickt eingefügt, dass sie wie seine eigenen, Friedells, Kommentare erscheinen: «Außerdem hat man reichlich Beispiele von Menschen, welche Körperteile, die gewöhnlich der Willkür entzogen sind, unter ihre Herrschaft gebracht haben. Vielleicht wird der Mensch einmal imstande sein, verlorene Glieder zu restaurieren und sich bloß durch seinen Willen zu töten; er wird vielleicht dann seine Sinne zwingen können, ihm jede Gestalt zu produzieren, die er verlangt, seine Seele vom Körper trennen, wenn er es für gut findet, er wird sehen, fühlen, hören können, was, wie und in welcher Verbindung er will (…).»[5] Das ist keineswegs Gedankenraub, kein «unwissenschaftliches Arbeiten», das ergibt sich aus dem Spiel des sich erschaffenden künstlerischen Ich, der willentlichen Aneignung des von der Magie des Geists beseelten Genius. Viele Jahre später sollte Friedell diesen Gedanken einem Gutachten zugrunde legen, um das ihn eine Filmgesellschaft wegen eines Plagiatsprozesses gebeten hatte: Die Sujets, antwortete er, stammten «vom lieben Gott (…), weshalb die Menschen nicht über ihre Herkunft streiten sollten.»[6] Auch seine Aufzeichnungen zu Fichte und Novalis wird er noch für weitere Arbeiten verwenden. Er ist im Begriff, eine effektive, dem modernen Prinzip der Vervielfältigung entsprechende, aber auch in seinen philosophischen Anschauungen verankerte Produktionstechnik zu entwickeln.

Heute stehen indes noch andere Verpflichtungen an. Er wird am Nachmittag in die Stadt fahren.

Er zieht einen Kartenbrief aus dem Kästchen neben den Bleistiften, greift nach der Feder, die vor ihm in ihrem Halter steckt, und kündigt Lina in seiner kleinen gestochenen altdeutschen Schrift an, er werde nach der Probe in die «Casa» kommen. Dann führt er die Löschwiege über das Papier, ruft Fräulein Gabriel, sie möge doch bitte das Billet sogleich auf den Weg bringen. Die Haushälterin läuft nach unten, ruft einen Dienstmann.

Egon Friedell, wie er sich seit kurzem nennt, lehnt sich in seinem Luther-Stuhl zurück. Wenn er die vergangenen Monate, die Jahre seit der Matura in Preußen an sich vorüberziehen lässt, tritt ein Zug spöttischer Genugtuung in seine fleischige Miene.

Noch vor dem großen Ereignis hat er begonnen, das Heft in die Hand zu nehmen. Das war im Frühjahr des Matura-Jahrs jener Brief, in dem er seinem Vermögensverwalter mitteilt, dessen Vorschlag, seine leibliche, mit ihrem Liebhaber durchgebrannte Mutter zu alimentieren, werde nicht akzeptiert. Er halte, ließ er ungnädig wissen, seine «Collegiengelder und Bücherrechnungen, die bei Dir soviel Befremden erregten, für vernünftigere Auslagen als die Schneiderrechnungen der Frau Tritsch». Dann weist er den Mann schroff in die Schranken: Er sei «keinesfalls gesonnen (...), wie bisher einen großen Bruchteil meines Einkommens von den Kosten absorbieren zu lassen, die dessen Verwaltung betreffen». Im Gegenteil, er sei entschlossen, «auf Reduction dieser Auslagen zu dringen» und werde dies «mit aller Energie durchführen und im Nothfalle auch vor dem Recurswege gewiß nicht zurückschrecken. Um aber nie wieder von Dir hören zu müssen, daß Du mir am Ende doch noch etwas geschenkt hast, werde ich von jetzt an bestrebt sein, unseren geschäftlichen Verkehr – unser gesellschaftlicher hat ja schon längst aufgehört – auf ein Minimum zu reduzieren. Ich werde nur im Nothfalle Deine Kanzlei betreten und unsere Correspondenz auf die wichtigsten geschäftl. Unterhandlungen beschränken.» Dem folgen Anweisungen zur weiteren Verwendung: «Was meinen Geldbedarf anlangt, so recapituliere ich:

Wenn die fl. 600.– eingelangt sein werden, bitte ich Dich a) an die Buchhandlung Bangel & Schmidt in Heidelberg circa 80 Mark, b) an die Buchhandlung Rosner in Wien circa 87 fl., c) an den Schneider Wlach in Wien circa fl. 160 zu zahlen. Die Rechnung des Fräulein Gabriel werde ich noch von den mir übergebenen fl. 200.– begleichen.» Und er schließt mit genauen Angaben betreffs der eigenen Geldforderungen: «Am ersten Mai jedoch bitte ich Dich, mir an meine Dir noch anzugebende Adresse fl. 2000,– zu schicken. Diese Summe wird, wie ich aus Herrn Reschs Aufzeichnungen ersehe, bis dahin schon vorhanden sein, da bis 1. Mai über fl. 1300.– an Coupons und am 1. Mai mindestens fl. 1300.– an Hauszins eintreffen, wovon mindestens fl.- 2000 reiner Überschuß bleibt.» Am 1. November werde er dann «selbst kommen, mit Herrn Resch abrechnen und den ganzen Überschuß mir auszahlen lassen.

Bis dahin m. Gr. Egon.»[7]

Bald danach ist er nach Hersfeld abgereist, begleitet von Ruff, dem Hauslehrer – früher, zu Novalis' Zeiten, denkt er belustigt, hätte man einen solchen Lehrer Hofmeister genannt. Auch Novalis hatte eine Hofmeisterstelle. Jedenfalls: Es war harte Arbeit, trotz der geduldigen Hilfe Ruffs, vor allem in Mathematik ..., und dann doch noch die Erleichterung, die Genugtuung.

Er erhebt sich aus seinem Luther-Sessel, geht am Diwan vorbei zu dem Holzgestell, das neben der Büchervitrine steht und in dem das halbe Dutzend Studentenpfeifen aufgereiht ist. Er wählt eine aus, öffnet die Dose mit dem derben Knaster, die auf dem Rauchtisch bereit steht. Kräftig saugt er an dem langen Pfeifenschaft, dicke Schwaden steigen auf. Er öffnet die hohen Fenstertüren vor dem Balkon. Der Blick geht über die Dächer, ins Freie.

Unmittelbar nach seinem Erfolg ist er, im Herbst 1899, nach Wien zurückgereist, wo er sich umgehend mit jenem im Brief erwähnten Herrn Resch getroffen hat, dem Verwalter des Hauses Mariahilferstraße 110, das nunmehr auf Egon Friedmann überschrieben ist. Den hilfesuchenden Friedmann der Zöglings-Zeit hat er längst hinter sich. Entschlossen, die gewonnene Freiheit zu nutzen, verliert er keine Zeit und zieht im folgenden Jahr, 1900, in die Gentzgasse 7, begleitet von seiner ehemaligen Kinderfrau und nunmehrigen Haushälterin Marie Gabriel.

Er kann fürs Erste zufrieden sein. Er stellt die Pfeife zurück und begibt sich, vielleicht mit einem leicht maliziösen Lächeln, ins Speisezimmer, wo in der Mitte eines großen Perserteppichs der rechteckige, mit grünbraunem Samt bedeckte Esstisch steht. Wenn Friedmann, immer am selben Platz gegenüber der Tür sitzend, alleine speist, deckt Fräulein Gabriel den Tisch nur zur Hälfte mit einem weißen Tuch. Stets liegen zwei große Servietten bereit. Friedell schlägt sich die eine über die Oberschenkel, die andere bindet er sich um den Hals und breitet sie über die Brust – die Rüstung des kulinarischen Sybariten, die ihn zuverlässig vor Soßenspritzern schützt.

2. Begegnungen

So haben sich die Dinge zweifellos erfreulich entwickelt. Im Rückblick scheint es ganz so, als seien für diesen Wandel zwei Begegnungen wesentlich gewesen, die sich bereits in der Gymnasialzeit ereigneten und deren Konsequenzen Friedell zu diesem Zeitpunkt sicherlich noch nicht abschätzen konnte. Er dürfte aber geahnt haben, dass sie für ihn wesentlich sein würden, und wahrscheinlich haben sie seinen damaligen Wunsch beflügelt, ohne Matura Philosophie zu studieren – um ihm dann aber, als der Abschluss unausweichlich war, den nötigen seelischen Schwung zu geben, diese Hürde am Ende doch zu überwinden.

a) Im lichten Schein des Selbstbewusstseins

Es war in Heidelberg im Sommer 1897, als sich Friedell auf Vorschlag des Gymnasialdirektors Uhlig an der Ruprecht-Karls-Universität einschrieb. Dort hört er Vorlesungen bei Kuno Fischer, einem der namhaften akademischen Philosophen in Deutschland, dem noch 1853 wegen seiner angeblich pantheistischen Anschauungen die Lehrerlaubnis entzogen worden war. Fischer erhielt dann einen Ruf nach Jena, um 1872 wieder nach Heidelberg zurückzukehren. Als Friedell Fischer begegnet, war dessen achtbändige *Geschichte der neuern Philosophie* seit einigen Jahren abgeschlossen, mit der sich Fischer seinen Ruf als Neukantianer erworben hatte.[8]

Wie sehr dieser populäre Universitätslehrer den Schüler Egon Friedmann beeindruckt haben muss, lässt sich allein daraus ersehen, dass der spätere Egon Friedell Kuno Fischer in seiner *Kulturgeschichte der Neuzeit* immerhin viermal erwähnt und ihn als «den glänzendsten Interpreten der neueren Philosophie» bezeichnet,[9] während er sonst kaum eine Gelegenheit auslässt, sich über die «behördlich approbierten Berufsphilosophen» lustig zu machen.[10] Und wenn er dem Gelehrten auch vorhalten wird, ganz im Geist der Schulphilosophie seinerseits jede Gelegenheit genutzt zu haben, «Schopenhauer gegen Nietzsche auszuspielen», also das Alte gegen das Neue verteidigt zu haben, so bleibt er doch «der vortreffliche Kuno Fischer».[11] Es ist wohl anzunehmen, Friedell habe in Heidelberg den Anstoß für seine intensive Beschäftigung mit Kant erhalten. Fischer dürfte ihm sogar Kants erkenntnistheoretische Grundgedanken so anschaulich vermittelt haben, dass er dem Königsberger Philosophen ein Leben lang seine höchste Bewunderung entgegenbrachte – selbst wenn man bedenkt, dass sich Friedells Weltbild in einer Zeit ausformte, als der Neukantianismus mit seiner «Metaphysikkritik» das wissenschaftliche Denken nicht nur in der Philosophie, sondern auch in der Physik und Physiologie, der noch jungen Soziologie und den Rechtswissenschaften beherrschte, also sozusagen überhaupt im Trend lag.[12]

Doch scheint Kuno Fischer seinen offenkundig schon damals nach metaphysisch begründeten Zusammenhängen, also schlicht nach Sinnstiftung suchenden Hörer in einer Weise in Kants Philosophie eingeführt zu haben, die es ihm ermöglichte, diesen «unbarmherzige[n] Zerstörer des bisherigen Weltbilds» als den wahren Metaphysiker zu interpretieren. So gelangt Friedell in der *Kulturgeschichte der Neuzeit* zu dem Schluss: «Und dazu lebt noch auf dem Untergrunde von Kants lauterer Seele, ihm selbst halb verborgen, ein tief religiöses pietistisches Element, das diese beiden Widersprüche setzt und vermählt: die tiefste Demut vor dem Schöpfer: wir haben nicht das Recht, sein Dasein und das Dasein seiner Welt als wissenschaftliches Axiom aufzustellen und damit gewissermaßen von unserem Geiste abhängig zu machen.» Da aber nach Kant «alle rationalen Beweise für das Dasein Gottes hinfällig» seien, könne man weder sagen: «es gibt einen Gott, noch: es gibt keinen Gott», so meine Kant in Wahrheit: «wer sind wir, daß wir sagen dürften: es ist ein Schöpfer?»[13]

Von diesem Punkt aus kann sich der gottsuchende Friedell das Denken Kants erschließen, der, obzwar durchaus «kein Dichter», so «gleichwohl Phantasie» besaß: «und zwar eine Form der Phantasie, wie sie (…) noch nie auf der Welt gewesen war.» Nämlich: «er vermochte sich Dinge anschaulich vorzustellen, die er nie gesehen hatte, ja die *überhaupt noch nie ein Mensch gesehen hatte*».[14] Diese Gabe mache Kant als «Erforscher der menschlichen Erkenntnis» zu einem «Weltwunder», zu einem «Gehirn von einer solchen formidablen Überlebensgröße, Schärfe des Distinktionsvermögens und Kraft des Zuendedenkens, wie es auf Erden nur einmal erschienen ist»; daher nehme Kant «unter allen Philosophen eine völlig einzigartige Stellung» ein. Mehr noch: Diese Gabe mache Kant «zum Unikum in der gesamten menschlichen Geschichte.»[15]

Derart ausgeformt können die Gedanken des Gymnasiasten Egon Friedmann natürlich noch nicht gewesen sein, davon abgesehen, dass ihm noch die Vergleichsgrößen zu derartigen Superlativen fehlten. Zweifellos aber hat ihm Kuno Fischer den Blick in eine Welt eröffnet, die er fortan zu erforschen sucht, und ebenso die Perspektive eingerichtet, aus der er in diese Welt vordringen wird.

So kann im gleichen Moment ein zweiter Philosoph fruchtbar werden, den er durch Kuno Fischer kennen lernt: Johann Gottlieb Fichte. Auch diese Begegnung dürfte in seiner damaligen Lage entscheidend gewesen sein: Fichtes Anthropologie der Selbstentwicklung, sein hochfliegender Gedanke, das Individuum könne sich aus eigenem Willen gestalten, könne sein Ich ausformen, wird ihm Zuversicht eingeflößt, ihn in der Hoffnung bestärkt haben, nicht absolut abhängig von Lehrern, Vormündern und Tanten zu sein, an Herkunft und Gepflogenheiten nicht angebunden zu sein wie ein Sklave an die Kette seiner Galeere.[16]

Auch Friedells spätere Äußerungen zu Fichte lassen vermuten, dieser «Apostel des lebendigen Ichs», der Kants Freiheitsbegriff zu einem Appell der Tat radikalisiert,[17] habe ihm früh seine künftige Richtung angezeigt: Obwohl Fichte den Kant als «‹Dreiviertelskopf›» bezeichnete, spricht Friedell mit vielsagender Begeisterung von ihm als einer «der originellsten und suggestivsten Persönlichkeiten des Zeitalters», also der Goethezeit, Romantik und Spätaufklärung. «Schon in seiner äußeren Erscheinung und Gebarung: seiner kräftigen gedrungenen Gestalt, seinen scharfgeschnittenen Zügen, seinem feurigen und gebieterischen Blick, seiner schneidenden Stimme und seinem mehr diktatorischen als demonstrativen Vortrag hatte er viel mehr von einem Sektenstifter oder Parteiführer, als von einem Denker und Gelehrten.» Entsprechend bewundert er Fichtes vorbildliche Entschlossenheit zur Tat, das heißt: dessen Willen, die Tat mit Worten zu lenken: «Einen bewundernswürdigen Mut bewies er durch seine ‹Reden an die deutsche Nation›, die er im Winter 1807 auf 1808 hielt, während in Berlin ein französischer Befehlshaber residierte (...).»

Vor allem aber betont Friedell die nachhaltige Wirksamkeit der Fichteschen Philosophie des Handelns: Da alles, was gedacht wird und ist, «die Gesamtheit aller Objekte», im Ich «gesetzt» sei, könne «das Ich durch nichts anderes gesetzt sein als durch sich selbst.» Folglich sei das «Sein des Ich (...) seine eigene Tat und somit keine Tatsache, sondern eine *Tathandlung*». Anders gesagt: «Die Existenz des Ich ist keine Behauptung, sondern eine Forderung, kein Axiom, sondern ein Postulat, kein Schluß, sondern ein Entschluß». Daher laute der erste Satz der Fichteschen Philosophie: «setze dein Ich». Da nun ohne Ich «keine objektive Welt, keine Natur, kein Nicht-Ich» existiere – ein für einen Gottgläubigen immerhin kühner Gedanke, den er von Kant und Schopenhauer übernimmt –, laute «der zweite Hauptsatz: das Ich setzt das Nicht-Ich, das Ich setzt sich und sein Gegenteil.» Bündig zieht er daraus den Schluss: «Kurz: die Welt ist ein Produkt des Ich», und was wir «für unser Objekt halten, ist in Wahrheit unser Produkt».[18]

Damit nicht genug: Die Krönung dieser Denkfigur sieht Friedell darin, dass sich in ihr eine «radikale Künstlerphilosophie» verbirgt. Denn diese Produktion von Welt geschieht bei den meisten Individuen «bewußtlos», wie Fichte das nennt, allein der Künstler produziert bewusst: «was jeder Mensch tut, ohne es zu wissen, in der Dunkelkammer des Unterbewußtseins, das vollzieht der Künstler als ein seiner selbst mächtiges Wesen im Tageslicht des Selbstbewußtseins. Darum hat Fichte gesagt: ‹Die Kunst macht den transzendentalen Standpunkt zum gemeinen›», gibt also jenen Zusammenhängen und Ideen eine Form, die sich hinter den Erscheinungen verbergen und die allein der Künstler wahrnimmt.[19]

Man kann sich unschwer vorstellen, welchen Eindruck Fichtes Gedanken, anschaulich vermittelt vom rhetorisch versierten Kuno Fischer, auf Friedmann gemacht haben müssen: endlich ein Ich, endlich man selbst sein, sich gestalten und – als Künstler die Welt nach eigenem Dünken formen, im Bewusstsein seines Handelns! Wie schrieb doch Schiller am 28. Oktober 1794 an Goethe über Fichte: «Die Welt ist ihm nur ein Ball, den das Ich geworfen hat und den es bei der Reflexion wieder fängt.»[20] Ähnlich sieht es Friedell – das, gewiss, überzieht ein wenig die Gedanken Fichtes, der mitnichten behauptet, das Ich könne die Welt unbegrenzt gestalten. Wohl aber kann es, wenn es sich klar macht, dass es selbst an der Gestaltung der Welt beteiligt ist, diesen Spielraum handelnd nutzen. Es kann also anders handeln als bisher und die Dinge anders sehen als bisher.[21] So geben die späteren Äußerungen Friedells zu Fichte einen lebhaften Eindruck von der Erregung, die ihn als Egon Friedmann ergriffen haben muss, als er mit Fichtes Denken in Berührung kam.

b) Confessio Augustana

Ist es da Zufall, dass Egon Friedmann in diesem philosophischen Sommer der Erweckung, dass er am 12. Juli 1897, konvertiert? Es erscheint eher wie der erste Schritt zu sich selbst, der Schritt über die Grenze des Herkommens hinaus, die erste «Tat» im Fichteschen Sinne. Er ist im Begriff, den Forderungen des Philosophen zu folgen und damit den eigenen Appell nach Einklang von Wollen und Sein umzusetzen.

Friedell mag durchaus von gemischten Gefühlen beherrscht worden sein, als er sich zu diesem Schritt entschloss. Da war einerseits der Reiz, auszuscheren, die Fessel der Herkunft abzustreifen, für sich selbst verantwortlich zu sein. Da war die Sympathie, ja Begeisterung für Deutschland, die Heidelberg und Kuno Fischer entfacht hatten und die ihn mit dem Gedanken spielen ließ, gar nicht erst zu maturieren, sondern gleich an eine deutsche Hochschule zu gehen und für längere Zeit in Deutschland zu bleiben.

Da war zugleich die Abhängigkeit vom Vormund, die Anhänglichkeit an die Vertraute Marie Gabriel, an den alten Freund des Vaters, Rettich. Da war die Verehrung für den verstorbenen Vater, das Bedürfnis nach Geborgenheit, die in seinen verzweifelten Briefen aus dem Horner Internat zum Ausdruck kommt. Und da waren die unbewussten Regungen, die ihn unausweichlich eingeholt haben müssen: die heimliche, damals gewiss nicht einmal vor sich selbst eingestandene Sehnsucht nach dem heimatlichen Wien, nach dem verlorenen Elternhaus, da war vielleicht auch das schlechte Gewissen dem toten Vater gegenüber, seine Welt hinter sich zu lassen.

Und dann wieder: die verlockende Aussicht, das Herkommen abstreifen zu können. Und überhaupt: Treten nicht Jahr für Jahr tausende Juden zum Christentum über, in Österreich zum katholischen, in Deutschland zum protestantischen? Denn hier, im deutschen Kaiserreich, gilt die katholische Religion als Religion der Rückständigen, die protestantische als Religion des Fortschritts und bürgerlichen Selbstbewusstseins, als Ausdruck individueller Verantwortung für den Nationalstaat.

Friedell war jung, 19 Jahre, er hieß noch Egon Friedmann, und er wollte ein neuer Mensch, eine eigene Person sein – er wird gemischte Gefühle empfunden haben, doch allemal waren Hoffnung und Begeisterung stärker.

Frühe Neigung zum deutschen Kaiserreich: Friedmann mit schneidig gezwirbeltem Schnurrbart und altheidelbergischer Studentenpfeife in Berlin um 1897.

Er wird also wohl nicht allzu lange über theologische und psychologische Gründe nachgedacht, sondern Kants sittliche Freiheit, Fichtes Willen zum Ich im Kopf gehabt haben. Als junger Mensch wollte er zeitgemäß, «modern», und das hieß in seiner jetzigen Umgebung: «deutsch» sein. Da lag es nahe, insbesondere im nationalprotestantischen Kaiserreich, das sich begeistert auf Luther als vermeintlichen deutschen Religionsstifter bezog, zur *Confessio Augustana* zu wechseln, zum Augsburgischen Bekenntnis, der von Philipp Melanchthon verfassten Grundlagenschrift lutherischen Glaubens, die auf dem Reichstag zu Augsburg am 25. Juni 1520 von den lutherischen Reichsständen Kaiser Karl V. übergeben wurde.

Und in Heidelberg lag dieser Schritt umso näher, als die Stadt protestantisches Traditionsgebiet war und eben einen Mann wie Kuno

Fischer beheimatete, der, ganz im bildungsbürgerlichen Geist seiner Zeit, Kant als den großen und maßgebenden Stifter eines modernen, zukunftsfähigen Protestantismus vermittelte – hier sind zweifellos die Keime für Friedells spätere Bewunderung für den Königsberger Philosophen gesetzt worden. Dass er als Protestant in der Heimat einer verschwindenden Minderheit angehören würde, die im Zuge der großen katholischen Mobilmachung in Karl Luegers Amtszeit – Lueger war jetzt als Bürgermeister Wiens der tonangebende Mann – wie ein versprengtes Häuflein erscheinen mussten, dürfte ihn kaum gestört haben.

Im Gegenteil: Man kann sich lebhaft vorstellen, dass er gerade diesen Akt selbstgewählten Außenseitertums als Ausdruck jugendfrohen Protestes gegen die österreichische Väter- und Fürstenwelt mit Genugtuung empfunden hat. Und tatsächlich sollte auch sehr bald dies konfessionell beglaubigte Außenseitertum ein Ausweis seiner Künstlerschaft werden – ebenso wie ein Zeichen seiner Sympathie für die deutsche Kulturtradition, seiner Verbundenheit mit Kant als dem Stifter einer handlungsorientierten, auf die Sittlichkeit des autonomen Individuums bauenden Vernunftreligion, die aber, wie Friedell es interpretiert, von alter Demut, von unbedingter Anerkennung eines überindividuellen Absoluten getragen ist; und zu Fichte und den Romantikern, insbesondere Novalis, als den Propheten eines sich seiner selbst bewussten und gerade daher in Abhängigkeit von Gott stehenden Ichs.

Außerdem liegt der Protestantismus dem jüdischen Glauben näher, da er die autonome sittliche, also dem Gesetz gemäße Handlungsfähigkeit des Menschen als Rechtfertigung vor Gott betont und zugleich den Menschen als von Gott abhängig, die menschlichen Gesetze somit als von Gott gestiftet anerkennt. Sollte der Übertritt Friedell also tatsächlich unbewusste Schuldgefühle verursacht haben, so musste in dieser religiösen Nähe unbedingt ein tröstendes Moment liegen – ohne dass er auf das befreiende Gefühl seines Handelns hätte verzichten müssen, das zur Entfaltung seines schöpferischen Talents unverzichtbar war.

Und endlich: Es spricht tatsächlich manches dafür, Friedell habe gleichzeitig tiefe Sympathien für den Katholizismus gehegt. So geht er später mit Luther auffallend hart ins Gericht, dem er vorwirft, Urheber eines moralisch begründeten Arbeitsethos zu sein, das den Materialismus der modernen Welt hervorgebracht habe; er zeigt, bei aller Kritik, keine geringe Bewunderung für die Päpste der Gegenreformation,[22] er sieht in der Religiosität des Mittelalters das Heil des Menschen. Damit gäbe es für den Beitritt zur *Confessio Augustana* ein weiteres Motiv: Es nähert ihn zugleich dem Katholizismus an, da es beispielsweise in der wichtigen Frage des Abendmahls die Realpräsenz Christi anerkennt, also einen mystischen Zug enthält, der in Friedell einen empfindsamen Nerv berührt.

Und doch ist es ihm unmöglich, zum Katholizismus zu konvertieren – was für einen in Wien aufgewachsenen Juden ja nicht fern gelegen hätte. Doch muss ihm der Gedanke an den Priester als notwendiger Vermittlungsinstanz zwischen Mensch und Gott ebenso schwer erträglich gewesen sein wie die Vorstellung, die Gnade Gottes jeden Sonntag in der Eucharistiefeier durch einen Vermittler, eben den Priester, aufs Neue zu erhalten – wo er sich doch anschickt, ein autonomes Ich zu werden!

Wie gesagt, es ist kaum anzunehmen, Friedell sei sich als 19-Jähriger, als Egon Friedmann, solch vertrackter Zusammenhänge bewusst gewesen. Doch darf man vermuten, Egon Friedmann hatte, nachdem der Schritt getan war, das Gefühl, widerstrebende Empfindungen in einem recht stabil konstruierten Gedankengebäude untergebracht zu haben. Später wird er gerade diese Widersprüche in die Bedingung schöpferischen Tuns ummünzen: Widerspruchsfreies Denken sei steril, gar unmöglich, denn «alle geistige Betätigung» beruhe auf Widersprüchen: «unser gesamtes Denken ist eine solche Bewegung von einem Widerspruch zum anderen, und die ‹Wahrheit› über eine Sache ist dann in der Regel das arithmetische Mittel, das sich aus diesen sich kreuzenden und scheinbar aufhebenden Widersprüchen ziehen lässt; diese Arbeit kann man dann meistens getrost dem Leser überlassen.»[23]

Den Bruch mit der formalen Logik, die Inkommensurabilität einzelner Bestandteile eines Ganzen erhebt er so zu Bausteinen seines Geniebegriffs, in dem das Chaos als schöpferisches Moment zur Bedingung kultureller Entwicklung wird – zweifellos eine ursprünglich christliche Denkfigur, derzufolge der alte Mensch im Menschen, der alte Adam, untergehen muss, um als neuer Mensch aufzuerstehen und der Gnade Gottes teilhaftig zu werden. Friedell macht nun, sicherlich anfangs noch unbewusst, diese Denkfigur für seine eigene Person fruchtbar und beweist sich damit selbst die Fähigkeit, aus der Not des Unvereinbaren die Tugend des kreativen Menschen zu machen. Dies ist der psychologische und ideengeschichtliche Boden, aus dem ihm gerne zitierte aphoristische Sätze erwachsen wie der folgende: «Kultur ist Reichtum an Problemen, und wir finden ein Zeitalter um so aufgeklärter, je mehr Rätsel es entdeckt hat.»[24]

Diese produktiv werdenden Versuche, Widersprechendes zu vereinigen, offenbaren im Grunde eine seelische Gemengelage, die es schwer macht, Friedells Charakter auf eine schlichte Formel zu bringen. Seine offenkundige Suche nach einer schlüssigen Lösung seines Problems, eine eigenständige Persönlichkeit zu werden und doch mit seiner Tradition verbunden zu bleiben, die er dafür glaubt verlassen zu müssen – diese Suche lässt indessen das eigentliche Problem erkennen. Dieses Problem betrifft nicht nur ihn, es betrifft viele jüdische Intellektuelle seiner Zeit: das Problem, sich eine neue Identität zu geben.

Doch in Heidelberg, das ist unschwer nachzuempfinden, muss er sich, gerade nach vollzogener Konversion, in gehobener Stimmung befunden haben. So darf man sich Friedell in jenen Tagen als einen jungen Mann vorstellen, der zum ersten Mal das Gefühl hat, nicht nur ein herumgereichtes, bedauertes Anhängsel zu sein, sondern über sich selbst Verfügungsmacht zu haben. Dafür hat er jetzt ein Zeichen gesetzt.

In dieser Stimmung trifft er auf Peter Altenberg.

c) Novalis und die *Imitatio Christi*

Jawohl, Peter Altenberg – wäre er, Egon Friedell, damals, in diesem an Ereignissen so reichen Sommer 1897, nicht auf Altenberg gestoßen, die Dinge hätten sich wohl weniger erfreulich entwickelt. Jedenfalls: sicher nicht so rasch. Altenberg, da ist kein Zweifel, hat ihn bestärkt in seinen Vorhaben und vor allem: an Altenberg hat er gelernt, sich sozusagen neu zu erfinden, aus sich selbst heraus sich zu entwickeln, sich als Persönlichkeit zu spielen, ein Maskenspiel als Wirklichkeit zu inszenieren, kurzum: die Welt selbst als Bühne zu sehen, die Raum für allerhand Rollen bietet, dazu reichlich Publikum, in den Foyers der Theater, den Kaffeehäusern, den Salons, ja, auf der Straße, in der Stadtbahn, bei jedem Schritt, den er aus der Tür macht.

Gewiss, wie Altenberg will er nicht leben – der ist jetzt, da sein Bruder mit dem Tuchhandel des Vaters bankrott machte und die Monatspension von 150 Gulden ausbleibt, von dem Geld abhängig, das ihm Kollegen und Gönner zuschießen, Schnitzler, Adolf Loos und immer wieder Karl Kraus, der eine oder andere Bankier, die Fabrikanten Muhr, diese und jene Dame der Gesellschaft. Eigentlich ist Altenberg, und er selbst macht ja kein Hehl daraus, ein Schnorrer. «Ich saß», bekennt Altenberg mit dem bitteren Stolz des Bettlers, «im 34. Jahre meines gottlosen Lebens (...) im Café Central, Wien, Herrengasse, in einem Raume mit gepreßten englischen Goldtapeten», als Schnitzler, Hofmannsthal, Felix Salten, Beer-Hofmann und Hermann Bahr erschienen. Schnitzler sei an seinen Tisch getreten: «‹Ich habe gar nicht gewußt, daß Sie dichten!?›» Er habe die Skizze eines «auf dem Wege zur Klavierstunde für immer entschwundenen» 15-jährigen Mädchens, die er, Altenberg, «tieferschüttert» geschrieben habe, an sich genommen; am «nächsten Sonntag» habe Beer-Hofmann ein «literarisches Souper» veranstaltet, dabei die Skizze vorgelesen, und später habe Karl Kraus einen ganzen «Pack Skizzen» an «S. Fischer, Berlin W., Bülowstraße 90» gesandt. «Alle zusammen», fährt Altenberg fort, hätten ihn «gemacht». «Und was bin ich geworden?! Ein Schnorrer!»[25]

Aber Altenberg versteht es, auch daraus eine Haltung, einen Stil zu machen, wenn ihn auch sein Zustand drückt. Er, Friedell, sieht immer deutlicher, dass Altenberg im Grunde ein Verzweifelter ist, der seine zwiespältige Rolle genießt, sie ausspielt, aber auch darunter leidet, dem es doch angenehmer wäre, er müsste die anderen nicht «wurzen», wie er das ausdrückt, ihnen nicht das Geld aus dem Beutel locken.

Er, Friedell, hat es da besser getroffen, er hat die Einkünfte aus dem Haus des Vaters, die Zinsen, die das Vermögen abwirft – und in dieser zweifellos bequemen Lage macht es ihm ein diebisches Vergnügen, den eleganten, spöttischen, überlegenen Bohemien zu spielen, der sich in der Haut des distinguierten Bürgers wohlfühlt.

Er sitzt noch immer an seinem halb in Weiß gedeckten Speisetisch seiner Wohnung in der Gentzgasse 7. Er grinst, legt den Löffel beiseite und schiebt den Teller von sich. Umständlich knüpft er die ausladende Serviette vom Hals. Er klingelt, Fräulein Gabriel serviert ab, geht über den Flur zurück in die Küche, die im hinteren, nach Westen gelegenen Teil der Wohnung liegt.

Er wird, denkt er, irgendwann «Altenberg-Anekdoten» auf der Kabarettbühne vorbringen. Geschichten über den «Verlaine der Ringstraße», wie ihn der Berliner Kritiker Alfred Kerr anerkennend nennt, kennt er aus eigener Anschauung genug, und im Vortragen, im Reden, im Unterhalten hat er Talent. Dafür auch hat er sich in letzter Zeit in seiner Redeweise eine leicht in die Länge gezogene Satzmelodie angelernt, der er mit einem leichten Näseln jene nachlässig-gemütliche, zwischen Blasiertheit und Jovialität schwebende Tonfärbung zu geben versteht, wie sie den alten Adel Wiens auszeichnet. Zweifellos, auch als Schauspieler ist er nicht unbegabt, seine größte Begabung liegt darin, sich selbst zu spielen, das heißt: jene Person, die er als die seine anstrebt, den in vielen Künsten beheimateten Kaffeehaus-Bürger Egon Friedell, eine Art Gesamtkunstwerk aus Schauspieler, Geschichtenerzähler, Dichter, Gelehrtem, Sarkast und Charmeur, Salon-Causeur und – jawohl: Verkünder, der, wie etwa sein Kollege Hermann Bahr oder sein Freund Peter Altenberg, seine weltanschaulichen, seine religiös fundamentierten Wahrheiten über den zu erhoffenden Wandel des heillosen modernen Menschen in die Welt zu tragen und dabei immer zu amüsieren, zu unterhalten gedenkt.

Einen Anfang, vielversprechend, hat er bereits gemacht. Vor ziemlich genau sechs Monaten ist seine Doktorarbeit erschienen: eine Studie über den großen romantischen Dichter und Philosophen Friedrich von Hardenberg, als Novalis in die Literaturgeschichte eingegangen. In diesem ersten Werk hat er nicht zuletzt am Beispiel vieler Novalis-Worte, die er geschickt in den Text einmontierte,[26] gezeigt, dass Novalis zu den großen Mystikern der abendländischen Geistesgeschichte zählt – der Leitbegriff, den er darin benutzt, ist der des magischen Idealismus, und er meint damit: Für Novalis ist die Welt vom Geist Gottes beseelt, daher steht die gesamte Welt, vom Universum bis zum Sandkorn, in einem All-Zusammenhang, und je mehr der einzelne, der vernunftbegabte Mensch dies erkennt, desto mehr kommt dieser Mensch zu sich selbst, desto stärker wird er sich bewusst, dass Gott und seine Seele im Einklang stehen, er also auch geistigen Einfluss auf sein körperliches Leben nehmen konne.

Ein ganzes Kapitel hat er dem «Magischen Idealismus» gewidmet und es mit dem Satz begonnen: «Die Lehre vom magischen Idealismus steht im Mittelpunkt der Hardenbergschen Philosophie. Hier hat seine Weltanschauung ihren kühnsten und eigenartigsten Ausdruck gefunden.»[27] Und er hat ausgeführt, warum: «Die Ansicht, die sich Novalis von dem Verhältnis zwischen Körper und Geist gemacht hat, ist die Basis des magischen Idealismus.» Der Mensch habe «zwei Systeme von Sinnen», den von der «äußeren Welt» oder der Natur abhängigen Körper; und die Seele, die von einem «Inbegriff innerer Reize, den wir den Geist oder die Geisterwelt nennen», abhängig sei. Beide Systeme stünden in einem «*Wechselverhältnis*»: «Dieses Verhältnis ist weder Disharmonie noch Monotonie, weder Dissonanz noch Einklang, sondern *freie Harmonie*. Der Weg zur Harmonie wird freilich oft durch Disharmonie gehen müssen.»[28]

Deswegen erscheint ihm, Egon Friedell, dieser Romantiker als ein moderner Prophet, ein Virtuose des intuitiven Erfassens und willensbetonten Denkens, dessen Berufung es war, dem Menschen den Weg in eine vom Geistigen beseelte Welt zu zeigen und ihn aufzurufen, diesen Weg kraft seines Wollens anzutreten. Der Gedanke wandelt sich allmählich, durch das rechte Denken und Tun, zu Wirklichkeit – da zweifelt Friedell keinen Augenblick, dass ein Dichter, wie Novalis das mit seinem Leben bezeugt hat, zu diesem Ziel berufen ist. Damit eifert der Dichter, in seinem beschränkten Kreis, dem nach, was Jesus Christus in seinen Worten und mit seinem Leben für alle Zeiten und jedem Menschen in einzigartiger Weise vorgeführt hat: die vollendete Übereinstimmung von Heilsbotschaft und Leben, so dass man sagen kann: Christus hat sozusagen mit seinem Leben gedichtet.[29] Der Künstler, der diese Einheit anstrebt und verwirklicht, ein solcher Künstler ist mehr als ein Ästhetizist, dieser Künstler betreibt seine Kunst aus Passion, er betreibt im Grunde: die *Imitatio Christi*. Das ist der hohe Auftrag des modernen Künstlers, und so hat er, Egon Friedell, Novalis zum Gegenstand seines ersten Werkes gemacht.

Und nun steht er zwar am Anfang seines Künstlertums, doch mit diesem ersten Werk hat er das sichere Gefühl, den Horizont seines Denkens abgesteckt, dessen Grundlinien gezogen, dessen Fundamente gelegt zu haben. Nur wird er diese seine *Imitatio Christi* mit ebensolcher Kunst wie heimlichem Vergnügen hinter den Masken des philosophischen Gauklers verbergen, wobei indes diese Masken selbst wieder zum Ernst des Spiels, zur *Imitatio*, gehören. Auch diesen Gedanken kann er bei Novalis finden: «Der Darsteller muß alles darstellen können und wollen. Dadurch entsteht der große Stil der Darstellung, den man, mit Recht, an Goethe so sehr bewundert.»[30]

Dass sein *Novalis als Philosoph* gleich bei einem renommierten Verlag für geistesgeschichtliche und weltanschauliche Schriften erschienen ist, beim bekannten Bruckmann Verlag in München, in dem ein Intellektueller wie Walther Rathenau seine populärphilosophischen Bücher erscheinen lässt, ist Friedell eine besondere Genugtuung; und desto mehr, als sein Doktorvater, der berühmte und verdienstvolle Friedrich Jodl, der auch die Doktorarbeit seines ehemaligen Kommilitonen Otto Weininger, *Geschlecht und Charakter*, betreut hat, eine, wie Friedell findet, im Übrigen äußerst interessante, anregende und bedenkenswerte Arbeit – dass also Jodl, bei dem er im Studium Logik und allgemeine Wissenschaftslehre, Ethik und Philosophiegeschichte, insbesondere von Kant bis Hegel und Schopenhauer, gehört hat, seinen *Novalis* etwas flau als «der Drucklegung nicht unwürdig» bewertet hat: Diese Arbeit sei zwar insgesamt «mit sorgfältiger Durcharbeitung des gesamten außerordentlich zusammenhanglosen Materials, und mit einer liebevollen Vertiefung in die Eigenart des romantischen Geistes» angefertigt, so dass sie «ein wertvolles Hilfsmittel zur Orientierung in den oft so labyrinthischen Gängen des Dichterphilosophen» darstelle. Indessen: «Manche Urteile des Verf. über philos. Dinge sind mehr von litterarhistorischen als von philosophischen Gesichtspunkten und mehr von der Begeisterung für die Romantik als von ernster wissenschaftlicher Kritik beherrscht.»[31]

Nun, dafür ist der *Novalis* dann ja auch bei Bruckmann erschienen. Und womit er, Egon Friedell, schließlich auch ein Zeichen zu setzen im Sinn hatte: dass gerade dieses Buch *Novalis als Philosoph* unter seinem neu angenommenen Namen *Egon Friedell* erschienen ist, ein Name, zu dem ihn einer seiner Kommilitonen, ein Adliger namens Bruno Graf zu Castell-Rüdenhausen, inspiriert hat.[32] Castell, Friedell: auch damit will er das aristokratische Element seines Tuns, seines Künstler-Seins, betonen. Dass der Verlag den Namen Friedell mit «i» statt «ie» auf den Titel gedruckt hat, *Fridell*, kann den Glanz nicht eigentlich trüben, zumal das ja anmutet wie ein gemütlich boshafter Kaffeehaus-Witz des Schicksals. Im Übrigen kann man sich denken, welches Vergnügen es *Friedell* bereitet, dass weder der große Jodl noch der Zweitgutachter Müllner bemerkten, dass der *Novalis* zu einem nicht geringen Teil aus einmontierten Sätzen und Satzteilen, aus «Kryptozitaten» des romantischen Dichters besteht.[33]

Über Altenberg, sicher, wird er noch Anekdoten vortragen und das Wiener Theaterpublikum begeistern. Altenberg zieht immer. Das Publikum sieht in ihm einen Narren, aber es hegt auch eine gewisse Bewunderung für diese Erscheinung, die ja auch ein Vorbild in der Kunst ist, mit dem Leben selbst die Gedanken auszudrücken. *Imitatio.* Daher ist Altenberg immer ein Dichter gewesen, noch bevor er die erste Zeile veröffentlicht hat. Und nun, da er schon mit dem ersten Buch berühmt wurde, ist er nicht *mehr* Dichter, als er zuvor war, denn ein Dichter ist ein Dichter oder eben keiner. Aber seine Art, in der Sprache selbst, im Tonfall, in der Melodie der Worte, im Rhythmus der Sätze, das gegenwärtige Leben abzubilden, die schlichten und gedemütigten Dienstmägde, die muffigen, schäbige kleine Tragödien atmenden Wohnstuben der Philister, die Kinderfrauen in den Parks, die Flaneure im Prater – diesem allem verleiht Altenberg einen Zauber, der das Unglück, den Schmerz, die Hoffnungen zugleich sichtbar macht und mit einem Glanz umgibt, der etwas wie eine höhere Wirklichkeit dahinter ahnen lässt. Wie hat es doch Rilke vor einigen Jahren in einem Vortrag in Prag ausgedrückt: «Wien hat plötzlich seine Sprache gefunden.»[34]

Er, Friedell, wird sich also irgendwann ein Programm mit Altenberg-Anekdoten überlegen.

Friedell geht durch sein Arbeitszimmer, das er, er hat Sinn für zenonsche Paradoxien, «Sitzzimmer» nennt, obwohl er doch meist im Liegen liest, im Liegen schreibt. Er geht durch die Bibliothek in sein mit einem blauen Teppich ausgelegtes Schlafzimmer, wo er den bequemen, türkisch gemusterten Hausmantel, sein liebstes Kleidungsstück, ablegt und in einen eleganten Straßenanzug schlüpft. Er tritt vor die Spiegelkommode, seinen mit einer grauschwarzen Marmorplatte abgedeckten Toilettekasten, dessen Schublade er ein Paar Manschettenknöpfe entnimmt.

Er sieht sich im Spiegel – der breite, fast schon massig wirkende Schädel: Erinnert er nicht durchaus an Goethe, den Olympier?

Er bestäubt sich ein wenig mit Eau de Cologne Soir de Paris, greift in das rote Täschchen, in dem stets ein kleiner Vorrat von Fahrscheinen aufbewahrt ist, nimmt sich ein paar von den Münzen, die in kleinen Stapeln daneben liegen, tritt in den breiten Flur hinaus, wirft einen Blick in die Küche, um sich von Fräulein Gabriel zu verabschieden.

Ganz ohne Frage, er hat Altenberg manches zu verdanken, und viel-

Die Wiener Stadtbahn, deren kunstvolle Bahnhöfe Otto Wagner gestaltet hatte, wurde 1901 von Kaiser Franz Joseph I. eröffnet. Den hier abgebildeten Bahnhof Währingerstraße konnte Friedell von seiner Wohnung aus in fünf Minuten erreichen.

leicht hätte er ohne diesen genialen Narren damals auch Lina Obertimpfler, die jetzt Loos heißt, nicht kennengelernt.

Hinter ihm schließt Marie Gabriel die Wohnungstür.

d) Zutritt bei Hofe

Der Herbst ist windig, frisch, in Deutschland, an der See, richten gar Orkane Verwüstungen an. Die Zeitungen berichten von mehreren Toten, in München auf dem Oktoberfest hat ein Sturm Zelte und Buden umgeweht.

Friedell geht die guten hundert Meter in östlicher Richtung bis zum Währinger Gürtel, wendet sich abermals nach rechts, um nach wenigen Schritten die Stufen zur Stadtbahn hochzustapfen. Dass er von seinem Bezirk, der noch einen Anflug ländlichen Charakters hat, in einer knappen halben Stunde zur Mariahilferstraße gelangt, ist, das muss er zugeben, vor allem Lueger zu verdanken. Der ist seit sieben Jahren, seit 1897, Bürgermeister, nachdem er bereits zwei Jahre früher die Mehrheit hatte, aber vom Kaiser wegen seiner judenfeindlichen Kampagnen nicht bestätigt worden war. Beim vierten Anlauf dann musste sich Franz Joseph dem Willen des Volkes beugen, seither wird Wien als einzige Stadt Europas von einem Mann regiert, der seine jüdische Antipathie zu einem Bestandteil seines politischen Programms erhoben hat. «Und der Kaiser resignierte.»[35]

Wer im Wien Karl Luegers Karriere machen, irgend einen Posten erringen will, ist gut beraten, sich ein Parteibuch der Christlichsozialen zuzulegen. Lueger ist überaus populär, überall an der Ringstraße, in der inneren Stadt, den umgebenden Bezirken, wenn ein Haus gebaut, eine Straße eröffnet worden ist, verkündet ein Schild: «Erbaut unter Dr. Karl Lueger». Ein Witzblatt hat eine Zeichnung gebracht: ein Elefant und sein Junges im Tierpark, darunter steht: «Geworfen unter Dr. Karl Lueger.»

Lueger liebt das Bad in der Menge, den großen Auftritt, er ist die Verkörperung des modernen Politikertypus: ein Volkstribun, der Bewunderer und erbitterte Feinde hat, der «niemanden wirklich gleichgültig» lässt.[36]

Indessen repräsentiert der Bürgermeister auch in ganz anderer Hinsicht das moderne Wien: In wenigen Jahren ist es ihm gelungen, seine Stadt verkehrstechnisch, baulich, wirtschaftlich an andere moderne Städte Europas wie Berlin oder Paris heranzuführen. Die Zeit war überreif, soziale und politische Unruhen erschütterten die kunstfrohe Kaiserstadt, Arbeiter demonstrierten vor dem Parlament. Seit Jahren war Wien Ziel massenhafter Einwanderung, es «kamen ja nicht nur Juden, sondern auch nicht jüdische Tschechen, Polen, Ungarn, Slowaken», zudem Slowenen, Ruthenen, Serbokroaten, insgesamt elf verschiedene Völkerschaften, die vor dem Gesetz, nicht aber in der Praxis, gleichberechtigt waren und ihre nationalen Interessen gegeneinander wie auch gegen die Monarchie in Stellung brachten.[37] Auch wurden die Vororte eingemeindet – 1910 sollten es 43 sein –, so dass Wien nicht nur politisch und sozial unter Spannung stand, sondern mit seinen bald zwei Millionen Einwohnern «hoffnungslos überfüllt» war.[38] Es mussten dringend Wohnungen, Schulen, Spitäler gebaut, Wasserleitungen gelegt werden.[39]

Lueger zeigte sich wirtschafts- und baupolitisch den historisch beispiellosen Herausforderungen gewachsen. Der politischen Krise begegnete er dadurch, dass er seine vor allem aus Bauern und Kleinbürgern, aus dem meist gut funktionierenden Beamtentum, dem übernational organisierten Militär und dem katholischen Klerus entstammenden Wähler zu integrieren suchte, indem er drei Strategien verfolgte: Er erklärte «die Juden» zu Sündenböcken der prekären wirtschaftlichen und politischen Situation, ließ den nichtdeutschen, doch christlichen Einwanderern die Möglichkeit, sich kulturell zu assimilieren, und schwächte mit seiner Weigerung, in Wien und Niederösterreich das allgemeine und gleiche Wahlrecht einzuführen, die Sozialdemokratie – Strategien, mit denen er das Vertrauen seiner Wählerklientel gewinnen sollte.[40]

Zugleich stärkte er die Stadt wirtschaftlich, indem er die meist noch in ausländischer Hand befindlichen Gas-, Wasser- und Elektrizitätswerke, den Schlachthof sowie die «neuen Gemeindesparkassen, das Brauhaus und – als Maßnahme gegen die überteuerten Begräbnisse – auch das Bestattungswesen» in städtischen Besitz brachte.[41] Lueger ließ Wohnhäuser errichten, Parks anlegen und die Pferdebahnen durch die elektrische Straßenbahn ersetzen (nachdem Berlin bereits 1881 die erste elektrifizierte Trambahn in Betrieb genommen hatte). Wien bekam das größte städtische Streckennetz Europas.[42] Und nicht zuletzt wurde unter Karl Lueger die über hohe Stahltrassen geführte Stadtbahn eröffnet: 1901, als Egon Friedell bereits in die Gentzgasse gezogen war.

Die überaus schmucken Bahnhöfe dieses Gesamtkunstwerks aus Technik und Architektur sind am Zeichentisch des Architekten Otto Wagner entstanden, der, wiewohl bereits 1841 geboren, sich kurz vor der Jahrhundertwende plakativ der Wiener Secession anschloss. Auch der Bahnhof, an dem Friedell jetzt auf den Zug wartet, ist von Wagner entworfen: zeitgemäße Gebrauchsarchitektur, die Klassizismus und italienische Renaissance mit einer bestechenden Ökonomie des jugendstilhaften Ornaments zu einem städtebaulichen Schmuckstück zusammenfügt. Doch Adolf Loos, dem erklärten Gegner Wagners, der in gewisser Hinsicht sein Nachfolger werden wird, ist auch das zu viel: für ihn herrscht an solchen Bauten noch immer das Ornament zu aufdringlich vor und verdeckt den Ausdruck der Funktion hinter effekthascherischen Blenden.

Solche Fragen, Fragen der Ästhetik, des Stils und seiner Aussagen beschäftigen die Zirkel der Künstler und Literaten. «Wir jungen Menschen», erinnert sich Jahrzehnte später Stefan Zweig, «merkten wenig» von den «gefährlichen Veränderungen in unserer Heimat: Wir blickten nur auf Bücher und Bilder.»[43]

Gerade Linien, elegante Ausstattung: Den 1904 im Haus der Casa Piccola, einem der Stammcafés Egon Friedells, eröffneten Modesalon von Emilie, Pauline und Helene Flöge hatten die Gründungsmitglieder der Wiener Werkstätten, Koloman Moser und Gustav Klimt, geschaffen. Die Reformkleider der Schwestern – ohne Fischbeinkorsett –, deren Stoffmuster Gustav Klimt entwarf, waren bei Gattinnen und Töchtern reicher Industrieller rasch beliebt.

Dass Friedell damals, in jenem entscheidenden Sommer 1897, zur Altenberg-Runde stieß, passte in die Phase seines Umbruchs, die in Heidelberg begonnen hatte. Er hätte keinen besseren Zeitpunkt treffen können. Und selbst wenn das Café Central nicht als Mittelpunkt der neuen Literatur bekannt wäre – es hätte Friedell gewiss jene Art innerer Schwerkraft dorthin gezogen, ein seelischer Kompass, der den Vagabunden wie den Bürger an die ihnen zukommenden Orte führt. «In diesem gesegneten Raum wird jedem halbwegs unbestimmten Menschen Persönlichkeit kreditiert»,[44] philosophiert Polgar, der damals mit in der Runde war, über das Central. Auch Polgar weiß um jene Schwerkraft.

Außerdem: Als Friedell damals aus Heidelberg nach Wien zurückfuhr, um sich mit Kohn und den anderen zu besprechen, waren die Feuilletons voll mit Berichten und Beiträgen über den Jungstar der

Der Zauber des Ornaments: Emilie Flöge 1902 auf einem Porträt von Gustav Klimt, mit dem sie eng befreundet war.

Literatur, Hugo von Hofmannsthal; Schnitzlers *Liebelei* wird diskutiert, und in den Kreisen junger Intellektueller, in den einschlägigen Kaffeehäusern spricht man über einen neuen Hauptdarsteller auf der literarischen Bühne, eine kauzige Erscheinung, einen Sonderling, aber begnadeten Dichter, einen hochbegabten Selbstdarsteller: Peter Altenberg. Sein Buch *Wie ich es sehe* musste man gelesen haben.

Unterdessen ist Friedell in der Stadt angelangt. Vor dem Bahnhof warten in langer Reihe die Fiaker. Friedell kutschiert die Mariahilferstraße hinab, kommt vorbei an Nummer 110, seinem Geburtshaus, das nun ihm gehört, trabt weiter zur Casa Piccola, dem vornehmen Kaffeehaus, das Linas Eltern betreiben. Auch dort treffen sie sich des Öfteren, Altenberg, Polgar, Hollitzer, Loos, das Café ist überhaupt ein beliebter Treffpunkt von Künstlern, Literaten und Dichterinnen, Gustav Klimt sieht man häufiger, auch Persönlichkeiten der Politik wie Victor Adler, der ab und an mit der ganzen Familie die Casa Piccola besucht. Die Frauen der reichen jüdischen Bankiers und Unternehmer suchen gleichfalls gerne diesen Ort auf, an dem Geld und Geist sich begegnen, wo Rebellen der Kunst wie Altenberg an der Tafel der Reichen sitzen.

Lina kommt durch den Betrieb der Eltern mit interessanten Leuten in Berührung. Mit Lina wird er sich später treffen, nach dem Theater. Diesmal aber fährt er an dem Prachtbau am Ende der Mariahilferstraße vorbei, dessen reicher Fassadenschmuck der Repräsentation selbstbewusster Bürger dient und genau jene architektonisch funktionslose Ornament-Parade auffahren lässt, die dem Casa-Piccola-Gast Loos als Verbrechen gilt.

Friedell könnte sich nun über die Ringstraße fahren lassen und vorbei an Volksgarten und Hofburg in die Herrengasse einbiegen, um sich an der Pforte zum neugotisch überwölbten Tempel des «Central» absetzen zu lassen.

Es liegt nun schon wieder ganze sieben Jahre zurück, seit er zum ersten Mal diesen «Meridian der Einsamkeit», wie Polgar sagt, überschritten hat.[45] Er hat vergessen, welchen Witz er anbrachte, welches Dichterwort er zitierte, als er sich den «großen Männern» näherte, in deren Umgebung die boshaften Sprüche und doppelbödigen Pointen wie Hornissen durch die Luft flogen. Denn, wie Polgar sagt: Die Bewohner dieses Wiener Breitengrades «sind größtenteils Leute, deren Menschenfeindschaft so heftig ist wie ihr Verlangen nach Menschen, die allein sein wollen, aber dazu Gesellschaft brauchen».[46] Jedenfalls: Es muss etwas Originelles gewesen sein, denn er, damals noch Gymnasiast, wurde des Kreises für würdig befunden, man sah in ihm einen originellen Kopf, einen geistreichen Plauderer, einen pointensicheren Provokateur – genau die Eigenschaften, die ihn mit den Lehrern zusammenstoßen ließen, wurden hier geschätzt. Er fühlte sich gleich beheimatet hier. Und an Altenbergs Tafelrunde zu sitzen, galt ihm unbedingt als Auszeichnung.

Denn Altenberg ist wählerisch und pflegt Hof zu halten wie ein Duodezfürst. Er spielt sich auf, doziert mit messianischer Geste über die kräftigende Wirkung asketischer Lebensweise und lässt sich im nächsten Moment Champagner spendieren.[47] Einen Tyrannen nennt ihn Polgar, «der nach Laune in Gnaden aufnahm oder verstieß, zum ‹Höchsten› und ‹Heiligsten› erhob, was ihm das Herz oder die Netzhaut reizte, zum ‹Letzten› degradierte, was beide unberührt ließ, mit Adelserhebungen so wenig knauserte wie mit Todesurteilen, (…), Tribut und Lehenszins nahm, und auf Einbrüche in den Harem mit orientalischer Grausamkeit die furchtbarsten Strafen setzte.»[48]

Gleichwohl, wirkliche Macht, wie etwa Stefan George in seinem Kreis, hat Altenberg nicht. Wenn einer der Freunde einer seiner Frauen zu nahe kommt, tobt er zwar, aber er muss es geschehen lassen. Es bleibt ihm dann nur übrig, beschwörende und klagende Briefe zu schreiben. So hat er sich bei Friedell, der gern mit Schauspielerinnen flirtet, vor einiger Zeit pathetisch beklagt: «Ich bitte Dich aus tiefster Noth meines zermarterten Herzens, beginne nun nicht auch Du aus Männchen-Eitelkeit, mit dieser bösen und schrecklichen Coquetten anzubandeln! Es stünde nicht dafür meinen unermeßlichen Leiden gegenüber, dieser billige, ach so billige Triumph, eine irrsinnige unerzogene Hysterische einzufangen! (…) Anka ist eine *Teufelin*. Du hast schon gestern *ostentativ* ihr Burgtheatersitze gekauft, ferner beim Abschiednehmen ihre Hand *absichtlich* lange in der Deinen gehalten (…)».[49]

Dass dennoch ein Gefolge nicht eben unselbstständiger Geister das mitunter infantile Spiel mitmacht, liegt an Altenbergs Talent als Redner und Erzähler, einem Genius, der den gesprochenen Worten einen noch wirksameren Zauber verleiht als seiner pointillistisch schwebenden Prosa. Er sei, urteilt Polgar, «ein hinreißender Rhetoriker», verfüge über eine Fülle an Temperament, eine «Inbrunst» des Empfindens, «die vom Geschriebenen nicht völlig aufgenommen werden» könne.[50] Auch haben sie Respekt vor Altenbergs Konsequenz, seine Außenseiter-Existenz als Wiener Schauspiel vorzuführen, und sie sehen, dass im Grunde sein Herz voll Mitleid mit den Zukurzgekommenen ist und voll Bitternis gegen die Starken. Das trägt ihm die Zuneigung von Polgar, von Karl Kraus, von Adolf Loos ein. Hinzu kommt, dass Altenbergs minimalistischer Stil zu Loos' ästhetischem Programm passt und seine antibürgerlich-rousseauistische Sendung dem moralischen Rigorismus eines Karl Kraus entgegenkommt.

Und in jedem Fall konnte er, Friedell, Altenberg manches abschauen. So die Kunst, «Schauspieler seiner selbst» zu werden. Auch sein Schreibstil mit seiner Prägnanz und anscheinenden Leichtigkeit, ein Stil, der die Bedingung der Kürze erfüllt, die die Zeitungen fordern und die dem Leser entgegenkommt, wirkte als Vorbild. Und wenn er auch Altenbergs radikale Ablehnung der herkömmlichen Dichtungsarten nicht teilt – Altenbergs Schule traf in Friedell auf die Bereitschaft, den eigenen, von Natur aus zur Klarheit, zum Erzählerischen neigenden Stil noch zu schleifen; dass sie wirkte, beweist sein *Novalis*, der indessen schon enthält, was Friedell wesentlich von Altenberg abheben wird. Der lebhafte Fluss der Gedanken, der bildliche Ausdruck, die eingängige Beschreibung komplexer Sachverhalte, die Anordnung der dargestellten Welt auf eine geschichtsphilosophische Zentralperspektive hin, ihre Einbettung in sozialgeschichtliche Zusammenhänge – es ist, in Ansätzen, alles schon da, so dass man getrost sagen kann: Mit seinem ersten Werk legt Friedell seine erste Kulturgeschichte vor. So zeigt also bereits das Debüt, worin er sich von Altenberg unterscheidet, der den historischen Resonanzraum nicht kennt. In dieser Differenz sind letzten Endes die Gründe dafür zu suchen, dass Altenberg kurz nach seinem Tode mehr oder weniger in Vergessenheit gerät – und erst in jüngster Zeit als einer der Väter der literarischen Moderne wiederentdeckt wird, während Friedell lebendig blieb bis zum heutigen Tage.

Friedell unterdessen sehen wir noch immer in seinem Fiaker sitzen, der ihn auch diesmal nicht ins Café Central bringt, sondern ihn wenige hundert Meter von dort entfernt, am Künstlereingang des Burgtheaters, absetzt. Friedell hat soeben den ersten Schritt dorthin getan, wo es ihn seinem innersten Wesen nach hinzieht, der Gegenwelt zu Kants ethischen Imperativen: Seit wenigen Tagen, am 27. Oktober, arbeitet er bei der Bühne. Er ist Regieassistent in einer Komödie des Berliner Naturalisten Otto Erich Hartleben.

Der junge Friedell mit Hund und unbekannter Dame, um 1903.

Friedell muss diesem eigenwilligen Kopf, der, wenn auch keineswegs arm und nervenschwach, als eine Art Berliner Gegenstück zu Peter Altenberg gilt, begegnet sein, als er nach seinem Aufenthalt in Heidelberg für einige Wochen an der Friedrich-Wilhelm-Universität Philosophie hörte. Der rührige Hartleben, der in Berlin etliche Künstler-Stammtische unterhielt, Literaturvereine gegründet hatte und neben zahlreichen anderen auch den Wiener Essayisten und Kafka-Entdecker Franz Blei, den Münchner Dichter Otto Julius Bierbaum und Gerhart Hauptmann zu seinem Bekanntenkreis zählte, muss den Gymnasiasten auf der Stelle in sein Herz geschlossen haben.

Von dieser Begegnung Friedells, der damals noch Friedmann hieß, ist nichts überliefert. Doch lässt sich den erhalten gebliebenen Briefen Hartlebens an Friedell ablesen, dass der Berliner Schriftsteller für Friedell, und vermutlich auch für dessen Bruder Oskar, die Rolle des väterlichen Freundes übernahm. Es ist offenkundig, dass Hartleben Friedell ermunterte, es ihm nachzutun. Er schien sich auch erzieherisch verantwortlich gefühlt zu haben. So muss ihm Friedell, der offenbar bereits dem Alkohol allzu reichlich zuspricht, versprochen haben, sich mit dem Trinken zurückzuhalten. Denn im August 1902 schreibt ihm Hartleben aus dem «Nürnberger Hof» in Karlsbad: «Mein lieber Sohn!

Deine Eltern haben zu ihrer großen Freude erfahren, daß du dem Teufel Alkohol entsagt, ihm gleichsam Valet gesagt hast. Recht so: nun wird gewiß ein guter Dichter aus dir werden.»[51]

Im Winter 1901 auf 1902 muss Friedell sogar Gast in Hartlebens «Villa Halkyone» in Saló am Gardasee gewesen sein. Denn im März 1902 schreibt der reiselustige Hartleben aus Amalfi: «Wie doch die Zeit vergeht: man sollte es nicht glauben! Wenn auch die Philosophen lehren, daß Zeit nur eine Einbildung sei (...), so muß ich doch, wenn ich an Saló und unser Weihnachtsfest denke, immer wieder ausrufen: Wie doch die Zeit vergeht: man sollte es wirklich nicht glauben!»[52] Friedell muss Hartleben gegenüber auch von seinem Leben in Wien berichtet und wohl auch ein wenig mit Frauenbekanntschaften angegeben haben: Am 17. Dezember 1903 belehrt ihn der Berliner Mentor: «Und die vielen ‹Flammen›, von denen du schreibst, musst du dir abgewöhnen, zwei sind vollständig genug.»[53]

Man darf also annehmen, Hartlebens Tod am 11. Februar 1905 habe Friedell getroffen – und das ist umso wahrscheinlicher, als Hartleben, wie aus seinen Anreden und Grußformeln hervorgeht, tatsächlich eine Art Ersatzvater war. Da verabschiedet er sich als «Dein getreuer Vater»[54] oder spricht Friedell als «Egon, mein Sohn, Egonson!»[55] an. Ein andermal schreibt er von seiner «Villa Halkyone» aus launig: «Du bist doch mein lieber guter Sohn, an dem ich mein Wohlgefallen habe. Der Canadian-Club Whisky ist ‹erstklassig›. Ich sehe zu meiner Genugthuung, daß du Gemüt und Geschmack besitzest – suche dir diese beiden Göttergaben nicht nur zu erhalten, sondern lasse auch keine Gelegenheit vorüber gehen, sich durch Bethätigung zu veredeln. Siehe darüber Nathan den Weisen.»[56] Und im August 1904 endlich berichtet er seinem «Sohn» aus der Benediktinerabtei Vallombrosa nahe Florenz, er habe «unter 30 m. hohen Fichtenbäumen (‹Tannen›)» ein «Studentenstück» verbrochen, das den sehr schönen Titel: «Im grünen Baum zur Nachtigall» führen wird. Es ist sehr flott und lustig geworden.»[57]

Da es Friedell ohnehin zum Theater zieht, lag es für ihn nahe, sich um die Regieassistenz zu bemühen, als im Burgtheater ein Hartleben-Stück inszeniert werden soll. Sein Titel: *Im grünen Baum zur Nachtigall.*

Und nun endlich, nach der Probe, wird er in die Casa Piccola kommen, wie er es Lina in seinem Billett angekündigt hatte – wenn ihn

Komponistin, Pianistin und vor allem Muse großer Männer: Alma Mahler-Werfel, mit einem Kollier der Wiener Werkstätten.

auch, er ist ein Künstler und Bohemien, die jungen Schauspielerinnen offenbar nicht ganz kalt lassen.

Doch heute Abend sucht er die Casa Piccola auf.

e) Die Ohrfeige des schönen Fräuleins Obertimpfler

Mit Lina Loos war ein Mensch in sein Leben getreten, der es bis an dessen Ende begleiten wird; der ihm gleich viel – und eher mehr – Verdruss und Verzweiflung als Anregung, Inspiration und das Glück bescheren wird, verstanden zu sein; der ihm indessen niemals die Geborgenheit und Erfüllung gewährt, nach der er sich insgeheim sehnt – vielleicht auch deswegen, weil Friedell, gebrannt von der Abkehr der Schwester und der Mutter, im tiefsten Herzen davor zurückschreckt, sich zu binden. «… er hat», sagt Lina Loos am Ende ihres Lebens, «leider nicht geheiratet, dieser Feigling.»[58]

Friedell fühlt sich Lina Loos an Geist und Charakter überlegen – eine Vorstellung, die das Frauenbild seiner Umgebung bestärkt. Ein Frauenbild auch, dem Otto Weiningers 1903 im renommierten Wiener Braumüller-Verlag erschienene Schrift *Geschlecht und Charakter* noch Aufwind gibt, setzt es doch Frauen und Juden obsessiv als schwach und lüstern, als launisch und hinterhältig gleich. Freilich dürfte, was Friedell für geschlechtsbedingte Überlegenheit hält, auch Folge erfolgreicher Selbstsuggestion sein, die er als seelische Rüstung benötigt. So wird er später in seiner Betrachtung *Die entdeckte Frau* zwar einräumen: jawohl, Frauen seien klüger als Männer, «und fügen wir noch hinzu: verlässlicher, ordnungsliebender, anpassungsfähiger, geschickter. Aber der Grund von alledem ist ihre Nüchternheit, ihre Unorginalität, ihr Mangel an Persönlichkeit, kurz ihre Phatasielosigkeit.»[59] Doch mag er sich panzern wie er will: Seelisch wird er Lina Loos unterlegen, wird er von ihr abhängig bleiben. Von nun an ist die Schauspielerin, mit Peter Altenberg und gewiss vor Alfred Polgar, der wichtigste Mensch in Friedells Leben.

Lina Loos war eine Granate. Als Friedell auf sie trifft, gilt sie als schönste Frau Wiens – und das will etwas heißen in einer Stadt, die voll von schönen Frauen ist, in der eine Ea von Allesch (ursprünglich Emma Aloisia Täubele, dann Emma Rudolf) als von vielen bedeutenden und weniger bedeutenden Männern von Alfred Polgar bis Hermann Broch verehrte und geliebte, außerdem selbst feuilletonistisch tätige Muse[60] durch die Kaffeehäuser schwebte, einer Stadt, die eine Alma Schindler, Tochter des bekannten Landschaftsmalers Emil J. Schindler und berühmt als Alma Mahler, hervorgebracht hat, in der eine Jeanette Heeger, eine Mizi Glümer, eine Adele Sandrock und Olga Gussmann als Geliebte Arthur Schnitzlers durch die Gassen schreiten.

Lina Loos also, am 9. Oktober 1882 als Carolina Catharina Obertimpfler in Wien geboren, gilt als schönste Frau der Stadt. Doch sie ist im Begriff, sich mit der Rolle der schönen Frau nicht zufrieden zu geben. Von früh an kennt sie den Umgang mit Dichtern, Künstlern, Kunstmäzenen, mit politischer Prominenz. Sie wächst auf in einer Zeit, die das über Jahrhunderte, Jahrtausende festgefügte Verhältnis der Geschlechter durchbricht. Ihre Schwester Helene beginnt zu schreiben, ihr Bruder Karl hat sich unter dem Künstlernamen Forest über bayerische und schwäbische Provinzbühnen nach München und

Tochter des bekannten Kaffeesieders Carl Obertimpfler, im klassizistischen Arrangement bürgerlichen Wohlstands: Lina Loos. Um die Zeit, als das Foto entstand, lernte sie Egon Friedell kennen.

«Haus ohne Augenbrauen» nannte man das von Adolf Loos 1909 bis 1911 errichtete Geschäftshaus am Michaelerplatz. Dem traditionellen Geschmack war das gegenüber der Hofburg, gleichsam im Angesicht des Kaisers aufragende Bauwerk ein Skandal – ein in Stein und Marmor gemeißeltes Manifest gegen den üppig wuchernden Fassadenschmuck gründerzeitlicher Architektur.

Hamburg vorgearbeitet und wird bald nach Berlin an Max Reinhardts Deutsches Theater wechseln. Und Lina selbst, sie mag als Wiens schönste Frau gelten – später behauptet sie, schöne Frauen hätten von ihrer Schönheit vor allem Scherereien –, besucht die Schauspielschule und ist nicht gesonnen, für einen großen und vielleicht auch noch gut situierten Mann nur schön zu sein.

Was für eine Herausforderung also für einen Mann, der als Autor und Intellektueller nicht weniger denn als Kabarettist und Schauspieler sich einen Namen zu machen gedenkt, der sich die Frauen als von Natur aus geringere Wesen zurechtdichtet, und den doch die verweigerte Liebe seiner Mutter innerlich so gezeichnet hat, dass er vor diesen minderen Wesen ein wenig Angst hat – was er in seinem Leben nicht einmal sich selbst eingestände, was er im Gegenteil hinter scharfem Witz zu verbergen versteht: «Sind die Frauen tief», rätselt er zum Beispiel, um zu antworten: «Daß man einem Wasser nicht auf den Grund blicken kann, heißt noch nicht, daß es tief ist.»[61]

Das schöne Fräulein Obertimpfler hat etliche Verehrer in der «Gesellschaft», bis sie 1902 in einem der Altenbergschen Lieblingslokale, dem Bayerischen «Löwenbräu» hinter dem Burgtheater, dem avantgardistischen Architekten Adolf Loos begegnet. Als sie sich an Altenbergs Tisch setzt, sind wie immer alle, Altenberg, Polgar, Friedell, der Maler Hollitzer, hingerissen – ebenso der stets gut gekleidete Loos. Vielleicht, um der Kaffeesiedertochter als Mann von Welt zu imponieren, vielleicht, um den Freunden seine Lässigkeit vorzuführen, präsentiert er dem attraktiven Tischgast sein aus feinem Birkenholz gefertigtes Zigarettenetui, das ganz seinen ästhetischen Prinzipien entspricht: ohne Verzierungen gewinnt es seine Schönheit allein aus der seiner Funktion angepassten Form und dem passenden Material. Die 19-Jährige mit ihrem schicken blumengeschmückten Hut indessen scheint mit dem Mechanismus überfordert: Als sie versucht, das Etui zu öffnen, zerbricht unter ihren schlanken Fingern das filigrane Stück. Immerhin ist nicht auszuschließen, dass sich hinter der Ungeschicklichkeit eine verborgene, unbewusste Absicht verbarg, ein Verlangen nach Selbstbehauptung, das in einem sozusagen metaphorischen und stellvertretenden Vater- und damit Männermord zum Ausdruck kam – sofern Freud recht mit seiner These hat, solche Fehlleistungen im Alltag seien stets von einem «unbewußten Motiv» angestoßen.

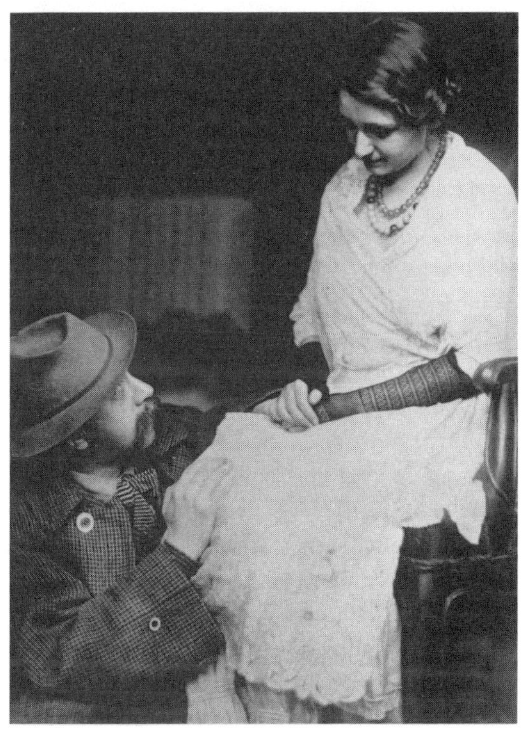

Die «sanftmütige förderungsfrohe, missionsbegeisterte Frau» sei das «Edelöl» für die «Edelmaschine ‹Mann›»: Auch Peter Altenberg war, wie Alfred Polgar, Adolf Loos und viele andere, in Lina als Muse verliebt.

In jedem Fall ist sie erschrocken, die Männer in der Runde blicken sich bestürzt an, und wohl auch nicht ohne schadenfrohe Amüsiertheit. Doch der weltmännische Loos bleibt gelassen, heftet seine Augen durchdringend auf Lina und sagt, als diese ihn verunsichert fragt, wie sie sich «revanchieren» könne: «So heiraten Sie mich!»[62] So wurde aus Lina Obertimpfler Lina Loos.

Friedell muss die Frau, die die Frau seines Lebens werden sollte und die niemals seine Frau geworden ist, kurz vor ihrer Begegnung mit Adolf Loos getroffen haben 1901, als er 23 Jahre alt war[63] und bereits an die zwei Jahre an der Wiener Universität Philosophie, Philologie und Geschichte studierte. Peter Altenberg soll an jenem ersten Abend in der Casa Piccola zugegen gewesen sein, als Friedell Lina Obertimpfler, kaum dass er sie kennengelernt hatte, in eine Auseinandersetzung zog, in deren Verlauf er sich wahrscheinlich bereits um Kopf und Kragen geredet hatte.[64] Ganz offenkundig benahm er sich so, dass sein weibliches Gegenüber geahnt haben muss, der ambitionierte Student komme als Mann, als Liebhaber und Gatte, nicht in Frage, wohl aber als anregender Gesprächspartner und Mentor – als einer jungen Frau in der konservativen Doppelmonarchie hatten sich ihr ohnehin noch nicht die Bildungsmöglichkeiten eröffnet, die sich vor Friedell ausbreiteten.

Und Friedell war zweifellos gesonnen, seine Kenntnisse weiter zu vermehren. Es scheint zwar, als führe er, ein gern gesehener Gast an Altenbergs Tafelrunden, auch zu vorgerückter Stunde im «Moulin Rouge» oder im «Casino de Paris», das Leben eines begabten Müßiggängers. Doch Friedell bummelt keineswegs, er fühlt sich, moderner Protestant, der Fichteschen Sendung verpflichtet und baut akribisch die Fundamente einer Bildung aus, die in den folgenden Jahren immer wieder zu Bewunderung Anlass gibt. Lina Obertimpfler kann da im Moment schwer mithalten[65] – und Friedell ist entschlossen, seinen Vorteil auszuspielen.

Später berichtet Lina Loos, Friedell habe, wenn sie es wagte, ihn zu kritisieren, ihm etwa vorwarf, dass er es mit Christus halte und doch «die Armen» verachte, gerne ungehalten reagiert: «‹Hast Du Luder Dir wieder etwas neues ausgedacht, um mich zu degradieren?› usw.»[66] Das macht keinen souveränen Eindruck. Doch bewundert Friedell Lina, wie aus etlichen seiner Briefe hervorgeht, gerade auch ihrer unerschrockenen Kritikfähigkeit wegen. Er wird also auch an jenem Abend versucht haben, in jedem Wort zu beweisen: Ich weiß es besser als du, ich kann schärfer denken, und überhaupt: Ich bin der Stärkere!

Es liegt auf der Hand, dass sich eine Frau wie Lina Friedells Wahrheiten über die Frauen bei all ihrer Duldsamkeit nicht wie einen nassen Lappen um die Ohren schlagen lässt – umso weniger in diesen Zeiten, in denen die Frauen sich anschicken, ihr Leben selbst zu gestalten. Immerhin dürfen sie seit 1897 auch in Österreich die Universität besuchen, zunächst zwar nur die philosophische Fakultät, doch folgen bald Medizin und Pharmazie – während Maturantinnen noch bis 1903 warten mussten, ehe sie Jura studieren konnten.[67] Sie wollen Berufe lernen, schreiben, wollen im Ausland Erfahrungen sammeln, Schnittmuster entwerfen, Ärztinnen oder Hutmacherinnen werden oder wie Lina am Theater reüssieren.

Nicht, dass Friedell sich schlechthin gegen die Emanzipation stellt – er ist schließlich weder Amtsträger der Kirche noch Parteigänger des Bürgermeisters Lueger, noch ein Freund jener radikal antikatholischen, antimonarchischen und in rassistischen Parolen schwadronierenden Alldeutschen, die an Stammtischen, auf Versammlungen und in ihrem Verlautbarungsorgan *Unverfälschte deutsche Worte* das Bild der keuschen, folgsam in Kirche, Mutterschaft und Haushalt ihr Glück findenden «deutschen Frau» beschwören.[68]

Friedell sieht es natürlich gern, wenn die jungen Schauspielerinnen und emanzipierten, aus wohlhabenden jüdischen Häusern stammenden Mädchen ins Kaffeehaus schwärmen,[69] wenn Ea von Allesch mit ihm und ihrem Verehrer Polgar plaudert. Er ist durchaus der Meinung, Frauen seien «für viele Tätigkeiten ebenso befähigt wie der Mann». Allein, wenn er die Sache aus der Perspektive des schöpferischen Genius betrachtet, kommt er zu dem Schluss, ihre Fähigkeit resultiere aus einer «Gescheitheit zweiten Ranges», nämlich aus der «Gescheitheit eines Fuchses, Raben oder Bibers, eines Uhrmachers, Küchenchefs oder Apothekers».[70] Indessen Lina das alberne Getue unmöglich findet, das desto impertinenter wird, je mehr Pilsener und Slibovitz ihr Gegenüber in sich hineinschüttet. Altenberg, selbst in Lina verliebt, wird zusehends eifersüchtig, die Atmosphäre lädt sich auf. Da packt Lina der Zorn, und – sie verpasst Friedell eine Ohrfeige. Das reinigt.

Und er? Er nimmt sie später in die Salons von Berta Zuckerkandl, Alma Mahler und Eugenie Schwarzwald mit, der ambitionierten Gründerin des ersten Lyzeums in Wien, in dem Frauen maturieren können. Sie werden auch gemeinsam auf den Bühnen Wiens, Berlins und Prags stehen.

Für ihn ist diese Begegnung der Anfang einer Liebestragödie, die ihn immer wieder, im Trubel des Betriebs, auf seine innere Einsamkeit verweist. Er wird ihr herzzerreißende Briefe schreiben, sie verklären, gleichsam vor ihr knien wie vor dem Bilde der Madonna. So kann er sich einreden, die platonische Verbindung sei ohnehin die ethisch höhere. «Ich verlange doch eigentlich gar nichts von Dir, als daß Du mir endlich glaubst, daß ich Dich vergöttere», beschwört er sie.[71] Oder: «Ich möchte immer und immer mit tiefer Zärtlichkeit und Bewunderung *Deinem Leben zuschauen.* Und es um keinen Preis stören. Und daher bin ich in fortwährender Angst, daß meine Leidenschaft Unruhe in Dein Dasein bringen könnte, denn das will ich doch nicht.»[72] Von der Rolle des Überlegenen kommt er trotzdem nicht mehr los.

Der Theaterkritiker Walther Schneider, ein Vertrauter seiner letzten Jahre, der Lina Loos ohnedies für eine «Schlampe» hielt, bemerkt nach

Friedells Tod, für Friedell sei sie «in vieler Hinsicht ein geeignetes Objekt seiner Freude am blossen Spiel gewesen», wie überhaupt Lina «von niemandem ganz ernst genommen wurde».[73] Vielleicht aber hat Schneider Friedells Rolle mit Friedell selbst verwechselt. Zudem klingt durch die Abschätzigkeit seines Urteils die Schule Otto Weiningers hindurch: Schneiders Blick scheint von Anfang an durch misogynes Ressentiment verzerrt.

Gewiss, Lina Loos hat Egon Friedell ebenso als Mentor und Spiegel ihres weiblichen Selbstbildes gebraucht wie er sie als Muse und Ausdruck seines Selbstgefühls. Sie mögen wohl in einer «etwas verwickelten Beziehung» verhakt gewesen sein, wie Lina Loos einmal schreibt[74] – dass sie einander tiefe Gefühle entgegenbrachten, jeder in seiner Art, dass sie einander vertraut waren, ist indes nicht zu bezweifeln. Das «Verwickelte» ihres Verhältnisses versuchten sie in der Inszenierung auszugleichen, im Maskenspiel der Ironie, das wohl ebenso Ursache dieser verhinderten Liebe war.

Doch lag der performative Charakter auch im Zug der Zeit: Der Mann musste seine Verletztheit in Haltung verbergen, seine vermeintliche Überlegenheit in gönnerhafter Herablassung bezeugen. Doch die Pose half beiden, mit der Unerfülltheit leben zu können. «Niemals», bekannte Freud, «sind wir ungeschützter gegen das Leiden, als wenn wir lieben».[75]

IV

DIE WELT IST DIE BÜHNE

1. Um mich, die holde Braut, kümmerte sich niemand

Die Hochzeit war sozusagen ohne Ornament. Kein Blumenbouquet, keine Musik, keine Brautjungfern lenkten von der Zeremonie ab. Nur die neue Perlenkette – «o Jugendzeit, o Perlenzeit» – schimmerte im Glanz ihrer schlichten Schönheit am Hals der jungen Braut. Und die Manschetten am Hemd des Bräutigams, flach, nicht rund, wie es der neuesten Mode und dem funktionalen Geschmack des stets elegant gekleideten Bräutigams entsprach, stachen weiß und scharf aus den Rockärmeln hervor. Die Fahrt über hatte sich der Architekt, dessen Vorstellungen vom gelungenen Bauwerk sich in avantgardistischer Weise vom schmuckverliebten Zeitgeist unterschieden, mit seinem Trauzeugen Max Schmidt, dem Besitzer des barocken Schlosses Pötzleinsdorf nahe Wien, über eben diese seiner Ansicht nach bequemeren Manschetten unterhalten. Schmidt trug die altmodischen gerollten.

Die Braut selbst war «unbefangen fröhlich, wie eben nur ein neunzehnjähriges Mädchen sein kann, das sich der Gefährlichkeit der bevorstehenden Begebenheit nicht bewußt ist».

Und ein strahlender Sommertag ergoss sich über das Städtchen Eisgrub im Mährischen. Nur die Brauteltern, der in Wien bekannte und bei seinen Gästen seines Charmes wegen hochbeliebte Kaffeesieder Carl Obertimpfler und seine Gattin Caroline, die aus dem niederösterreichischen Sieghartskirchen stammende Tochter eines reichen Bauern und Großkaufmanns (eine so energische wie herzliche Frau), schwiegen die meiste Zeit. Sie waren anfangs gegen diese Ehe gewesen, da der Bräutigam seiner zukunftsweisenden Vorstellungen wegen nur spärlich Aufträge bekam und für gewöhnlich in finanziellen Schwierigkeiten steckte. Sie würden dem jungen Paar ein ums andere Mal Geld zuschießen müssen. Außerdem waren sie offenkundig besorgt, ihre

Die Schönheit des erlesenen Materials: der Architekt Adolf Loos.

Abwesenheit von der Casa Piccola könne Unregelmäßigkeiten hervorrufen. «Mutter», erinnert sich die Braut, «war eine begeisterte Kaffeesiederin; sie liebte ihren Beruf und war schwer von Wien fortzulocken.» So sinnierten also die Eltern vor sich hin, Loos unterhielt sich mit Schmidt, und Lina Obertimpfler dachte: «Um mich, die holde Braut, kümmerte sich niemand.»

Doch der «Wermutstropfen» im Becher heiterer Erwartung ist aus ganz anderem Stoff: Der zweite Trauzeuge, ihr guter Freund Peter Altenberg, war nicht mitgekommen. Er hatte sich geweigert, am frühen Morgen aufzustehen, einer Zeit, in der er zu Bett zu gehen pflegte.

Dabei hatte der Bräutigam den Priester, «ein alter, würdiger» Mann und Onkel der Braut – er hatte schon die Eltern getraut –, einige Tage zuvor gefragt, ob ein Jude Trauzeuge sein dürfe. Denn es sei sein Lieblingswunsch, Altenberg in diese Angelegenheit «zu verwickeln». Der Priester hatte gelacht und gesagt: Nein, er habe nichts dagegen! Nun aber war der Bräutigam gezwungen, «in letzter Minute» Leo Schmidt, den Bruder Max Schmidts, zu bitten, als Trauzeuge einzuspringen.

«Diese beiden Zeugen», erinnert sich die Braut, «waren das schönste an der Trauung». Sie wurde an würdigem Ort zelebriert, in der Schlosskapelle des Fürsten Lichtenstein. Der Braut imponierte die hohe Gestalt der Trauzeugen. «Sie standen groß und rank an unserer Seite, wie zwei mächtige Ritter, es fehlte nur Wams, Schild und Speer.» Die kleine Hochzeitsgesellschaft «um Kopfeslänge» überragend, glichen sie einander «wie ein Ei (...) dem anderen».

Der Priester spricht warmherzige Worte. Nur fällt auf, dass er sich sehr kurz fasst. Und nun berichtet Lina Loos in ihren Erinnerungen weiter: «kaum waren die letzten Worte gefallen, zog er uns in die Sakristei und sagte: ‹Seid mir nicht böse, ich hatte mir eine so schöne Rede zurechtgelegt, aber ich war nicht imstande, sie zu halten – ich war so abgelenkt – ich mußte nur immer auf die beiden Zeugen schauen. Ich habe mir die ganze Zeit den Kopf zerbrochen, so sagt mir doch endlich – welcher von beiden war denn der Jud?›»[1]

«Unsere Ehe», stellt Lina Loos Jahre danach lapidar fest, «war nicht von langer Dauer; sie war, wie alles Irdische, begrenzt und löste sich bald wieder in ihre Bestandteile auf.»[2]

2. Mut zur Freiheit

Als Lina Loos nach dem Zweiten Weltkrieg ihre *Buch ohne Titel* betitelte Sammlung von Erinnerungsstücken und hauptsächlich in den 20er und 30er Jahren geschriebenen Feuilletons herausbrachte, lag ihre Hochzeit mit Adolf Loos fast ein halbes Jahrhundert zurück. Es war der 21. Juli 1902. Im Jahr zuvor hatte sie Egon Friedell kennengelernt, der noch Philosophie studierte. Während sich Friedell mit Altenberg, Loos, Polgar, Carl Hollitzer und Karl Kraus in den Kaffeehäusern traf, regelmäßig auch in der Casa Piccola, und bemüht war, Lina Loos von der natürlichen Überlegenheit des Mannes zu überzeugen, machte sich die zu eigenständigem Urteilen Erzogene daran, ihr eigenes Ich auszubilden – Friedell, an Fichte, Kant und Novalis geschult, hätte das eigentlich begrüßen müssen.

Die Ehe mit Adolf Loos war von Anfang an mit Spannungen belastet, die wohl teils den eigenwilligen Charakteren der Eheleute, teils den Konventionen der Zeit entsprangen. «Adolf Loos war ein außergewöhnlicher Mensch und ich von Natur aus nicht sehr konventionell veranlagt.»[3]

So hatte Adolf Loos wegen der Einrichtung des «Café Museum» und einer Artikelserie in der *Neuen Freien Presse* Aufsehen erregt und begeisterte Anhänger gefunden, doch blieben die Aufträge rar, das frisch getraute Paar war auf die Zuwendungen von Linas wohlhabenden Eltern angewiesen, die den beiden ohnehin die Wohnung eingerichtet hatten.

Wenn es um seine schöne Gattin ging, zeigte der architektonische Revolutionär Loos indessen konventionelle Züge. Wenn Lina Loos später auch behauptete, der lebensfremde Umgang ihres Mannes mit Geld habe hauptsächlich zu ihrer Trennung geführt, so scheint es doch noch einige andere, substantiellere Ursachen gegeben zu haben. Zum einen hatte sich Lina in den 19-jährigen Medizinstudenten Heinz Lang verliebt, ein Verhältnis, das «von dem sich stets antibürgerlich gebärdenden Loos keineswegs stillschweigend hingenommen wurde».[4] Gleichwohl schien er sie freigegeben zu haben, Lina wagte aber wohl doch nicht den entscheidenden Schritt und schrieb Lang, der sich in England aufhielt, einen Abschiedsbrief. Sie selbst weilte gerade zur Kur in Vevey, als sich, im August 1904, Lang erschoss.[5] «Die Zeitungen griffen den Fall auf, zwar ohne Namensnennung – aber die Wiener Gesellschaft wußte nur allzu gut Bescheid».[6] Nicht zuletzt deshalb, weil Peter Altenberg Lang zu seinem Selbstmord zugeredet haben soll, als Lang den mit ihm Befreundeten um Rat fragte: «Was Sie tuen *sollten*? Sich erschießen. Was Sie tuen werden? Weiterleben. Ruhig. Weil Sie genauso feig sind wie ich, so feig wie die ganze Generation, innerlich ausgehöhlt, ein Lügner wie ich.»[7]

Der Fall ist bekanntlich in Schnitzlers Drama *Das Wort* eingegangen, in dem Altenberg, Polgar, Loos, Lang und Schnitzler selbst auftreten und Lina im leichtsinnig-dümmlichen «Linerl» verkörpert ist.

Außerdem war Lina Loos durchaus nicht gewillt, sich der Herrschaft ihres Eheherrn zu unterwerfen. Sie war zweifellos hingerissen von der Art des extravaganten Architekturgenius. Über ihre erste Begegnung in der Runde des «Löwenbräu» schreibt sie: «Den stärksten Eindruck machte Adolf Loos auf mich: ich hatte seine Artikel in der ‹Neuen Freien Presse› gelesen und war ganz und gar seiner Ansicht gewesen, über was immer er geschrieben hatte.» Und jetzt habe er sie «durch die temperamentvolle, sichere und klare Art» fasziniert, «mit der er seine Ansichten vertrat».[8]

Dabei war Lina für Adolf Loos in gewisser Weise auch Muse, indem sie ihn geistig beflügelte und ihn, seinem eigenen Bekunden nach, erst zu sich selbst gebracht habe. «Meine süße, große, herrliche Frau!», schrieb er kurz vor dem ersten Hochzeitstag, am 16. Juni 1903, Donnerstag, 12 Uhr Mittags: «Ich sprach neulich mit Altenberg über Dich und sagte: Sie ist die Weisheit dieser Welt. Sie hat nichts gelernt und weiß doch alles. Sie hat nichts gesehen und versteht alles. Sie hat nichts gelesen und fühlt alle Schmerzen, die die Dichter dieser Erde beschrieben haben.» Und mehr noch: «Du bist eine Seherin. Deine visionäre Kraft durchdringt alles. Wenn sich sämmtliche Kunstgelehrten der Welt um die Echtheit zweier Bilder streiten würden und man Dich vor dieselben hinführen würde, und Du sagen würdest: das gefällt mir besser, so lege ich meine Hand für die Echtheit Deines Bildes ins Feuer. Die anderen müßten vergleichen, schaben und kratzen, Farben analysieren und die ganze Maulwurfsweisheit des Gelehrten verrichten. Aber recht hättest nur Du.»[9]

Gewiss, das mag ein reichliches Maß an Verklärung ausdrücken, wie das auch bei Altenberg und Friedell der Fall war. Zugleich aber macht Adolf Loos etwas geltend, was auch Aufschluss über Friedells Verhältnis zu Lina und über die gemeinsamen Anschauungen gibt: Seine schwärmerischen Worte erklären Lina haarscharf zu jenem Künstlertypus, den auch Friedell wie Altenberg für sich in Anspruch nehmen. Gerade Friedell hat ihn kokett zu einem Markenzeichen seiner eigenen Persönlichkeit erhoben: den Typus des Dilettanten. Dieser ist weniger ein Mensch, der nichts von seinem Handwerk versteht, denn der Genius, der einen instinktiven Zugang zu Zusammenhängen findet, die der Fachgelehrte nur papieren zu beschreiben, nicht aber zu gestalten vermag. Friedell, sich selbst als Idealform dieses Typus betrachtend, wird in seinem Aufsatz über den «Dilettantismus» den Begriff so um-

Als Egon Friedell etwa 1923 mit Adolf Loos den Gasthof in Gloggnitz auf dem Semmering besuchte, hatte er mit seiner Kulturgeschichte der Neuzeit *bereits begonnen.*

schreiben: «In dem Augenblick, wo eine Sache anfängt, ein Beruf zu werden, und somit aufhört, etwas allgemein Menschliches zu sein, verliert sie zumeist ihre beste Kraft und ihren geheimnisvollen Reiz.» Daher hätten «die menschlichen Betätigungen (...) nur so lange eine wirkliche Lebenskraft, als sie von Dilettanten ausgeübt werden».[10]

So erschafft er sich den Künstler als Gegenfigur zum Fachwissenschaftler, der im Friedellschen Sinne immer ein Idiot ist, insofern Idiot ja nichts anderes meint als jemanden, der in den Grenzen seines unmittelbaren Interesses verharrt. Er ist der «Philister» in Gestalt des Experten. Friedell kultiviert eine Haltung, die seit dem 19. Jahrhundert, ja im Grunde seit der Genie-Ästhetik der Romantik, im Milieu der Gebildeten beliebt war.[11]

Zweifellos bedeutet also Adolf Loos' Beschreibung seiner Frau als einer alle Sachverständigenurteile überflügelnde «Seherin» ihre Anerkennung als Künstlerin. So findet sie sich wenigstens in Worten als ebenbürtig wahrgenommen. Und immerhin geht ihre erste Veröffentlichung auf Adolf Loos zurück. Er war über einen Brief, den sie ihm anlässlich eines Ausflugs ins böhmische Eger schrieb, derart begeistert, dass er ihn ans *Neue Wiener Tagblatt* sandte. Seine Frau hatte darin ihrer Erbitterung über die Zerstörung altehrwürdigen kulturellen Erbes Ausdruck gegeben: Ehrgeizige Architekten hätten die Säulen und Wände der aus erhabenen Steinquadern errichteten mittelalterlichen Kirche mit Ziegeldekor übermalen lassen, ein «halbwüchsiges Bürschchen» graviere in einem Laden «Heiligenbilder, Kränze, Heckenrosen» in «altes gutes *Zinngeschirr*», weil die Karlsbader Kurgäste danach verlangten; und eine Zeitung habe vermeldet, in England sei ein Baum, den Shakespeare gepflanzt habe, gefällt worden. «Wie viel wird bei uns zerstört, das Zeugnis geben könnte für einstige Kultur. Haben wir auch heute keine mehr – sollten wir doch die alten schönen Dinge in Ruhe lassen», um nicht den Zeugen «einer festen, sicheren Kultur (...) den Stempel unserer unsicheren Parvenuezeit» aufzudrücken. Die Zeitung druckte das Schreiben ab, unter der Überschrift: «Vandalen».[12]

Und in einem späteren Brief, als die Beziehung bereits gescheitert ist, zieht Loos eine Art Bilanz: «Obwohl ich Deine Liebe schon lange verloren habe, hast Du Dich doch bemüht, es mir nicht zu zeigen. Darunter wirst Du wohl am meisten gelitten haben – wie viel habe ich Dir zu verdanken! Durch Dich habe ich jetzt eine eigene Wohnung – ein ewiger Traum eines Lebens, der wohl durch meine moralische Schwäche in Geldsachen nie in Erfüllung gegangen wäre.» Er stehe jetzt «in finanzieller Beziehung ganz anders da als vor zwei Jahren».

Doch das ist nur die praktische Ebene. Wichtiger noch ist die intellektuelle und seelische Anregung: «Aber ich habe Dir auch so vieles in meinen Anschauungen zu verdanken. Was an mir in Bezug auf mein Fach Halbes war, hast Du gefestigt und zu einem Ganzen gemacht. Erst durch Dich habe ich jene Festigkeit in mein System von Styl und Leben hineinbekommen, die notwendig ist, um als Sieger aus diesem Kampfe hervorgehen zu können.»[13] Wenn man so will, hat Lina an Adolf Loos in gewisser Weise verwirklicht, was Peter Altenberg von der Frau forderte: Sie sei sanftmütig und gut, das Öl für die «Edelmaschine Mann». Doch bei all diesem verbalen Herrenreitertum: dahinter offenbart sich die schmerzliche Sehnsucht, geliebt zu werden. Und Lina Loos hatte die Gabe der Empathie, auf die Altenberg mit rührender,

Die Künstler umschwärmten Lina Loos als Muse, sie selbst versuchte, die bürgerlichen Konventionen zu überschreiten und etablierte sich als Schauspielerin auf dem von Rudolf Beer geführten, der Gegenwartsdramatik gegenüber aufgeschlossenen Deutschen Volkstheater Wien.

begeisterter Dankbarkeit reagiert: «Sie haben mir in den letzten Tagen wiederholt eine so seltene Art von Freundschaft, von allergetreuester Anhängerschaft bewiesen, daß ich, ein von den Gemeinheiten des Lebens wirklich allzubedrückter, Ihnen meinen tiefgefühlten Dank sagen muß. Schließlich sind Sie eine vielverwöhnte wunderschöne junge Frau und ich ein absterbender, vorzeitig alter Mensch.»[14]

Lina Loos war tatsächlich eine Muse, aber diese Rolle allein konnte die offenkundig begabte Schauspielerin natürlich keineswegs ausfüllen.

So tat Lina Loos einen für eine Frau zu Beginn des 20. Jahrhunderts außerordentlich kühnen Schritt, um ihre Eigenständigkeit unter Beweis zu stellen. Sie reiste Mitte Januar 1905 ohne ihren Gatten nach

Genua, um sich am 18. dieses Monats auf der «S. S. Deutschland» der Hamburg-Amerika-Linie einzuschiffen. Ihr Ziel: New York. Den Erinnerungen des Schriftstellers Franz Theodor Csokor zufolge, mit dem sie bald eine innige Freundschaft verbindet, die bis an ihr Lebensende andauern wird, soll sie in der Neuen Welt zunächst in einem Schneideratelier gearbeitet haben und sei dann von einem Impresario entdeckt worden. Das gehört wohl eher der Legende an; vermutlich hatte sie den Theatervertrag in der Tasche, als sie Wien verließ. Sie legte sich den Künstlernamen Cary Lind zu und stand bereits am 15. März in New Haven, Connecticut, als Luise in Schillers fulminantem Kolportage-Stück *Kabale und Liebe* auf der Bühne.[15] Noch während der Überfahrt hatte ihr Adolf Loos telegraphiert: «Sei guten Muths, mein Mädi! *Der* Mensch kommt am weitesten, der nicht weiß, wohin er geht.»[16]

Allzu weit ist Lina Loos in der Neuen Welt freilich nicht gegangen: Im Sommer desselben Jahres ist sie zurück in Wien, und am 19. Juni 1905 wird die Ehe mit Adolf Loos geschieden. Kurz davor, im Mai, war Friedells *Novalis als Philosoph* erschienen, kurz danach tritt Lina, die ihren Mädchennamen nicht mehr annimmt, als Cary Lind in Norderney auf. Von dort führt sie ihr unbestimmter Weg zum ersten Mal nach Berlin, wo sie ihren Bruder, Karl Forest, trifft, der am Deutschen Theater engagiert ist. Dessen Leiter Otto Brahm hatte das Haus zu einer Bühne der Naturalisten gemacht und Ibsen, Gerhart Hauptmann und August Strindberg in der deutschen Hauptstadt durchgesetzt. Anfang dieses Jahres aber, am 31. Januar, hatte der junge Max Reinhardt mit seiner ersten Inszenierung des *Sommernachtstraums* einen sensationellen Erfolg gefeiert und mit seiner Drehbühne, die er als dramaturgisches Element nutzte, ein neues Kapitel deutscher Theatergeschichte aufgeschlagen.

Es ist also nicht auszuschließen, dass Lina Loos, als sie nach Berlin kam, den jungen Regisseur kennenlernte, der in den folgenden Jahren die deutschsprachige Bühne nachhaltig verändern sollte. Allerdings wird Lina Loos niemals dem späteren Reinhardt-Ensemble angehören.

Auch in Berlin hält sie sich nicht lange auf. Als Carolina und Lina Lind gastiert sie von Februar bis Mai in St. Petersburg.[17] Und dann, im Oktober 1907, steht sie unter dem Namen Lina Vetter am Eröffnungsabend des nicht unbedingt langlebigen, doch wirksamen Kabaretts «Fledermaus» in der Kärntnerstraße 33 auf der Bühne. Egon Friedell, bald künstlerischer Leiter des Etablissements, ist an diesem Programm noch nicht beteiligt. Doch hat er, als Lina Loos von New Haven nach Berlin und von Berlin nach St. Petersburg wechselt, seine Laufbahn als Entertainer und Conférencier der jungen Kabarett-Szene in Wien begonnen. Bald steht er mit Lina gemeinsam auf der Bühne, und Lina wird in einem Sketch spielen, den Friedell mit seinem Freund Alfred Polgar geschrieben hat.

3. Spieler, Seher, Dichter

Der unbekannte Doktor der Philosophie bringt somit das Kunststück zuwege, im selben Moment zwei Schritte zu tun. Sie führen in Kunstformen, die Wesentliches gemeinsam haben und seinem Talent entgegenkommen: Das literarische Zeitungs-Feuilleton wie die Kabarett-Bühne sind junge Künste, sie repräsentieren den neuen Zeitgeist, arbeiten mit Witz und Bonmots, sind kurz und spontan und kommen dem Unterhaltungsbedürfnis eines vorwiegend bürgerlichen Publikums entgegen, das die Qualität bildungsgesättigter und mit Esprit geladener Plauderei zu schätzen weiß.

So nimmt Friedells Karriere als Feuilletonist Fahrt auf – wenn auch sein erster, noch vor Erscheinen des *Novalis* unternommener Versuch in diesem Metier, eine Rezension von Weiningers Furore machender Studie *Geschlecht und Charakter*, ein Entwurf geblieben und niemals erschienen ist. Auch seine erste Veröffentlichung in einer Zeitung ist kein redaktioneller Text: Es ist die von ihm selbst verfasste Anzeige seines *Novalis* in der von dem Publizisten, Kritiker und Schauspieler Maximilian Harden seit 1892 in Berlin herausgegebenen *Zukunft*, einer der tonangebenden Zeitschriften für Kultur, Literatur und Politik im Wilhelminischen Kaiserreich: das Blatt ist Forum für Philosophen, Literaten, Künstler, dessen ideologisches Spektrum, von nationalkonservativen Autoren wie dem prominenten Houston Steward Chamberlain, Schwiegersohn Richard Wagners und Verfechter des biologischen Antisemitismus, oder dem Kulturphilosophen Arthur Moeller van den Bruck, der mit seiner Programmschrift *Der preußische Stil* einer der Wortführer der Konservativen Revolution werden wird, bis hin zur Frauenrechtlerin Hedwig Dohm reicht, Großmutter von Thomas Manns späterer Frau Katia Pringsheim und «eine eifernde Verfechterin der Ehre ihres Geschlechtes und seines unbedingten Anspruchs auf Gleichberechtigung», wie Mann sie leicht mokant charakterisiert.[18] Auch Franziska Gräfin zu Reventlow, bekannt als guter Geist der Schwabinger Boheme, die Modernen Henry van de Velde und Adolf Loos oder Rainer Maria Rilke, Stefan Zweig und Hugo von Hofmannsthal zählen zu den Beiträgern der *Zukunft*.

Die wöchentlich samstags erscheinende Zeitschrift führt auch eine Rubrik für die sogenannten Selbstanzeigen, in der auch bekannte Autoren und Wissenschaftler ihre aktuellen Werke mit eigenen Texten bewerben. So findet sich beispielsweise in Nr. 14 vom 1. Januar 1906 die Selbstanzeige des bekannten Berliner Naturwissenschaftlers Wilhelm Bölsche, der dort auf sein neues, populärwissenschaftliches Buch *Von Sonnen und Sonnenstäubchen. Kosmische Wanderungen* hinweist, in dem er die Möglichkeit aufzeige, «von irgend einem beliebigen kleinen Naturobjekt auf große Geistesfragen unserer Zeit zu kommen» und somit auch «naturwissenschaftliche Gedankengänge mit gewissen spezifisch ästhetischen Mitteln herauszuarbeiten»[19] – im Übrigen ein Thema, das für Naturwissenschaft und Ideengeschichte gerade in der ersten Hälfte des 20. Jahrhunderts von Bedeutung ist und das auch Friedell noch intensiv beschäftigen wird. Und *Dr. Egon Friedell* selbst gibt sich in seiner «Selbstanzeige» vom 1. Januar 1905 auf Seite 148 der jahrgangsweise durchlaufend paginierten Zeitschrift betont wissenschaftlich, wenn er sein Buch mit den Worten anpreist, den im Zuge des jüngsten Interesses für Novalis erschienenen Publikationen sei es «weniger um eine Widergabe als um eine Beurtheilung seiner Gedanken zu tun», sie brächten «mehr die Glossen als den Text». Sein Werk hingegen biete nicht «Gedanken über Novalis», sondern wende sich, sie genau beschreibend, «des Dichters eigenen Gedanken zu». Und er fügt einen Satz an, von dem schwer zu entscheiden ist, ob er eine Geste der Bescheidenheit oder ein kabarettistischer Scherz sein soll: «Die Verlagsanstalt Bruckmann hat der kleinen Arbeit eine so schöne und geschmackvolle Außenseite gegeben, daß man darüber manche Schwäche des Inhalts gern vergessen wird.»[20] Bedenkt man, dass Friedell in den letzten Jahren die Schule der Ironie bei Altenberg, Kraus und pointensicheren Kaffeehausrunden durchlaufen hat, dass er auf die Kabarett- und Theaterbühne zustrebt und bald erste Satiren veröffentlichen und das Publikum mit Anekdoten amüsieren wird; dass endlich die Aufmachung des Buches sehr schlicht ist, so wird seine Bemerkung wohl eher als Verhöhnung der konventionellen akademischen Tugend der Bescheidenheit gedacht gewesen sein.

Bald aber erscheinen seine ersten Beiträge, die er auf seinem Diwan liegend zu Papier bringt: in kleiner, scharfer, wie gestochen wirkender altdeutscher Schrift, die peinlich gespitztes Gerät erfordert. Es sind anekdotische Vorträge, die er im Kabarett «Nachtlicht» auf die Bühne bringt und die Karl Kraus originell genug erscheinen, um in der *Fackel* abgedruckt zu werden[21] – wieder, wie im Fall des Bruckmann-Verlags, gelingt es Friedell im ersten Anlauf an einem prominenten Ort zu veröffentlichen, den zugleich intellektueller Schick und der Reiz des Eigenwilligen, Unkonventionellen, Aufsässigen umgibt.

Versucht man, Friedells kaum bekanntes journalistisches Werk genauer zu betrachten und in den Zusammenhang seines ästhetischen Gesamtprojekts des Selbstentwurfs als Künstler zu stellen, so sind gerade seine ersten satirischen Geschichten aufschlussreich. Sie bestätigen das Bild des intellektuellen Künstlers, dessen Weltbild ausgeformt ist und der auch in kleinen, nebensächlichen Werken die Grundlinien seines Denkens zum Ausdruck bringt, um sich seiner selbst zu vergewissern. Dass diese Geschichten auch auf der Bühne wirkten, lässt zudem erkennen, wie eng Friedell sein Schreiben mit seiner Rolle als Bühnenfigur verknüpft hat, die ebenfalls im Dienst seiner Weltanschauung und deren Botschaft steht. Er war der intellektuelle Künstler, der Bühnen-Philosoph.

Sein Debüt als Feuilletonist hatte Friedell mit einer am 11. Dezember 1905 erschienenen Betrachtung,[22] deren Titel bereits auf den programmatischen Charakter verweist: «Vorurteile». So plauderhaft satirisch auch die Form dieses Textes ist, verweist er doch auf zwei Gedanken, von denen der eine als Stütze seinen geschichtsphilosophischen Bau mittragen wird, der andere aber Teil des Gewölbes ist.

«Unser Leben», heißt es da, «zerfällt nämlich in zwei Hälften, und jede dieser Lebenshälften hat eine besondere Aufgabe. In der ersten Lebenshälfte werden uns von allerlei fremden Menschen eine Menge von Ansichten, Urteilen und Meinungen mitgeteilt, und wir haben die Aufgabe, diese Ansichten teils zu vergessen, teils durch ihr Gegenteil zu ersetzen.»[23]

Nach einem Wort Egon Friedells habe Karl Kraus davon gelebt, andere umzubringen. Friedell verdankte dem Savonarola der Wiener Moderne seine ersten Veröffentlichungen.

Es liegt auf der Hand, dass Friedell hier auf die Schule anspielt, ein Thema, das ihn noch immer und immer wieder umtreibt. So beginnt auch sein nächster *Fackel*-Beitrag, «Die Lehrmittel (noch ein Vorurteil)» mit dem Satz: «Und überhaupt die Schule.» Die Metaphorik, in der er dann diese «Lehrmittel» beschreibt, lässt, sie mag humoristisch sein wie sie will, an Deutlichkeit wenig zu wünschen übrig: «Ich glaube, das ‹Lehrmittelkabinett› ist für unsere Zeit dasselbe, was für das Mittelalter die Folterkammer war. Die Elektrisiermaschine entspricht dem Streckbett, die Leydnerflasche der Daumenschraube, die Luftpumpe dem spanischen Stiefel.»[24]

Was nun die zweite Lebenshälfte anbelangt, stellt Friedell selbstgewiss die generelle Überlegenheit des schöpferischen Menschen heraus: «Der zweite Teil ist natürlich viel schwieriger. Einem Urteil zuzustimmen und sich dabei denken: ‹Der andere wird's schon wissen: – das ist leicht. Aber sich gegen eine allgemein verbreitete Ansicht stemmen und sagen: ‹Wieso? Ich halte es für Quatsch. Ich kann in meiner bisherigen Lebenserfahrung nichts finden, was diesen Grundsatz bestätigt›; – das ist nicht ebenso leicht und endet meist mit irgend einer Entlassung.» Indessen kämen «die wenigsten Menschen so weit, um auch nur zu ahnen, daß das, was sie von ihren Lehrern und Erziehern übernommen haben, ihnen gar nicht gehört.»[25]

Im Klartext heißt das: Am Anfang steht die Folter der Erziehung, der Zurichtung, der pädagogisch veranlassten phantasietötenden Einpassung in die festgefahrenen Denkgewohnheiten. Dem folgt die mühselige seelische und geistige Häutung, das Heranbilden eigener und fruchtbarer Gedanken. Anders gesagt: Die seelische Verletzung ist eine Bedingung schöpferischen Handelns, oder: Die Schöpfung des Künstlers ist die Frucht des Traumas.

In diesen so unscheinbaren ersten Zeitungsarbeiten Friedells taucht indessen noch ein weiteres Motiv auf, das seinen Begriff des Künstlers formt: den Ernst des Lebens in der Inszenierung, im Spiel, zu überwinden. «Das schlimmste Vorurteil, das wir aus unserer Jugendzeit mitnehmen, ist die Idee vom Ernst des Lebens. Daran ist nur die Schule schuld. Die Kinder haben nämlich den ganz richtigen Instinkt: sie wissen, dass das Leben nicht ernst ist, und behandeln es als ein Spiel, als einen lustigen Zeitvertreib. Aber dann kommt der Lehrer und sagt: ‹Ihr müsst ernst sein, das Leben ist es auch.› Lehrer sind Spielverderber.» Der Künstler hingegen bringt das spielerische Element in das Leben zurück und wird so zum Tröster, zum Therapeuten des erziehungsgeschädigten, kulturell eingezwängten Menschen. «Alles wirklich Wertvolle ist aus einer Spielerei hervorgegangen.»

Aber der Sinn des Spiels ist es, freimütig mit den Tatsachen umzugehen. «Die Schmetterlinge tanzen, die Käfer musizieren, der Pfau schlägt sein Rad», schreibt Friedell in «Vorurteile», «und unser nächster Verwandter, der Affe, hat nichts als Schabernack im Kopf.» Schabernack treibt auch Friedell mit dem Zuhörer und Leser. So behauptet er in *Vorurteile*, er habe sich «dazu überreden lassen, eine Reise nach Kairo zu machen». Das Gerücht von seiner Ägypten-Fahrt im Sommer 1905 hat er selbst in die Welt gesetzt, indem er ausführlich die Unannehmlichkeiten schildert, die ihm diese angebliche Reise eingebracht habe: «Diese Reise hat mich nicht nur vierzehn Tage der Bequemlichkeit und Zufriedenheit, sondern auch meine Illusion von der Schönheit des

Orients gekostet. Daß ich während der ganzen Reise nicht eine einzige ruhige oder vernünftige Stunde hatte, würde ich noch hingenommen haben; daß man mir aber *dieses* Ägypten vorführte, traf mich sehr schmerzlich.» Seine Vorstellung von einem märchenhaften Orient sei gründlich zerstört worden: «Mit den Palmen war gräßlich geknickert worden. Die Kamele waren abgearbeitet und schäbig. Und *die* Kostüme! Sie waren offenbar aus der letzten Leihanstalt bezogen, und außerdem gänzlich stillos. Zu einem einzigen Elefanten hatte sich die Regie aufgeschwungen, und der war ein Geschenk der Menagerie Schönbrunn.» So sei sein Eindruck von diesem Land gewesen: «Heißer Schmutz.»[26]

Wäre Friedell tatsächlich in Ägypten gewesen, so müsste es doch irgendeine Spur geben: ein Souvenir, eine Ansichtskarte. Selbst wenn solche Erinnerungsstücke verloren gegangen sind: Es gibt keinen Hinweis in seinen Briefen, keiner seiner Freunde und Bekannten äußert sich dazu, und auch in seiner *Kulturgeschichte des Altertums* deutet nichts darauf hin, er habe die Pyramiden, den Nil, die Wüste in Augenschein genommen. Und endlich: Die Behauptung, ihn hätten auf seiner Rückreise durch Italien nicht die Tintorettos, die Michelangelos und Leonardos angezogen, wohl aber die Weine,[27] passt gar zu gut, um nicht erfunden zu sein.

Es ist also wohl eher so: Friedells Ägyptenreise ist eine Fiktion, die er für seine Inszenierung als Künstler braucht. Sie gehört zum Spiel – zum Spiel desjenigen, der seine Streifzüge durch die Szenerien der Kulturgeschichte unternimmt, sei es die Szene der Bühnen, die Szene des Parketts im Theater: seien es die Szenen, die ihm die Überlieferungen, die geschichtlichen, philosophischen, literarischen Schriften vermitteln, oder die Szenen, die ihm die greifbare Welt bietet: die Straßen und Plätze, die Kaffeehäuser. Selbst die Straßenbahn nutzt er als Bühne. Auch die Wohnung wird in gewisser Weise Theater: Die Tutenchamun-Büste auf dem Schreibtisch – vielleicht doch ein Mitbringsel? –, der Frauenakt, alles wird Requisit der Inszenierung, insbesondere jenes gerne zitierte Schild: Friedell bringt es im «Sitzzimmer» neben der Wanduhr an einem dünnen Bindfaden so an, dass das Auge des Besuchers, nimmt er den ihm zugewiesenen Sessel ein, unweigerlich auf die Worte fällt: «Auch die Aufforderung, noch zu bleiben, darf man nicht immer ernst nehmen. Auch Sie sind keine Ausnahme.»[28] Friedell als bissiger Geistesarbeiter, der wenig Zeit hat und überhaupt eigentlich die

Welt verachtet – eine Rolle, die er mit Vorliebe und entschiedener Glaubwürdigkeit in die Wirklichkeit umsetzte. Dass, wie die Tochter von Friedells späterer Haushälterin berichtet, die meisten Besucher angesichts des Wortes lachten und es *nicht* ernst nahmen, ist noch die letzte Pointe in dieser Komödie, deren Hauptdarsteller Egon Friedell heißt, Friedell – der Connaisseur in den Gärten der wirklichen und der gedachten Wirklichkeit, der gut und bürgerlich gekleidete Dandy in den Fluren der Kultur, die er alle als Metaphern, als Zeichen erkennt, die auf den mythischen Zusammenhang aller Geschichte verweisen.

Von diesem Winkel aus gesehen, zeigt sich erst, wie sehr sie alle, auch wenn sie sich ideologisch und im Leben angifteten, von Hermann Bahr das Einmaleins des modernen Künstlers gelernt hatten, wie sehr sie im letzten Ende abhängig waren von der Pariser Moderne und deren kulturphilosophischen Über-Dandys, den Maeterlincks, den Maurice Barrès und Joris-Karl Huysmans: von Schnitzler, der Polgar verabscheute, bis zu Polgar, der Schnitzler nicht leiden konnte.

Friedell schreibt im folgenden Jahr noch einige weitere Szenen und Betrachtungen, die der ihm noch gewogene Kraus in seinem Blatt erscheinen lässt, so zusammen mit Peter Altenberg «Das schwarze Buch» (21. Dezember 1905), eine ihrer Intention nach das «Sitzzimmer»-Schild verschärfende Anleitung zum Abschütteln lästiger Bekannter. Oder den im Kabarett vorgetragenen «Panamahut» (19. Januar 1906), eine Schnurre, die man wohl auch als listigen Seitenhieb gegen den in englischem Schick gekleideten Adolf Loos[29] verstehen kann: Ein als «Ich» auftretender Erzähler berichtet, wie er sich für sechzig Kronen einen originalen Panamahut kauft und der erste Bekannte, den er auf der Straße trifft, ihm sagt: «Ah, bravo, bravo! Ein Panamahut. Steht Ihnen famos. – Aber Vorsicht, Vorsicht! *Ein* Regenspritzer und er ist futsch.» Der nächste sagt: «In *dem* Toilette-Ensemble stört der schöne Hut bloß.» Und wieder der nächste: «*Dazu* haben Sie Geld.» Dann trifft er Adolf Loos, der nach dem Preis des Hutes fragt, um dann festzustellen: «Ach so! (...). Dann ist ja gut. Ich fürchtete nämlich schon, Du wärst hereingefallen. Für sechzig Kronen *kann* er ja nicht wert sein. Ein echter Panamahut kostet mindestens zweihundert Kronen.» Kurzum, jeder hat etwas zu bemängeln, bis das fiktive Ich Friedells genug hat: «Infolgedessen schenkte ich meinen Panamahut einem befreundeten Droschkengaul, der ihn jetzt mit viel Stolz als Sonnenschützer trägt.

«Auch die Aufforderdung, noch zu bleiben, darf man nicht immer ernst nehmen. AUCH SIE sind keine Ausnahme!»: Dieses Schild hatte Friedell in seinem Arbeitszimmer so gehängt, dass es der Besucher deutlich vor Augen hatte.

Mir selbst aber kaufte ich um zwei Kronen fünfzig einen Filzhut, dessen Form und Farbe niemand zu bestimmen vermag.»[30]

So harmlos das launige Stück erscheint, enthält es doch einen programmhaften Kern: Ein in Altenbergs Manier gehaltener Entwicklungsroman als Minuten-Szene, die einen Protagonisten zeigt, der über die schlechten Erfahrungen und Desillusionierungen, die ihm seine Umgebung aufzwingt, zu sich selbst findet. In gewissem Sinne die kleinstmögliche Autobiographie in Entertainment-Format.

Sein letzter und achter Beitrag für *Die Fackel* erscheint am 31. Mai 1906, ein Nachruf auf den kurz zuvor verstorbenen Henrik Ibsen, dem nicht nur Hermann Bahr, sondern auch das Deutsche Theater in Berlin unter seinem Leiter Otto Brahm und selbst das bis dahin eher konservative – und daher den jungen Max Reinhardt verschmähende – Burgtheater einen neuen Blick auf die Verwerfungen hinter den schmuckreichen Fassaden der Bürgerlichkeit verdankt.

Bald auch sieht sich Friedell zum ersten Mal in einem Buch gedruckt: Im selben Jahr noch liefert er das Vorwort zu einem von ihm herausgegebenen Sammelband über den amerikanischen Pastor und

Kulturphilosophen Ralph Waldo Emerson, dem dritten Band der im Verlag Robert Lutz in Stuttgart erscheinenden Reihe «Aus der Gedankenwelt großer Geister»: *Emerson – sein Charakter aus seinen Werken*. Damit auch hat der in mannigfachen Künsten beheimatete Friedell sein Debüt als Übersetzer.

Noch zuvor, nämlich am 4. Januar 1906, war Friedell erstmalig als Kritiker aufgetreten, oder als Autor für theatralische Angelegenheiten: In der *Österreichischen Rundschau* in Wien versucht er zu begründen, weshalb «H. St. Chamberlain als Dramatiker» ernst zu nehmen sei: Er vereinige naturalistische Genauigkeit mit der klassizistischen Form des Dramas im 19. Jahrhundert.

Und eben das gehört wohl zu den Gründen, aus denen der Autor des 1899 erschienenen kulturphilosophischen Bestsellers *Grundlagen des 19. Jahrhunderts*, einer der berühmtesten Publizisten im wilhelminischen Deutschland, als Dramatiker rasch vergessen wurde.

Und wiederum bald nach dieser Premiere, am 10. Mai desselben Jahres, veröffentlichte Friedell seinen ersten Beitrag in der in Berlin von Siegfried Jacobsohn herausgegebenen *Schaubühne* – mit dem Aufsatz «Das Ende der Tragödie» schaffte er abermals gleichsam aus dem Stand den Sprung in die erste Reihe. Sein Freund Alfred Polgar, bereits seit einem halben Jahr für das Blatt tätig, dürfte den Weg zur wichtigsten Theaterzeitschrift ihrer Zeit geebnet haben. Die jüngst gegründete *Schaubühne*, die von Berühmtheiten wie Kurt Tucholsky, Erich Mühsam oder Alfred Polgar beschickt wird, wird bis zu ihrer programmatischen Umwandlung in die *Weltbühne* im April 1918 neben dem *Neuen Wiener Journal* Friedells Stammblatt als Autor, der in diesen drei entscheidenden Jahren von 1905 bis 1907 lauter geglückte Anfänge wagt.

So ist er auch einige Jahre später schon bei der zweiten Nummer des *Merker* dabei, die am 25. Oktober 1909 das Publikum auf sich aufmerksam macht. Bis zu seinem Ende 1922 sollte der *Merker* die führende Kulturzeitschrift der Donaumonarchie bleiben – Friedell indessen lässt seinem ersten Beitrag, einem Verriss des Dorfdramas *Per Bunkes Vorgeschichten* der dänischen Autoren Anker Larsen und Egill Rostrup (in dem er aber die Darsteller der Hauptfiguren, Helene Thimig und Max Devrient, ihrer Noblesse wegen lobt),[31] einen Monat später nur noch eine Betrachtung über «Theaterkritik» folgen, in der er sein weltanschaulich inzwischen solide gefestigtes Urteil zu Papier bringt. Der

Essay schließt mit einem Zitat Jean Pauls, das Friedells Selbstentwurf als Kulturdandy und Dilettanten-Genius wie eine Signatur kennzeichnet: «Jeder Fachmann ist in seinem Fach ein Esel.»[32] Weshalb endet «jäh» seine Mitarbeit an diesem Organ, dem er 1913 noch einen Text liefert, um erst wieder von 1918 an den einen oder anderen Beitrag dort zu veröffentlichen?[33] Auch das bleibt wohl im Dunkel der Geschichte verborgen.

Doch wird er bis zum Ersten Weltkrieg regelmäßig Beiträge vor allem für die *Schaubühne* und das *Neue Wiener Journal* liefern. Dazu gehören Kritiken etwa zu Shakespeares *Julius Caesar* oder zur Bühnenbearbeitung von Tolstois *Anna Karenina* sowie Schauspielerporträts beispielsweise über Max Devrient, einen der Wiener Bühnenstars, oder der Nachruf auf Josef Kainz (13. Oktober 1910 in der *Schaubühne*). Darüber hinaus schreibt er vor allem eine Reihe ausführlicher und grundlegender Essays, in denen er sein Verständnis vom Wesen des «Dichters» darlegt, wie in «Shaw als Erzieher», der im August 1909 in der Münchner Kulturzeitschrift *März* erscheint: Der Dichter ist für ihn der in sich selbst schlüssige, daher authentische, von Wellen der Empathie durchflutete Schöpfer, der den mythischen Allzusammenhang der von göttlichem Geist beseelten Welt erkennt. So sind, erklärt er dem Leser etwa in «Der Dichter» (vom 12. bis 26. Mai 1910 in der *Schaubühne* in drei Teilen erschienen), die Dichter als Inbegriff des schöpferischen Menschen die eigentlichen «Geschäftsträger der Menschheit»: Sie arbeiten «mit Kräften und Tatsachen, die für die konkrete Empirie scheinbar ohne Bedeutung sind, und dennoch *können* wir uns gar nicht vorstellen, wie wir ohne sie auskommen könnten.»[34] Jeder Mensch sei daher «in dem Maße gut, in dem er ein Dichter ist» – was nicht notwendig heißt, er müsse Romane, Dramen oder Verse produzieren. Der Dichter im emphatischen Sinne des schöpferischen Menschen ist auch der Tatmensch wie Friedrich II. oder Bismarck, aber auch die «Kleinen» können Dichter sein: «Was für Bismarck die Idee der deutschen Einheit ist, das kann für einen andern ein Blumengarten, ein geliebter Mensch oder eine Taubstummenschule sein.» Damit ist auch klar, dass nicht jeder, der sich «mit Dramen, Novellen und Gedichten beschäftigt», den Charakter des Schöpferischen erfüllt: «Anderseits aber verdienen auch viele von denen, die gemeinhin so genannt werden, diesen Namen nicht. Nicht alle Berufsdichter sind Dichter.»[35]

Dass diese Vorstellung des genieästhetischen Dandytums als Ausdruck schöpferischen Dilettantismus Friedell zum Kabarett hinzieht, liegt im Wesen dieser improvisationsfreudigen Augenblickskunst. Friedell selbst äußert sich dazu kurz vor Ausbruch des Ersten Weltkrieges in seinem im *Neuen Wiener Journal* erschienenen Aufsatz «Das Kabarett», das nur so lange «existenzberechtigt» sei, wie es «aus Passion, aus Laune, aus Mitteilungsbedürfnis und nicht infolge eines unter Konventionalstrafe abgeschlossenen Kontrakts vor das Publikum» trete. «Damit ist also nicht gemeint, daß in einem Kabarett nur Menschen auftreten dürfen, die künstlerisch nichts gelernt haben oder daß dort nur aus dem Stegreif gespielt werden darf. Aber es muß immer so aussehen, als ob es dort nur Dilettanten gäbe, und es muß alles so herauskommen, als ob es im Augenblick entstanden wäre. Das Publikum, das überhaupt viel mehr versteht, als die sogenannten Berufskünstler anzunehmen pflegen, hat für dieses Stilgesetz eine sehr feine Empfindung und verhält sich im Kabarett gegen alles andere, und sei es an sich noch so tüchtig und wertvoll, innerlich ablehnend.»[36] Der Zuschauer müsse «doch immer die vage Empfindung haben, hier sind Menschen, die sich einen vergnügten Abend machen, und ich sehe zu.»

Die Beseeltheit, der leidenschaftliche Schwung, die Vitalität hingegen sind, wie bei jeder Kunst, nur die Quellen, die ein einheitliches Werk speisen. Es müsse, fährt er fort, zu spüren sein, dass «jede Einzelleistung (...) aus dem Gefühl des Ganzen hervorgegangen» und jeder Darsteller «erst komplett» sei, «wenn man alle anderen dazunimmt. Man muß spüren: dieser Mensch, der jetzt hier oben auf der Bühne steht, könnte dieselbe Sache nicht in jedem beliebigen Raum, in jedem Ensemble, in jeder beliebigen Stimmung ebenso gut zusammenbringen (was sämtliche Artisten können, die alle nichts anderes sind als kostbare Grammophonplatten).»[37]

Auch für das Kabarett gilt, was für die Bühne, die Bühne des Theaters wie die Bühne des Lebens, gilt: Es muss den magischen Reiz eines Gesamtkunstwerks ausstrahlen. Es muss authentisch sein wie der Künstler, der Dichter selbst. In diesem Sinne ist Kabarett Dichtung.

Sich ein solches Werk als «Lebenseinheit»[38] zu schaffen, wenn auch nur für kurze Zeit, wird Friedells nächster Schritt sein. Den Erinnerungen des Schriftstellers und Polgar-Freundes Stefan Großmann zufolge soll Friedell gemeinsam mit ihm bereits 1906 das «Brettl» betreten haben – beide seien, als der Conférencier um Beiträge aus dem Publikum bat, auf die Bühne gestiegen und hätten eine so böse Parodie schmalziger Heurigen-Seligkeits-Lieder gegeben, dass man die Provokateure ersuchte, das Haus zu verlassen. Es wäre immerhin eine Art erster Talentprobe gewesen.

Doch seine eigentliche Bühnen-Premiere feierte Friedell in einem Etablissement, das, passend zur Lebensweise seiner Mitarbeiter, den Namen «Nachtlicht» trug.

4. Vom «Nachtlicht» in die «Fledermaus»

Die neue Kleinkunstbühne eröffnete Anfang Januar 1905 – Lina Loos ist noch nicht geschieden und spielt noch in der «Neuen Welt» – in der Ballgasse 6 in Wiens innerer Stadt unweit des Palais Coburg. Bereits 1901 hatte Felix Salten mit seinem «Jung-Wiener-Theater zum lieben Augustin» diese Art von Bühne in die Residenzstadt gebracht. Trotz der von dem Münchner Schriftsteller Otto Julius Bierbaum geschriebenen Lieder und der Mitwirkung Frank Wedekinds brachte es der «Liebe Augustin» allerdings nur auf sieben Vorstellungen. Karl Kraus verspottete die Pleite in der *Fackel* als das «Königgrätz des Überbrettls».[39] Doch hatte Salten mit dem ambitionierten Unternehmen, für das der Innenarchitekt der Wiener Werkstätten, Kolomann Moser, seine mit Vorhängen im Schachbrettmuster dekorierte «Stilbühne» geschaffen hatte, der Wiener Kunstszene neue Felder erschlossen, um damit, wie die Salten-Anhängerin Berta Zuckerkandl in der *Wiener Allgemeinen Zeitung* schrieb, «die moderne Verbindung von Lyrik, Musik, Tanz und Farbenstimmung»[40] in Wien einzuführen.

Und derselbe Mann, der in Paris mit dem berühmten «Chat Noir» die neue Kunstform geschaffen hatte, leitete nun das «Nachtlicht»: Im deutschen Kaiserreich hatte sich Marc Henry, der mit richtigem Namen Achille Georges d'Ailly-Vaucheret hieß und der Friedell als «ein letzter Ausläufer der provenzalischen Sängervagabunden»[41] erschien, mit dem in Schwabing beheimateten Kabarett der «Elf Scharfrichter» einen Namen gemacht. *Simplicissimus*-Mitarbeiter wie Ludwig Thoma, Joachim Ringelnatz und der Dichter Frank Wedekind hatten die Texte geliefert.

Ähnlich war es in Wien: Für das «Nachtlicht», «eine Art Wiener Kolonie der ‹Elf Scharfrichter›»,[42] wie Friedell es nannte, arbeiteten Erich Mühsam, der Maler Carl Hollitzer, der seinen Landsknechtsliedern mit der Trommel den rechten Schmiss gab, die beliebte Tänzerin Gertrude Barrison, ferner Henrys Partnerin Marya Delvard, die «Star-Chansonniere» der «Elf Scharfrichter», sowie deren «Hauskomponist» Hannes Ruch;[43] endlich der ehemalige, eines despektierlichen Artikels wegen degradierte k. u. k. Oberleutnant Roda Roda.[44] Egon Friedell, der über Peter Altenberg auf Marc Henry gestoßen sein dürfte, war vom zweiten Abend an beteiligt und brachte dort seine «Skizzen» wie «Der Panamahut» auf die Bühne,[45] allerdings noch ohne Erfolg. Das veranlasste Karl Kraus, sie im Januarheft der *Fackel* mit lobender Würdigung nachzudrucken.[46] Friedells Name wurde bekannt.

Auch führte er mit Erich Mühsam eine «Verschönerungskommision» betitelte Szene auf, vermutlich jene, die er mit dem Anarchisten gemeinsam verfasst hatte und die verschollen ist.[47]

Nach rund einem Jahr freilich war auch das «Nachtlicht» erloschen, und ob Friedell an dessen zweiter Saison, die Mitte Oktober 1906 startete, überhaupt noch beteiligt war, ist fraglich.[48] Immerhin hatte das «Nachtlicht» noch für einen kleinen Skandal gesorgt: Als die erste Saison Ende April zu Ende ging, ging Marc Henry auf Karl Kraus los, als der Fackel-Träger der Sozialkritik mit Friedell im Nachtcafé «Casino de Paris» das Ensemble des «Nachtlichts» aufsuchte – Kraus, dem Kabarett bislang als «Berater» verbunden, hatte sich allzu sehr für Henrys Freundin Marya Delvard interessiert. Der Strauß endete vor Gericht.[49]

Zwischenspiel auf dem Theater

Als das «Nachtlicht» eröffnete, hatte dessen Anhänger Peter Altenberg geschrieben: «Das Cabaret ‹Nachtlicht› hat unbedingt einen entwicklungsfähigen Keim. (…) Aber alles muß scheitern, wo nicht ‹die Sache› wichtiger ist als ‹die Personen›.»[50]

Altenberg hatte indes mit seiner Prognose der Entwicklungsfähigkeit recht, betrachtet man das «Kabarett Fledermaus» als «Wiedergeburt» seines Vorgängers. Bis aber die «Fledermaus» starten wird, am 19. Oktober 1907, hat Friedell ein kleines, und, wie er finden wird, wenig ersprießliches Zwischenspiel im «Intimen Theater». Das Haus wird von seinem Bruder Oskar geleitet, der selbst Theaterstücke schreibt und Egon als Autor und Regisseur gewinnen möchte. Dessen Meinung von seinem Bruder ist inzwischen nicht mehr die beste, er hält ihn, der kleine Theaterstücke verfasst, für ein Mindertalent. Das konnte zu keinem guten Ergebnis führen.

Freilich war es das Verdienst Oskar Friedmanns, die brisanten Dramatiker Strindberg, Maxim Gorki, Maurice Maeterlinck und Oscar Wilde auf die Bühne seines Theaters zu bringen, von denen Friedell zumindest Maeterlinck und Wilde schätzte. Gleichwohl: Die Zusammenarbeit der beiden ja im Grunde nicht gar so ungleichen Brüder gestaltete sich schwierig, der Krach war vorprogrammiert. Als Oskar Friedmann mit seinem Partner, dem Journalisten Friedrich Fischer, in Streit geriet und die beiden einander ohrfeigten, ließ Friedell sich sein Gehalt auszahlen und verschwand. Für das «Intime Theater» war das von Nachteil, es war November 1907 am Ende.

Friedell ließ sich darüber in dem graphisch aufregend gestalteten Wiener Satire-Blatt *Die Muskete. Humoristische Wochenschrift* glänzend boshaft aus: «Nach mehreren Proben», erzählt er in «Wie ich Regisseur war und was dann noch weiter geschehen ist», «mußte ich erkennen, daß das Ganze von trostloser Langeweile war, auch der Dialekt der Schauspieler war nicht komisch genug, um nur einigermaßen zu amüsieren.» Dafür lag die Komik, wie Friedell es schildert, im Geschehen selbst: «Es kam die Generalprobe. Eine Generalprobe unterscheidet sich von den übrigen Proben in sehr wesentlicher Weise: Bei diesen wird nur gebrüllt, aber bei der Generalprobe wird gebrüllt und geohrfeigt. Als ich kam, ohrfeigten sich gerade die beiden Herrn Direktoren, wobei der Kneifer des einen zerschellte und das rechte Ohr des anderen zu bluten begann.»[51]

Und anderthalb Jahrzehnte danach wird er in seiner Satire «Warum ich nicht Theaterdirektor geworden bin» mit süffisanter Kokettheit erzählen, er habe nun zwar «den Unfug» Theater «von allen Seiten mitgemacht: *im* Theater, *fürs* Theater, *übers* Theater, was man will». Ja, er sei gar «auf verschiedenen Sommertourneen Beleuchter und Vorhangzieher» gewesen. Den «gröbsten» Unfug immerhin habe er vermieden: «Theaterdirektor war ich noch nie». Denn: «die von mir seit Jahren mit dem größten Aufwand an Umsicht und Geschicklichkeit verheimlichte Tatsache, daß ich vollkommen unfähig bin, wäre binnen wenigen Monaten unwiderruflich ans Tageslicht gekommen; mein ganzes mühsames Lebenswerk wäre mit einem Schlage vernichtet gewesen, ganz abgesehen davon, daß noch allerhand andere diffamierende Details aus meinem Privatleben von meinen zahllosen Feinden aus dem Dunkel gezerrt worden wären, zum Beispiel, daß mein älterer Bruder Operetten schreibt und dergleichen mehr.» Zudem sei er, was Pleiten betrifft, «ein erstklassiger Fachmann»: «Bisher habe ich sechzehn Pleiten erlebt, teils als leidender, teils als verursachender Faktor. Ja, es wird sogar vom Bühnenvölkchen, das bekanntlich ein wenig abergläubisch ist, behauptet, daß ein Unternehmen, mit dem ich in irgendeiner Beziehung stehe, allein schon in Folge dieser magischen Berührung unter allen Umständen dem Untergang geweiht sei (...).»[52]

Er schien noch nicht genug zu haben. Was er in Max Reinhardts Hauszeitung *Blätter des Deutschen Theaters und der Kammerspiele* unter dem Titel «Mein armer Bruder» erdichtet, grenzt in seinem makabren Humor schon fast an Bösartigkeit: Sein Bruder sei in seiner «Stammtischgesellschaft» erschienen und habe über «Stiche in der Brustgegend» geklagt. Darauf Adolf Loos: «Jawohl. Es ist klar. Sie trifft der Schlag. In, sagen wir: vier bis fünf Monaten sind Sie eine Leiche.» Ein anderer sagt, der «Schlagfluß» müsse nicht tödlich sein, er führe auch manchmal «bloß» zur Paralyse. Da wendet sich ein in der Runde sitzender Arzt an den «armen Bruder: ‹Ihr erschrecktes Gesicht verrät den typischen Laien. Wenn Sie nämlich nur ein bisschen die Fachliteratur verfolgt hätten, so würden Sie zum Beispiel das Buch von Professor Metschnikoff gelesen haben, in dem erschöpfend nachgewiesen ist, daß die Paralyse der glücklichste Zustand ist, den es überhaupt gibt.›» Diese «Umstände» hätten nun seinen armen Bruder «derart verbittert, daß er den bösartigen Entschluß faßte, sich überhaupt nicht vom Schlag treffen zu lassen».[53]

Vom «Intimen Theater» aber führt Friedell der Weg über einen kurzen Abstecher im Kabarett «Hölle», wo er sein Debüt als Conférencier hat, in die «Fledermaus». Fritz Wärndorfer, Direktor der Wiener Werkstätten (ein «geistreicher Gentleman mit sehr viel Geld und Geschmack – zwei Dinge, die bekanntlich fast nie beisammen sind»,[54] wie Friedell ihn charakterisiert), hatte das Kabarett ins Leben gerufen und die geschäftliche Leitung übernommen. Der bewährte Marc Henry war mit der künstlerischen Verantwortung betraut.[55]

Der Flug der «Fledermaus»

In der Johannesgasse, Ecke Kärtnerstraße, befand sich ein von Stablampen flankiertes schmales Portal. Wer es durchschritt, folgte der nach unten führenden Treppe, die von breiten Streifen weißen und roten Marmors eingefasst war,[56] und kam in einer Bar heraus, an die wiederum der kleine Theatersaal angrenzte. Von Bertold Löffler, dem Innenarchitekten der «Wiener Werkstätten», und dem Otto-Wagner-Schüler Josef Hoffmann gestaltet, bestach die «Fledermaus» mit dem schachbrettartigen Bodenmuster aus grauem und schwarzem Marmor, den tief herabhängenden weißen Tischdecken, den Stühlen mit halbkreisförmigen Lehnen und dem geometrisch klar gegliederten Theaterraum, der zu klein für große Einnahmen war und somit kühn bekundete, dass hier die Kunst über dem Kommerz rangierte. Alles wirkte eher elegant und kühl als verrucht – wobei tausende bunter und verschieden großer Keramikfliesen an den Wänden der Bar die Illusion eines absinthgeborenen Dada-Rausches entfachen konnten und der eleganten Inszenierung einen Hauch von Halbseidenheit gaben.[57]

Damit brachte die «Fledermaus» das Selbstverständnis der avantgardistischen Wiener Kunst zum Ausdruck: Das gesamte Etablissement, bis zum Tafelgeschirr, den Vorhängen und Plakaten, war ein durchkomponiertes Ensemble zukunftsweisender Formen und Dekors. Das mondäne Programmheft mit einer Folge von bald rustikal, bald holzschnitthaft naiv und zugleich prätentiös sich gebenden Illustrationen hatte der junge und schnell berühmt werdende Maler Oskar Kokoschka gestaltet, dessen frühes Drama *Mörder Hoffnung der Frauen* im März 1908 in einer Nachmittagsvorstellung ebenfalls hier auf die Bühne kommen sollte.[58] So präsentierte sich die «Fledermaus» als bestrickende Illusion eines ganzheitlich ästhetisierten Weltentwurfs, als wahrgewordene Nietzsche-Phantasie, in der sich der Geist jener Epoche spiegelte. Die säkulare Kapelle eines epochemachenden elitären Kunstverständnisses hatte sich als Avantgarde inmitten der bürgerlichen Welt etabliert, eine Art Sezession in der Sezession.[59]

Kein Wunder, dass Karl Kraus mäkelte: «Zugegeben, daß die Welt schlecht eingerichtet ist, soweit sie noch nicht von der Wiener Werkstätte eingerichtet ist.» Und er legte noch nach: Die Ankündigung der «Fledermaus» aufgreifend, Kunstgenuss mit Bequemlichkeit zu verbinden und auch die «praktischen und hygienischen Bedürfnisse» des Publikums zu berücksichtigen, schrieb Kraus hämisch, die «Fledermaus» könne dafür ja die gedruckten Artikel der Kritiker als Toilettenpapier auslegen und den Toilettenmann in eine von Josef Hoffmann entwor-

Die Bar der «Fledermaus» war mit bunten, von Künstlern der Wiener Werkstätten gefertigten verschieden großen Fliesen verblendet.

fene Uniform kleiden.[60] Auch sein Verhältnis zu Friedell hatte sich abgekühlt, er nannte ihn medisant «den Komödianten».

Peter Altenberg hingegen schwärmte: «Wo man hinblickt, zarte, besondere, mit Liebe ausgeführte Gegenstände dieser großen Künstlervereinigung, Alles einfach und apart, (...), reizende elektrische Lampen, jeder einzelne Gegenstand ein wohlgehegtes, wohlgepflegtes Kunstwerkchen.»[61]

Am 19. Oktober 1907, 22 Uhr, öffnet die «Fledermaus» ihre Tore in der Johannesgasse. Wieder war Marya Delvard dabei: «bleich geschminkt und mit blutrotem Mund» trug sie nicht, wie sonst, Schwarz, sondern hatte sich von Löffler in ein weißes Kleid mit rotem Schal hüllen lassen.

Lina Loos deklamiert als Lina Vetter einen Prolog von Peter Alten-

Ein Gesamtkunstwerk aus Design, Text, Darstellung und Tanz: das Kabarett «Fledermaus», in dem Friedell als Goethe debütierte. (Postkarte, um 1910)

berg, der zu ihrem Leben passte: «Ich möchte an meinem Tischchen meine eigene Herrin sein (…), tun, was mir beliebt im Augenblicke, essen, trinken, rauchen, begeistert sein oder ins Leere starren».[62] Lina Vetter, schwärmt der ohnehin von ihr bezauberte Peter Altenberg, bringe die Haltung «einer ungezogenen Kokette, die glaubt, das Leben sei zum Tändeln vorhanden und zum Aufreizen von unglücklichen Trotteln (…) fast genial zum Ausdruck».[63]

Carl Hollitzer tritt als Bänkelsänger im historischen Kostüm auf, Gertrude Barrison tanzt, auch der deutsche Reiseschriftsteller Hanns Heinz Ewers, ein wilder Dandy mit abenteuerlichem Herzen, gestaltet das Programm mit, durch das Marc Henry als Conférencier geschliffen und mit charmantem französischem Akzent führt. Friedell ist noch nicht dabei.

Nach dem Premierenabend, an dem vor allem Künstler und Kritiker das Publikum ausmachten, blieben die Reaktionen indes gemischt. Während Peter Altenberg, selbst an den Texten beteiligt, und Berta Zuckerkandl mit Friedell übereinstimmten, die «Fledermaus» sei «eine Kostbarkeit an Intimität und Noblesse», nie habe es «ein farbigeres und beschwingteres, kapriziöseres und originelleres» Kabarett gegeben,[64] schrieb das *Illustrierte Wiener Extrablatt*: «Die Cultur wäre glücklich da, die Unterhaltung wird hoffentlich bald kommen.»[65] Ein anderer Kritiker mokierte sich zum Ärger Friedells: «Hoffentlich wird das Programm mit der Zeit das künstlerische Niveau dieses Interieurs erreichen.» Und die *Wiener Allgemeine Zeitung* behauptete: «Die äußere Form des neuen Kabaretts ist vorzüglich, es fehlt nur noch der vorzügliche Inhalt.» Karl Kraus missfiel das exzentrische Design des Bestecks: die Messer könne «beim besten Willen kein Wiener Snob in den Mund nehmen», so wenig wie sich die Löffel «in die Tasche stecken» ließen.[66]

Friedell selbst bejubelte Anfang November in der *Schaubühne* die Tanzkunst Gertrude Barrisons, «die Grazie mit Natürlichkeit zu verbinden weiß», besang die feingliedrige Art von Marya Delvard, die die «Kunst des Andeutens und Verschweigens» verstehe, bewunderte die drei schönen jungen Damen «in prächtigen, phantastischen Gewändern», die «zu einer merkwürdig aufreizenden Musik von Hannes Ruch einige kompliziert lapidare Aphorismen von Peter Altenberg» sprachen. Um aber mit maliziösem Spott zu resümieren: «Nach diesen kurzen Mitteilungen brauche ich wohl nicht mehr zu bemerken, daß die ganze Sache in Wien glatt abgefallen ist. Vor allem beschwerte man sich darüber, daß dem Humor nicht Rechnung getragen werde. Aber für Possen haben wir ja das Burgtheater».[67] Im Übrigen besitze auch die «Fledermaus» «eine humoristische Nummer allerersten Ranges: Nämlich die große Mittelpause, in der das Wiener Publikum seine Urteile abgibt».

Bei dieser Lachnummer soll auch ein Minister der «liberalen Partei» seine Meinung kundgetan haben: Er könne durchaus begreifen, dass man derlei Dinge «sehr schön und gut findet». Das sei eben «Geschmackssache». Darauf Friedell: «Nein Exzellenz: Das ist nicht Geschmackssache, sondern Sache des Geschmacks, und daher nicht Sache Wiens.»[68]

Im nächsten Programm aber, im November, schlägt für Friedell die Stunde als Dichter. Mit dem Freund Alfred Polgar schreibt er zunächst einen Sketch, von dem nur noch der Titel ahnen lässt, wovon er handelte: «Regieprobe von Max Reinhardt». Auch dieses Stück, in dem Hanns Heinz Ewers auftrat, ist bis heute spurlos verschwunden.

Zum Glück für die Nachwelt hat sich indessen Friedells größter, und eigentlich einziger Erfolg als Bühnenautor erhalten. Das Stück wird im übernächsten Programm der «Fledermaus», am 1. Jänner 1908, null Uhr, seine Uraufführung erleben.

Es liegt auf der Hand, dass Friedell mit diesem Einakter den Schrecknissen seines Schülerdaseins die therapeutischen Früchte posttraumatischer Produktivität abgewinnt und sich an seinen Lehrern zu rächen sucht: Er führt sie als Wichtigtuer vor, die in starren Sentenzen enzyklopädische Fakten ableiern. Goethe, der dem verzweifelten Kandidaten Kohn wie ein *deus ex machina* erscheint und am nächsten Tag an seiner statt in die Prüfung geht, ist dem bekanntlich nicht gewachsen und fällt im Goethe-Examen durch. Für Goethe-Kenner haben die Autoren der «Polfried AG» in ihren Text etliche Quiz-Fragen eingebaut: Wurde die *Stella* 1804 oder 1806 zum ersten Mal umgearbeitet, erschien *Hermann und Dorothea* 1796 oder 1797? Wer hat recht: Goethe oder der Professor? Jedenfalls müssen die beiden Autoren fleißig Literaturlexika gewälzt haben, um selbst keinen Fehler zu machen.

Nach Polgars Artikel «Historie einer Dichtung», am 8. Mai 1910 in der *Schaubühne* erschienen, soll die Idee dazu durch eine Bemerkung aufgekommen sein, die Friedell in der Nacht vom 14. auf 15. September über Goethe gemacht und die den Maler Carl Hollitzer derart begeistert haben soll, dass er gerufen habe: «Großartig! Ausgezeichnet!» Zwei Monate später soll sich Polgar, wie er angibt, in Friedells «Sitzzimmer» eingefunden haben: «Wir arbeiteten also in Friedells Stube. Das heißt: ich arbeitete. Er lag auf der Ottomane, rauchte lange Pfeife und schlief.» Man versteht, weshalb Tucholsky Jahre später, in der *Weltbühne* im August 1920, bemerken sollte, diese «himmlische Literaturgeschichte» Polgars finde er «noch lustiger als das entzückende kleine Spiel der beiden Dioskuren».[69]

Friedell wiederum sieht die Sache bekanntlich anders. Über die Zusammenarbeit mit Polgar wird er 1926 in seiner mit zärtlicher Ironie verfassten Lobrede zum 50. Geburtstag seines «Kollaborators» Polgar behaupten: «Im übrigen ergänzen wir uns ganz vortrefflich. Von mir ist gewöhnlich der schöpferische Einfall, die treibende Grundidee. Von mir stammte zum Beispiel die Idee, für das Kabarett ‹Fledermaus› eine Reihe lustiger und geistreicher Einakter zu schreiben (…). Die mehr untergeordnete Arbeit der detaillierten Ausführung dieser fruchtbaren, zielweisenden Gedanken war dann Polgars Sache. Nur in einem ergänzten wir uns nicht: ich bin faul und er ist nicht fleißig.»[70] Angeblich sei

Die Rolle des Grandseigneurs saß dem Sohn eines jüdischen Musiklehrers wie seine gut geschnittenen Anzüge: der Schriftsteller und zeitweilige Freund und Co-Autor Egon Friedells, Alfred Polgar.

das Werk am sechsten Tage geglückt, und um 21 Uhr, der Zeit des Aufbruchs ins Café, habe man den Schlusspunkt gesetzt: «Wir beschlossen einfach, aufzuhören und die Satire ‹Goethe› als beendet anzusehen.»[71]

Da man den beiden Mitgliedern der «Polfried AG» ohnehin nicht alles glauben darf, was sie über ihre Zusammenarbeit kolportierten, ist natürlich auch nicht ganz auszuschließen, Friedell sei das eine oder andere Mal aus seinem Währing in die innere Stadt gekommen, um Polgar in seinem Domizil aufzusuchen, das hinter der Neuen Hofburg lag, umgeben von angenehm ornamentierten Fassaden – die Wohnung des Theaterkritikers und Schriftstellers lag in der Stallburggasse 2, in jenem Haus, in dem sich seit Jahrzehnten das Café «Bräunerhof» befindet, bekannt geworden als Stammlokal Thomas Bernhards. Polgar, der wie Friedell unter anderem für die «Schaubühne» arbeitete, hauste, wie er selbst überliefert, in der Mansarde,[72] während sich im Erdgeschoss, in der dort befindlichen Cafébar, neugierige Damen und Herren unter-

Friedell spielt Genie: seine liebste Rolle als Goethe stand am Anfang und am Ende seiner Bühnenlaufbahn.

halten – der Ort hätte immerhin zu den alkoholisierten Zuständen gepasst, unter denen *Goethe* ganz offenkundig entstanden ist.

Friedell war längst ein tüchtiger Trinker, der dem Slibowitz, dem Pilsner und dem Wein zusprach («Beim 16ten Viertel ruft er ‹zahlen›»),[73] und so soll der Versuch, den Sketch «Goethe» zu schreiben, nach den ersten Anläufen im Alkohol versunken sein.

In jedem Fall aber wird der «Goethe», als er am 1. Januar 1908 zur Aufführung kommt, für die Autoren ein Triumph, für Friedell auch ein Erfolg als Schauspieler. Mächtig, breit, den Geheimrats-Schädel mit leicht despektierlicher Würde erhoben, spricht er als Goethe zum Vergnügen des Publikums in offenkundig Frankfurter Diktion. Und Lina Loos, die sich Vetter nennt, spielt das Linerl, die Freundin des Kandidaten Züst, und sagt: «Aber geh!», als Züst am Vorabend des Examens verzweifelt ausruft: «so oft er mit einem Frauenzimmer was zu tun gehabt hat, ist er fruchtbar geworden». Züst hat natürlich gemeint, Goethe habe dann «einen neuen Brocken gesammelter Werke von sich gegeben», worauf das Linerl sagt: «Ah so!»[74]

Mag Peter Altenberg auch über die Goethe-Aufführung geifern: «Es ist der äußerste Dreck, und außerdem ist alles von A bis Z von mir!»,[75] so wird man das vielleicht ebenso als Inszenierung betrachten müssen: Es sind die üblichen Sticheleien, in denen jeder dem anderen die eigene Rolle vorspielt. Das gehört zum Selbstverständnis.

Zweifellos ist der Erfolg überwältigend: Der *Goethe* läuft drei Monate lang *en suite*, bereits am 8. April 1908 findet die hundertste Aufführung statt. Der Co-Autor Polgar wird in der *Schaubühne* ein wenig später witzeln, erst «durch unsere Satire» sei «der in Wien bisher wenig geläufige, obzwar hochverdiente Schriftsteller J. W. Goethe populär geworden».[76]

Im Mai druckt die Wiener Zeitschrift *Erdgeist* den Text ab, der noch im selben Monat im Verlag Carl Wilhelm Stern erscheint, mit einer Umschlagszeichnung von Rudolf Hans Bartsch. Und die 300. Aufführung geht am 27. April 1911 als Gastspiel in der «Hölle» über die Bühne. Auch diesmal spielt «der junge Maler K.» den Schulrat und verspricht sich, so die Überlieferung, «noch genau so sicher (...) wie bei der Premiere». Der Schulrat hat vier Sätze zu sagen. Sein Darsteller war vermutlich Oskar Kokoschka.[77]

Goethe wird Friedell den Rest seines Lebens begleiten wie ein treuer Freund, immer wieder einmal steht er als Dichterfürst auf der Bühne und entzückt das Publikum mit seinen Goethe-Worten in antrainierter Frankfurter Diktion, von der wiederum Polgar in seinem *Schaubühnen*-Artikel behauptet, in Wahrheit handle es sich da um «einen eigentümlichen schwäbisch-bayerischen Jargon», den Friedell, «in Wienerischer Gesellschaft, frankfurtisch nennt».[78] Die letzte Aufführung wird am 7. Februar 1938 im Theater an der Wien stattfinden. Vier Wochen später springt Friedell aus dem Fenster.

Auf Tournee

Nach der *Goethe*-Premiere gewinnt Friedells Bühnen-Produktivität erst richtig an Schwung. In den Sommermonaten 1908 führen Gastspiele den im Grunde wenig reisefreudigen Friedell nach Berlin, München und – Frankfurt. Man kann sich vorstellen, welche Genugtuung es für

Bei allem Erfolg auf den Reinhardt-Bühnen: Friedells Rolle als scheiternder, gleichwohl genialer Prüfling hatte zweifellos auch therapeutische Funktion.

ihn gewesen sein muss, in der Geburtsstadt Goethes, deren «Goethe-Gymnasium» ihn ein Vierteljahrhundert zuvor hinausgeworfen hatte, als Goethe aufzutreten und einen vertrottelten Schulrat und einen verknöcherten «Professor» dem geneigten Publikum wie Esel im Zirkus vorzuführen und die Fragen des Professors an den Musterschüler Kohn in einem Stakkato des Grotesken sich überschlagen zu lassen: «Wo?», «Wann?», «Wie oft?», «Warum?», «Wo?», «Mit wem?», «Erkrankt?», «Genesen?», «Woran?»; und den Kandidaten Kohn antworten zu lassen: «Mit Schiller», «Am vierzehnten», «Am neunten», «An Darmverschlingung»; und endlich den Professor «triumphierend» zum durchgefallenen Goethe sagen zu lassen: «Sehen Sie! Das ist Bildung!»[79] Und der Triumph des Relegierten dürfte umso größer gewesen sein, als gerade Lina Vetter ihn im *Goethe* begleitete.

Goethe. Groteske in zwei Bildern war nicht das letzte Stück der «Polfried AG». Die «Fledermaus» eröffnet ihre neue Saison am 1. Oktober 1908 mit einer weiteren «Groteske»: *Der Freimann,* eine in einem fiktiven sächsischen Städtchen angesiedelte Posse um einen zum Tode verurteilten Raubmörder, die sich mit recht makabrem Humor über die «Humanisierung» des Strafvollzugs lustig macht: So wird der Verurteilte als «Klient» bezeichnet und darf in seiner letzten Nacht ausgerechnet *Prodromos* lesen, Peter Altenbergs diätetisches Hausbuch für eine gesunde Lebensweise. So makaber das Stück sein mag, es mutet geradezu wie ein Vorläufer von Vladimir Nabokovs Roman *Einladung zur Hinrichtung* an.

Als *Der Freimann* auf dem Programm steht, ist Egon Friedell künstlerischer Leiter der «Fledermaus», wahrscheinlich hat er diesen Posten bereits im März angetreten. Er tritt nun auch als Conférencier auf, trägt seine «Skizzen» vor und präsentiert neue Satiren, die er mit Polgar bis 1910 schreibt. Doch keines dieser witzgeladenen Stücke, wie *Die Wohltäter* oder *Die Zehn Gerechten* oder auch *Der Schatten des Lord Rahu*, eine Parodie auf die Sherlock-Holmes-Rollen des bekannten und von Friedell recht geschätzten Schauspielers Ferdinand Bonn, war derart erfolgreich wie der *Goethe*.

Dennoch strömte das Publikum, «durch werbewirksame Anzeigen dazu verleitet», Abend für Abend in den *Petroleumkönig oder Donauzauber* – sogar Schnitzler erschien auf Einladung des Direktors Wärndorfer. Diese «Musteroperette in drei Bildern» war, das ist klar, als Parodie auf die vom «Fledermaus»-Ensemble verachtete Walzer-Seligkeit gedacht, spielte aber so gewitzt mit den Motiven der herkömmlichen Operette, dass die meisten Zuschauer «im Halbdusel» ihrer Schunkel-Lust «die böse, aber unwiderstehliche Satire» für echt hielten. Die Autoren dürften dies mit hämischem Gelächter quittiert haben.

Endlich aber sorgte noch das letzte Stück *Soldatenleben im Frieden. Ein zensurgerechtes Militärstück* für Gesprächsstoff: eine Parodie auf die «Schnurre» *Der Feldherrnhügel*, die der Offizier und Schriftsteller Roda Roda mit dem Lustspiel-Autor Carl Rößler in Berlin 1910 verfasst hat. In Wien wurde das Stück von der Zensur verboten, was die Polfried AG auf den Einfall brachte, ein Stück zu schreiben, in dem die Armee so herzig und freundlich ist, dass ein Soldat unter Schluchzen sagen darf: «Ich Unglückseliger! Nächste Woche sind schon meine drei Jahre um, und ich muß wieder weg vom Militär!», und sein Kamerad bittet: «Könnten wir nicht ein bißchen Fleißexerzieren (...)?» Roda Roda selbst, in roter Weste und Monokel, erscheint in dem Stück als «Manöverberichterstatter». Auch das heitere *Soldatenleben* aber, *in das jede Offizierstochter ihren Vater ohne Bedenken führen kann*, wie es im Untertitel heißt, durfte sich nicht auf den Wiener Bühnen entfalten. So hatte das Stück auf der Münchner Kabarettbühne «Zum Großen Wurstel» erst 1911 Premiere.

Zu dieser Zeit war die «Fledermaus» schon seit guten zwei Jahren, wie ihre Schöpfer es sahen, in die Niederungen eines seichten Operetten- und Revuetheaters abgeglitten. Die, die ihr künstlerisches Leben eingehaucht hatten, waren Enthusiasten, keine Geschäftsleute – wenn auch, wie Friedell rückblickend resümiert, Wärndorfer «das Lokal ausgezeichnet» geleitet habe. Doch sei es, wie er zu Recht vermutet, seiner Zeit voraus gewesen, 15 Jahre später habe das Berliner Kabarett «Der Blaue Vogel» dies «unter menschenerdrückendem Zulauf» vorgeführt.[80]

Ein neuer geschäftlicher Leiter, Hugo Stein, brachte das Haus auf einen kommerziellen Kurs, der «duftige kleine Operetten, wie *Putzi, sei doch nicht so fad*» vorschrieb. Dann wurde die «Fledermaus» ein reines Revuetheater, «worin schlankbeinige Mädchen auftraten, die man an den Tisch bitten konnte. Ich habe auch gegen diese künstlerische Entwicklungsphase nichts einzuwenden. Wenn nur der Wein sich nicht so verschlechtert hätte».[81]

Friedell trat allerdings noch einige Male dort auf und brachte das Publikum mit seinen beliebten «Altenberg-Anekdoten» seit Januar 1910 zum Kreischen. So erzählt er in *Das Gespräch von der Freundschaft*:

> «Egon», sagte Peter Altenberg, «begehe nie das Verbrechen, daran zu zweifeln, daß ich dein einziger aufrichtiger, absolut ergebener, wirklich vollkommen altruistischer Freund bin! Lasse dich nie von andern gegen mich aufhetzen! Die andern wollen dich nur *ausnützen* und versuchen dich von mir abzubringen, weil sie eine Wut darüber haben, daß ich dich ausnütze.»[82]

Diese Altenberg-Anekdoten, schreibt Altenberg, der sich in diesen Jahren zum begeisterten Kritiker dieser neuen und anfangs intelligenten, «Kabarett» genannten Kunstform entwickelt, führten ihn «zwar als Halbidioten» vor, würden ihn «aber immerhin ganz richtig charakterisieren».[83]

Von März bis Mitte April diesen Jahres spielte Friedell dann wieder den *Goethe* im Hamburger «Theater an der Alster», wo er mit der berühmten, bald mit ihm aufs Herzlichste befreundeten Chansonnière Claire Waldoff auftrat, die den Musterschüler Kohn spielte.

Anschließend gab es noch ein paar Gastspiele mit dem Kabarett «Hölle» in den von Max Reinhardt am Deutschen Theater eingerichteten Kammerspielen, die auch den *Goethe* brachten. Mit seinen Anekdoten und Skizzen, die er in gespielt blasiertem, näselndem Tonfall vorbrachte, kam Friedell offenkundig nicht immer an. Das Publikum, berichtet er 1912 an Lina, sei «sehr ungleich: manchmal sind sie sehr nett, manchmal hören sie andächtig zu, lachen aber nicht, weil sie den Humor der Sache nicht kapieren». Es gab sogar einen kleinen Skandal: «So sagte z. B. letzthin ein Tier mit Monokel halblaut: ‹Jehirnfatzke›. Ich erhob mich sofort, hielt eine kurze, sehr scharfe Ansprache und ging ab.»[84]

Jahrzehnte später, in einem Gratulationsartikel, schwärmt Alfred Polgar von Friedells «berühmten ‹Solovorträgen›, die so brillant sind wie dauerhaft», beschwört nicht ohne Melancholie die «unsterblichen Altenberg-Geschichten», die Friedell «im Tonfall, den der Dichter hatte, bezaubernd zu erzählen weiß, und die so tief aus der Kernsubstanz von ihres Helden Geist und Originalität geschnitten sind, daß sie ganz gut wahr sein könnten».[85]

Im Kampf mit Berlin – vom Bier-Cabaret zur Reinhardt-Bühne

Spätestens bei seinen Auftritten im Deutschen Theater muss Max Reinhardt auf Friedell aufmerksam geworden sein. Der Mann, dessen Arbeit für die Zukunft des Theaters wegweisend wird, sollte auch für Friedells Laufbahn als Schauspieler die entscheidende Figur werden. Reinhardt engagiert ihn für die Rolle des Untersuchungsrichters in seiner Inszenierung des posthum veröffentlichten Tolstoi-Stücks *Der lebende Leichnam* – er steht nun mit einem der großen Schauspieler, mit Alexander Moissi, gemeinsam auf der Bühne eines der großen Regisseure seiner Zeit.[86]

Seine Popularität wächst, er versucht seine Bekanntheit werbewirksam zu nutzen, setzt sich einen Künstlerhut auf und spielt mit Monokel und Elfenbeinstock den philosophierenden Bonvivant, der eigentlich mehr zu seinem Vergnügen gelegentlich in die Rolle des Schauspielers zu schlüpfen beliebt – eine Geste, die ihn bei manchem seiner hart arbeitenden, oft um ihre Existenz kämpfenden Kollegen nicht unbedingt Sympathien eingebracht haben dürfte. Die anstrengende Proben-

Der Magier der Welt-Bühne: Max Reinhardt auf einer Theaterprobe.

arbeit indes soll seinem inzwischen beträchtlich angewachsenen Embonpoint gut bekommen sein. Seine Gestalt war allerdings noch massig genug, um als Cäsar in George Bernard Shaws Komödie *Androklus und der Löwe*, die in den Kammerspielen des Deutschen Theaters von November 1913 an vier Monate auf dem Spielplan stand, eine imposante Figur zu machen.[87] Außerdem nutzt Friedell dieses gute Vierteljahr in Berlin, um an den Gastspielen der Wiener «Hölle» im «Lindencabaret», Unter den Linden 22, sowie im «Bier-Cabaret» teilzunehmen.

In Berlin wird er sich, manchmal auch in Begleitung von Lina, bis zu Beginn des Ersten Weltkrieges noch oft aufhalten, um Gastspiele zu geben oder auf den Bühnen Max Reinhardts aufzutreten. Er steigt, wie schon beim ersten Gastspiel der «Fledermaus», als auch Lina im Ensemble war, im eleganten Hotel «Bristol» Unter den Linden ab.

Berlin hinterlässt zwiespältige Empfindungen. Das rasante Tempo der Stadt, die bereits in den Jahren seiner ersten Besuche von U-Bahn-Trassen durchzogen war wie Metropolis, ihre Industrie und die freche Schnoddrigkeit ihrer Bewohner flößen ihm durchaus Respekt ein. Verglichen mit Wien, das sich behäbig auf die jahrhundertealten Traditionen seines Herrscherhauses, seiner Verwaltung, seiner Armee sowie auf seine Kunst, seine Musik, seine Architektur und sein Theater stützt, ist Berlin jung, ehrgeizig, machthungrig, auf wissenschaftlichem und technischem Gebiete europaweit führend – eine Stadt der Emporkömmlinge und Neureichen. Berlin fehlt, was Wien so liebenswert erscheinen lässt: Charme, selbstironische Gelassenheit, ein über Generationen kultivierter Sinn für Maß und Form.

Doch in Berlin ist der Strom des Geldes pulsierender als in Wien. An Friedells Hotelzimmerfenster chauffieren die neuesten Chrysler vorbei, auf den Promenaden, in den Theatern sieht man die neureichen Finanzkapitäne und Fabrikanten, Herren im Frack und mit hochgezwirbelten Schnurrbartspitzen nach Art des Kaisers, ihre Damen in spitzenbesetzten Seidenkleidern über fischbeinernen Schnürkorsetts; aber auch der neue Mittelstand stolziert: die «Großhandelsvertreter von Damenstrümpfen», die «Pächter von Bolle-Filialen», die ihre Erscheinung an den bourgeoisen Herrschaften orientieren.[88]

Nur wenige hundert Meter von seiner Unterkunft entfernt, zwischen Französischer Straße und Unter den Linden, laufen die Schaltstellen des Geldstroms zusammen – dort liegt das Bankenviertel. Und mitten zwischen Kreditinstituten und Finanzbüros, in der Behrensstraße, befindet sich neben Tanzdielen und Bars das «Metropol»: Als berühmtes, nach Pariser Vorbild in plüschenem Neobarock aufgezäumtes Revue-, Kokotten- und Unterhaltungs-Theater bildet es das gehoben boulevardhafte, bei Premieren brillantenschimmernde und glanzvoll anzügliche Gegenstück zu Max Reinhardts wiederum nur anderthalb Kilometer nördlich gelegenem Deutschen Theater. Und während Friedell sich anschickt, geleitet von seinem ursprünglich Goldmann heißenden Wiener Landsmann Max Reinhardt, in die erste Reihe der gegenwärtigen Theaterwelt aufzusteigen, reißt seine Wiener Landsmännin, die aus einer mittelständischen jüdischen Kaufmannsfamilie stammende Friederike Massarik, als Fritzi Massary das Publikum im Metropol zu Ovationen hin: etwa, wenn sie in *Donnerwetter – tadellos* auftritt, einer Revue von Paul Linke, und singt: «Von Kopf bis Fuß le dernier cri! / Da fehlt kein Tüpferl auf dem i.» Felix Salten schwärmt von der «Eidechsenschönheit ihrer Gebärden.»[89]

Zur gleichen Zeit ist Fritzi Massarys künftiger Ehemann, der in der Leopoldstadt aufgewachsene Max Pallenberg, am Theater an der Wien und ab 1911 in München am Deutschen Künstler-Theater engagiert, im

Am Beginn der Schauspielkarriere stand eine Hauptrolle an Max Reinhardts Berliner Kammerspielen: Friedell als Cäsar in George Bernard Shaws «Märchenspiel» Androklus und der Löwe, *vom 25. November 1913 bis 3. Februar 1914.*

Begriff, als Schauspieler und Komiker auf sich aufmerksam zu machen. Bereits im Juli 1911 wirkte er mit Fritzi Massary in dem Lustspiel *Thermidore* mit, das Reinhardt in München inszeniert hatte. Bald wird ihn Max Reinhardt ans Deutsche Theater holen. Dann ist es nur noch eine Frage der Zeit, bis Pallenberg mit Friedell auf der Bühne steht.

Im Augenblick aber, im Herbst 1913, liegt Friedell mit Berlin noch im Kampf. «Der Zustand, in dem ich Dir schreibe», klagt er gegenüber Lina, «ist der eines völlig geknickten und vom Leben zerriebenen Menschen. Ich habe diese Stadt doch noch unterschätzt, sie zerstört einen völlig.» Die Proben zu *Androklus und der Löwe*, das Anfang November in den Kammerspielen des Deutschen Theaters deutsche Uraufführung haben soll, zerren an den Nerven. Regie führt, da Reinhardt zur gleichen Zeit *Emilia Galotti* inszeniert, Richard Ordynski, «ein Esel, der nichts versteht». Da auch die Reinhardt-Bühne «ein ebensolches Irrenhaus wie alle anderen Theater» ist, ist die Stimmung gespannt: «Also Intrigen, Miesmacherei, Differenzen.» Da Friedell den römischen Kaiser spielt, entwerfen die Kostümbildner «bereits herrliche Purpurgewänder für mich, in denen man nicht gehen und stehen kann.» Zu alledem darf er auch die unbefriedigende Übersetzung seines Wiener Kollegen, des Schriftstellers Siegfried Trebitsch, überarbeiten. So fühlt er sich von Proben, dem «Krach mit allen Mitspielern» und der «Abfassung von Artikeln, die ich blöderweise einigen Blättern zugesagt hab», überrollt. Der Sinn für das Kokette ist gleichwohl nicht von ihm gewichen, wenn er von «diesen entsetzlichen Prüfungen» spricht, «die Gott zur Strafe für meinen verblendeten Tätigkeitsdrang über mich verhängt hat.»[90]

Überhaupt: Wenn Friedell in Berlin auch statt der köstlichen Kipferl, Buchteln und Strudel etwas serviert bekommt, das der Berliner «Schrippe» nennt, und statt des Braunen und der Melange irgendein «G'schlader» schlürfen darf[91] – die Faszination dieser sich stets neu erfindenden und im Fluss befindlichen Stadt hält auch ihn unter Spannung. «Die beste Luft der Welt hat Berlin», hat er im September, als er im «Bier-Cabaret» Unter den Linden mit seinem Carlyle-Vortrag und Altenberg-Anekdoten auftritt, Lina mitgeteilt. «Das kann man daraus ersehen, dass man hier viel weniger Schlaf braucht. Während ich in Wien unter 8 Stunden Schlaf überhaupt kein Mensch bin, komme ich hier mit 5 Stunden sehr gut aus.» Dass ihn die Zeitungen um Beiträge bitten, ist für ihn zwar einerseits lästig, andererseits aber auch einträglich. So habe er eben für die *Woche* «einen schauerlichen Blödsinn» niedergeschrieben, und dafür am nächsten Tag «eine Postanweisung auf 150 Mark» erhalten: «Wie leicht man hier Geld verdient!» Mit einem Verleger soll er eine «Historische Bibliothek» herausgeben. Das Projekt kommt nicht zustande, trotzdem: «Du siehst, es ist ganz lustig – nur keine Lina!»[92]

Er wird doch immer wieder froh gewesen sein, nach Wien zurückzukommen.

Sieh' da, ein Dichter!

Bereits vor all diesen Aufregungen und Erlebnissen an der Spree hatte sich Friedell auch als Schriftsteller zu bewähren gesucht. So schrieb er an einer gelehrsamen Zukunfts-Erzählung *Die Reise in die Vergangen-*

heit. Die Arbeit schien zu stocken, das Buch ist erst 1935 in einer neuen Fassung beim Piper Verlag in München erschienen.[93]

Vor allem vertieft sich Friedell aber in *Ecce Poeta*, jenes Buch, das er anlässlich des 50. Geburtstags des Kabarett-Kritikers und «Fledermaus»-Hauspoeten Peter Altenbergs schreiben sollte. Am 9. März 1909 noch hatte die «Fledermaus» das Ereignis mit einer Matinee gefeiert, für die Bertold Löffler ein Peter Altenberg-Gedenkblatt entwarf.[94]

Ecce Poeta war eigentlich eine Auftragsarbeit: Altenbergs Verleger Samuel Fischer war auf Friedells Beiträge in der *Schaubühne* aufmerksam geworden. Auch galt Friedell als Altenbergs vertrauter Freund, geradezu als dessen Eckermann.[95] Als Autor wird er bekannt, sein Name ist seit einigen Jahren in «Kürschners Deutschem Literaturkalender» verzeichnet, dem 1879 von den Berliner Naturalisten Julius und Heinrich Hart als «Allgemeiner Deutscher Literaturkalender» gegründeten wichtigsten biographischen Nachschlagewerk der intellektuellen Szene.

Fischer ersuchte Friedell um eine Altenberg-Biographie und hatte wohl ein Buch erwartet, das in üblicher Manier Altenbergs Lebensstationen gehorsam abwickelte, Altenberg-Anekdoten zum Schmunzeln einstreute und die Lektüre mit Altenbergs Begeisterung für nackte Elfen würzte. Der Chef des Berliner Verlags hätte seinen Auftrags-Autor besser kennen sollen: Friedell verweigerte sich dem üblichen Muster und nutzte die Gelegenheit, Altenberg als Verkörperung eines messianischen Sehers zu beschreiben, wie es seinem Begriff des Dichters entsprach. Zugleich kann man das Buch auch als Geste der huldigenden Distanzierung lesen: Wie in seinem *Novalis* und den programmatischen Essays führte er in *Ecce Poeta* seinen geschichtsphilosophisch gestützten Weltentwurf aus und versuchte, den Dichter als Typus in den Erscheinungen seiner jeweiligen Epoche zu zeichnen. Und eben dies, diese historische Perspektive zu eröffnen, ist, wie Friedell es sieht, Peter Altenberg nicht gegeben, wohl aber ihm, Friedell.

Der Erzähler, Lyriker und promovierte Jurist Richard Schaukal, um diese Zeit noch als Ministerialrat in Wien tätig und in seinen Novellen der psychologischen Zeitdiagnose Schnitzlers nicht fern, lobt in einer ausführlichen und klugen Rezension die «Wahrhaftigkeit» dieses «mehr reichlichen als reichen», doch «völlig phrasenfreien» Buches, das «manche dumme Mißverständnisse dieser feinst verästelten Psyche (...) durch den Eindruck lauterer Zeugenschaft» gerade rücke und Altenberg zurecht als «Dichter» im Sinne eines Weisen vorstelle. Er wider-

Der Lehrmeister und sein Eckermann: Friedell mit Peter Altenberg (zweiter von rechts) und Oskar Kokoschka (links) auf der Terrasse der Hotels Panhans auf dem Semmering im Sommer 1912.

spricht Friedell allerdings in dessen Ansicht, «unsere Zeit der Börse, des Betoneisenbaus, der Monistenbünde und der Wahlmanöver» habe irgendetwas mit «Kultur» zu tun: Weder Wagner, noch Bismarck, noch Nietzsche seien Elemente «unserer ‹Kultur›, sondern stünden als Solitäre außerhalb. Auch «Tolstoi, Strindberg, Flaubert, Dostojewski: lauter Einsame». Friedell postuliere also «einen Zusammenhang, der längst unterbrochen ist. (...) Wir haben allerlei brauchbares Geräte mitgenommen auf unsere angerissene fliegende Welt, aber die Tradition dahinter gelassen».[96]

Schaukal vermittelt genau die Gedanken, die eine Kulturkritik beherrschten, die der metaphysikfernen und nur auf instrumentelle Weise vernünftigen Gegenwart ihr Konzept des «Dichters» als Ausdruck der «Kultur» entgegenstellte. Von der weltverändernden Kraft des Dichters war auch Friedell überzeugt, doch glaubte er, weniger skeptisch als Schaukal, der «Dichter», als den er auch politische Gestalter wie Friederich II. oder Bismarck sah, sei als mythische Substanz im geistigen Erbe der Geschichte enthalten und bleibe untergründig wirksam, auch wenn die zivilisatorische Oberfläche der Gegenwart ihn vorübergehend überlagere.

So bildet *Ecce Poeta* zwischen *Novalis als Philosoph* und der *Kulturgeschichte der Neuzeit* eine Art Brücke, die den Werkzusammenhang verstärkt und den geraden Weg seiner Gedanken zwischen ihrem Heidelberger Ursprung und ihrer Einmündung in die Kulturgeschichten verfolgen lässt. Daher auch ist es angemessen, trotz der Verstreutheit seiner zahllosen Einzelveröffentlichungen, trotz seiner Teilung in den Journalisten, den Schriftsteller, den Kabarettisten und Schauspieler, von einem *Werk* zu sprechen.

Fischer ist vom Konzept des *Ecce Poeta* allerdings wenig begeistert. Er druckt nur die Mindestauflage und enthält sich jeder Werbung, so dass Friedell selbst den Fall für einen ironischen Artikel nutzt, den er süffisant *Ecce Poeta* nennt, siehe da: ein Dichter!

Sonst unterhält Friedell in Wien sich und sein inzwischen weit gefächertes Publikum mit gelegentlichen Conférencen und literarischen Vorträgen über Maeterlinck, Wilhelm Busch und Altenberg, über Wedekind, Shakespeare und den britischen Kulturhistoriker und Ästhetiker Thomas Carlyle, die er unterhaltsam, als seien sie Sketche, gleichsam spielt. Einer dieser Nachmittage und Abende gilt auch dem verehrten George Bernard Shaw, auch er ein Dichter im emphatischen Sinne, doch in der Maske des britischen Gentleman. Kokoschka entwirft für diese vom «Niederösterreichischen Gewerbeverein Wien» veranstaltete Vorstellung das Plakat. Und im August 1913 eröffnet Friedell in Berlin ein Kino mit einem Vortrag «Prolog vor dem Film». Tourneen mit der «Hölle» und der in der Wiener Wollzeile untergebrachten «Kleinen Bühne» führen ihn zwischen 1910 und 1913 wiederholt nach Prag, Brünn und Breslau.

Und trotz der folgenden Auftritte auf der Kabarett- und Theaterbühne versucht er sich weiter als Schriftsteller: Mit Polgar zusammen verfasst er für Max Reinhardt ein *Dr. Wespe* genanntes Stück. Es könnte die Parodie eines Lustspiels des seinerzeit außerordentlich beliebten, 1873 gestorbenen Leipziger Komödiendichters und Schauspielers Julius Roderich Benedix gewesen sein, das *Doktor Wespe* hieß. Genaues lässt sich bedauerlicherweise nicht sagen. Dieses Produkt der Polfried AG ist ebenso verschwunden wie Friedells laut seinem Brief an Lina Loos im September 1913 in Berlin entstandenes Filmdrehbuch *Die Bekehrung*

Der Schwung der expressiven Linie: Oskar Kokoschkas Plakat zu einem von Friedells beliebten Vorträgen über klassische und zeitgenössische Schriftsteller.

des Dr. Wundt.[97] Der Film ist tatsächlich im Dezember jenes Jahres gedreht worden, ist aber irgendwann im Lauf des letzten Jahrhunderts verschwunden wie die Gestalten der Leinwand, wenn im Kinosaal das Licht angeht.

5. Ein Antrag, schriftlich

Unterdessen hat sich das Verhältnis zwischen Friedell und Lina Loos erheblich intensiviert. Die gemeinsamen Auftritte, die Gastspielreisen, der vertraute Umgang – all das lässt Friedells Leidenschaft zu der schönen, intelligenten, vor allem aber zu Empathie fähigen, musenhaften Schauspielerin bis zur schmerzlichen Verzweiflung entbrennen. Altenberg, der Lina als seine eigene Muse zu vereinnahmen sucht und Friedell offenbar an sie zu verlieren fürchtet, rast vor Eifersucht. Jedenfalls geifert er brieflich an Friedell: «Eine Dreck-Hure ohne Seele, Geist und Anmut, Talent etc. etc. etc. darf uns nicht *ent*-zweien sondern muß uns *vereinigen* zu *ewiger Abwehr* der Reptile.»[98] Das verrät einiges über Altenbergs Seelenzustand.

Friedell seinerseits schreibt an Lina: «Lina, ich kann mich vor dir nicht retten! Wohin sollte ich mich auch vor *dir* retten! Mit einer Frau kann man fertig werden, sexuell, geistig, seelisch usw. aber *dich* liebe ich *leidergottes* objektiv, als *Mensch*. (...) Und gerade *ich*, der so leicht loskommt, der eigentlich in der Frau nie etwas anderes gesehen hat als eine ‹Notwendigkeit› oder bestenfalls eine Unterhaltung.»[99] Objektiv – eine befremdende Vokabel in einem Schreiben, in dem von den Qualen und Sehnsüchten der Liebe die Rede ist. Man wird annehmen dürfen, Lina habe in solchen Schreiben ihr Urteil bestätigt gefunden, bei ihm, dem zum Protestantismus Konvertierten, leite das Gehirn die Gefühle, der Intellekt das Herz.

Schließlich versucht er, er ist gerade von seiner Gastspiel- und Theaterreise aus Berlin zurück, die Flucht nach vorne anzutreten, und macht ihr einen Heiratsantrag – am 14. November 1913,[100] und zwar schriftlich, wie es seinem Verlangen nach verstandesgelenkter Kontrolle entspricht. Diese etwas altväterlich wirkende, an das 19. Jahrhundert erinnernde Form sticht seltsam von der spontanen Art ab, in der Adolf Loos um Linas Hand angehalten hatte. Die schriftliche Antragstellung lässt durchaus den Verdacht aufkommen, Friedell habe insgeheim, auch vor sich selbst verborgen, sogar gehofft, die heiß Umworbene möge ablehnen. Was auch sollte er anfangen mit einer Frau, die den Alltag mit ihm teilt, die in derselben Wohnung wohnt, die täglich um ihn ist? Die Zeit der Verklärung wäre vorbei. Gewiss auch fürchtete er unbewusst um seine Produktivität, die die Nähe einer Frau womöglich gelähmt hätte. Das hatte er schon bei Weininger nachlesen können. In seiner Rolle wäre eine dauerhafte Bindung wohl eher fatal gewesen: Er hätte sich selbst den neurosengedüngten Boden seines Künstlertums entzogen. Oder aber er hätte die Nähe auf Dauer nicht ertragen und es wäre zum unheilbaren Bruch gekommen.

Kein Wunder, dass die um ihre Eigenständigkeit kämpfende Schauspielerin ablehnt. Was für Aussichten auf eine glückliche Ehe konnte auch ein Mann bieten, der erst kürzlich in der jungen und jugendbewegten Wiener Zeitschrift *Der Ruf*, die beispielsweise auch Erich Mühsam zu ihren Autoren zählte, so schöne, an Weininger erinnernde Aphorismen hatte aufblitzen lassen wie diesen: «Man kann Frauen nur mit zweierlei ein wirkliches Vergnügen machen: mit Geld und mit schlechter Behandlung.» Oder diesen: «Die Frauen sind keine Menschen. Das macht sie so anziehend.» Oder diesen: «Ich verstehe nicht, wie man homosexuell sein kann. Das Normale ist doch schon unangenehm genug.»[101]

Lina Loos selbst glaubt auch, in dieser Hinsicht nahe bei ihrem Freund Peter Altenberg, die innersten Triebe des Mannes durchschaut zu haben. «Man soll», bekennt sie, «einem Mann keinen Eid abnehmen, kein Ehrenwort, keinen Handschlag, kein Wort! Sind sie alle verantwortungslose Wahnsinnige? oder sind sie es *nur* einer Frau gegenüber?»[102] Trotz dergleichen Bedenken hat sie sich inzwischen mit einem gewissen aus wohlhabender Inzersdorfer Familie stammenden Dr. Herbert Fries verlobt,[103] der sie offenbar nahm, wie sie es wünschte: als Frau, nicht als Gespinst eigener Phantasien. Gewiss, sie fühlt sich Friedell verbunden, sie braucht ihn auch als anregendes Gegenüber. Doch leidet sie unter der Verklärung ihrer Erscheinung mehr als darunter, dass er in der Öffentlichkeit gerne den Überlegenen spielt und sie als «Gans» abkanzelt. Er ist nicht willens, und wohl auch nicht fähig, sie zu sehen, wie sie ist – ein fehlbares Wesen, keine Göttin. Er aber sieht sie, wie Altenberg sie sieht, wie Adolf Loos sie gesehen hat: als Verkörperung der Sehnsucht nach der idealen Frau, die dem männlichen Genius zur Entfaltung verhilft und zugleich unter dessen Herrschaft zu stehen hat. Denn, nach Weininger: Die Frau ist, sei sie noch so klug und begabt, von Natur aus gefährlich in ihren ewigen Begierden.

Es ist nicht unwahrscheinlich, dass Friedell ihre Ablehnung mit insgeheimer Erleichterung hingenommen hat, die den Schmerz der Enttäuschung linderte – wenn er auch zunächst in eine Krise fällt und in einem Brief von Selbstmord spricht, so geschickt inszeniert, dass auf sie kein Verdacht falle, sie aber von seinem Vermögen erben werde. Wie ernst es ihm war, ist schwer zu entscheiden – zumal man seine Neigung zum Spiel kennt, mag es sich hier auch eher um die Rolle in einer Tragödie handeln. Tatsache ist, dass er sich in die Lage schickt und fürderhin mit der Rolle des Vertrauten und inspirierenden Freundes zufrieden ist.[104] In gewisser Weise scheint es Lina Loos gelungen, die Rollen zu vertauschen. So hätte sich also das Verhältnis der beiden seinem tatsächlichen Zustand angenähert und an Wirklichkeit gewonnen.

Auch im Haushalt in der Gentzgasse 7 hatte es in diesen aufregenden Jahren nachhaltige Veränderungen gegeben. Seit nunmehr acht Jahren, seit jenem Sommer 1904, da Friedell soeben seine Dissertation veröffentlicht hatte, ist die bildhübsche Hermine Schimann als Haushälterin bei ihm eingezogen. Die aus Budweis in Böhmen gebürtige 24-Jährige wurde engagiert, um Marie Gabriel, Friedells alte Kinderfrau, die er bei seinen Aufführungen demonstrativ durch den Zuschauerraum zu führen pflegte und dem Publikum als seine Tante präsentierte, zu entlasten. Marie Gabriel sind Friedells Einladungen zu Herrenabenden zu anstrengend geworden. Von ihren früheren Arbeitgebern hat Hermine Schimann gute Zeugnisse erhalten. Da steht in ihrem «Dienstbuch» etwa: «Treu, fleissig, sittsam.» Auch ist in der Rubrik «Personenbeschreibung» vermerkt, ihre Religion sei katholisch, die Größe »mittel», das Gesicht sei «voll» und die Haare «braun». Und die Zähne – die Zähne seien «gut».[105]

Hermine Schimann wird bis zum Tode Friedells den Haushalt besorgen, 34 Jahre lang.

V
KRIEGER AM SCHREIBTISCH, MAULHELD UND TINTENSKLAVE

1. Die Lichter gehen aus

Was für ein Jubel!

Soeben hatte Kaiser Wilhelm II. in Berlin vor den Reichstagsabgeordneten jenes denkwürdige, von Reichskanzler Theodor von Bethmann Hollweg vorgeschlagene Wort gesprochen, das ein tiefes Bedürfnis nach Einheit und Zusammengehörigkeit berührte: «Ich kenne keine Parteien mehr, ich kenne nur noch Deutsche.»[1] Das war die Verkündigung des «Burgfriedens», am 4. August 1914. Ein Begeisterungssturm brandete auf.

Verfassungsrechtlich war der Reichstag an den Kriegserklärungen nicht beteiligt. Doch hing vom Parlament die Finanzierung ab. So gab auch der Parteiführer der Sozialdemokraten, Hugo Haase, die geschlossene Zustimmung seiner Fraktion bekannt, als in derselben Sitzung der Reichstag fünf Milliarden an Kriegskrediten bewilligte. Denn die Sozialdemokratie war zwar grundsätzlich gegen einen «imperialistischen» Krieg, nicht aber gegen einen Verteidigungskrieg. Und als Verteidigungskrieg gegen die «Westbarbaren», wie Friedell bald schreiben sollte, nahmen die Zeitgenossen den hereinbrechenden Konflikt wahr: «Wir lassen in der Stunde der Gefahr das eigene Vaterland nicht im Stich», sagte Haase vor versammeltem Haus. Dass die französischen Sozialisten entschlossen waren, «für Kriegskredite zu stimmen», spielte für die Entscheidung gleichfalls «eine wichtige Rolle».[2] Was in Deutschland «Burgfrieden» hieß, war in Frankreich die «union sacrée».[3]

Am 28. Juni, es war der Jahrestag der Schlacht auf dem Amselfeld 1389, die mit einer vernichtenden Niederlage der Serben endete, waren der österreichische Thronfolger Erzherzog Franz Ferdinand und seine Gemahlin bei einer Fahrt durch Sarajevo im Automobil von dem Fanatiker Gavrilo Princip erschossen worden. Mehrere Gruppen serbischer Anarchisten hatten auf das heranfahrende Prinzenpaar gewartet. Staatsrechtlich waren sie «Bürger der Monarchie», ihrer Gesinnung nach radikale Nationalisten. Da gelang es einem, eben dem Studenten Princip, nahe genug an das Fahrzeug des Thronfolgers heranzukommen.[4] Was folgte, erschien den meisten Zeitgenossen als eine Art schicksalhafter Verkettung bestehender Bündnisse und getroffener Entscheidungen, deren Dynamik wie eine Naturgewalt Europa in den Ersten Weltkrieg «hineinschliddern» ließ.

Zwischen Österreich und Deutschland bestand ein Bündnisvertrag, dessen unbedingter Geltung Berlin den Partner an der Donau am 6. Juni in der so genannten «Blankovollmacht» versicherte. Das hatte, wie Thomas Nipperdey sagt, nichts mit «Nibelungentreue» zu tun, sondern war «tragische Machträson»[5] – Deutschland wollte den Bündnispartner trotz dessen politischer und wirtschaftlicher Schwäche vor dem Zerfall bewahren, aus der nicht unberechtigten Furcht heraus, das kriegsbereite und forciert aufrüstende Russland sei eine existentielle Bedrohung. Russland betrieb auf dem Balkan eine «antiösterreichische Offensivpolitik», zudem nahm «die Deutschfeindlichkeit in Rußland, in Presse und Militär vor allem, (…) noch weiter zu».[6] Mit der Existenz der Donaumonarchie schien also auch das Kaiserreich selbst bedroht.

Durch die «Blankovollmacht» versichert, übergab Wien Serbien am 23. Juli ein Ultimatum, das die serbische Regierung zwar in Teilen annahm – in einem zentralen Punkt jedoch ablehnte: dass in die Untersuchung des Attentats auch österreichische Beamte einzubeziehen seien. Zugleich begann Belgrad gegen die Monarchie mobilzumachen, da ihm der Kronrat in Petersburg die weitere Unterstützung zugesagt hatte, während Russland seinerseits von seinem Bündnispartner Frankreich ermuntert wurde, nicht nachzugeben. Ebenso vermied es England, Russland mit der Einschränkung seiner Unterstützung zu drohen. Auch Deutschland hielt unbeschränkt an seinem Bündnis mit Österreich fest.

Am 28. Juli erklärte Wien Serbien den Krieg und griff Belgrad an. Am 29. Juli begann Russland mit der Mobilmachung, «das war der entscheidend krisenverschärfende Schritt».[7]

Nun hatte die deutsche Führung Angst, ihren zeitlichen Vorsprung im Falle einer russischen Generalmobilmachung zu verlieren, und erklärte am 1. August Russland den Krieg.

«Die Ereignisse, so schien es den Beteiligten, verselbstständigten sich und nahmen ihren Lauf.»[8] Frankreich lehnte, erwartungsgemäß, «eine deutsche Anfrage über eine friedliche Haltung in dem begonnenen deutsch-russischen Krieg» ab. Am 3. August erklärte Deutschland Frankreich den Krieg und marschierte, dem Schlieffen-Plan folgend, im neutralen Belgien ein. Am 4. August, als der Reichstag einstimmig die Kriegskredite bewilligte, erklärte England dem Deutschen Reich den Krieg, das in dessen seit Jahren geäußertem Anspruch «auf eine ebenbürtige Weltmachtstellung die eigentliche Bedrohung» gesehen hatte.[9]

Der Erste Weltkrieg war ausgebrochen. «In Europa und auch im deutschen Kaiserreich gingen die Lichter aus.»[10]

2. Musterung?

Egon Friedell hält sich in den Tagen der «Julikrise» in München auf. Es war ein herrlicher Sommer, der «auch ohne das Verhängnis, das er über die europäische Erde brachte, uns unvergeßlich geblieben wäre», wie sich Stefan Zweig erinnert. «Seidenblau der Himmel durch Tage und Tage, weich und schwül die Luft, duftig und warm die Wiesen, dunkel und füllig die Wälder mit ihrem jungen Grün (...).»[11]

Friedell ist nicht allein der Sommerfrische wegen an der Isar. Er verbringt die Wochen in einem Sanatorium in Thalkirchen. Es ist sein zweiter Versuch, abzuspecken und seinen mit den Jahren übermäßig gewordenen Genuss an Slibowitz und Wein in den Griff zu bekommen. Schon sein alter Lehrmeister Otto Erich Hartleben hatte sich mit Alkohol ruiniert. Peter Altenberg war dabei, ihm zu folgen. Das machte Friedell Sorge. Überdies suchte er Abstand von Lina. Ihr «Nein» auf seinen Antrag hatte ihn in eine Krise geworfen.[12]

Spielt er deswegen mit dem Gedanken, sich als Kriegsfreiwilliger zu melden? An Lina schreibt er: «Wenn es auch in Deutschland losgeht, so mache ich mit. Ich werde mich zu einem badischen Reiterregiment als Freiwilliger melden, (da ich dorthin Beziehungen habe) und komme dann zunächst wahrscheinlich nach Freiburg. Vielleicht gelingt es mir auf diese Weise, Dich zu vergessen.»[13]

War das Pose? Dachte er insgeheim, wie viele, es werde am Ende doch nicht losgehen?

Die Begeisterung ebbte bald ab: Ein Infanterieregiment marschiert vom Praterstern in Wien an die Front.

Und nun ging es tatsächlich los.

In diesen Tagen wurde in Berlin, in Wien, in München, nicht anders in Paris und in London, gefeiert. In den Biergärten und auf den Straßen ertönte «Die Wacht am Rhein», in den Beisln und Kaffeehäusern, im Prater «dröhnte» die Musik, wehten Fahnen, junge Soldaten «marschierten im Triumph dahin, und ihre Gesichter waren hell, weil man ihnen zujubelte». Von diesem Aufbruch ging für alle Beteiligten «etwas Großartiges, Hinreißendes und sogar Verführerisches» aus: «Wie nie fühlten die Tausende und Hunderttausende Menschen, was sie besser im Frieden hätten fühlen sollen: daß sie zusammengehörten. (...) Alle Unterschiede der Stände, der Sprachen, der Klassen, der Religionen waren überflutet für diesen einen Augenblick von dem strömenden Gefühl der Brüderlichkeit.» Nun hatte der «kleine Postbeamte, der sonst von früh bis nachts Briefe sortierte», hatte der Schreiber, der Schuster «plötzlich eine andere, eine romantische Möglichkeit in seinem Leben: er konnte Held werden, und jeden, der eine Uniform trug, feierten schon die Frauen».[14]

Selbst ein solcher Feind des Kaiserreichs wie Erich Mühsam, in diesen Tagen ebenfalls in München, trägt über den Montag und Dienstag, 3. und 4. August, in sein Tagebuch ein: «Und es ist Krieg. Alles Fürchterliche ist entfesselt. Seit drei Tagen rasen die Götter. (...) Ich sehe starke, schöne Menschen einzeln und in Trupps in Kriegsbereitschaft die Straßen durchziehen. Ich drücke Dutzenden täglich zum Abschied die Hand, ich weiß nahe Freunde und Bekannte auf der Reise ins Feld oder bereit auszuziehen (...), weiß, daß viele nicht zurückkehren werden, lese Depeschen und Nachrichten, die – jetzt schon, ehe noch die Katastrophe eingesetzt hat – einem das Herz aufschreien machen (...). Und – ich, der Anarchist, der Antimilitarist, der Feind der nationalen Phrase, der Antipatriot und hassende Kritiker der Rüstungsfurie, ich ertappe mich irgendwie ergriffen von dem allgemeinen Taumel, entfacht von zorniger Leidenschaft, wenn auch nicht gegen etwelche ‹Feinde›, aber erfüllt von dem glühend heißen Wunsch, daß ‹wir› uns vor ihnen retten!»[15]

Und überall in den Städten drängeln sich Abiturienten, Maler, Studenten, Büroangestellte, Handwerker und Arbeiter vor den Kasernen. Auch Hofmannsthal oder der deutsche Naturdichter Hermann Löns, der Dramatiker Ernst Toller, die Söhne des Schriftstellers Max Halbe, die Maler Franz Marc oder Max Beckmann, oder in Frankreich der Kubist Fernand Léger – sie alle eilen zu den Fahnen. Ende August werden es in Deutschland mehr als eine Million Kriegsfreiwillige sein.[16]

Hat auch Dr. Friedell nur darauf gewartet, endlich bei den großen Ereignissen mitmachen zu können?

In Sachen der Kultur – und es schien sich ja unbedingt um einen Kulturkampf zu handeln – war es ihm ernst. Seine Achtung vor dem Kaiserreich, das ihm die Matura ermöglicht hatte, ist ungebrochen. Noch mehr fühlt er sich der geistigen Tradition verbunden. Lina gegenüber spricht er von seiner «rabiaten Bewunderung für alles was Deutschland heißt.»[17]

War es dem Schauspieler wirklich ernst mit seiner Idee, den spitzen Bleistift gegen das schwere Infanteriegewehr zu vertauschen?

Friedell also soll sich in jenen sonnigen Tagen auf die österreichische Gesandtschaft begeben haben. Der Beamte soll gesagt haben: «‹Wer sind Sie, was wollen Sie?› Ich sagte: Ich bin der Landsturm.» Auf die Frage, wo der Landsturm gedient habe, soll Friedell geantwortet haben: «‹Ich bin der ungediente Landsturm.›» Darauf der Beamte:

«(…) da würden wir schön ausschauen, wenn wir Sie jetzt schon brauchen würden!» Friedell, gekränkt: «Ich weiß nicht, mit welchem Recht Sie so geringschätzig über mich denken, da Sie über meine militärischen Qualitäten nicht das geringste Urteil besitzen. Niemand kann wissen, welche Wendung vielleicht gerade ich der Sache im letzten Moment geben könnte.» «Aber», berichtet Friedell weiter, «es war nichts zu machen.»

Angeblich habe er sein Glück dann noch bei einem Münchner Militärbeamten versucht, der allerdings «kotzengrob» gewesen sei: «Was, als Freiwilliger wollen Sie gehen? Wissen Sie, wie viel Freiwillige sich bis jetzt gemeldet haben? Eindreiviertel Millionen!! Und die schaun alle etwas anders aus als Sie!» Auf Friedells Einwand, daher wolle er ja zur Kavallerie, entgegnet der Beamte: «Eine Körpererscheinung, wie Sie sie besitzen, ist bestenfalls einem Major gestattet, und in dieser Charge können wir Sie nicht gleich anfangen lassen!» Friedell, abschließend: «Verzeihen Sie, aber ich habe nicht gewußt, daß Sie so exklusiv sind. Ich will mich nicht aufdrängen.»[18]

Könnte es so gewesen sein? Der ganze Auftritt klingt doch allzu sehr nach Militärklamotte. Friedell ist selbst klar, dass sein Embonpoint beträchtlich ist, er wiegt um die 90 Kilo. Das entspricht nicht der Figur eines jungen Kriegers. Es ist also eher wahrscheinlich, dass Friedell, wie vermutlich die Reise nach Ägypten, wie seine Anfänge als Theaterkritiker, auch die Musterung erdichtet hat. Umso eher, als man weiß, dass der dichterische Umgang mit den Tatsachen zum Selbstverständnis des modernen Künstlers als seines eigenen Werkes zählt – auch das hat Friedell über Peter Altenberg von Hermann Bahr gelernt. Amtliche Dokumente der «Musterung» finden sich nicht. Er wird also auch in diesen Tagen er selbst geblieben sein: der Schauspieler einer Figur namens Egon Friedell.[19]

Jedenfalls fährt er nach Wien zurück, «wo ich nach kaum sechzigstündiger Fahrt ankam». Am Bahnhof sei er, schreibt er an Lina, Hugo von Hofmannsthal begegnet, der seine k. u. k. Uniform trägt. Friedell will dem Dichter seine Geschichte erzählt haben, Hofmannsthal aber kann auch nicht weiterhelfen. «Du glaubst nicht, Lina, wie schwer es mir gemacht wird, den Heldentod zu sterben.»[20] Wenn auch nicht immer geschmackvoll, so sind seine Anekdoten zweifellos gut erfunden.

Inmitten dieser Wandlungen gibt es auch im Hause Friedells Veränderungen. Die neue Haushälterin, die attraktive Hermine Schimann, erscheint plötzlich mit einem elfjährigen Mädchen an der Hand, die sie als ihre Tochter vorstellt: Herma Schimann. – Wer ist Hermas Vater? Sofort ist das Gerücht im Umlauf, der Vater sei Friedell, vielleicht. Das Kind war im November 1902 geboren. Kannte Friedell Hermine schon länger? Sie ist ja nicht erst in Wien, seit sie in Friedells Haushalt eintrat. Hat er dafür gesorgt, dass Herma auf dem Land, in Hermine Schimanns böhmischer Heimat, aufwächst? Wollte er von sich als dem Vater ablenken? Darüber schweigt sich Hermine Schimann ebenso aus wie Friedell, der die Tochter anstandslos aufnimmt. Beide, Friedell und Hermine, nehmen das Geheimnis mit ins Grab.

3. Die Schlacht der Federn

Vielleicht hat Friedell geglaubt, der Krieg müsse in wenigen Wochen mit dem triumphalen Einmarsch der beiden verbündeten Kaiserstaaten beendet sein. Viele sind davon überzeugt. Sigmund Freuds jüngster Sohn Ernst beispielsweise, der sich «wie sein Vater (...) zu Kriegsbeginn auf einmal stark als Österreicher» fühlt, meldet sich im Oktober 1914 freiwillig zur Artillerie, worauf der Kompaniechef gesagt haben soll: «Jetzt kommen Sie zum Militär, jetzt, wo der Krieg fast vorbei ist.»[21]

Auch Hugo von Hofmannsthal huldigt der allgemein beschworenen «reinigenden» Kraft des Krieges, desgleichen Gerhart Hauptmann, Ricarda Huch, Ina Seidel. Die Operettenkomponisten Emmerich Kálmán, Franz Lehár, Paul Linke schreiben «Militärmusik und Soldatenlieder», ebenso Arnold Schönberg. «Regisseure wie Ernst Lubitsch und Fritz Lang» drehen «Propagandafilme», die Theaterbühnen bringen patriotische Schmachtstücke, auch Friedells Freunde vom Kabarett leisten ihren Beitrag: «Die Russen und die Serben, / Die hau'n wir jetzt in Scherben, / Und einen festen Rippenstoß / Kriegt England jetzt und der Herr Franzos.»[22] Nur Polgar verweigert sich. Und sein Gegner im Geiste, Arthur Schnitzler; und Berta Zuckerkandl und einige wenige andere.

Dass es auch Friedell zum Dienst an der «Heimatfront» drängt, wundert niemanden. Seine Waffen sind die Waffen des Gelehrten: Kopf,

Wort, Bleistift. Schon sein Carlyle-Vortrag im Januar und der Essay, den er Mitte Februar in der *Schaubühne* veröffentlicht hatte, bereiten das Glacis: Friedell verehrt den ingeniösen Kulturhistoriker wegen dessen Verehrung der großen Männer, die Geschichte schreiben. Carlyles großes Werk war seine Ende des 19. Jahrhunderts entstandene umfangreiche Monographie über Friedrich den Großen, deren gekürzte Ausgabe ungemein beliebt war. Der Brite zeichnet den preußischen König als Verkörperung jenes Genies der Tat, wie sie dem historischen Verständnis des Bürgertums entsprach: ein Mann, der die Zeichen der Zeit zu deuten versteht, die historische Lage überblickt und die politische Gestaltungskraft und den Willen besitzt, seine Einsichten umzusetzen. Das fügte sich vortrefflich in das ästhetische Konzept des historisch wirksamen schöpferischen Menschen. Demzufolge war Friedrich, unabhängig davon, dass er auch Verse schrieb und komponierte, ein «Dichter». Und Carlyle war der Sänger solcher «Dichter». So erschien im Herbst 1914 der *Heldenverehrung* betitelte Sammelband mit Essays von Thomas Carlyle, die Friedell übersetzt hatte und als dessen Vorwort er seinen Artikel aus der *Schaubühne* verwandte.

Auch in etlichen anderen Schriften stößt Friedell in die Kriegstrompete. So erscheint noch vor dem Carlyle-Buch, im Oktober, im *Neuen Wiener Journal* und der *Schaubühne* der Aufsatz «Westbarbaren», in dem Friedell dem Zeitgeist gemäß diesen Krieg zum «Kulturkampf» erhebt: «Aber die großen Kriege, die, in denen bedeutsame und geheimnisvolle Kräfte der Vergangenheit und Zukunft sich ausgewirkt haben, sind immer nur aus einem einzigen Grunde geführt worden: Sie waren allemal Kulturkämpfe, ob sie sich dessen deutlich bewußt waren oder nicht.» So sei der Siebenjährige Krieg erfolgreich gewesen, weil «hinter ihm allein (...) die neue Kultur» gestanden habe, «die Europa umbilden und verjüngen» sollte. Indes sei niemals ein Krieg «so bewußt und deutlich um Kultur geführt worden und nur um Kultur, wie dieser ungeheure und ungeheuerliche Kampf, in dem alle moralischen, intellektuellen und physischen Kräfte des Menschen gesammelt ins Treffen geworfen werden; Millionen Herzen, Millionen Hirne, Millionen Menschengedanken, körperlich geworden in Luft und Feuer, Gold und Erde, Eisen und Licht; und all das einzig und allein, um festzustellen, ob der helle, deutsche Gedanke auch weiterhin in Europa siegreich bleiben soll oder nicht.» Die Barbaren stünden längst im Westen: die skrupellosen, alle Kampfmittel, die «sich außerhalb aller Zivilisation befinden», einsetzenden Engländer; und die Franzosen, die mit ihrer «Anmaßung, Plattheit und Korruption», ihrem «Geist des Bordells und der Spielhölle» ganz Europa verdorben hätten und nun eine «geradezu bestialische Kriegsführung» betrieben.[23]

Das geht ganz in der Meinung des intellektuellen Milieus auf. Der Soziologe Werner Sombart hat dieses Typenmuster 1915 in *Händler und Helden. Patriotische Besinnungen* beschrieben: Dem «Händler», der merkantilen Variante des Philisters, die in ihrem «Krämergeist» nur auf materiellen Gewinn erpicht ist, steht der geistig empfindsame, in seinem Opfermut den Tod heroisch überwindende deutsche «Held» gegenüber. Plakate beschwören die Größe der deutschen Kultur, die sich schon darin ausdrücke, dass hier dreimal so viele Bücher herauskämen wie beim Gegner: «Gegenüber dem Veitstanz des Materiellen und der ewigen Anbetung der Macht des Geldes halten wir heute noch daran fest, daß Seele und Geist etwas in der Welt bedeuten.»[24]

Im Dezember 1914 sendet der Schreibtischkrieger Lina auf ihren Zauberberg in Davos, wo die gesundheitlich immer wieder labile Freundin eine Lungentuberkulose kuriert, die Mitteilung, haarscharf am 2. diesen Monats, «dem Jubiläumstag des Kaisers!», sei «Belgrad von uns besetzt» worden. Es sei gewiss «eine schöne taktische Leistung» gewesen, «die Sache so einzurichten, daß sie gerade auf diesen Tag fiel».

Trotz seines kriegerischen Überschwangs vergisst er nicht, seinem «Linerl» Mut zu machen: «Deine – pardon bzw. entschuldige – Rossnatur wird schon mit den paar Tuberkeln fertig werden. Hauptsache ist und bleibt die Luft, die ja wirklich prima bzw. erstklassig ist.»[25] Pardon bzw. entschuldige – der Sinn für Ironie ist ihm selbst im Kampf mit der Feder nicht entschwunden. Er wusste, dass die Briefe der Kriegszensor liest. Ob seine Kulturkampfstimmung indes zur Genesung der vom Kriegsvirus unangegriffenen Lina beitrug, ist die Frage. Ihr Verlobter war bereits in den ersten Kriegswochen in Polen gefallen.

Friedell lässt den «Westbarbaren» noch eine Reihe ähnlicher Schriften folgen, so «Die Philosophie des Weltkrieges», ein Versuch, den Krieg als mythisches Ereignis zu weihen, in dem sich aber Nachdenklichkeit andeutet, insofern Friedell bekundet, der Sinn dieses Krieges, um dessen Erlebnis «uns» Spätgeborene zwar zweifellos «beneiden» würden,

Fast eine Idylle: Die Sezession wurde während des Krieges zum Lazarett umfunktioniert.

sei doch noch nicht fassbar – «und nicht allein wegen all der Leiden, die er mit sich bringt».[26]

Dem folgt im April 1915 «Der unbeliebte Deutsche», eine lange Abhandlung über die Gründe für das schlechte Ansehen der Deutschen in der Welt: gerade ihrer guten Eigenschaften, ihrer Gutmütigkeit, Ehrlichkeit und Frömmigkeit wegen, vor allem aber wegen ihrer unbestreitbaren Tüchtigkeit.

Ergänzt um den titelgebenden Beitrag «Von Dante zu d' Annunzio», der im Juni im *Neuen Wiener Journal* veröffentlicht worden war, erscheinen Friedells Kriegsschriften Mitte 1915, rund ein Jahr nach Kriegsbeginn, als anmutig im Jugendstil gehaltenes Essaybändchen in der «Buchhandlung L. Rosner & Verlagsbuchhandlung Carl Wilhelm Stern, Wien und Leipzig».[27]

Derart gebündelt, ergänzen die Texte einander und ergeben ein neues Ganzes, das eine stärkere Wirkung entfalten kann als die verstreuten Veröffentlichungen. Diese für Friedell zukunftsträchtige Arbeitsstrategie ist nur möglich, weil das Denkgebäude des «Dichters» längst auf festem Boden steht und im Horizont seiner eigenen Voraussetzungen schlüssig ist. So entsteht ein Zusammenhang, der die einzelnen Themen und Gelegenheitsgedanken überwölbt und zu verknüpfen vermag.

Noch um diese Zeit, im Februar 1915, teilt er Lina mit: «Die Kriegsbegeisterung hier ist nach wie vor kolossal. Die ‹Brot- und Mehlfrage› wird mit bewährter Umsicht und Gewissenhaftigkeit geregelt.»[28]

Im selben Monat veranstaltet er in der «Urania» in Wien vor Soldaten einen *Kriegsabend* mit patriotischen Texten. Gegenüber Lina beschwert er sich über die Damen der Gesellschaft, die die besten Plätze im Parkett besetzt hätten, während die Soldaten sich auf den umlaufenden Plätzen drängen mussten. So habe er demonstrativ nur nach den Seiten zu denen gesprochen, denen der Abend galt.

Er hält außerdem Literaturvorträge, so über Carlyle, Shakespeare und Nestroy. In Budapest und Wien spielt er in einer Nestroy-Aufführung.

Friedell dürfte nicht nur die allgemeine naive Begeisterung mitgerissen haben. Er war offenbar beflügelt von dem Gedanken, nun sei die deutsch-österreichische Nation allem Anschein nach im Begriff, sich geschlossen zum «Dichter» in seinem, Friedells umfassenden Sinne zu läutern: zum Gestalter und Schöpfer einer zukunftsfähigen Geschichte, bewegt von ihrer kulturellen Sendung. Es muss ein starkes Gefühl von Hoffnung darin gelegen haben, sich der Illusion hinzugeben, ein siegreiches Deutschland-Österreich könne die moderne Welt vor sich selbst retten.

Ähnliche Gedanken indes, durchaus in sakrale Metaphern gefasst, hegte auch die Gegenseite: dort war der angebliche «preußische Militarismus» der Inbegriff barbarischer Rückständigkeit, so dass es eines «großen Kreuzzuges» gegen Deutschland bedurfte, «um die Welt zu erretten».[29]

Gleichwohl deutet sich in Friedells Einschätzung ein Wandel an.

4. Die Wandlung

Am 21. Februar 1916 beginnt an der Westfront die furchtbarste Schlacht dieses Krieges. Längst hat sich an der festgefressenen Frontlinie gezeigt, dass der Vernichtungskraft der modernen Waffen alles menschliche Vorstellungsvermögen nicht gewachsen war. Die «Hölle von Verdun» indessen, die sich die Kriegsgegner ein halbes Jahr lang, bis zum 21. Juli, bereiten, übertrifft selbst die Schrecken der knapp zwei Kriegsjahre, die nun vergangen waren. Nicht nur in Deutschland und Österreich schlägt die Stimmung um, breitet sich Kriegsmüdigkeit aus. Der Mehrzahl der Intellektuellen tritt ins Bewusstsein, dass der mit mystischen Erlösungserwartungen aufgeladene Krieg in eine weltgeschichtliche Katastrophe mündet.

Dass auch Friedells Gesinnung im Wandel begriffen war, hat sich in dem Aufsatz über «Die Philosophie des Krieges» schon angedeutet, in dem er etwa von den Engländern, um genau zu sein: von «dem Engländer», als «einem der manierlichsten Menschen der Welt» spricht.[30] Von Hass auf den Gegner, der in diesen Jahren auf beiden Seiten grassiert, scheint er frei zu sein.

Zwar lässt er sich noch am 1. November 1917 im *Neuen Wiener Journal* über den «Erbfeind» aus.[31] Indessen ist dieser Text weniger ein Angriff auf Frankreich als Kriegsgegner. Sein eigentlicher Sinn erschließt sich erst, wenn man ihn im Horizont von Friedells Kulturkritik sieht: Frankreich, in seiner formbewussten Sittenlosigkeit, ist demnach das Babylon der Gegenwart, während England als Sitz jener utilitaristischen Geld- und Gewinnmentalität gilt, der ganz Europa, wie es Thomas Mann in seinen 1918 erscheinenden *Betrachtungen eines Unpolitischen* ausdrückt, mit einer «Tango- und Two-Step-Gesittung» überziehe. Dass Friedell Thomas Manns «Rückzugsgefecht», das den romantisch deutschen Begriff von «Kultur» als ästhetischen, geistigen und ethischen Zusammenhang verteidigt, hymnisch besprechen wird, bestätigt nur seine eigene Einschätzung der französischen «Zivilisation».[32] Dieser Blick, gewiss, entstammt dem Schema, das sich im 19. Jahrhundert in Deutschland im Zuge des Versuchs formiert, die eigene nationale Identität zu begründen, die Friedell als «Seele» eines Volkes begreift. Doch reicht sein Blick merklich über den Horizont der Frontlinien hinaus.

So markiert Friedells Artikel «Der Erbfeind» keinen Rückfall in die Rhetorik der Kriegspropaganda. Er widerspricht nicht den religiös motivierten Arbeiten, die seit Mitte 1915 entstehen: *Die Judastragödie* und die zunächst als Artikel veröffentlichte Abhandlung *Das Leben Jesu*. Dass die *Judastragödie* im Frühsommer 1916 beendet ist, *Das Leben Jesu* im September folgt, legt den Zusammenhang des Gesinnungswandels mit den Berichten vom Schrecken der Materialschlachten nahe.

Mit der *Judastragödie* schreibt Friedell also sein erstes echtes Theaterstück – keinen Sketch, keinen Vortrag, eher eine Art Bühnenbußpredigtspiel und im Grunde ein neuer Versuch, die eigene, ewig zwischen jüdischer Herkunft und deutschem Zugehörigkeitsgefühl schwebende Identität festzuschreiben: Judas erscheint als realpolitisch handelnder Anführer der jüdischen Nationalbewegung, eine Juda-Makkabi-Figur, der im angekündigten Messias den Heerführer gegen die Römer erwartet. Erst als er seine patriotische Erwartung enttäuscht sieht, verrät er Jesus an die Römer, um dann sein Heil im Selbstmord zu suchen.

Friedell bemüht sich mit seiner rhapsodischen Szenenfolge sichtlich, modernes Theater zu machen. Er löst die Handlung in kurze, filmähnlich gereihte Episoden auf, versucht mit abgerissenen Dialogen expressionistische Dramatik zu beschwören, trägt zugleich seiner eigenen messianischen Absicht Rechnung, indem er seine Figuren lehrhaft als Thesenträger benutzt. Hatte er nicht selbst in einem Artikel bemerkt, Kritiker würden meist schlechte Theaterstücke schreiben?

Dass ihm die Sache am Herzen liegt, zeigt nicht allein die vergleichsweise lange Arbeit. Er bemüht sich mit Nachdruck, sein Stück an den Mann zu bringen. Er erreicht tatsächlich einen Vertrag mit dem Burgtheater – in jedem Fall eine Art Ritterschlag für den Autor, dort angenommen zu werden: «ich war als Autor der kaiserlichen Bühne schon durch die bloße Annahme ein ‹gentleman› geworden, den ein Direktor des kaiserlichen Instituts au pair zu behandeln hatte», erinnert sich der Burgtheaterautor Stefan Zweig. Die Berufung hatte zudem «eine Reihe von Ehrungen» mit sich gebracht, «wie Freikarten auf Lebenszeit, Einladung zu allen offiziellen Veranstaltungen».[33] Bald, allzu bald, werden diese herrlichen Zeiten Vergangenheit sein.

Der Direktor der letzten Kriegsmonate heißt Hermann Bahr, und er ist Friedell gewogen. Aber auch Bahr kann sich nicht entschließen, die *Judastragödie* auf den Spielplan zu setzen. So geschieht es über sieben Spielzeiten hin: Das Stück wird Jahr um Jahr wie ein Wechselbalg weitergereicht. Erst am 14. September 1921, Donaumonarchie und Kaiserreich gehören der Geschichte an, wird *Die Judastragödie* in Berlin im Klindtwort-Schwarwenka-Saal – gelesen. Dann endlich, 1922, ringt sich der neue Chef des Burgtheaters, Max Paulsen, zu dem Entschluss durch, das Stück zu bringen. Friedell musste sieben Jahre auf diesen Augenblick warten.

Es wird ein Achtungserfolg. Die Kritik reagiert nicht unfreundlich.

So feiert Franz Höbling in der flott aufgemachten Wiener *Komödie. Wochenrevue für Bühne und Film* am 10. März 1923 zunächst den Autor als den «lieben, bärenhaft-tolpatschigen Riesen mit dem lachenden Kindergesicht und dem wirklich echten Kinderherzen – den Breitbart tiefquellenden Humors, feinster Geisteskultur und Seelenanalytik», um dann nicht ohne Feinsinn festzustellen: «Es ist die Tragödie Egon Friedells, daß er keine Judastragödie schreiben kann, denn er sucht in jedem Menschen den Menschen, das Gute in ihm, das Stückchen Gottheit im Tongefäße.» Gleichwohl sei das Stück «Destillat tiefgründigsten Erfassens der nach einem Messias dürstenden Zeit, und all die Menschen und Menschlein, die er zu Trägern seiner Idee machte (...), sind kostbare Steinchen aus Friedellschem Geistesmosaik.»[34] In derselben Ausgabe bringt die *Komödie* zusätzlich eine Hintergrundgeschichte, in welcher der Autor launig schildert, wie er Friedell in einer Pause der Generalprobe im «Warteraum beim Bühnentürl» wegen eines Interviews geduldig auflauert: «Jetzt speit aber der Ausgang den letzten, dichtesten Schwarm aus und in dem Gewimmel ist Egon Friedells gewaltige Statur nicht zu übersehen. An Höhe, Breite, Dicke hinlänglich mehr als Burgtheaterformat (was ich innigst auch der ‹Judastragödie› wünsche).»[35]

Das *Hamburger Fremdenblatt* hingegen mutet die «merklich betonte geistige Kühnheit» des Thesenstücks «vielfach überholt» an: «Vor zehn Jahren hätte der ungenierte Griff, mit dem hier biblische Gestalten und Überlieferungen angefasst werden, wie eine kühne Tat gewirkt, weil damals Bernard Shaw noch nicht so gespielt wurde.» Dessen Methode, historische Gestalten «ihres pathetischen Heldentums zu entkleiden» habe sich Friedell zu eigen gemacht, und immerhin: «Das erste Bild setzt vielversprechend ein, aber dann wird die Tragödie ein unsicheres Hin und Her von kleinen Vorgängen und Episoden und von großen Betrachtungen, in denen sich der Autor mit dem Christentum und dem Judentum in seiner immer verblüffenden und schlagfertigen Art auseinandersetzt.» Leider lasse die «oft bedenklich kabaretmäßige Banalisierung des Legendären» selbst «schöne dichterische Momente, wie das halbverdeckte, stumme Vorüberziehen des Kreuzigungszuges nicht zu reiner Geltung» kommen; wobei doch die «intelligente Regie Albert Heines und die zum größten Teile gute Darstellung dem geistig interessanten Abend nach Möglichkeit Form und Farbe» verliehen habe.[36] Die *Frankfurter Nachrichten* wiederum finden das Bühnenwerk «an

Fünf Jahre musste Friedell warten, ehe sich seinem ausstattungsreichen Passionsspiel Die Judastragödie *die Tore des Burgtheaters öffneten.*

sich originell, aber (...) in der Form stecken geblieben», dabei wiederum doch nicht misslungen: «Das überaus figurenreiche Werk ist frei von jedem Pathos und besitzt eine klare moderne Sprache.» So habe das Werk im Ganzen «eine sehr warme Aufnahme» gefunden.

Das klingt doch ein bisschen flau, *Die Judastragödie* erlebt dann auch nur wenige Aufführungen. Später macht sich Friedell über diese Kurzlebigkeit lustig, in einer Art indessen, die den Stolz des Burgtheaterautors durchschimmern lässt und ironisch, doch frech die Inszenierung als theatergeschichtliches Hauptereignis schildert: Er dürfe wohl «ohne Überhebung behaupten», schreibt er 1926 anlässlich der 150-Jahrfeier des Burgtheaters, «daß kein Autor sich so dauernder und intensiver Beziehungen zum Burgtheater rühmen kann wie ich. Alles Dramatische, was ich produziert habe, ist vom Burgtheater aufgeführt worden, nämlich meine *Judastragödie* (...); sie stand nur sieben Wochen im Repertoire, aber dafür sieben Jahre im Aktionsprogramm des Burgtheaters; sie gelangte nur achtmal zur Aufführung, aber jedes Mal unter Mitwirkung von 46 Burgschauspielern, also unter einem Aufwand von 368 Spielhonoraren, was zum Beispiel bei Schönherrs *Weibs-*

teufel nahezu 123 Aufführungen entsprechen würde und somit eine Rekordziffer darstellt.»[37]

Gleichwohl zeigt *Die Judastragödie* einen Gesinnungswandel an: Da die Waffen offenbar nur Zerstörung hinterlassen ohne Aussicht auf einen fruchtbaren Neubeginn, ist ein Wandel nötig. Das Wort darf nicht mehr im Dienst der militärischen Gewalt stehen.

Noch während er an der *Judastragödie* arbeitet, am 6. April 1916, bestätigt die k. u. k. Niederösterreichische Stadthalterei Wien Egon Friedmann, fortan den Namen Friedell führen zu können. Der Künstlername hat den Segen der Administration und verwandelt sich in einen offiziellen Namen – nicht mehr als eine Formalie, die in dieser Situation freilich fast wie ein Fingerzeig einer neuen Ausrichtung des «Dichters» wirkt. Auch dass im folgenden Jahr, 1917, seine langjährige Vertraute und Ersatzmutter stirbt, die gütige «Tante» Marie Gabriel, erscheint wie ein Zeichen des Umbruchs. Das lange 19. Jahrhundert, dessen Schlussphase Friedell geprägt hat, neigt sich dem Ende zu.

Das lassen auch die Ereignisse auf der Geschichtsbühne immer drängender ahnen. Die innenpolitischen Unruhen häufen sich, Streiks, Hungeraufstände und sogar Militärrevolten erschüttern die zerfallende Monarchie. Die Regierung reagiert mit Ausnahmezustand und Ermächtigungsgesetzen, der Staat nimmt die «Form einer militärischen Diktatur» an, die Aufstände werden «brutal niedergeschlagen, Deserteure einfach erschossen.»[38]

In dieser zunehmend chaotischen Lage greift Friedrich Adler, der Sohn Alfred Adlers und führender Kopf der innerparteilichen Opposition gegen die «Burgfrieden»-Politik der österreichischen Sozialisten, mit einer spektakulären Aktion in das Geschehen ein: Am 21. Oktober 1916 erschießt er den Ministerpräsidenten Karl Graf Stürgkh in dem Restaurant Meissl & Schaden. Wie Lina Loos in ihren Erinnerungen berichtet, soll Peter Altenberg kommentiert haben: «Da isst er ein ganzes Menü, zahlt und dann schießt er (…) Wer hätte denn bei der Aufregung daran gedacht, ob er gezahlt hat oder nicht!»[39]

Genau einen Monat später und knapp ein Vierteljahr, nachdem Friedells religionsgeschichtliche Orientierungsschrift *Das Leben Jesu* erschienen war, am 21. November 1916, stirbt nach 68 Regierungsjahren der alte, müde Kaiser Franz Joseph I., dem die Zügel ohnehin

Kaiser Franz Joseph I. auf einer von den Wiener Werkstätten zum 60. Regierungsjubiläum 1908 entworfenen Postkarte.

längst entglitten waren. Vielen aber schien er trotz seiner Machtlosigkeit noch als Symbol für den Zusammenhalt der Monarchie. Nun wirkt sein Tod wie ein Menetekel. Und tatsächlich weist die Geschichte seinem unerfahrenen Nachfolger, seinem Großneffen Erzherzog Karl, unerachtet seiner überdies wenig geschickten Bemühungen um einen Separatfrieden mit Frankreich, nur noch die bittere Aufgabe zu, den zerfallenden Habsburgerstaat abzuwickeln.

Zu diesem Zeitpunkt tritt Friedell im Kabarett «Simplizissimus» in der Wollzeile auf und verfolgt trotz der Dramatik dieser Kriegsjahre weiter seine Laufbahn als Schauspieler. Schon 1914 war er im Johann-Strauß-Theater in der Favoritenstraße, der späteren «Scala», in Nestroys Klassiker *Einen Jux will er sich machen* dabei. In der «Volksbühne» spielt er im Dezember 1917 den Direktor in Georg Kaisers expressionistischem Drama *Von Morgens bis Mitternachts* und in Ibsens *Wildente* den «beleibten Herrn». Ferner hat er dort bei einer Wohltätigkeitsveranstaltung auch einen Auftritt als Goethe.

Armut, Not und Hunger: eine Suppenküche in Wien am Ende des Ersten Weltkrieges.

Als der Krieg fast zu Ende ist, kurz vor dem endgültigen Zusammenbruch der Donaumonarchie, begibt sich Friedell ins Tierasyl, um mit einem neuen Bewohner nach Hause zu kommen: dem ungefähr einem Foxterrier ähnlichen Schnick. Schnick, den Friedell als «Herr Schnick» anspricht, bekommt einen Korb im «Sitzzimmer», rechts neben dem Schreibtisch und nahe am Fenster. Friedell sagt dann manchmal: «Herr Schnick, was ist Ihre Meinung dazu?», und beobachtet interessiert, wie Schnick sich von seiner Decke erhebt, auf Friedell zutrottet und ihn wissend anblickt.

Überhaupt ist Friedell bisher vergleichsweise glimpflich durch den Krieg gekommen und hat auch den «Steckrübenwinter» von 1916 auf 17, in dem aus Not Hunde und Katzen geschlachtet wurden,[40] ohne nennenswerten Gewichtsverlust überstanden. Wie hungrig und mager indes für die meisten die Zeiten sind, beleuchtet auch eine Begebenheit, die sich der Überlieferung nach in der Straßenbahn zugetragen haben soll. Demnach sei eine Frau mit ihrem halbwüchsigen und offenkundig hungrigen Buben eingestiegen. Beim Anblick der Leibesfülle des Fahrgasts Friedell habe der Bub zu seiner Mutter so laut gesagt, dass alle es hören konnten: «Muata, einmal möcht' ich auch wieder Grammelknödel essen!»[41]

5. Der Ofen wird kalt, die Republik kommt

Im selben Jahr 1917, als der Kaiser gestorben und im jungen bolschewistischen Russland die Zarenfamilie auf Lenins Geheiß ohne Prozess ermordet worden war, begann sich die weltpolitische Lage auch in anderer Hinsicht zu verschieben: Amerika war in den Krieg eingetreten und hatte damit seinen ersten Auftritt auf der europäischen Bühne, dessen irreversible Folgen im Augenblick weder in Wien noch in Berlin absehbar waren. Oswald Spengler wird den Beginn dieses fundamentalen Wandels in seinem um diese Zeit entstehenden *Untergang des Abendlandes* treffend fixieren, wenn er schreibt, das entscheidende Ereignis des 19. Jahrhunderts sei gewesen, dass Washington zur Hauptstadt der USA erhoben wurde. Noch während amerikanische Truppen, vorzüglich ausgebildet, ausgerüstet und versorgt, an der Westfront operierten, hatte Präsident Woodrow Wilson vorgeschlagen, die Donaumonarchie in Nationalstaaten aufzulösen.[42]

Am 3. November 1918 war mit dem Waffenstillstand der Erste Weltkrieg beendet. Schon zuvor, am 14. Oktober, war in Prag die Tschechoslowakische Republik ausgerufen worden, nachdem bereits Polen sich von der Monarchie gelöst hatte und Serbien, Kroatien und Slowenien ihren eigenen Staat bildeten. Damit war auch die Monarchie aus. Friedell wird sich in einer Bilanz der angeblich 16 Theaterpleiten, die er erlebt habe («Ohne ruhmredig zu sein, darf ich behaupten, daß ich in diesem Punkt ein erstklassiger Fachmann bin»), auch daran launig erinnern: In jenem Herbst 1918 habe Hermann Bahr als Leiter des Burgtheaters ihm, Friedell, angeboten, ein noch zu gründendes «kleines Nebentheater» zu betreuen. Worauf er, Friedell, Bahr warnen zu müssen glaubte: «Wo ich bin, ist Pleite». Bahr habe überlegen erwidert: «Das ist mir natürlich bekannt; aber mit dem Hofburgtheater werden Sie nicht fertig werden.» «Es waren jedoch kaum vierzehn Tage vergangen», kommentiert Friedell rückblickend, «da machten die Habsburger Pleite und mußten nach mehr als sechshundertjähriger Tätigkeit ihre Direktion niederlegen.»[43]

Es war der 11. November 1918, als Kaiser Karl, mochte er auch auf dem Gottesgnadentum der Regentschaft bestehen, auf die Herrschaft verzichtete. Es ist der letzte Regierungsakt eines Habsburgers. Zwei

Tage zuvor, am 9. November, hatte in Deutschland der Interimskanzler Max von Baden die Abdankung des bis zum Schluss zögernden Kaisers Wilhelm bekannt gegeben.

Einen Tag nach dem Verzicht Kaiser Karls, am 12. November, tagten «die deutschsprachigen Abgeordneten in Wien» – im niederösterreichischen Landeshaus in der Herrengasse, gegenüber dem Café Central –, um als Provisorische Nationalversammlung die «Republik Deutschösterreich» auszurufen. Ein Parlament wird gewählt, das kurz darauf das «allgemeine, gleiche, direkte und geheime Stimmrecht für alle Staatsbürger ohne Unterschied des Geschlechts» verabschiedet.[44] Das neue Staatsgebilde nennt sich nicht von ungefähr «Deutschösterreich»: Es soll der Satzung nach «alle deutschsprachigen Gebiete der Monarchie» umfassen; zugleich aber will sich Deutschösterreich, gemäß dem Selbstbestimmungsrecht der Völker, der Deutschen Republik anschließen, die der Sozialdemokrat Philipp Scheidemann am 9. November, 14 Uhr, von einem Balkon des Reichstags ausruft. Im Februar 1919 wählt die Nationalversammlung in Weimar Friedrich Ebert zum ersten Präsidenten des Deutschen Reichs als parlamentarischer Republik. Den von der Mehrheit der Österreicher quer durch die Parteien nicht zuletzt aus wirtschaftlichen Gründen gewünschten Zusammenschluss mit Deutschland aber verhindert der Vertrag von St. Germain-en-Lay, der am 10. September 1919 unterzeichnete Friedensvertrag der Siegermächte mit Österreich. Die Alliierten fürchten, das besiegte Deutschland werde durch einen solchen Beitritt zu mächtig.[45]

Eine politische Hypothek: Die Mehrzahl der Bürger steht dem neuen Rumpfstaat mit Unwillen gegenüber, zumal sich auch das ungeliebte Gemeinwesen als politisch schwach und wirtschaftlich kaum überlebensfähig zeigt – auch der hohen Reparationszahlungen wegen, die der Vertrag von St. Germain festlegt. So bleiben noch «bis in den Frühling des Jahres 1919 (...) die Verhältnisse unübersichtlich», obwohl bereits im Februar die ersten Wahlen stattfinden, für die nun auch Frauen stimmberechtigt waren.[46]

Noch während die Nationalversammlung tagt, versuchen die Kommunisten, eine Räterepublik nach dem Vorbild Moskaus zu installieren. Die «Rote Garde» und Arbeiter- und Soldatenräte marschieren durch die Stadt. Der Prager Journalist Egon Erwin Kisch, von 1917 bis Juni 1918 als Leutnant im k. u. k. Kriegs-Presse-Quartier, dann als Berichterstatter an der Westfront, gehört als Kommandant der «Roten Garde» zu den treibenden Kräften der Radikalen und versucht, mit einem Trupp die Redaktion des *Neuen Wiener Tagblatts* zu besetzen. Der vielkolportierten Anekdote nach soll ihm sein Bruder, Redakteur der Zeitung, auf dem Treppenabsatz entgegengetreten sein und gedroht haben: Er werde das ihrer Mutter erzählen. Tatsächlich soll Egon Erwin kehrt gemacht haben.

Auch Friedell, nicht unbedingt ein Freund der Republik, soll mit Lina Loos, wie sie in der anekdotenhaften Manier ihrer literarischen Freunde berichtet, bei einem Gang durch die Stadt in das Gewühl der revolutionären Aufmärsche geraten – und wohl knapp entkommen sein, Friedell «erbärmlich» hinkend und stöhnend, da er sich «einen spitzen Nagel durch die Schuhsole eingetreten» hatte. Ein «unvergeßlich schrecklicher Tag», soll er später erzählt haben. Gottlob aber sei «doch alles gut ausgegangen (...), denn jemand hat mir endlich eine Zange geliehen, und ich habe den Nagel herausgezogen».[47]

Jedenfalls war der Versuch, eine Räterepublik zu errichten, wie es in München Kurt Eisner und dem Dramatiker Ernst Toller vorübergehend gelingt, Anfang April gescheitert. Die Verhältnisse beruhigten sich, vorerst.

In einer ihrer ersten Amtshandlungen schafft die nunmehr sozialdemokratische Regierung unter ihrem Kanzler Karl Renner die Privilegien und Prädikate des Adels ab. Das ändert freilich nichts an der Tatsache, dass die wirtschaftliche Lage katastrophal ist. Weder reichen die Kohle noch die Lebensmittel. So gingen die Winter 1918 auf 19 wie noch der folgende Winter als «Hungerwinter» in die Geschichte Österreichs ein und zählen zu deren «düstersten» Kapiteln.[48]

Einen lebhaften Eindruck von der Atmosphäre, die diese Monate des Zusammenbruchs prägte, vermitteln die Erinnerungen Carl Jacob Burckhardts, des Großneffen des berühmten Basler Historikers Jacob Burckhardt, der im Spätsommer 1918 als junger Schweizer Gesandtschaftsattaché nach Wien gekommen war: Sein erster Eindruck ist die «nackte Not, die die ganzen deutschen Länder erfasst hatte und die in der heitersten der deutschen Städte, in Wien, am grausamsten sich auswirkte.» «So fand ich Wien verhungert, schmutzig, lichtlos, im Zustand schwerer Hungersnot und überfüllt von Flüchtlingen aus Ostgalizien, bald auch aus Ungarn». Die «Spanische Grippe» grassiert, die «unter der heruntergekommenen, geschwächten Bevölkerung (…) mühelos» aufräumt: in Wien fordert die Epidemie pro Woche rund 800 Tote, vor allem Kinder – und den 26-jährigen Expressionisten Egon Schiele.[49]

An einem Abend Mitte Dezember 1918 begegnet Burckhardt in der ungeheizten Wohnung der «altmodische Walzer» komponierenden Mutter eines österreichischen Diplomaten einem melancholischen Herrn im «Herrenmantel» und einem, «wie mir schien, besonders großen, harten Hut», der sich ihm mit den Worten zuwendet: «dieser Krieg ist das Sichtbarwerden einer Revolution, die im Laufe des Jahrhunderts alles in Frage stellen wird, was wir sind und was wir einst besaßen». Es war Hugo von Hofmannsthal. Als die beiden ihren nächtlichen Heimweg antreten, schlägt Hofmannsthal vor, «noch bis zum Heiligenkreuzerhof» zu gehen: «das ist wie Mozart aus Gitterwerk und Stein.» Doch als sie auf den Hof kommen, schweben «zwar noch die beschwingten Putten musizierend auf den Säulen des Toreingangs», die schmiedeeisernen Torflügel aber fehlen. Angeblich seien sie von einem Amerikaner gekauft worden.

Hofmannsthals Wiener Wohnung liegt in der Stallburggasse, nahe dem Ort, wo bisweilen auch die «Polfried AG» tätig war. Man sieht über die Dächer hinweg die durchbrochenen Steinblumen des Stephansturms leuchten. Und «in den frühen Morgenstunden» hört man «auf der kleinen Dachterrasse (…) regelmäßig das Klappern von Holzschuhen auf dem Pflaster – ein später Trinker, der aus der letzten Wirtschaft» heimkehrt. Da sagt Hofmannsthal: «Jetzt werden gleich die Hähne krähen, (…), das ist Peter Altenberg, der nach Hause geht.»[50]

Es waren seine letzten Schritte. Altenberg, vom Alkohol und seinen Zusammenbrüchen geschwächt, bricht sich bei einem Sturz über die Stiege den Arm. Auch sein Lebensmut scheint gebrochen. «Von einem gewissen Tag an», erinnert sich Anton Kuh, «erschrak man über sein Aussehen und seine Gedrücktheit.» Doch seinem diätetischen Entwurf gemäß schläft der Prosadichter auch in diesen kalten Hungertagen bei offenem Fenster und holt sich, alkoholisiert, einen «Bronchialkatarrh». Wenige Tage danach, am 8. Jänner 1919, stirbt Altenberg im Allgemeinen Krankenhaus an einer schweren Lungenentzündung, zwei Monate vor seinem 60. Geburtstag. Adolf Loos entwirft für das Ehrengrab im Zentralfriedhof ein hohes, schlichtes Eisenkreuz. Unter den Rednern,

Die Zerrissenheit des alkoholsüchtigen Genius: Peter Altenberg in einem Porträt Oskar Kokoschkas.

die vor Altenbergs Grab treten, ist auch der alte Freund Karl Kraus. Altenberg, sagt Kraus, sei «ein Narr» gewesen; er «verließ die Welt, und sie bleibt dumm». [51] Er sei, schreibt Anton Kuh, «aus Angst vor dem Alter gestorben». Und fügt an: «Noch heute ist es unbekannt, daß sein Tod Selbstmord war.»[52]

Obwohl Altenberg mit Staatsaktionen nichts zu schaffen und wie fast alle seiner Kaffeehausfreunde für Kaiser und Monarchie nur Spott hatte, erscheint sein Tod in diesen Umbruchsmonaten wie ein historischer Schlusspunkt. Damit ist auch für Friedell eine Lebensepoche zu Ende.

Im Augenblick aber macht auch ihm vor allem die desolate Lage zu schaffen. Gewiss, er schätzt einfachen Tabak, jetzt aber kann er froh sein, wenn es Hermine gelingt, noch allergröbsten Knaster vom Land aufzutreiben. Der Schnaps ist billig, wenn auch nur teuer zu haben. Dann geht auch noch der Ofen aus. Friedell soll sich mit einer Heizdecke beholfen haben. Offenbar war auch dieses Stück nicht mehr das Beste: Als er einmal, so die gern zitierte Überlieferung, einschläft, beginnt die Decke zu schwelen. Erst als dicker Qualm sein «Sitzzimmer» erfüllt, stürzt Hermine herein und rettet, wenn man so will, ohne es wissen zu können, mit ihrem künftigen Autor auch die *Kulturgeschichte der Neuzeit*.

6. Lohnschreiber, Schauspieler und Causeur: zwischen Wien und Berlin

Vielleicht aber entwickelt er gerade seiner kargen Verhältnisse wegen eine emsige journalistische Tätigkeit. Seine Arbeit als Theaterkritiker hatte er bereits während der letzten Kriegsmonate wieder aufgenommen. So schrieb er abermals für den hochkarätigen *Merker*, unter anderem einen Nachruf auf den in München gestorbenen Frank Wedekind. Er liefert, auch für die anspruchsvolle Tageszeitung *Die Zeit*, für deren 1902 gebautes Depeschenbüro Otto Wagner diese so bestürzend moderne Fassade konstruiert hat, in deren Rhythmus das Tempo der modernen Zeiten zu pulsieren scheint, Buchrezensionen und Betrachtungen zu Kunst und Wissenschaft, etwa über den Zoologen Ernst Haeckel, den er seiner evolutionsbiologischen Sendung wegen liebevoll den «Paulus» Darwins nennt.[53]

Schon vor dem Krieg hatten, anders als oft behauptet wird, die Einkünfte aus seiner Immobilie nicht gereicht. Sein Haus, pflegte er wegen der häufigen Reparaturen zu scherzen, werfe ihm «nur noch Schornsteine ab».[54]

Jetzt ist er erst recht auf die Honorare angewiesen. So setzt er seine Hoffnung auch auf unbedeutende Blätter wie den *Maßstab*, dessen erste, am 28. Oktober 1919 erschienene Nummer bereits die letzte ist. Auch das Nachfolgeblatt *Aufbau. Beiträge zur Arbeit der dt. Bühne*, für das er einen Artikel über *Ibsen* liefert, ist nicht minder schnell am Ende.

Vor allem aber arbeitet er weiter für sein altes Stammblatt, das *Neue Wiener Journal*, seit September 1919 ist er zudem mit Felix Salten Hauskritiker der neu gegründeten, republikfreundlichen Tageszeitung *Der Morgen*, der allerdings auch schon nach acht Monaten erlischt. Die *Berliner Zeitung am Mittag*, von Ullstein herausgegeben und als der «Welt schnellste Tageszeitung» werbend, druckt etliche seiner Artikel nach.[55]

Sein eigentliches Werk in dieser Zeit ist freilich *Das Altenbergbuch*, das im Verlag der Wiener Graphischen Werkstätte im Januar 1922 erscheint und Beiträge von Altenbergs Freunden, von Adolf Loos, Lina Loos, Karl Kraus und bekannten Schriftstellern wie Heinrich Mann und Thomas Mann, außerdem Skizzen, Notizen und Erinnerungen von Altenberg selbst versammelt. Friedell fungiert als Herausgeber und liefert ein Vorwort, das er aus bereits veröffentlichten Texten über Altenberg geschickt zusammensetzt[56] – eine Art groß angelegter Nachruf, mit dem der «Eckermann Altenbergs» dem toten Lehrmeister ein Denkmal nach seiner Manier setzt. Damit, so scheint es, markiert Friedell für sich selbst den endgültigen Abschluss einer Kulturära, die als «Wiener Moderne» in die Geschichte eingeht und die als ästhetischer Gegenentwurf zur Donaumonarchie aus der Tradition dieses uneinheitlichen Gesellschaftsgebildes hervorgegangen ist.

So kann Friedell nun auch, im April 1923, bei der berüchtigten *Stunde* anheuern, dem «Revolverblatt» Emmerich Békessys, «ein so geriebener Journalist wie ein skrupelloser Erpresser in Samthandschuhen».[57] Der schlechte Ruf und die provokative Geste, die mit der Arbeit für diese Zeitung verbunden war, dürften Friedell gelockt haben, und mehr noch die großzügigen Honorare, die Békessy, für Karl Kraus einer seiner Hauptfeinde, zu zahlen vermochte.

Am 27. Januar 1924 gibt Friedell allerdings mit Alfred Polgar unter dem Titel *Böse Buben Stunde* eine Parodie des Boulevardblattes heraus, deren Brillanz sich darin erweist, dass diese «Faschingszeitung» mit dem Original zu verwechseln wäre, wüsste das Publikum nicht, wer die Urheber dieses satirischen Zerrbildes sind. Es ist die vierte Folge jener *Böse-Buben*-Serie, die die «Polfried AG» im Januar 1921 mit dem *Bösen Buben Journal* begonnen hatte: einer «sehr geistvolle(n) Verulkung der recht geistesarm gewordenen Presse», wie das *Prager Tagblatt* vermeldet, in der sich vor allem fingierte «Greuelberichte über die Verhältnisse in der Sowjetunion» finden, abgefasst «im graziösesten Feuilletonstil».[58] Nun aber, in ihrer aktuellen *Böse Buben Stunde*, stellen die Autoren die Methoden der echten *Stunde* bloß, sich ihre Verschwiegenheit über krumme Geschäfte des neuen Geldadels bezahlen zu lassen.[59] Ganz Wien amüsiert sich, außer Emmerich Békessy selbst, der seinem Theaterkritiker Friedell die Mitarbeit kündigt. Dieser ist wohl eher erleichtert, die ohnehin immer lästiger gewordene journalistische Tagesarbeit loszusein. Die *Böse-Buben*-Zeitungen sind dann auch die letzte Gemeinschaftsarbeit des Autorenduos Polgar/Friedell.

Obwohl aber Friedell in den Jahren der Ersten, der so genannten «Roten» Republik eine sichtlich gesteigerte Produktivität entwickelt und in einem fort Kritiken, Aufsätze, Essays veröffentlicht, immerhin auch am Burgtheater aufgeführt wurde und als Schauspieler in Wien und Berlin regelmäßig auf Max Reinhardts Bühnen erscheint; obwohl er Bücher wie den *Steinbruch* veröffentlicht, in dem er seine meist in Zeitungen gedruckten Aphorismen sammelt, oder seine ironisch fiktive Biographie als japanischer Dichter *Haresu* – trotz seiner forcierten Tätigkeit will sich ihm Fama bisher nur als Göttin des Gerüchts hingeben, während sie sich ihm als Göttin des Ruhms eher verweigert.

In Wien freilich zählt Friedell unbedingt zur kulturellen Prominenz. In der energischen Grande Dame des liberalen Feuilletons, Berta Zuckerkandl, hat er seit Jahren, seit seine Vorträge im Kabarett «Fledermaus» und seine Altenberg-Anekdoten sie auf ihn aufmerksam machten, eine Gönnerin und Laudatorin. Regelmäßig sieht man ihn, oftmals in Begleitung von Lina, im Salon der Kulturjournalistin, die sich auch als «Scout» des Zsolnay-Verlags um die französische Literatur verdient gemacht und Maurice Maeterlinck in Wien eingeführt hatte. Vergeblich hatte sie während des Krieges versucht, ihre familiären Verbindungen zu höchsten französischen Regierungskreisen für einen Separatfrieden zu nutzen.

Friedell verkehrt auch im Salon von Alma Mahler-Werfel, wo er, wie sie berichtet, einmal dem enragiert patriotischen deutschen Komponisten Hans Pfitzner begegnet. Auf Pfitzners Klage über die Härten des Versailler Vertrags habe Friedell geantwortet: «Wie schrecklich würden aber die Bedingungen erst ausschauen, wenn die Deutschen gesiegt hätten. Alle Nachbarländer wären zerfetzt worden».[60]

Von seinem Glauben an die welthistorische Sendung der deutschen «Kultur» ist wenig übrig geblieben. Der Gegenwart steht er skeptischer gegenüber als früher, das heißt allerdings, wie sich zeigen wird, keineswegs, er habe den Glauben an den Sinn der Geschichte schlechthin verloren.

Auch im bekannten Salon der mutigen Eugenie Schwarzwald, «einer der tatkräftigsten Menschen der Epoche», ist Friedell unter den gern gesehenen Gästen. Eugenie Schwarzwald hatte lange vor dem Krieg in der inneren Stadt, in der Wallnerstraße, um die Ecke des Cafés Herrenhof, in von Adolf Loos eingerichteten Räumen ein Lyzeum gegründet, an dem als erster Schule in der vergangenen Monarchie Mädchen die Matura absolvieren konnten. Die rührige Gründerin hatte etliche Schülerinnen, die später von sich reden machen sollten: Hilde Spiel

Fortschrittliche Pädagogik im Sinne eines goethezeitlichen Bildungsbegriffs: Eugenie Schwarzwald. Die mit ihrem Jugendfreund Heinrich Schwarzwald verheiratete Tochter eines jüdischen Gutsverwalters in Galizien unterhielt einen Salon in Wien und eine Villa am Grundlsee, wo auch Friedell regelmäßig verkehrte.

zum Beispiel, Helene Weigel oder Alice Herdan, die spätere Frau Carl Zuckmayers. Mit Alice Herdan, erinnert sich Zuckmayer, verbindet Friedell seit ihrer Gymnasialzeit eine vom Vergnügen an improvisierten Theaterszenen getragene Freundschaft.[61]

Nunmehr sieht man auch Zuckmayer, dem mit seiner Komödie *Der fröhliche Weinberg* der vielbeklatschte Auftritt auf der literarischen Bühne gelang, im Salon Eugenie Schwarzwalds, der «Fraudoktor», über die der Prager Schriftsteller Friedrich Torberg in guter Kaffeehausmanier zu behaupten beliebte, sie habe «Wiens höhere Töchter nach den modernsten Methoden in Halbbildung» unterwiesen.

Auch sonst verkehrt bei der «verdienstvollen Pädagogin», «allenthalben für ihre aufdringliche Betriebsamkeit gefürchtet»,[62] die erste Riege der Literatur, Musik und Kunst, Robert Musil beispielsweise, oder Adolf Loos, Arnold Schönberg, Alban Berg, Oskar Kokoschka, die auch zeitweise an Schwarzwalds Schule unterrichteten.[63] Manchmal hält sich Friedell auch in dem Sommerhaus Eugenie Schwarzwalds am Grundlsee im Salzkammergut auf.

Ohne Zweifel: Friedell ist in bester Gesellschaft, deren Kreise seit Altenbergs Tod und dem Umzug ins Café Herrenhof nicht mehr so eng, so abgezirkelt sind.

Das beweist er auch mit seinem geradezu legendären Auftritt auf Schloss Leopoldskron im Sommer 1923. Sein Förderer Max Reinhardt hatte 1918 das im 18. Jahrhundert im Auftrag des Salzburger Erzbischofs erbaute Schloss Leopoldskron gekauft. Jeden Sommer, um die Junimitte, bezog er sein prächtiges Domizil, kurz bevor die Festspiele in Salzburg begannen. Zu den «glanzvollen Gesellschaftsabenden», die er alljährlich gab, «lud er eine internationale buntgemischte Gästeschar». Da erschienen etwa Hofmannsthal, Gerhart Hauptmann, der Dichter Franz Werfel, Thomas und Heinrich Mann. Auch Alfred Polgar, eng befreundet mit dem Reinhardt-Schauspieler Max Pallenberg, war dabei – und Polgars Co-Autor Egon Friedell.

Im Juni 1923 nun mussten die Festspiele der Inflation wegen ausfallen. Reinhardt, in der Meinung, die erzwungene Spielpause werde dem Unternehmen schaden, lud in diesem Jahr also eine Anzahl zahlungskräftiger Gäste ein, um mit einer Generalprobe von Molières *Der eingebildete Kranke* einem ausgewählten Kreis des verwöhnten Festspielpublikums ein Theaterereignis der besonderen Art zu bieten.

Es lag auf der Hand, dass Argan, der eingebildete Kranke, von Pallenberg gespielt werden würde. Und sein Arzt, der Doktor Diafoirus, wurde «von einem großen, unförmig fetten Mann mit schwammigem Gesicht, weit vorspringender Nase, hoher Stimme» gespielt, von dem die Gäste wussten, dass er, wiewohl Schauspieler, auch einen Doktortitel hatte: kein anderer natürlich als Egon Friedell. Ursprünglich war der schreibende Landsmann Reinhardts nur als Zweitbesetzung vorgesehen. Doch Friedell wusste sich die Rolle auf seine eigene Art zu verschaffen: Er soll den Schlossteich durchschwommen haben, kurz vor dem auf der Terrasse sitzenden «verdutzten Hausherrn» aufgetaucht sein und, auf Französisch, deklamiert haben: «die Götter haben mir beigestanden, und wenn ich morgen (ich bin sehr eigensinnig) nicht die Rolle bekomme, die mir in dem neuen Stück zusteht, dann wirst Du die unsterbliche Rache der Götter kennenlernen.» Wenige Stunden vor Aufführungsbeginn teilte Reinhardt den Mitwirkenden mit, Dr. Friedell werde spielen.

Max Pallenberg, inzwischen mit Ernst Deutsch, Heinrich George,

Natur als Element der Inszenierung: Max Reinhardt mit dem Schauspieler Hans Thimig, Mitglied des Ensembles am Theater in der Josefstadt, auf Schloss Leopoldskron, das Reinhardt im April 1918 gekauft hatte, zwei Jahre, bevor er die Salzburger Festspiele eröffnete. (Foto von 1927)

Werner Krauß einer der großen Schauspieler auf den deutschsprachigen Bühnen und mit dem Operettenstar Fritzi Massary verheiratet, ist bei seinen Kollegen gefürchtet, weil er rücksichtslos mitten im Stück zu improvisieren beginnt und damit seine Mitspieler gerne aus dem Konzept wirft. Den Beifall des begeisterten Publikums streicht dann Pallenberg genüsslich ein.

Auch als Friedell an diesem 20. August 1923, im üppigen historischen Kostüm, auf der Bühne erscheint, beginnt Pallenberg sein bekanntes Spiel und weicht vom Text ab. Friedell indessen, durch seine Vorträge gleichfalls im Improvisieren geübt, lässt sich durchaus nicht aus der Rolle bringen. Er pariert den Angriff Pallenbergs mit seinen bekannten näselnden Schwadronaden, die ihrerseits Pallenberg herausfordern. Der eröffnet ein neues Rededuell, dem Friedell mit gleicher Unerschütterlichkeit begegnet. Pallenberg ist, natürlich, nicht gewillt, nachzugeben. Da stößt Friedell auf ein Feld vor, in das ihm der Bühnengegner nicht folgen kann: Er fängt an, in Latein und Griechisch zu

Bei der legendären Max-Reinhardt-Aufführung von Molières Der eingebildete Kranke *auf Schloss Leopoldskron am 20. August 1923 spielte Egon Friedell (vermutlich der Erste von links) den Dr. Diafoirus, Max Pallenberg den Argan. Weitere Rollen hatten Hans Thimig als Thomas Diafoirus und Hansi Niese als Toinette.*

improvisieren. Zum ersten Mal erfährt Pallenberg, als Verwandlungskünstler auf der Bühne zweifellos der Bessere, dass er trotzdem einem Kollegen nicht gewachsen ist. Er kommt ins Stottern und rettet sich in den vorgegebenen Text seiner Rolle. Die Partie geht an Friedell.[64]

Dass er von sich reden macht, zeigt sich gerade in Berlin, wo sich Friedell immer wieder aufhält, um im Deutschen Theater und in der ebenfalls Max Reinhardt gehörenden Komödie am Kurfürstendamm zu spielen. Den ungeheuren Sog, den diese Stadt in den 20er Jahren auf Künstler aller Couleur ausübt, beschreibt Carl Zuckmayer als fiebrige Höchstspannung eines riesigen, hyperproduktiven Umspannwerks: «Diese Stadt fraß Talente und menschliche Energien mit beispiellosem Heißhunger, um sie ebenso rasch zu verdauen, kleinzumahlen und wieder auszuspucken. Was immer in Deutschland nach oben strebte, saugte sie mit Tornado-Kräften in sich hinein, die Echten wie die Falschen, die Nullen wie die Treffer, und zeigte ihnen erst mal die kalte Schulter. Man sprach von Berlin, solange man es nicht besaß, wie von einer begehrenswerten Frau, deren Kälte und Koketterie allgemein bekannt ist und auf die man umso mehr schimpft, je weniger Chancen man bei ihr hat.» Jeder aber habe sie als Ziel seiner Wünsche betrachtet, «und der Ruf ihrer Grausamkeit reizte erst recht zum Angriff». Denn: «Wer Berlin hatte, dem gehörte die Welt.»[65]

Auch Polgar, der sich Friedell ein wenig entfremdet hat, erliegt diesem Sog und verlegt seine Tätigkeit mehr und mehr an die Spree, wo er sich neben den Kritiker-Stars Tucholsky, Alfred Kerr und Herbert Ihering (der nicht unfreundlich über Friedell schreibt) einen Namen macht. Im «Romanischen Café» begegnet er nicht nur Egon Erwin Kisch, der als erster der Feuilletonisten aus der ehemaligen Donaumonarchie nach Berlin übersiedelte, Anton Kuh, Pallenberg oder Fritzi Massary. Er trifft sich dort auch mit Friedell, der immer nur so lange in diesem Hexenkessel bleibt, wie es seine Auftritte erfordern. Einer Anekdote zufolge, die Friedrich Torberg in der *Tante Jolesch* erzählt, habe sich Kisch um die Freundschaft Polgars bemüht, der gegen den Starreporter kühle Distanz behielt. Eines Abends, als Polgar und Friedell im «Romanischen Café» saßen, sei Kisch erst nach Polgars «Abgang» an den Tisch gekommen und habe zu Friedell gesagt: «‹Ich wollte nicht stören›, (...). ‹Wahrscheinlich hat Polgar wieder sehr schlecht über mich gesprochen.›» Friedell dementiert: «‹Nein, nein› (...). ‹Im Gegenteil. Er hat gesagt: Das ist doch reizend vom Kisch, daß er sich nicht zu uns setzt.›»[66] Carl Zuckmayer wird in seiner Autobiographie Friedells «originellen, charmant boshaften, aber niemals billigen Witz» rühmen und sich seiner als eines breitschultrigen Mannes mit sarkastischem Lächeln erinnern, um dessen «Augen und Mund (...) immer ein Zug von Verspieltheit» gelegen habe: «Wen er mochte, konnte sich mit ihm aufs köstlichste unterhalten, wen er nicht mochte, hatte es schwer mit ihm, denn er konnte, irgendeiner Dummheit oder Plattitüde wegen, aggressiv und zornig werden, manchmal sogar unleidlich, wenn er gesoffen hatte. Denn er soff. Das Wort ‹trinken› wäre dafür eine Verharmlosung.» Der Rausch habe bei ihm «manchmal zu einer luziden Helligkeit und Wachheit des Bewußtseins» geführt, «manchmal zu totaler Betäubung».[67]

Lina Loos schreibt er Briefe, in die er Kritiken über sich einklebt. Regelmäßig auch sendet er Postkarten an Hermine Schimann und bittet sie, ihm seine gewohnten Pastillen ins «Hotel Bristol» zu schicken, ebenso genau jenen speziellen Tabak, der nun einmal nur in seinem Stammtrafik zu haben ist.

Lina ist bei diesen Berlinreisen nicht mehr dabei. Sie hat sich, bevor auch ihre Eltern in der Inflationszeit Konkurs machten und die Casa Piccola verkaufen mussten, nach Sievering in eine kleine Wohnung zurückgezogen. Inzwischen gehört sie zum Ensemble des von Rudolf Beer geleiteten Deutschen Volkstheaters Wien, das für seine Offenheit gegenüber politischen Zeitstücken bekannt ist. Beer bewahrt sein Theater dennoch vor dem Bankrott, da es ihm gelingt, immer wieder Stars wie Tilla Durieux oder Pallenberg – der sich prompt in Lina Loos verliebt – für Gastauftritte zu gewinnen.[68] Auch Linas Bruder Karl Forest ist am Volkstheater engagiert, ebenso bekannte oder bald berühmt werdende Schauspieler wie Paula Wessely oder Hans Moser. Forest hat auf eine Karriere in Berlin, damit «auf eine Grunewaldvilla und ein schnittiges Auto», verzichtet, weil er sich dem «Betrieb» so wenig anpassen will wie seine Schwester.

Da Lina wenig Ehrgeiz zeigt, eine «große» Schauspielerin zu werden, und sich, oft gegen den Wunsch Beers, mit Nebenrollen begnügt, ist sie bei den Kollegen beliebt. Friedell hat seine Leidenschaft überwunden und bleibt mit ihr herzlich befreundet – vielleicht auch ist er heimlich ein wenig enttäuscht von ihrer künstlerischen Bedürfnislosigkeit.

Um diese Zeit macht Friedell eine Bekanntschaft, die ihn bis zum Ende seines Lebens begleiten wird und die in gewisser Weise das Verhältnis zu Polgar ersetzt: Im Café Raimund, gegenüber dem Volkstheater gelegen und damit der natürliche Treffpunkt der Freunde und Kollegen um Lina Loos, trifft er den Schriftsteller Franz Theodor Csokor, zuständig auch für das Programm am Raimundtheater. Dort führt er Sozialdramen auf, setzt aber, wie Beer am Volkstheater, der Finanzen wegen zusätzlich Publikumsstücke und Operetten auf den Spielplan. Natürlich erkennt auch Csokor, wie einst Friedell und Altenberg, an Lina die offenkundige Begabung zur Muse: «Liebe, du kannst noch so vielen etwas geben, allein durch dein Dasein. Denn irgendwo bist du ein dünner, zitternder Strahl von dem weißen Licht, auf das wir warten»,[69] schreibt er noch nach Jahren. Dennoch entwickelt sich zwischen beiden eine enge Freundschaft, die sich mit Friedell zu einer Art Ménage à trois des Geistes verbindet.

Friedell, gewiss, ist kein Unbekannter mehr. Das zeigt sich nicht zuletzt daran, dass er als Figur in einem Roman Jakob Wassermanns auftaucht, der zu den meistgelesenen Romanautoren der 20er Jahre gehört. Frie-

«In ihrer Wohnung schliefen sie nur. Ihr wirkliches Zuhause war das Kaffeehaus», schrieb Friedrich Torberg über dessen Stammgäste. So gab es auch, wie im bourgeois eingerichteten Café Herrenhof, das nach dem Ersten Weltkrieg Treffpunkt der literarischen Intelligenz wurde, Telefonzellen, die angerufen werden konnten.

dell heißt in *Laudin und die Seinen*, einer 1925 erschienenen Betrachtung über den Identitätszerfall des Bürgertums, Egyd Fraundorfer und ist der langjährige Freund der Titelfigur Friedrich Laudin, eines erfolgreichen Wiener Anwalts, dessen auf nicht mehr selbstverständliche Regeln gebaute Ordungswelt in dem Moment ins Wanken gerät, als Laudin in eine Clique zwielichtiger, doch faszinierender Schauspieler und Geschäftemacher gerät. Egyd Fraundorfer, der seinen Hund mit «Herr Schmitt» anredet, erscheint als halb lächerliche, halb tragische Figur, die am Umbruch der Zeiten leidet und das unter klugem Sarkasmus verbirgt und mit Alkohol zu betäuben sucht. Den ersten Auftritt Fraundorfers als Sonntagsgast Laudins schildert Wassermann so: «Unmittelbar vor Tisch hatte Fraundorfer wissen lassen, er käme nicht zum Essen, da er zu einer Mittagsvorstellung gehe, doch wolle er sich gegen zwei Uhr zum schwarzen Kaffee einfinden. Man war an derlei Unarten von ihm gewöhnt, und niemand hielt sich sonderlich darüber auf (...).» Fraundorfer kommt dann doch früher, «und alsbald schob sich die riesige Fett- und Fleischmasse seines Körpers über die Schwelle. (...) Er war wie ein Ofen, der durch seinen Umfang unproportioniert im Raum wirkt. (...) Er war 45 Jahre alt und sah aus wie ein mit Elephantiasis behafteter Gymnasiast.»[70]

Die Figur ist von Wassermann recht tragikomisch gezeichnet, indessen scheint es, als sei Friedell um die Mitte der 20er Jahre tatsächlich an einem Punkt angelangt, an dem von ihm nicht mehr viel zu erwarten war. Man schätzt ihn als geistreichen geschichtsphilosophischen Causeur in den Theaterfoyers, den Salons und Kaffeehäusern, zumal im «Café Herrenhof», das als Jahrmarkt der Literaturszene das «Central» abgelöst hat. Er gibt Anekdoten zum Besten, über die sich die Gäste lustvoll amüsieren dürfen. So steht er etwa mitten im Gespräch auf, geht zum Telefon, wählt irgendeine Phantasienummer und spricht, dass alle es hören können, in den Hörer: «Kann ich Professor Sigmund Freud sprechen? Ah, Herr Professor, hier Egon Friedell. Sie wissen doch, wieviel ich von der Psychoanalyse halte (!!), würden Sie die Güte haben und herkommen?! Ja, es ist sehr dringend –, ich habe soeben etwas verdrängt!»[71] Das ist eines Karl Kraus würdig, dessen bissig schillernde, wenn auch die Sachverhalte verzerrende Bonmots über die Psychoanalyse in den 20er Jahren die Runde machen: «Psychoanalyse ist jene Geisteskrankheit, für deren Therapie sie sich hält.» Oder: «Es ist höchste Zeit, daß die Kinder ihre Eltern über die Geheimnisse des Geschlechtslebens aufklären.»[72] Immerhin hatte Kraus anfangs mit der Psychoanalyse sympathisiert, «sah er doch in Freud einen Verbündeten, der wie er gegen die verlogene Sexualmoral der Zeitgenossen ankämpfte, ‹die sich den Geschlechtsverkehr nur auf ethischer Grundlage, nicht auf dem Diwan vorstellen können›».[73]

Wenn Friedell mit dem Ende von Imre Békessys *Morgen* auch seine zusehends ungeliebte Tätigkeit als Kritiker eingestellt hat, so schreibt er doch weiter seine kulturphilosophischen, nach wie vor genieästhetisch orientierten Essays – seine grundsätzliche Haltung ist ohnehin seit gut 20 Jahren festgelegt. Und wie schon vor dem Kriege, so steht auch seine Schauspielerei im Dienst seiner kulturgeschichtlichen Sendung. So verfolgt er dann auch sein Bühnenwerk als Darsteller mit großem Einsatz. Zwar ist klar, dass sein Talent nicht in der Gabe besteht, sich eine fremde Figur anzuverwandeln. Ein im traditionellen Sinne «großer» Schauspieler wie Max Pallenberg oder Emil Jannings wird aus ihm

Friedell, mit dem ersten Band der Kulturgeschichte der Neuzeit *berühmt geworden, an seinem 50. Geburtstag, 21. Januar 1928.*

nicht werden. Doch ist Friedell ungemein unterhaltsam darin, auch auf der Theaterbühne sich selbst zu spielen. Dass dieses Talent in bestimmten Stücken effektvoll einsetzbar ist, das hat Max Reinhardt erkannt. Deswegen hat ihn der Magier des Gegenwartstheaters in sein Ensemble aufgenommen.

Über all diesen Ereignissen rückt die Zeit rasch auf den 21. Januar 1928 vor. Friedell ist 50 Jahre alt. In vielen Blättern erscheinen Gratulationsartikel. Ausgerechnet das feindliche Boulevardblatt *Die Stunde* schreibt, mit angemessener Ironie: «Seinen Lieblingsplan, einmal den König Lear zu spielen, dürfte er erst anläßlich seines sechzigsten Geburtstages verwirklichen, da das Studium dieser Rolle noch einige Zeit erfordert. (...) In seinen freien Stunden, die ihm der Beruf als Mitglied des österreichischen Bühnenvereins läßt, beschäftigt er sich mit seinem Hund, seiner Pfeife, Alkohol und Philosophie.» Im Übrigen: «Seine Aversion gegen Österreich läßt erkennen, daß er mit Leib und Seele Österreicher ist.»[74] Und für Felix Salten ist er «der Hofnarr des Publikums und, wie die meisten Hofnarren, dem Gebieter weit überlegen. (…) Er hatte die Fesseln des Hergebrachten niemals getragen, beschnupperte die Menschen, die in Vorschriften, Regeln und Schulen einhertrotten, wie etwa ein wildes Tier Haustiere beschnuppert, um dann verwundert, erschreckt und heilfroh in die Freiheit (…) zu entfliehen.»[75]

Max Reinhardt ehrt den runden Geburtstag seines Schauspielers mit einer wertvollen, in weiches rotes Ziegenleder gebundenen, goldgefassten Urkunde. Das ganze Ensemble des zum Reinhardt-Imperium gehörenden Theaters in der Josefstadt hat unterschrieben.

Zu Hause postiert Friedell das edle Stück gut sichtbar auf dem für Gäste bestimmten Rauchtischchen im «Sitzzimmer».

Aber wirklich Neues, er ist fünfzig, wird von ihm wohl nicht mehr zu erwarten sein.

VI
DIE KULTURGESCHICHTE

1. Umbrüche, Wandlungen oder Was sonst noch geschah

Der neue Diwan

Friedell, wie immer, wenn er arbeitet, in seinem bequemen Hausrock, hat sich auf dem neuen Diwan eingerichtet. Ein schönes Stück. Friedell hat wohl Grund, sich des glänzenden Arbeitsmöbels zu freuen. Nicht nur, dass diese Ruhestätte genau seinen Körpermaßen angepasst ist, die Viktor Pordes, Autor der Theater- und Kinozeitschrift *Komödie*, vor einigen Jahren liebevoll als «Felsblock seiner Überfülle» umschrieben hat, so dass im Café Herrenhof stets «zwei Sessel (...) gebrochen auf sein Gewicht» warteten.[1]

Auch entspricht der neue Diwan den nicht zuletzt von Adolf Loos gezogenen Richtlinien moderner Formgebung: «Schön und praktisch sind für ihn fast identische Begriffe. (...) Und er wird nicht müde, in seinen Aufsätzen über Möbelkunst immer wieder darauf hinzuweisen, daß ein Renaissanceschrank, eine griechische Vase gerade darum so schön waren, weil sie ihren Nutzzweck als Schrank und Vase so ideal erfüllten», wie Friedell den Freund und Weggefährten seiner Anfänge zu dessen 50. Geburtstag im November 1920 gewürdigt hatte.[2] Dass auch das Material dieser Forderung Rechnung zu tragen hat, auch das beweist der neue Diwan: aus verchromtem Stahlrohr gefertigt, das entsprechend zu biegen die Industrie seit kurzer Zeit in der Lage ist, wirkt er trotz seiner Maße schlank und einfach. Am Kopfende ist eine Leuchte angeschraubt, deren neusachliche Funktionalität gar an einen Seziertisch denken lässt.

Trotz seiner Modernität bildet der Stahlrohrdiwan, der links neben dem Schreibtisch und also im rechten Winkel zum alten Diwan aufgestellt wird, mit den übrigen Möbeln, dem Lutherstuhl am Schreibtisch,

Der Erfolgsautor: Friedell erledigt in seiner bevorzugten Kleidung, dem Hausmantel, im Lutherstuhl sitzend seine Post. Vorne rechts die Löschpapierwiege und der Behälter mit Briefpapier. (Foto von 1932)

den hohen braunen Bücherschränken, ein irgendwie einheitliches Ensemble. Der Reporterin Annemarie Selinko von der Wiener *Bühne* wird das sofort auffallen, wenn sie Friedells Wohnung betritt: «Neben dem altmodischen Bücherkasten steht eine übermoderne Lampe im Metallgehäuse, eine Lampe, die an Zahnarzt erinnert (...), im Pfeifenständer lehnen Pfeifen aus der Zeit der braven Klassiker, man müßte eine ‹Idylle› über dieses Zimmer schreiben».[3]

Überhaupt: In Friedells Haushalt hat sich in diesen vergangenen Jahren etliches verändert. Noch immer, natürlich, herrscht Hermine als unbestechliche Verwalterin in diesem bescheiden wohlhäbigen Reich des schauspielernden Dichter-Anarchen bürgerlichen Gepräges. Täglich macht sie im «Sitzzimmer» mit der Perolin-Spritze die Runde, um mit dem Fichtennadelduft den penetranten Tabakgeruch des exzessiven Pfeifenrauchers zu vertreiben, der sich in Jahren in die Leinenvorhänge und den braun-beigen Veloursteppich eingebeizt hat. Auch sorgt sie dafür, dass immer genügend Salmiak-Pastillen, «Aromatic Ammonia», vorrätig sind, die Friedell gegen seine manchmalige Atemnot einnimmt und die er sich selbstverständlich nachschicken lässt, als er für längere Zeit in Berlin Theater spielt. «Vielleicht», bittet er seine «liebe Hermine», «könnten Sie mir für alle Fälle noch ein Schächtelchen Pastillen schicken.»[4] Sonst lässt der Hausherr seiner unentbehrlichen Hilfe einige Freiheiten: «Fröhliche Ostern», schreibt er beispielsweise aus Berlin, «und kaufen Sie sich eine recht schöne und fette Gans sowie das dazugehörige Getränk», denn: «der gute Reinhardt zahlt alles!»[5] Auch gibt er von Berlin aus Anweisungen für den Haushalt: «Liebe Hermine, es fiel mir ein, daß man meine Abwesenheit dazu benützen könnte, den Plafond im Sitzzimmer neu tapezieren zu lassen. Natürlich ganz einfach weiß. Das kann doch nicht gar so viel kosten.»[6]

Ist er zu Hause, so ist Hermine immer wieder angewiesen, seinen Appetit mittels Diätkost zu zügeln. Gerne hält sich dann Friedell in der Küche auf, die, vom Arbeitszimmer aus gesehen, jenseits des Flurs liegt, wo er, auf dem «Wasserbankerl» sitzend oder an seinen Lieblingsplatz an der gegenüberliegenden Wand gelehnt, Hermine zuschaut, wie sie am zweiflammigen Gasherd in den Töpfen rührt.[7] Die Diätkost zeitigt, jedenfalls nach außen hin sichtbar, keine Erfolge. Das mag am Slibowitz liegen. Vielleicht auch daran, dass Friedell manches Mal des nachts sich ins Speisezimmer schleicht, um Würste, Marmelade und Powidl zu sich zu nehmen, die er, vorsorglich wie ein Eichhörnchen im Herbst, im mittleren Teil der großen Kredenz hortet, in dem hinter der Spiegeltür auch der Slibowitz, der Cognac und der Marillenlikör für die Damen zu finden sind. Dennoch ist die Diätkost keinesfalls sinnlos: ihre Wirkung ist vor allem psychologischer Natur. Sie hilft über mögliche heimliche Bedenken wegen des unmäßigen Alkohol- und Tabakgenusses und sonstigen Appetits hinweg und hat genau damit ihren Zweck erfüllt: nämlich die hochkomplexe Seelenmaschinerie der künstlerischen Produktion am Laufen zu halten.

Und wichtiger noch: Hermine hat weiterhin Sorge zu tragen, dass die Bleistifte täglich peinlich gespitzt in richtiger Ausrichtung und Reihenfolge im Bleistifthalter am vorderen Rand des Schreibtisches sich finden. Ein Verstoß gegen das Exerzierreglement bringt Ärger: Einmal, so erinnert sich das «Minerl», Hermines Tochter Herma, sei der große Schauspieler Heinrich George, dem Friedell in Berlin begegnet sein dürfte, Gast in der Gentzgasse gewesen. Dort sei ihm des Nachts ein Einfall gekommen. Der Berühmte habe also vom Schreibtisch einen der durchnummerierten Bleistifte genommen, den Gedanken zu notieren. Als Friedell nächsten Tags, George war bereits auf dem Weg zum Burgtheater, die Lücke bemerkte, habe er mit seiner hohen Stimme gerufen: «Herrmieeene!» Der Fall klärte sich rasch auf – George

Der gute Geist des Alltags: Hermine Schimann mit Friedell und Schnack, vermutlich auf dem Dachgarten der Gentzgasse 7.

wusste wohl nicht, dass für Gäste eigene Bleistifte in einer Schale am rechten Rand des geräumigen Schreibtisches bereitliegen.[8]

Soweit bietet also Friedells Haushalt trotz der politisch unruhigen, finanziell unsicheren und weltanschaulich bewegten Zeiten einen Hort der Ordnung und Arbeit. Auch Veränderungen stören den Ablauf weniger, als dass sie ihn, scheint es, stabilisieren: Herma, die 1914 in den Haushalt aufgenommen worden war, nicht zuletzt, wie es heißt, durch die Verwendung von Friedells Bruder Oskar, hatte Ende Juni 1923, 20-jährig, den Architekten Franz Kotab geheiratet. Die Wohnungen waren rar, das frischvermählte Paar bezog das Kabinett hinter dem Speisezimmer. Am 28. März 1924, fast auf den Tag genau neun Monate nach der Hochzeit, kommt das erste Kind: Annemarie. Drei Jahre später, am 6. Oktober 1927, kommt das zweite Kind.

Friedell, der zu dauernder Bindung wohl nicht fähige empfindsame Dichter, hat nun, was er sich insgeheim schon lange gewünscht haben mag: eine Familie, mit Hund. Dass diese Familie eine Ersatzfamilie ist, mag für ihn die alleinige Möglichkeit gewesen sein, den inneren Widerspruch pragmatisch zu lösen. Das Konzept, unkonventionell aus bürgerlicher Sicht, scheint wie maßgeschneidert für den Hausherrn.

Am 29. Juli 1921, auf dem Höhepunkt der Not in Österreich und Deutschland, wurde Adolf Hitler im Münchner Hofbräuhaus zum Vorsitzenden der Anfang 1919 unter dem Namen «Deutsche Arbeiterpartei» (DAP) gegründeten NSDAP gewählt. Am 9. November 1923, gut vier Monate nach der Heirat von Herma Schimann und Franz Kotab, scheitert der sogenannte Hitlerputsch, der die Voraussetzungen für den raschen Aufstieg des gebürtigen Braunauers und Wahldeutschen schafft. In Österreich regieren die Sozialdemokraten unter ihrem Parteichef, dem Wiener Bürgermeister Karl Renner, und die Christlichsozialen unter dem Kanzler Ignaz Seipel, dem erzkonservativen Prälaten, der die Arbeiteraufstände erbarmungslos niederknüppeln lässt, mehr gegen- als miteinander.

Auch in Österreich gewinnt die NSDAP schnell Anhänger. So gelingt es 1925 einem der Parteigänger der radikalen Rechten, Hugo Bettauer zu erschießen – den Romancier, der mit seinen spannend geschriebenen, von packenden Schilderungen reicher Emporkömmlinge und verelendeter Kriegsverlierer belebten Kriminalromanen zu den Erfolgsautoren zählt.[9] Außerdem war Bettauer wegen seiner erotischen Zeitschrift *Er und Sie. Wochenschrift für Lebenskultur und Erotik* bekannt, und damit verhasst bei den Völkischen.

Im Haushalt Friedells wird über die politischen Vorgänge wenig gesprochen – schon aus Rücksicht auf den Dichter, der seit einiger Zeit mit seinem Großprojekt beschäftigt ist. So stört es Friedell wenig, dass auch Franz Kotab, der Mann seiner – zumindest – Wahltochter, zu den Verehrern Hitlers gehört.

Umbruch und Montage: der moderne Autor

Unterdessen, seit 1922, schreibt Friedell an einem Werk, in dem er seine Anschauungen über den gesetzmäßigen Ablauf der Wirklichkeit, dessen Gesamtheit man «Geschichte» nennt, über eine lange Zeitspanne hin demonstrieren will. Es soll *Kulturgeschichte der Neuzeit* heißen, wie er dem Gesellschaftsreporter seines Wiener Stammblatts, dem *Neuen Wiener Journal*, Karl Marilaun verrät: «Nun hat er aber», berichtet der Journalist, «nachdem er bei Reinhardt den Dottore im ‹Diener zweier Herren›, den Tubal, den Hofmarschall Kalb (...) spielte, die Erholung wirklich nötig. Infolgedessen kaufte er sich einen neuen Schlafrock und schreibt auf seinem Balkon an einer ‹Kulturgeschichte der Neuzeit› (...).» Er, Friedell, wolle dazu nur sagen, dass er darin Geschichte «dramatisch» zu behandeln gedenke: «Ich schlage ein Figurentheater auf (...). Was ich zu erzählen versuche, ist unsere Anekdote, unsere Legende von der Neuzeit (...).»[10] Als er das Interview gibt, im August 1924, beschäftigt er sich bereits seit zwei Jahren mit seinem Projekt. Er muss mit der *Kulturgeschichte* also begonnen haben, als das *Altenbergbuch* beendet war. Das scheint kein Zufall. In dem Augenblick, in dem das Denkmal für den Freund, alten Lehrmeister und Partner in der Tragikomödie «Das Leben, ein Spiel» gesetzt ist, ist der Weg frei für ein Projekt, das weit deutlicher noch als seine Essays und bisherigen Bücher vorführen soll, was seinem künstlerischen Ziehvater Altenberg verwehrt war: die Gegenwart aus langen historischen Zeiträumen heraus zu erklären und ihr so ihren Platz in der Weltgeschichte anzuweisen. Damit kann er seine philosophische Überlegenheit zeigen und sich zugleich als würdiger Nachlassverwalter des geistigen Erbes Altenbergs vorführen.

In diesen kurzen Jahren des Umbruchs, als Friedell sein Denken und Tun auf ein fest umrissenes Ziel ausrichten kann, wechselt auch das Personal seines Lebens als Künstler. Schon 1920, also nicht lange nach Altenbergs Tod und etwa zur gleichen Zeit, als er Franz Theodor Csokor kennenlernt, findet Friedell in dem Wiener Theaterkritiker Walther Schneider ein neues Gegenüber seiner gelehrten und lästerlichen Gespräche. Die Rollen indes haben gewechselt: Schneider, als Autor nicht mit Altenberg zu vergleichen, ist Friedells «Eckermann». Die Freundschaft, wenn man das Verhältnis so nennen will, festigt sich mit den Jahren, in Schneider findet Friedell einen neuen Begleiter seiner Zechtouren und Schnapsnächte, der allmählich auch als eine Art Sekretär an Friedells Autorschaft teilhat.

Über Walther Schneider macht Friedell die Bekanntschaft mit der attraktiven Dorothea Zeemann. Zeemann ist gleichfalls als Journalistin tätig, sie heiratet 1929 den erfolgreichen Wiener Historien- und Kirchenmaler Rudolf Holzinger[11] und wird Schneiders Geliebte, mit dem sie in ihren Erinnerungen *Einübung in Katastrophen* gleichwohl ins Gericht geht: als einer Art Salonlinkem, der mit Friedell im liberalen und geisterfüllten Haus Eugenie Schwarzwalds verkehrt, aber «im Grunde nur mit berühmten Leuten redete». Als sie ihm vorwirft: «Du bist ein

Der Besuch der eleganten Dame: Friedell mit Dorothea Zeemann in seinem Arbeitszimmer in den frühen 30er Jahren.

Snob!», soll er geantwortet haben: «Ja (...). alles andere ist langweilig.»[12] Auch Zeemann wird ein häufiger Gast in der Gentzgasse und insbesondere in den krisenhaften letzten beiden Jahren, als die Freundschaft zu Lina Loos sich gelockert hatte, Friedell eine seelische Stütze sein.

In diesen Jahren nun schreibt Friedell eine lange Reihe von Aufsätzen und Betrachtungen, vor allem für das «Neue Wiener Journal», ab und an auch für andere Blätter, wie die von Carl von Ossietzky herausgegebene «Weltbühne», die nunmehr politisch akzentuierte Nachfolgerin der «Schaubühne», oder für das flott und elegant aufgemachte Frankfurter Gesellschafts-, Unterhaltungs- und Kulturmagazin «Querschnitt» ist. Sie reichen thematisch von der *Seele des Mittelalters* über die Serie zu Luther (vom 13. September bis 18. Oktober 1925) bis zu seiner fast psychoanalytisch ausgerichteten Analyse *Der Hexenhammer*. All diese Beiträge wird er in die *Kulturgeschichte* einrücken. Zwar hat Friedell auch den einen oder anderen seiner früheren Zeitungsbeiträge ganz oder gekürzt oder leicht verändert in sein Hauptwerk übernommen, wie beispielsweise seine Würdigung zu Arthur Schnitzlers 60. Geburtstag vom Mai 1922, seine Beiträge zum Dramatiker Carl Sternheim und zum 50. Geburtstag von Adolf Loos vom Januar und September 1921, oder sogar «Die Strindbergmode» und seine «Gymnasialreform» von 1919. Ja, Friedell greift auf noch ältere Beiträge zurück, so auf seinen Nachruf auf den großen Burgschauspieler der Gründerjahre, Josef Kainz (13. Oktober 1910, *Schaubühne*), oder, der zeitlich längste Rückgriff, auf seine Kritik zu *Julius Cäsar* vom 9. Januar 1909 (*Schaubühne*). Doch fällt auf, dass von 1923 und noch einmal vom Frühjahr 1924 an die meisten, ja fast alle seiner kulturjournalistischen Texte in die *Kulturgeschichte* übernommen wurden.[13] Auch erscheint bereits Mitte April desselben Jahres ein erster Vorabdruck im *Neuen Wiener Journal*, in dem Friedell einen seiner geschichtsphilosophischen Leitgedanken formuliert: «Die erkrankte Menschheit». Friedell hat also seit dem ersten Drittel der 20er Jahre auch seine Zeitungsproduktion gezielt auf die *Kulturgeschichte* ausgerichtet. Das geht auch deutlich aus der thematischen Perspektivierung hervor: Er schreibt seit Frühling 1924 nicht mehr über Theater, sondern konzentriert sich auf kulturgeschichtlichen Stoff.

Handelt es sich bei Friedells Aufnahme lange und längst veröffentlichter Artikel nun um die raffinierte Mehrfachverwertung eines Effizienz-Virtuosen, oder hat dieses unsinnigerweise als «Selbstplagiat» bezeichnete Vorgehen eine tiefere Bedeutung?

Friedells «Modultechnik»[14] scheint Ausdruck eines ästhetischen Programms zu sein. Betrachtet man die Kunst der Zeit, die Malerei, die Musik, die Literatur, so fällt als ein Kernmerkmal die Zersplitterung der Oberfläche auf: Die Dreiecke der Kubisten, die verzerrten Leiber Egon Schieles, Oskar Kokoschkas beginnende Abstraktionen, selbst Gustav Klimts träumerische Ornamente, Schnitzlers gehetzter Monolog seines *Leutnant Gustl* oder die Schnitt-Technik des Films, die in Sergej Eisensteins *Panzerkreuzer Potemkin* einen ersten Höhepunkt erreicht, und endlich – der extreme Fall – die Collagen John Heartfields und die Auflösung der Syntax bei den Dadaisten von Hans Arp bis Hugo Ball, der Peter Altenberg vorgearbeitet hat: Überall herrscht Fragmentierung, die versucht, die bruchstückhafte Wahrnehmung des modernen Menschen, zu dessen Grunderlebnissen das *Tempo* gehört, im Kunstwerk abzubilden. Das heißt nicht notwendig, damit solle auch der Sinn zerstört werden – ebenso kann die Komposition der Fragmente den Eindruck vermitteln, sie verweise auf ein sinnvolles Ganzes. So beispielsweise bei dem um die Jahrhundertwende dem

George-Kreis angehörenden, einflussreichen Philosophen Ludwig Klages, dessen Theorie des «unbewussten Triebes als vitale Bewegungsursache» auf eine neue geistig-seelische Einheit abzielte und etwa Eisenstein zu seiner Ästhetik der Beschleunigung animierte.[15]

Das ist der Hintergrund, der Friedells Montagetechnik in einem neuen Licht zeigt: Sie lässt sich als Ausdruck moderner Kunstform verstehen, indem sie die Teile seines Denkens immer wieder neu kombiniert, sie virtuos verfugt und damit ein neues Ganzes schafft. Friedell konnte auch deshalb so geschickt mit seinen Textteilen hantieren, weil er die Architektur seines Denkens längst konstruiert hatte. So offenbart sich im ästhetischen Programm, das Friedells Arbeitsweise ausdrückt, seine Modernität wie sein Streben nach Einheit und Geschlossenheit, das zugleich aus dieser Modernität erwächst. Obgleich er deren Kunstformen wie den Expressionismus als Symptome kulturellen Verfalls ansieht, «von nichts weiter entfernt als von echter Geistigkeit»,[16] nutzt er ihre Möglichkeiten im Sinne seiner «Geistigkeit» gegen sie selbst. Das reicht weit über triviales Zweit- und Drittverwerten hinaus.

Zweifellos war Friedell nicht nur ein Virtuose der Arbeitsrationalisierung, sondern auch ein mnemotechnischer Meister. Er hatte seine Veröffentlichungen und die zahlreichen Anstreichungen in seiner umfangreichen Bibliothek im Kopf oder notierte das Buch, aus dem er zitieren wollte, mit Seitengabe auf seinem Arbeitsplan, auf den er auch die kapitelbildenden Sätze schrieb, um sie dann mit Buntstiften in eine logische Abfolge zu bringen.[17]

Wenn er an die Stelle kam, in der er Passagen über Luther, Shaw, Schnitzler oder Jesus, Betrachtungen über Religion oder die «Wellennatur der Strahlen» einmontieren wollte, legte er die lange Studentenpfeife beiseite, erhob sich und zog aus einem der Bücherkästen des Arbeits- oder Bibliothekszimmers die entsprechende Mappe, den entsprechenden Band hervor. So zum Beispiel: C. Promus: *Die Entstehung des Christentums, Nach der modernen Forschung für weite Kreise voraussetzungslos dargestellt,* Jena und Leipzig 1905; oder: J. W. Camerer*: Philosophie und Naturwissenschaft*; oder: Friedrich Dannemann: *Die Naturwissenschaften in ihrer Entwicklung und in ihrem Zusammenhange,* Leipzig 1911 – Friedell hatte in seiner Bibliothek zahlreiche populärwissenschaftliche Werke über Physik, Chemie, Biologie, Zoologie, die in der *Kulturgeschichte* ihren Niederschlag finden.[18]

Der Stachel des treffenden Wortes: Friedell-Karikatur von Alfred Gerstenbrand, 1923.

Dass der geschichtsphilosophische Dichter mit einem Zettelkasten gearbeitet habe, wie Friedell über Alfred Polgar der Nachwelt übermitteln ließ, ist also schwerlich anzunehmen. Friedells in ihrer Eigenart sehr wohl «organische» Arbeitsweise offenbart eine Art Arbeitsplan, der zwar zum Entwurf des letzten Kapitels seiner *Kulturgeschichte des Altertums* gehört, der aber doch grundsätzlich «Rückschlüsse auf Friedells Arbeitsweise» nahelegt.[19]

2. Ullstein zögert, Beck greift zu

An irgendeinem Tag im Herbst 1926 setzt sich Friedell an seinen Schreibtisch, um einen Brief nach Berlin zu verfassen. Adressat ist Louis Ullstein, Chef des gleichnamigen «Ullsteinhauses», des mächtigen, trutzig und herausfordernd am Teltowkanal aufragenden Hochhauses in Tempelhof. Offenkundig aber bleibt Friedell von der imposanten architektonischen Geste völlig unbeeindruckt.

Sein Schreiben beginnt moderat: Er wolle sich in einer Sache «rein geschäftlicher Natur» an Herrn Ullstein wenden: «Es handelt sich um meine ‹Kulturgeschichte der Neuzeit›, die sich schon dadurch als eine starke geistige Leistung kennzeichnet, da sie, noch ehe eine Zeile von ihr veröffentlicht worden ist, bereits zahlreiche Menschen dazu gebracht hat, sich über sie viele ernste Gedanken zu machen. Nämlich die Funktionäre des Ullsteinhauses.»

An diesem Punkt schon muss der Empfänger geahnt haben, dass der Brief aus Wien nicht nur Freundlichkeiten enthält.

Er wisse natürlich nicht, welche Funktionäre es seien, fährt Friedell fort. «Soviel ist jedoch klar, daß dieses vielköpfige anonyme Ungeheuer sich mit allen Fibern dagegen sträubt, den ersten Band meines Werks, der bereits seit einem Jahr vollkommen fertiggedruckt und – wie ich neidlos anerkennen will – in vortrefflicher Ausstattung vorliegt, erscheinen zu lassen.»

Und jetzt bringt er frech eines seiner Bonmots an: «Mein Werk, das den Untertitel trägt: ‹Die Krisis der europäischen Seele von der Schwarzen Pest bis Ullstein›, soll drei Bände umfassen (...).» Man würde gerne wissen, ob Louis Ullstein an dieser Stelle auch gelacht hat.

Jedenfalls ist es mutig von Friedell, dem Chef eines der großen Verlagshäuser eine Ohrfeige zu verpassen. Ullstein hat immerhin Erfolgsautoren wie Franz Blei, Benno Reifenberg oder Vicki Baum unter Vertrag.

Der Grund für Friedells Unmut: Der erste Band der *Kulturgeschichte* liegt tatsächlich bereits seit 1925 vor, laut Vertrag sollte das Buch im Herbst desselben Jahres erscheinen. Es ist bereits gedruckt, wenn auch noch nicht gebunden. Da macht Ullstein einen Rückzieher: Friedell solle erst alle drei geplanten Bände fertig schreiben, die dann zugleich erscheinen würden. Außerdem will der Verlag die Bände illustrieren – allein das stößt Friedell sauer auf. Hat Ullstein wirklich «Angst bekommen»?[20] Offenbar hatte der Verlag Bedenken, man werde ihm nicht abnehmen, ein «Kabarettier» sei imstande, eine «seriöse Kulturgeschichte» zu schreiben.[21] Friedell seriös?

Der Autor, der unverhohlen von einem «faulen Geschäft» spricht, versucht jedenfalls, Ullstein zu überzeugen, sein Werk sei gerade nicht die Studie eines Kathederphilosophen: «Ich begreife ja, daß der Verlag vor einer Kulturgeschichte Angst hat, aber die bisherigen Kulturgeschichten sind nur deshalb von den Lesern gemieden worden, weil sie von Kulturhistorikern geschrieben waren. Daß es sich aber im vorliegenden Falle um keine derartige solide Arbeit handelt, dafür bürgt, denke ich, sowohl der Name des Verlages wie der des Verfassers.» Dann droht er gar mit einem Prozess: Aus den «allgemeinen Bestimmungen des deutschen Verlagsrechts wie aus den Punkten meines Vertrages» gehe hervor, er habe «den vollen juristischen Anspruch auf sofortige Ausgabe des ersten Bandes». Werde Ullstein seine «Verschleppungstaktik, die bereits ein Jahr währt», beibehalten, «so müßte ich die Angelegenheit meinem Anwalt übertragen, der sie mit den schmutzigsten Mitteln wie Schadenersatzansprüchen u. drgl. verfolgen würde, was mir als ethisch hochstehendem Menschen natürlich die ernstesten Gewissensbisse bereiten würde.»[22]

Doch dann wendet sich das Blatt. Friedell kann den Vertrag mit Ullstein lösen. Verhandlungen mit Heinrich Beck in München sind aussichtsreich, und im Februar 1927 ist der Vertrag mit dem Verlag C.H.Beck unterfertigt. Im Mai jenes denkwürdigen Jahres erscheint der erste Band der *Kulturgeschichte der Neuzeit*, mit richtigem Untertitel: *Die Krisis der europäischen Seele von der Schwarzen Pest bis zum Ersten Weltkrieg*, und – unbebildert. Friedells Versuch, auch in der Geschichtsschreibung Einheit und Geschlossenheit zu erreichen, jene «Ganzheit», die Hermann Bahr forderte, trifft einen Nerv der Zeit und passt ins Programm des Verlags, der mit Oswald Spenglers *Untergang des Abendlandes* 1918 einen ähnlichen Geschichtsentwurf vorgestellt und damit ungeheure Aufmerksamkeit erregt hatte.

Auch Friedells erster Band findet so reißenden Absatz, dass der Verlag kaum mit dem Druck nachkommt. Bekannte Schriftsteller wie Alfred Döblin schreiben begeisterte Rezensionen. Nun dringt Friedells Ruhm über die Grenzen Deutschlands hinaus, eine englische Zeitung verleiht ihm den Ehrentitel «Shakespeare der Geschichtsschreibung» – was immerhin auch auf Friedells rege Phantasie anspielt.

Bereits im Herbst 1928 kann der zweite Band erscheinen, der die Zeitspanne «Vom Dreißigjährigen Krieg bis zum Siebenjährigen Krieg» umfasst, also den Übergang vom Barock zur Aufklärung, damit den

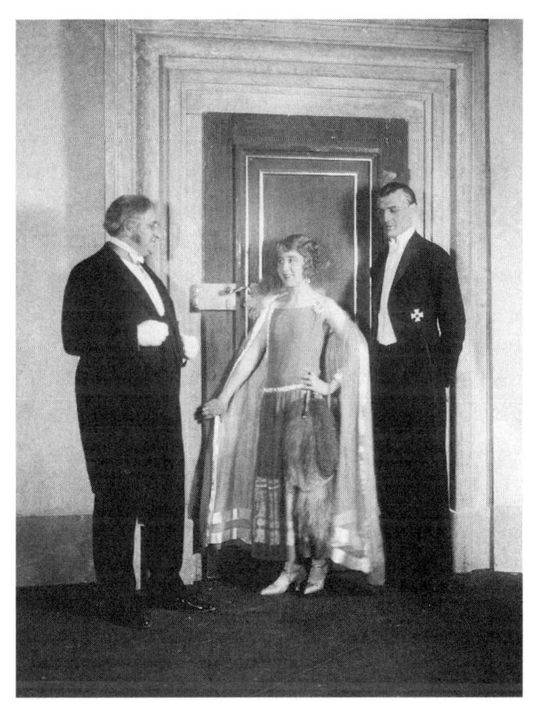

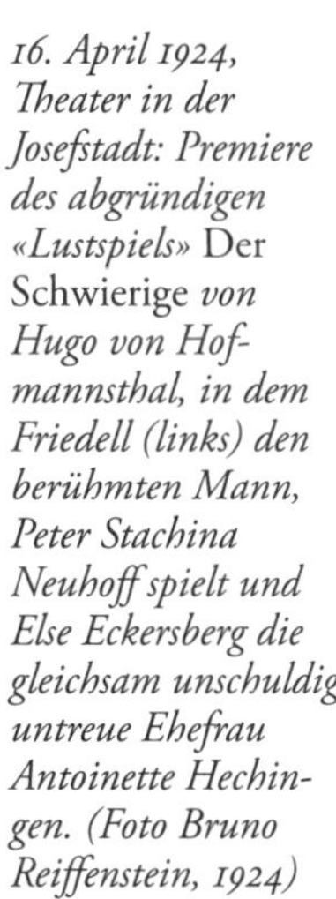

16. April 1924, Theater in der Josefstadt: Premiere des abgründigen «Lustspiels» Der Schwierige *von Hugo von Hofmannsthal, in dem Friedell (links) den berühmten Mann, Peter Stachina Neuhoff spielt und Else Eckersberg die gleichsam unschuldig untreue Ehefrau Antoinette Hechingen. (Foto Bruno Reiffenstein, 1924)*

herandämmernden Wandel vom Zeitalter der Konfessionen zum Zeitalter der Nationen. Friedell hatte hinreichend Zeit, da er den ersten Band bereits 1925 beendet hatte. Offenbar war er in Sorge, der Folgeband könne sich weniger verkaufen als der erste. Das geht aus einem Brief Heinrich Becks vom 18. April 1929 hervor, im dem der Verleger seinen Autor beruhigt: «Lieber, verehrter Herr Doktor! Ich entnehme Ihren kürzlich beim Verlag eingelaufenen Zeilen, dass Sie sich darüber beunruhigen, dass Ihr II. Band einen etwas langsameren Absatz hat als der erste. Das erscheint mir ganz natürlich und wiederholt sich bei allen solchen mehrbändigen Werken. (...) Das war auch bei dem Spengler'schen Werk der Fall.» Doch sei «dieses Zurückbleiben (...) bis zu einem gewissen Grade nur ein zeitliches. So hoffe ich, dass z. B. schon nächstes Weihnachten der II. Band von Vielen gekauft wird, die sich dieses Jahr den ersten zugelegt haben.» Im Übrigen lägen wegen der Übersetzungsrechte etliche Anfragen englischer und amerikanischer Verlage vor.[23] Tatsächlich erschien die erste amerikanische Ausgabe bereits 1930.

Beiläufig aber erkundigt sich Heinrich Beck in eben dem Brief vom 18. April auch nach dem Fortgang des abschließenden Bandes: «In diesen Tagen las ich in der Zeitung, dass Sie ein mehrmonatiges Engagement nach Berlin angenommen haben. Bei solchen Nachrichten denke ich nun jedes Mal: Wie wird das dem dritten Band bekommen? Alles Gute! Mit besten Grüßen, Ihr ergebener Beck.»

Am dritten Band arbeitet Friedell gleichfalls drei Jahre. Er erscheint rechtzeitig zum Weihnachtsgeschäft des Jahres 1931.

Indes hatten die Zeitungen richtig gemeldet: Max Reinhardt hatte am 11. November 1924, ein gutes halbes Jahr nach der Eröffnung seines Theaters in der Josefstadt, in Berlin am Kurfürstendamm mit der «Komödie» begonnen. Friedell hatte, wie zu sehen war, von Anfang an in der «Komödie» mitgespielt, in Carlo Goldonis Komödie *Diener zweier Herren*, vor allem aber mit Max Pallenberg in seiner Rolle als Dr. Diafoirus im *Eingebildeten Kranken*. Die folgenden Jahre hatte er sich auf das Theater in der Josefstadt beschränkt; im Herbst 1929 aber, er arbeitet am dritten Band, zieht es ihn nach fünf Jahren wieder in die exaltierte und produktive, längst prosperierende Metropole, von der Walther Kiaulehn behauptet, sie habe «eine besonders belebende Ausstrahlung auf ihre Bewohner» gehabt, deren «Tempobedürfnis» «damals vier Standardgeschwindigkeiten» hervorgebracht habe: «Fußgänger fünf, Straßenbahn vierzehn, Autobus sechzehn und Untergrundbahn 25 Stundenkilometer. Bedenkt man, daß die Luftlinie zwischen der Warschauer Brücke im Osten und dem Bahnhof Halensee im Westen nur zehn Kilometer mißt, dann konnte man mit diesen Geschwindigkeiten schon etwas ausrichten» – abgesehen von den rund «fünfzigtausend Automobile[n]», die durch Berlins breite Straßen fuhren.[24]

Abermals befindet sich Friedell in Gesellschaft von Kollegen ersten Ranges: Vom 19. Oktober 1929 bis zum 20. September 1930 steht er unter Max Reinhardts Regie in George Bernard Shaws aktueller Komödie *Der Kaiser von Amerika (The Apple Cart)* auf der Bühne des seit beinahe einem Vierteljahrhundert richtungsweisenden Deutschen Theaters. Das Stück dürfte ihm Vergnügen bereitet haben: eine Satire auf sozialromantische Freiheitsversprechen der Demokratie, in der Friedell neben der mit Reinhardt liierten Helene Thimig, dem Bühnen- und Film-Star-Schauspieler Werner Krauß und dem jungen Wie-

Abendliche Betriebsamkeit auf der Berliner Friedrichstraße: Szenen, wie sie diese Aufnahme Ende der 20er Jahre zeigt, waren auch Friedell bekannt, der, wenn er in Berlin auftrat, im Hotel Bristol Unter den Linden logierte. «Ich habe diese Stadt doch noch unterschätzt, sie zerstört einen völlig», klagte er bei einem seiner ersten Besuche seiner Freundin Lina Loos.

ner Schauspieler Willi Forst agiert, der zu dieser Zeit auch im Berliner Metropoltheater als Revue- und Operettensänger auftritt, bald im Film erfolgreich sein wird (*Café Elektric*, in dem Marlene Dietrich ihre erste Hauptrolle hat) und in den 30er Jahren auch als Regisseur des intelligenten Wiener Unterhaltungsfilms (*Burgtheater, Bell Ami, Wiener Blut*) beliebt wird.

Friedell hatte bereits vor *Der Kaiser von Amerika* im «Theater in der Königgrätzer Straße» mit deutsch-österreichischer Schauspielerprominenz die Bühne geteilt: Ernst Deutsch und der Wiener Publikumsliebling Paul Hörbiger waren seine Partner in der Historienkomödie des New Yorker Drehbuchautors und Dramatikers Robert E. Sherwood *The Road to Rome (Hannibal ante portas)*.

In diesen langen Monaten dürfte Heinrich Beck durchaus unruhig geworden sein: Für Shaws *Kaiser von Amerika* blieb Friedell ohne Unterbrechung neun Monate in Berlin. So spielt er zusätzlich in den Kammerspielen des Deutschen Theaters im *Diener zweier Herren*, um dann bis Februar im selben Stück noch am Kurfürstendamm in der «Komödie» zu bleiben.

Vor allem aber: Mit dem Schriftsteller Hans Sassmann, mit dem ihn eine langjährige Freundschaft verbinden sollte, bearbeitet er Jacques Offenbachs Buffo-Oper *Die schöne Helena*, die zwischen Juni und November 1931 über die Bühne des erst vor kurzem eröffneten Theaters am Kurfürstendamm geht. Max Reinhardt führt Regie, die Dramaturgie übernimmt Erich Wolfgang Korngold, einer der am meisten gespielten Opernkomponisten dieser Zeit und in Wien gleichsam ein Nachbar Friedells: Korngold bewohnt in der zehn Gehminuten von Friedells Wohnung entfernten Sternwartestraße eine hübsche Villa. Wenige Jahre später wird er, ins Exil gezwungen, mit seiner packenden Musik zu Michael Curtiz' *The Advenures of Robin Hood* und *The Sea Hawk (Der Herr der sieben Meere)*, beide mit Eroll Flynn in der Hauptrolle, weltberühmt werden.

In der Berliner Aufführung der *Schönen Helena* spielt der Texter Friedell als Götterbote Merkur mit – neben Hans Moser als Menelaus, dem betrogenen Ehemann und Bruder des Griechenführers Agamemnon, und dem ingeniösen Theo Lingen als Ajax, der einige Jahre danach, 1935, in der Verwechslungskomödie *Himmel auf Erden* als Partner von Heinz Rühmann (als lausbubenhafter Gutsbesitzer Peter Hilpert) und Hans Moser (als hektisch-hypochondrischer Salzburger Gastwirt Adlgasser) einen elegant-blasierten, doch vielfach talentierten, arbeitswütigen und begeisterten Theaterregisseur spielt, in dem man durchaus eine glänzende Parodie Max Reinhardts erkennen darf. Willi Forst, Werner Krauß, Paul Hörbiger, Hans Moser, Heinz Rühmann, Hermann Thimig, Ernst Deutsch, Theo Lingen – all diese berühmten Volks- und Bühnenschauspieler arbeiteten mit großem Erfolg auch als Darsteller im Stumm- und im Tonfilm.

Friedell kannte sie alle, stand mit allen auf der Bühne, und wenn er auch kein «großer» Schauspieler im klassischen Sinne war, so erhebt sich doch die Frage: Weshalb hat Friedell nur in einem einzigen Film – *Die Marquise von Clermont* – mitgespielt? Weil er kein Freund dieser neuen, populären Kunstform war, die auch Thomas Mann verachtete?[25] Eher scheint es, als hätten ihm genau die Eigenschaften, die ihn als Kabarettisten auszeichneten und die ihn für Max Reinhardt interessant machten, den Zugang zum Set versperrt: Abgesehen davon, dass er im Stummfilm eine seiner Kerntugenden, den pointierten Witz, wohl

Auf der Bühne ein Verführer: Friedell hatte mit Hans Sassmann Jacques Offenbachs Buffo-Oper Die schöne Helena *umgearbeitet und sich eine Rolle als Merkur eingeschrieben. Das Stück, in dem auch Hans Moser, Theo Lingen und Jarmila Novotna als Helena spielten, lief von Juni bis November 1931 mit großem Erfolg im Theater am Kurfürstendamm.*

schwerlich hätte anbringen können, wäre ein Tonfilmregisseur an seiner Neigung zum Extemporieren, an seiner Lust an kreativer Disziplinlosigkeit vermutlich verzweifelt. Zweifellos aber wäre es ein Erlebnis – wenn vielleicht auch ein enttäuschendes –, wäre sein einziger Film nicht verschollen und könnte man noch heute per Leinwand dem spielenden Friedell zusehen und sogar hören, wie er künstlich blasiert näselt.

Die schöne Helena jedenfalls erlebt knapp 150 Aufführungen. Trotz seiner intensiven Schauspielerei gelingt es Friedell, den dritten Band abzuschließen: Während die *Schöne Helena* hofiert wird, korrigiert er in der Garderobe des Theaters mit Theo Lingen die Druckfahnen. Im November 1931 ist der Band druckfertig.[26]

Zwischendurch, wohl 1928, erscheint auch noch eine Figur auf der Szene, die seit 47 Jahren, seit 1881, verschwunden war: Friedells Mutter, gelockt, wie es scheint, vom Ruhm des Sohnes. Mittellos, versucht Caroline Tritsch, von ihren Söhnen Oskar und Egon Unterhalt zu bekommen. Von Oskar Friedmann freilich ist nicht viel zu erwarten.

Ein Stück, zwei Rollen: Friedell als beflissener Reporter Clark und als Lizentiat Don Siliceo in Franz Werfels mexikanischem Historiendrama Juarez und Maximilian, *von Mai bis September 1925 im Theater in der Josefstadt. Die Kostüme hatte der Wiener Maler und Sammler alter Waffen, Carl Hollitzer, entworfen.*

Und Friedell weigert sich, seine Mutter zu sehen – ein Zeichen dafür, dass er die Demütigung ihres Weggangs niemals ganz überwunden hat. Einem späteren Zeitungsbericht zufolge aber lässt er seiner Mutter das eine oder andere Mal Geld zukommen, insgesamt 400 Schilling. Sie sollte damit ihre Arztrechnungen bezahlen. Caroline Tritsch war laut eigener Angabe «erwerbsunfähig» und daher «in furchtbarster Notlage». Da sie monatlich mehr als 40 Schilling für ihr Zimmer in Untermiete zu bezahlen habe, zieht sie vor Gericht.[27]

Am 5. November 1929 klärt das *Wiener Abendblatt* unter dem Titel «Die arme Mutter eines reichen Sohnes – Eine Alimentationsklage gegen den Schauspieler und Schriftsteller Dr. Egon Friedell» seine Leser über die angeblichen Vermögensverhältnisse des Dr. Friedell auf: Dieser sei «gegenwärtig bei den Barnowsky-Bühnen in Berlin angestellt», wo er eine Gage «von 1500 Mark monatlich, also rund 2600 Schilling» beziehe. Außerdem sei, «trotz der kurzen Zeit», in der sich seine *Kulturgeschichte* auf dem Markt befinde, «bereits die zwölfte Auflage» erreicht worden. Das Werk werde «ins Englische übersetzt, ein großer amerikanischer Verlag» habe es ebenfalls erworben, so dass also «die Einkünfte, die der Autor draus bezieht, (...) mit wenigstens 60 000 Schilling zu beziffern» seien. Das Blatt zitiert zudem die Aussage des Dr. Max Eitelberg, Anwalt des augenblicklich in Berlin weilenden Beklagten, dieser sei «nicht in der Lage (...), seiner Mutter die Einkünfte zu erhöhen». Seine Verhältnisse hätten sich seit den ersten Zuwendungen nicht gebessert. Im Übrigen habe die Mutter, «als der Beklagte noch ein kleines Kind war, die Familie verlassen, sei mit einem anderen Manne zusammengezogen, den sie später heiratete und habe sich nie um ihre Kinder gekümmert». Darauf vertagt der Döblinger Bezirksrichter Dr. Czerkowsky die Verhandlung, «um Informationen über die Vermögensverhältnisse des Beklagten einzuholen».[28]

In dieser für Friedell unangenehmen Situation meldet sich Lina zu Wort. Verärgert über die mitleidheischende Berichterstattung, verteidigt sie den Freund in einem offenen, im *Wiener Journal* abgedruckten Brief: «Ich bin jederzeit bereit, vor Gott, den Menschen und vor Gericht zu bezeugen, wie rührend Du für Deine Mutter gesorgt hast (...), aber die Leute sagen jetzt, diese feine liebe alte Dame wäre ja bloß Deine Kinderfrau gewesen, aber Deine richtige Mutter sei jene, die Dich jetzt anklagt, Du hättest sie böswillig verlassen.»

Friedell setzt nun seine Haushälterin, Hermine Schimann, zur Alleinerbin ein. Es kommt zum Vergleich. Friedell, der sich nach wie vor weigert, Frau Tritsch zu sehen, muss zahlen, allerdings weniger, als die Mutter fordert.

Die Menschheit zu bessern und zu bekehren: die Kulturgeschichte und das Theater

Die Arbeit an der Vollendung seiner *Kulturgeschichte der Neuzeit* hält ihn nicht davon ab, weiterhin die Theaterbühne zu betreten. So nimmt er noch am 9. und 10. April 1927 im Theater in der Josefstadt, seit drei Jahren im Besitz Max Reinhardts, an einem «Abend der Überraschungen» teil. Friedell tritt, natürlich, in einem Sketch auf, Max Reinhardt spielt Szenen als Don Carlos, die Conference übernimmt kein anderer als Karl Farkas, der als Theaterschauspieler, Kabarettist, Sketch-, Operetten- und Lustspielschreiber, vor allem aber als Stegreifdichter nach dem Ersten Weltkrieg in die Stargruppe des Wiener Unterhaltungs-

Auf der Bühne des Theaters in der Josefstadt: Friedell (rechts) spielte vom 29. Januar bis 15. Mai 1926 an der Seite von Hans Moser in Iwan Turgenjews Schauspiel Natalie.

theaters aufgerückt war. Friedell könnte dem späteren Kollegen bereits Jahre zuvor begegnet sein: noch im Café Central, wo der Mittelschüler Farkas schreibend seine Nachmittage verbracht hatte.[29]

Er spielt nun in Hofmannsthals *Der Schwierige*, in *Der Diener zweier Herren* Carlo Goldonis, in Nestroy-Possen und in G. B. Shaws Komödie *Fannys erstes Stück*, er steht als Hofmarshall Kalb in *Kabale und Liebe*, als Tubal in Shakespeares *Kaufmann von Venedig*, als Justizmaier in Franz von Poccis Märchen-Spiel *Larifari*, als Dr. Leclerc in Sacha Guitrys Komödie *Schwarz und Weiß* oder auch als Kriegsberichterstatter Clark in dem Historien-Drama *Juarez und Maximilian* Franz Werfels auf der Bühne. Dazwischen, er arbeitet seit gut zwei Jahren an der *Kulturgeschichte*, bleibt er über ein halbes Jahr in Berlin, um sich in der ebenfalls von Max Reinhardt geführten «Komödie» am Kurfürstendamm im *Eingebildeten Kranken* wieder mit Max Pallenberg zu mes-

Friedell (links) als Weltreisender Überall in der von ihm und Hans Sassmann bearbeiteten «Zauberposse mit Gesang» Alles und Nichts oder der Traum von Schale und Kern *von Johann Nestroy. Seine Mitspieler in dem im März 1926 im Josefstädter Theater inszenierten Stück waren Hermann, Hugo, Hans und Helene Thimig sowie Gustav Waldau und Hans Moser.*

sen. In Wien wiederum ist er Bühnenpartner anderer prominenter Schauspieler, die zum Ensemble des Theaters in der Josefstadt zählen oder dort Gastauftritte geben: Hans und Hermann Thimigs, Helene Thimigs, des genialen Kleinbürger-Kopisten Hans Moser. Einmal spielt er neben dem Filmpartner Mosers, Heinz Rühmann, einen Theaterdirektor.[30]

Es ist müßig, diese Liste zu verlängern. Aufschlussreich hingegen ist vielleicht die Frage, was Friedell immer wieder so eifrig in die illusionistische Welt der Bühne treibt. Er selbst sagt später in einem Interview mit der noch heute verblüffend gegenwärtig wirkenden Zeitschrift *Die Bühne*, er brauche das Theater, da sich Schreiben und Spielen ergänzten: «Eine Beschäftigung ist Erholung von der andern. Man kann nicht immer kulturgeschichtliche Bücher schreiben, ich würde es nicht aushalten, ich muß von Zeit zu Zeit auf der Bühne stehen und hübschen

Text sprechen, Text, den ein anderer geschrieben hat.»[31] Außerdem äußert sich Friedell dazu ausführlich in seinem Aufsatz *Zur Psychopathologie des Schauspielers*: Dieser sei auf der Bühne gezwungen, in seiner Rolle zu verschwinden und dürfe über sich nicht nachdenken, «sonst geht es ihm wie dem Nachtwandler, der, sowie er zum Bewußtsein seines Zustandes gebracht wird, sofort vom Dach stürzt und sich das Genick bricht.» Und überhaupt: «Störungen von außen, Hemmungen von innen lassen im Alltag nur höchst selten jene künstlich gereinigte Form des Erlebnisses zu, die gerade das Wesen des Theaters ausmacht.» Die Bühne wandelt sich zum Boden der Therapie: «Indem nun der Schauspieler alles, was an Eitelkeit, Dummheit, Lüge, Bosheit, Brutalität, Ichbesessenheit und Niedertracht in ihm angesammelt ist, beruflich aufbraucht, befreit er sich in seiner Privatexistenz davon, gleichsam wie alle bösen und giftigen Säfte des Körpers in einem Ekzem zusammenschießen (...)».[32]

Nun dient wiederum das Theater Friedell dazu, seine Rolle sozusagen in Dasein zu verwandeln: Die Bühne ist der Spiegel des Lebens in kleinerem Format, das Leben nichts als die Fortsetzung der Bühne mit den Mitteln der Realität. Was die Bühne vom Leben unterscheidet, ist im Grunde nur dies: Sie bietet die Möglichkeit, das Spiel auszuleben. Das ist in der Realität nur bedingt, und manchmal nur sehr bedingt, möglich. Und das Spiel ist, wie zu sehen war, ein wesentliches Moment im Konzept des Künstlers, des «Dichters» im weiteren Sinne: des schöpferischen Genius.

Dieser Punkt öffnet auch die Perspektive auf Friedells Begriff vom Theater. Entschieden zählt dieser Begriff zu den Motiven, die Friedell auf die Bühne treiben, mag er auch nicht unbedingt ein Schauspieler im eigentlichen Sinne sein: «Dem Schriftsteller», schreibt der Berliner Publizist Walther Kiaulehn, der Friedell noch persönlich kannte, in einem Erinnerungsartikel, «fehlte eigentlich das Urtalent des Schauspielers, sich ständig verwandeln zu können.» Friedell habe indes Triumphe mit Rollen gefeiert, «die ihm sozusagen auf den Leib geschrieben waren», da er sich selbst spielen konnte: etwa «als fremder Professor in ‹Der Schwierige› von Hofmannsthal, als Mark Twain oder als der Götterbote Merkur».[33] Doch gilt in jedem Falle: Für Friedell ist, wie für Schiller, den er in der *Kulturgeschichte* als «Theatrarchen», als das dramaturgische Genie des 18. Jahrhunderts bewundert, das Theater eine moralische Anstalt. Wie in seinem Schreiben, so sieht er auch im The-

Friedell bei Proben zu der Historienkomödie The Road to Rome (Hannibal ante Portas) *im September 1929 im Theater in der Königgrätzer Straße in Berlin.*

ater nicht nur die Bühne seiner Selbstdarstellung. Schreiben und Bühne: Das sind die dem «Dichter» angemessenen Mittel, zu wirken, ethisch zu wirken, also in der Tat: die Menschheit zu bessern und zu bekehren.

In diesem Sinne dürfte es gerade in den 20er Jahren für ihn besonders reizvoll gewesen sein, sich als Schauspieler zu erproben – wobei er das Glück hatte, rechtzeitig auf Max Reinhardt getroffen zu sein. Dessen Begeisterung für ein Theater als Gesamtkunstwerk aus Bühneninszenierung und inszenierter Wirklichkeit, dessen Besessenheit von der Idee der ästhetischen Einheit kamen Friedell ebensosehr entgegen wie Reinhardts Talent, einen Schauspieler aus sich selbst heraus zu entwickeln. Nur bei Max Reinhardt konnte Friedell auch auf der Bühne Friedell sein.

So war für Friedell der Schritt von der Bühne zur Kulturgeschichte mehr als nur eine seelische Erfrischung, die seine Produktion befruchtete: Beide Elemente bedingten einander. Die *Kulturgeschichte der Neuzeit* ist in ihrer Art eine andere Form des Theaters. Friedell durchschreitet auf ihr, bei aller Ernsthaftigkeit in spielerischer Weise, jene

Bühne, die er selbst als Geschichtsbühne betrachtet. Er ist als Kulturdandy der Wanderer, der die Zeitalter ebenso durchmisst wie die Räume der Gesellschaften und politischen Ereignisse. Friedell kann, in seiner Wahrnehmung der Dinge, die Geschichte als Bühne betrachten, ihre Ebenen als kundiger Flaneur erforschen, ohne frivol, ohne nur Ästhet zu sein: Denn er ist überzeugt, die wahre Wirklichkeit sei «nicht von dieser Welt», weshalb die gültige Wahrheit dieser Welt ohnehin nicht zu finden sei.[34]

3. Geschichtsphilosophische Gedankenspiele oder Alles, was entsteht, ist Dichtung

a) Die Welt als Kathedrale

Basilica aedificata significat basilicam spiritualem – in der Form des Kirchenbaus spiegelt sich die Kirche des Geistes: Dieser Leitsatz mittelalterlicher Architektur bezeichnet exakt Friedells Bild dieser Epoche.

«So baut sich», erklärt er im Kapitel «Die Seele des Mittelalters», «die mittelalterliche Welt auf als eine wunderbare Stufenordnung von geglaubten Abstraktionen, gelebten Ideen, in feiner, scharfer Gliederung ansteigend wie eine Kathedrale oder eine jener kunstvollen ‹Summen› der Scholastiker: auf der einen Seite der weltliche Trakt mit seinen Bauern und Bürgern, Rittern und Lehnsleuten, Grafen und Herzogen, Königen und Kaisern, auf der anderen Seite der geistliche Trakt, von dem breiten Fundament aller Gläubigen emporklimmend zu den Priestern, den Äbten, den Bischöfen, den Päpsten, den Konzilien und darüber hinaus zur Rangleiter der Engel, deren höchste zu Füßen Gottes sitzen: eine große, wohldurchdachte und wohlgeordnete Hierarchie von Universalien.»[35]

Friedell also sieht die Welt des Mittelalters als ein geschlossenes Universum. In diesem Bild offenbart sich, wie nahe Friedells Denken nach wie vor den Romantikern, vor allem Novalis steht, dessen Forderung nach einer «Universalgeschichte» er mit seiner *Kulturgeschichte* einzulösen sucht. Bedenkt man außerdem, dass die akademische Geschichtswissenschaft des 19. Jahrhunderts das Mittelalter als «finster» ansah, so offenbart sich Friedells Rückwendung zugleich als Vorgriff auf ein differenziertes Mittelalterbild, das diese Epoche als unruhig, vital und geistig hellwach begreift – mag Friedells Blick noch so verklärend sein.

Sein eigener Versuch, ein ganzheitliches Geschichtsbild zu schaffen, kann nur gelingen, wenn Friedell die empirische Welt, alles, was ist und geschieht, in einen umfassenden metaphysischen Zusammenhang bringt. Was demnach die Welt im innersten zusammenhält, ist nicht, wie bei ähnlichen kulturphilosophischen Entwürfen der Epoche, wie etwa bei Houston Stewart Chamberlains *Grundlagen des 19. Jahrhunderts* oder bei Oswald Spenglers bewundertem *Untergang des Abendlandes*, eine immanente Kraft; bei Friedell ist es eine transzendente: Der Geist Gottes, der die Dinge durchdringt und sie, in ihrem ewigen Wandel, in sinnvolle Ordnungen bringt. Damit ist die Welt von dem beherrscht, was die Griechen «Logos» nannten – diese All-Vernunft regiert auch dann, wenn der Mensch in seiner begrenzten Wahrnehmung die Welt als unübersichtlich, widervernünftig, ja chaotisch empfindet und in seiner eigenen Gegenwart vielleicht nur Zeichen der Sinnlosigkeit oder des «Nihilismus» zu erkennen glaubt.

Wie sich noch zeigen wird, hat Friedell seine eigene, wenn auch aus zeitgenössischen Denkmodellen abgeleitete Vorstellung vom transzendenten Raum. An seiner religiösen Idee ändert das freilich nichts, folglich auch nichts an dem Befund, die *Kulturgeschichte* sei nicht zuletzt deshalb so erfolgreich, weil sie Sinn stiftet.

Eben das ist Friedells Absicht längst vor der *Kulturgeschichte* gewesen: Im Grunde, wie zu sehen war, bereits in seinem *Novalis als Philosoph*. Die Welt als Modell einer sinnvollen Ordnung zu zeigen, hält als ideengeschichtliches Leitmotiv das gesamte Werk von *Novalis* bis zur *Kulturgeschichte* zusammen, wobei der Gedanke, es sei der Dichter, der den magischen Zusammenhang sieht, insbesondere in den programmatischen Essays zum Ausdruck kommt: von «Der Dichter» bis zu «Der Haß des Künstlers». Gerade dieser Text hebt die Absicht, im Dichter, der immer metaphysisch inspiriert ist, den Sinnstifter, damit auch den Erlöser, zu sehen, hervor: Die Leitfigur, die unausgesprochen den Mittelpunkt des Textes bildet, ist Tolstoi, dessen Wendung zu einer spirituell orientierten Religiosität Friedell bewundert hat. In diesem Zusammenhang erschließt sich abermals, weshalb Friedell Christus als größten Dichter ansehen kann, ohne ironisch zu wirken.[36]

b) Bismarcks Fresslust oder die Weltgeschichte in Anekdoten

In der Wiener Straßenbahn konnte es geschehen, dass ein korpulenter Herr mit eingeklemmtem Monokel Schaffner spielte und Fahrgästen, die ein Billett brauchten, einen Fahrschein in die Hand drückte – so will es eine Geschichte, die über Egon Friedell überliefert ist.[37]

Zweifellos verbergen sich in solchen Anekdoten Wesenszüge des Autors: die Geste der Inszenierung und Selbstdarstellung, die mit Ironie, manchmal Bosheit gemischte Liebenswürdigkeit, die Haltung der Uneigentlichkeit gegenüber der Realität, das Unseriöse im Rahmen bürgerlicher Wohlanständigkeit.

Friedell selbst wusste früh die mimetische Kraft der Anekdote zu nutzen: in seinen überaus beliebten «Altenberg-Anekdoten», in den Gerüchten, die er für sein eigenes Rollenspiel in Umlauf brachte. Und endlich, und am wirksamsten, in der *Kulturgeschichte*, die, wollte man sie auf den kleinsten Nenner bringen, ja selbst eine Anekdote der Geschichtsschreibung vorstellt.

Dafür sorgt allein die stilistische Form dieser Geschichtserzählung, deren Anschaulichkeit ihre theoretischen Grundlagen geschickt verbirgt. Sie bilden, wie etwa an den Gemälden Alter Meister zu sehen, den dunklen Hintergrund, der die Figuren und Bauwerke, die Denker und Schriftsteller, die Feldherrn, Staats- und Handelsmänner, die sich im Vordergrund tummeln, in seiner metaphysischen Dimension aufnimmt. Das ist einer der Gründe, weshalb man die *Neuzeit* lesen kann wie einen Roman: von Anfang bis Ende, mit Spannung folgend. Ebenso gut aber kann man das Werk wie eine Enzyklopädie lesen: bald diesen Abschnitt, bald jenen, von der «Meiningerbühne» über «Wilhelm Busch» zurück zur «Bartholomäusnacht», von der «Weltkathedrale» des Mittelalters zum «Luftgeschäft» der wissenschaftlich-instrumentellen Gegenwart, von der Romantik zum Barock, von «Nikolaus Cusanus» zu «Nietzsches Psychologie» – immer hat man das Gefühl, in natürlichen Zusammenhängen zu stehen, in denen alle Bewegung in einem umfassenden Ganzen aufgehoben ist.

Und Friedells Neigung zur Anekdote, trägt das ihrige dazu bei: «Ich versuche nur immer ein einzelnes Segment oder Bogenstück, Profil oder Bruststück, eine bescheidene Vedute ganzer großer Zusammenhänge und Entwicklungen zu geben. Pars pro toto: diese Figur ist nicht die unwirksamste und unanschaulichste. Oft wird ein ganzer Mensch durch eine einzige Handbewegung, ein ganzes Ereignis durch ein einziges Detail schärfer, einprägsamer, wesentlicher charakterisiert als durch die ausführlichste Schilderung. Kurz: die *Anekdote* in jederlei Sinn erscheint mir als die einzig berechtigte Kunstform der Kulturgeschichtsschreibung.» So denkt ein Schriftsteller. Kein Zufall, wenn Friedell als Kronzeugen seiner anekdotischen Erzählweise Geistesgrößen anführt, die historische Zusammenhänge und philosophische Gedankengänge mit stilistischer Brillanz zu vermitteln wussten: So der amerikanische Aufklärungsphilosoph Ralph Waldo Emerson, von dem Friedell 1906 eine Sammlung selbst übersetzter Essays über das Genie in der Geschichte herausgab und den er mit einem Satz über den «Vater der Geschichte» zitiert: «Weil sein Werk unschätzbare Anekdoten enthält, ist es bei den Gelehrten in Mißachtung geraten; aber heutzutage, wo wir erkannt haben, daß das Denkwürdigste an der Geschichte ein paar Anekdoten sind, und uns nicht mehr beunruhigen, wenn etwas nicht langweilig ist, gewinnt Herodot wieder neuen Kredit.» Und neben Montaignes Bekenntnis, ihm seien «‹die Beweise aus der Fabel, wofern sie nur nicht gegen alle Möglichkeit verstoßen, ebenso willkommen (…) wie die aus dem Reiche der Wahrheit›», führt Friedell Nietzsches «Ansicht» an: «Aus drei Anekdoten ist es möglich, das Bild eines Menschen zu geben.»[38]

Er hätte auch Arthur Schnitzler in seinen Zeugenstand rufen können: «Das Wesen eines Menschen läßt sich durch drei schlagkräftige Anekdoten aus seinem Leben vielleicht mit gleicher Bestimmtheit berechnen, wie der Flächeninhalt eines Dreiecks aus dem Verhältnis dreier fixer Punkte zueinander, deren Verbindungslinien das Dreieck bilden.»[39] Schnitzler, der wohl auch deshalb begeistert die *Kulturgeschichte* gelesen haben dürfte, weil er dort eigene Einsichten zum Charakter der Geschichte fand, musste es wissen – seine Betrachtung hätte Friedell gefallen.

Nicht minder hätte ihn die Meinung eines jüngeren, ab Mitte der 20er Jahre bekannt werdenden Zeitgenossen amüsiert: Der 1894 geborene bayerische Erzähler Oskar Maria Graf bemerkt am Anfang seiner 1966, etwa ein Jahr vor seinem Tod erschienenen Lebenserinnerungen

Gelächter von außen: Dem Schriftsteller komme es weniger auf Fakten an, «sondern auf wirkungsvolle Pointen»; er werde angetrieben von der «unausrottbaren Menschenlust am Klatsch», in der sich «funkelnde Ausschmückungsfreude, natürliche Sentimentalität, springlebendige Heiterkeit und übermütige Bosheit» vermischten: «Der Schriftsteller hängt am Anekdotischen, ihn interessiert Bismarcks Fresslust mehr als der ganze Krieg von 1870/71.»[40]

So akribisch Friedell darauf achtete, den Krieg von 1870/71 zu beschreiben, so viel Geschichtsbücher er studierte, um seine Gedankenarchitektur auf dem Boden der Fakten zu errichten, so bestimmt sich der literarische Charakter der *Kulturgeschichte* auch durch Friedells eigene Erzähllust, die sich im Anekdotischen wie in der Kunst bewährt, die Interpretation der Fakten auf eine Perspektive auszurichten – sonst wäre ja die *Kulturgeschichte* Fachhistorie geworden, in Friedells Augen ein Fall für den «Bildungsphilister». Friedell indessen verlockt: ein Rattenfänger, von dessen Geschichten man sich gerne betören lässt.

Allein, so unterhaltsam Friedell erzählen kann: Seine Deutung der Geschichte ist ihm ernst.

c) Im Anfang war das Trauma

Wollte man die *Kulturgeschichte der Neuzeit* auf ihre geschichtsphilosophische Formel bringen, so müsste man sagen: Die gesamte «Neuzeit», wie Friedell die Periode vom ausgehenden Mittelalter bis zu seiner Gegenwart bezeichnet, ist das Ergebnis gesteigerter Kulturtätigkeit aufgrund des kollektiven Traumas der schwarzen Pest.

Zwar werde ein neues Zeitalter durch sozusagen innere Veränderungen «konzipiert»: dadurch, dass sich allmählich der Mensch selbst verändert. Doch seien es im Regelfall starke Erschütterungen, die das Neue geschichtsmächtig werden lassen: «Aber der unmittelbare Anstoß wird doch sehr oft von irgendeinem erschütternden äußeren Ereignis, einer allgemeinen Katastrophe ausgehen: einer großen Epidemie, einer tiefgreifenden Umlagerung der sozialen Schichtung, weit ausgebreiteter Invasionen, plötzlichen wirtschaftlichen Umwertungen. Den Anfang macht also meistens irgendein großes *Trauma*, ein Choc: zum Beispiel die Dorische Wanderung, die Völkerwanderung, die Französische Revolution, der Dreißigjährige Krieg, der Weltkrieg. Diesem folgt eine *traumatische Neurose*, die der eigentliche Brutherd des Neuen ist: durch sie wird alles umgeworfen, ‹zerrüttet›, in einen labilen, anarchischen, chaotischen Zustand gebracht, die Vorstellungsmassen geraten in Fluß, werden sozusagen mobilisiert.» Danach beginne die Phase der Konsolidierung: «Erst später bildet sich das, was die Psychiater den ‹psychomotorischen Überbau› nennen: jenes System von zerebralen Regulierungen, Hemmungen, Sicherungen, das einen ‹normalen› Ablauf der seelischen Funktionen garantiert (...).» Da nun in der Weltgeschichte diese Gesetzmäßigkeit auszumachen sei, wage er zu behaupten: «(...) das Konzeptionsjahr des Menschen der Neuzeit war das Jahr 1348, das Jahr der ‹schwarzen Pest›».[41]

Das Trauma als Bedingung grundlegender Veränderung: Es liegt nahe, in dieser These nicht nur das Wirken eines Zeitgeists zu erkennen, der, selbst aus Umbrüchen hervorgegangen, nach Gesetzmäßigkeiten sucht und überdies für psychologisierende Argumentationen empfänglich ist; sondern auch autobiographische Einschlüsse: Friedell hätte damit sein eigenes Lebenstrauma, das zweifellos Einfluss auf seine Entwicklung nahm, zu einer notwendigen Stütze seines Geschichtsmodells erhoben. Der Schmerz wäre dann eine der Quellen seiner produktiven Kraft gewesen.

Die Ansicht, das Trauma sei ein Antrieb kulturschöpferischen Ehrgeizes, teilt Friedell mit Freud, dem er, trotz seiner spöttischen Skepsis gegenüber der Psychoanalyse, durchaus zugesteht, grundstürzende Entdeckungen gemacht zu haben: «Einige außerordentliche Verdienste wird dem Begründer der Psychoanalyse kein Unbefangener absprechen dürfen.» So gebühre ihm das Verdienst, «alle positivistische Psychologie gegenstandslos gemacht zu haben durch die Enthüllung der ungeheuern Rolle, die dem Unbewußten zugeteilt ist.»[42]

Doch hat Freud wiederum die Folgen dieser traumabedingt gesteigerten Kulturtätigkeit in einem geschichtstheoretischen Modell abzuschätzen versucht. Nicht erst in seiner späten, 1930 veröffentlichten Abhandlung *Das Unbehagen in der Kultur* gibt Freud seiner Vorstellung Ausdruck, der kulturelle Fortschritt überforme die Natur nicht nur mit Städten, Straßen und Fabriken, sondern auch mit Normen und Regeln, durch die wachsende zivilisatorische Reglementierung des Lebens – zeitige also nicht nur in der materiellen Wirklichkeit, sondern auch im psychischen Raum kritische Folgen: Bereits 1912 hatte Freud im zweiten seiner drei *Beiträge zur Psychologie des Liebeslebens* den Rahmen eines kulturtheoretischen Modells entworfen: Die Betrachtung *Über die allgemeinste Erniedrigung* ist in der These verankert, die «psychische Impotenz» bei Männern, also eine nicht physiologisch bestimmte Hemmung, sowie deren weibliche Entsprechung, die Frigidität, seien eine Folge zunehmender und zunehmend neurosefördernder Einengung des natürlichen Trieblebens. Er könne sich, schreibt Freud, «der Einsicht nicht verschließen, daß das Liebesverhalten des Mannes in unserer heutigen Kulturwelt überhaupt den Typus der psychischen Impotenz an sich trägt».[43]

Diese eher pessimistische Prognose enthält also jenen Entwurf zivilisationsbedingter Dekadenz, der die Kultur- oder genauer: Zivilisationskritik seit dem ausgehenden 19. Jahrhundert beschäftigt. Nicht allein romantisch-magisch inspirierte Kulturphilosophen und Weltanschauungs-Phantasten wie Ludwig Klages, Viktor Derleth und die Münchener «Kosmiker» sind von der Dekadenztheorie angesteckt, auch der junge Thomas Mann, der Reiseschriftsteller Hanns Heinz Ewers, der naturmythologische Erzähler Waldemar Bonsels sowie Arthur Schnitzler und unzählige andere Intellektuelle sind von ihr inspiriert; auch ein Fachwissenschaftler wie Max Weber sieht aus der leistungsethisch getriebenen Industriegesellschaft «Berufsmenschen ohne Herz» heranwachsen.

An den Gedanken der fortschrittsbedingten Dekadenz knüpft sich eben die Idee, die steigende Gefahr der Naturentfremdung bringe als Gegenreaktion erst recht verborgene vitale Antriebe zum Ausbruch, wie etwa ein Tier, das sich in einem Netz verfängt, umso heftiger ausschlägt. So mündet dieses vitalistische Dekadenzmodell in die geschichtstheoretische Tragödie einer Globalisierungs-Utopie, die dem fortschrittsbewegten Menschen ungünstige Aussichten bietet: «Am Ende würde die Welt (…) von einer hypertrophen Kultur (…) überzogen und globalisiert sein.»[44]

Doch gar so ferne lag Friedell der Gedanke nicht, es gebe einen Zusammenhang zwischen verdrängter Sexualität und zielorientierter Produktivität. So ist interessant, dass er eben diesen Zusammenhang in der Hexentheologie des 16. Jahrhunderts aufspürt, die freilich ihrerseits nicht frei von pathologischen Zügen ist: «Es äußert sich hierin die tiefe Angst des Mannes vor seiner geheimnisvollen Gefährtin, die erschütternde Ahnung von der unentwirrbaren Sündigkeit, dem unsichtbaren Verderben, das hinter der Geschlechtsgemeinschaft lauert, diesem grauenhaften schwarzen Wellentrichter, der tausend Taten und Tränen, Träume und Leidenschaften der irrenden Erdkreatur blind und gierig in sich hineinstrudelt: vom Hexenwahn der Reformationszeit führt eine lange, aber gerade Linie bis zu Strindberg.» Es handle sich allerdings um kein religiöses, «sondern nur um ein religiös verkleidetes sexuelles Problem»: So spreche aus dem berüchtigten *Hexenhammer* die «hemmungslos entfesselte Phantasie der geschlechtlichen Unbefriedigtheit oder Impotenz, der Satyriasis und Perversität.» Um dann die Gelegenheit für seine Angriffe gegen die Folgen der Reformation zu nutzen: «Daß sich der Sexualhaß jetzt in so schauerlich grotesken Formen entlud, war eine der Folgen der vielgeprießenen ‹Befreiung des Individuums› durch Renaissance und Reformation.»[45]

Bezeichnend wiederum ist, dass er diese Ansicht nur an diesem Beispiel, nur im Falle der wahnhaften Übersteigerung kulturschöpferischen Eifers geltend macht. In allen übrigen Epochen übergeht er den von Freud gebahnten komplexen Umweg über die Sexualtheorie – zwangsläufig, sonst hätte er ja Anhänger der psychoanalytischen Neurosenlehre sein müssen.

Es gibt indessen noch einen, wesentlichen, Punkt, in dem sich Friedells Modell von dem seines bewunderten kulturphilosophischen Kontrahenten unterscheidet: Friedells geschichts- oder kulturtheoretischer Entwurf ist transzendent ausgerichtet. Aus solchen Befunden, und inspiriert vom jungen Maurice Barrès, leitet Hermann Bahr sein Programm der Moderne ab. Darin wiederum kann Friedell eine Wiederkehr jener ästhetisch-lebensweltlichen «Ganzheit» erkennen, die er am Mittelalter als dem Goldenen Zeitalter bewundert – und deren Wiederkehr er im Denken des Idealismus und der Romantik zu finden glaubt, in deren Geschichtsphilosophie er sein eigenes Bild des Mittelalters erkennt. In diesem Sinne auch ging es im Programm jenes Teils der Moderne auf, der sich als metaphysisch-ästhetischer Gegenentwurf zu einer nur rationalistisch, instrumentell und technisch verstandenen Moderne ausformte.

Von den meisten geschichtstheoretischen Modellen dieser Periode indessen unterscheidet sich Friedells Entwurf wiederum durch seinen

Blick auf Christus und dessen Mitleidsethik: Christus als größter «Dichter» der Menschheit, dessen «Ganzheit» aus Wort und Tat allen Zeiten ein Beispiel gibt.

4. Von Meister Eckhart zu Hanns Hörbiger

Fortschritt im Abwind der Thermodynamik

Der erst Hauptsatz der Thermodynamik lautet: Die Energiemenge des Universums bleibt dieselbe. Energie wird durch Arbeit in Wärme umgewandelt, Energie also wandelt sich in einen anderen Aggregatszustand um. Die Summe bleibt erhalten.[46]

Jener erste Hauptsatz des damals auch «Wärmelehre» genannten physikalischen Modells konnte den Satz des Philosophen Gottfried Wilhelm Leibniz bestätigen, der zur Grundlage fortschrittsoptimistischer Gesinnung wurde: die Welt befinde sich in prästabilierter Harmonie. Auch Darwins Evolutionstheorie, auf die gesellschaftliche Entwicklung übertragen zur Blaupause des bürgerlichen Fortschrittsglaubens avanciert, widersprach der erste Hauptsatz nicht.

Doch der zweite, wenige Jahre später von dem Physiker Rudolf Clausius formulierte Hauptsatz der Thermodynamik ernüchterte: Zwar bleibt die Menge der Energie erhalten, doch nimmt deren Qualität ab. Jeder Arbeitsprozess verbraucht Energie, die sich in Wärme umwandelt und als Wärme ins Universum verweht. Diese nivellierte Energieform ist nicht mehr verwendbar, der Prozess, der als Entropie weltanschauliche Karriere macht, unumkehrbar. Der Mathematiker Walter Nernst bestätigte in einer Gedenkrede 1922, Clausius gebühre «ganz zweifellos (…) der unsterbliche Ruhm», als Erster «den zweiten Wärmesatz» aufgestellt zu haben, und zwar in einer, «wie wir wohl mit großer Sicherheit sagen können, für alle Zeiten endgültigen Fassung.»[47]

Da nun leider alles, was geschieht, im weiteren Sinne Arbeit ist, Energie verbraucht, vom Wachstum der Pflanzen bis zur Stahlproduktion, ist klar: Es ist letztlich nur eine Frage der Zeit, bis das gesamte Universum in einen wabernden Wärmebrei umgearbeitet ist.[48]

Es liegt auf der Hand, dass sich auf dieses Modell sämtliche kulturpessimistischen Anschauungen projizieren ließen, die sich als Ausdruck des Unbehagens am Fortschritt ins bildungsbürgerliche Denken eingespeist hatten. Es schien, als wären nun die politischen, weltanschaulichen und ökonomischen Krisenerfahrungen, die die Zeitgenossen seit Mitte des 19. Jahrhunderts machen durften, naturwissenschaftlich bewiesen. In der Tat: «Kaum eine wissenschaftliche Erkenntnis wurde im ausgehenden 19. und im frühen 20. Jahrhundert so breit diskutiert»[49] – der Zeit, in der sich Friedells Intellekt formte.

Pessimistische Anschauungen indessen waren gewiss ein Lieblingsthema bildungsbürgerlicher Debatten – sie ließen sich von der um 1850 einsetzenden Popularität Schopenhauers über beliebte Autoren wie Felix Dahn, Theodor Fontane oder Wilhelm Raabe bis zu entlegenen Denkern wie Philipp Mainländer und Oskar Loerke verfolgen. Gleichwohl erhoben sie sich aber nie in den Rang unbestrittener weltanschaulicher Leitfiguren. Am Ende überlagerte das Unbehagen der Glauben an die Fortschrittsfähigkeit der eigenen, europäischen Kultur. So bemerkt der britische Historiker Eric J. Hobsbawm: «Was jedoch den Zeitgenossen in der ‹entwickelten› und industriellen Welt noch mehr in die Augen stach als der auffällige Wandel ihrer Wirtschaft, das war ihr kaum zu übersehender Erfolg. In der Blütezeit des Fortschrittsglaubens hatte es den Anschein, als teilten die meisten Sozialwissenschaften (…) mit den Naturwissenschaften einen fundamentalen Forschungs- und Theorierahmen: den Evolutionismus.»[50]

Das Publikum im bürgerlichen Milieu hörte gerne auf den philosophierenden Zoologen Ernst Haeckel, dessen evolutionsbiologische Schriften Friedell durchaus unironisch als von «lebendigem poetischen Sinn» durchdrungen bezeichnet:[51] Haeckel leitete alle Bewegung aus immanenter Energie ab, die, eben doch von einem denkenden Weltgeist gelenkt, als vernünftiges Bewegungsmoment den Fortschritt in jener Balance halten werde, die durch Clausius' zweiten Wärmesatz gestört schien.

In dieser Lage nun schlug die Stunde eines Philosophen, über den sich Friedell als den Modephilosophen der Gründerzeit lustig macht, der aber auch für sein, Friedells, Denken nicht ganz bedeutungslos blieb: Eduard von Hartmann. Schon Hartmanns kühnes Unterfangen musste Friedells Spott herausfordern: Er suchte Schopenhauer mit Hegel zusammenzudenken. Friedell kommentiert diesen Anspruch, Nietzsche zitierend, so: «Wer zwischen zwei entschlossenen Denkern vermitteln will, ist gezeichnet als mittelmäßig.»[52]

Hartmann jedenfalls, 1842 in Berlin als Sohn eines preußischen Generalmajors geboren, hatte nach dem Studium der Philosophie und Naturwissenschaften mit seinem bereits 1869 erschienenen Hauptwerk einem Grundanliegen des bürgerlichen Zeitalters klaren Ausdruck gegeben: In der *Philosophie des Unbewußten* gelang es ihm, jener diffusen Melange aus dem Unbehagen an der faustischen Dämonie der Dampfmaschine und der Faszination, die der mitreißende und überdies nützliche Schwung ihrer Pleuelstangen ausübte, feste Form und damit Richtung zu verleihen.

Auf die griffigste Formel gebracht, vereinigt Hartmanns Denkmodell optimistische und pessimistische Theorien zu einer zyklischen Erlösungsphilosophie. Schon der fast emblematisch erscheinende Begriff des «Unbewußten» bezieht sich auf einen Gedanken, der Schopenhauers Begriff des «Willens» als der metaphysischen Substanz der Welt mit naturwissenschaftlichen und technischen Vorstellungen verknüpft: Das sogenannte Unbewusste ist energetisch aufgeladener «Wille». Jene Kraft also, die der Natur, dem gesamten Universum innewohnt und aus sich selbst heraus die Dinge bewegt: Das Rind auf der Weide ebenso wie den maschinenbauenden Menschen, die Eisenbahn wie den zwischen den Schwellen wachsenden Löwenzahn. In welchem Maß die Zeitgenossen solche Überlegungen bewegten, lässt sich an zahllosen literarischen und künstlerischen Werken ablesen, von Gustav Freytags Bestseller *Soll und Haben* über Gedichte wie Emanuel Geibels *Mythus vom Dampf* bis zu Adolf Menzels furiosem Gemälde *Das Eisenwalzwerk*, das gleichsam die Ikonographie zu Hartmanns dampfgetriebenem «Willen» liefert: die sprühenden Glutgarben, der weißglühende Eisenklotz, die entschlossen mit Feuerzangen zupackenden Arbeiter – all das sind Metaphern jener gleichsam pantheistischen Elementarkraft, in der sich zeitgemäß der ehemals göttliche «Geist» in einen physikalisierten «Willen» verwandelt.

Auch Friedell hat lange vor der *Kulturgeschichte*, in der er großen Physikern, Physiologen und Chemikern des 19. Jahrhunderts wie Hermann Helmholtz oder Du Bois-Reymond ausführliche Abschnitte widmet, über den Zusammenhang von Metaphysik und Naturwissenschaft nachgedacht und den schöpferischen Wissenschaftler mit dem Dichter verglichen.[53]

Doch um es kurz zu machen: Hartmann versucht nun, die an sich «blinde» Elementarkraft mit einer die Bewegung in vernünftige Entwicklung überführenden Kraft zu vereinigen, die er aus Hegels denkendem Weltgeist gewinnt: Das «Unbewußte» des Willens wird von einem richtenden Verstand in die sinnvolle Bahn des Fortschritts gelenkt. Das Zusammenspiel der Kräfte wohnt der Natur selbst inne, doch kommen an diesem Punkt auch die neuen Titanen ins Spiel: Der Ingenieur und der Arbeiter erscheinen als Protagonisten auf dem Geschichtstheater des industriellen Zeitalters.

Indes steuert dieser lichtvolle Fortschritt auf ein dunkles Ziel hin: Zu irgendeinem Zeitpunkt ist, wenn nicht das Energiepotential des Universums erschöpft, so doch die Welt derart dicht überzogen mit Kultur, dass die Welt daran kollabieren wird. Doch erstens: Bis zu diesem Punkt sind noch lange Zeitspannen für den Fortschritt zu nutzen. Und zweitens: Der Mensch muss sogar noch Dampf hinter seinen Fortschritt setzen. Denn in dem Augenblick, da der Kollaps eintritt, ist der Mensch endlich – von sich selbst, von seinem rastlos treibenden «Willen» – erlöst, von dem Schopenhauer schon behauptete, er schaffe alles Leid auf Erden. Das Ziel ist erreicht: Das «Rad des Ixion steht still.»

Der Schuss in den Weltraum oder die neue «Entwickelungsgeschichte»

Mag Friedell auch Eduard von Hartmann für einen schwachen Kopf halten – der Grundbauplan von dessen optimistischer Katastrophenphilosophie schimmert als eine Art Blaupause durch Friedells Modell hindurch. So wenn er im Zusammenhang seiner Gegenwart und der jüngsten Vergangenheit den «Untergang des Abendlands durch Übertechnik» als Möglichkeit anführt[54] oder gar diesen Untergang schon im Gange sieht: «Es werden durch Rundfunk bereits Nachtigallenkonzerte und Papstreden übertragen. Das ist der Untergang des Abendlandes.» Wenn er den «Selbstmordinstinkt»[55] der modernen Kunst diagnostiziert und überhaupt seinem abschließenden Kapitel den anspielungsreichen Titel «Sturz der Wirklichkeit» gibt; und wenn man diese Urteile mit seinem Bild des Mittelalters als idealem Menschheitszustand vergleicht, so wird klar: Er beschreibt die Entwicklung der europäischen Neuzeit als Entfremdungsgeschichte. Es ist die Geschichte der Entfernung von metaphysischen Orientierungen zugunsten diesseitiger, rationalistischer Sichtweisen, die in die Katastrophe mündet und den Menschen in eine Lage bringt, die ihn wieder der Erlösung bedürftig macht. Auch Friedells Modell ist Katastrophenphilosophie, indessen: Sein Begriff davon, wie die Lösung, die Erlösung aussehen könnte, ist gänzlich verschieden von Hartmanns Modell sowie von zahlreichen ähnlichen Vorstellungen.

Um darüber Aufschluss zu gewinnen, lohnt ein letzter, notwendig kurzer Blick auf eine Weltdeutung, die heute nur noch Verwunderung erregen kann, doch als ideengeschichtliches Dokument ergiebig ist, umso mehr, als sie so verbreitet war, dass auch Robert Musil nicht umhin konnte, sie in seinem *Mann ohne Eigenschaften* vorzustellen. Denn es ist eine Theorie, «die an verstörender Widersprüchlichkeit und erregender Dramatik nichts zu wünschen übrig» lässt.[56] Da wundert es nicht, dass auch Friedell dieser Theorie anhing, die den klingenden Namen Glazialkosmogonie trägt, oder, in populärer Fassung: Welteislehre.

Ihr Urheber, schreibt Friedell, nenne sie im Untertitel seines gleichnamigen Werks «mit vollem Recht ‹eine neue Entwicklungsgeschichte des Weltalls und des Sonnensystems›».[57] Sie besagt, in unvordenklicher Zeit sei ein riesiger Planet aus Eis in eine Megasonne, millionenfach größer als das uns bekannte Gestirn, «eingedrungen» und habe sich erwärmt und überhitzt und sei irgendwann in einer gigantischen Explosion zerstoben.

Ihr Autor, Hanns Hörbiger, der Vater der bekannten Schauspieler Paul und Attila Hörbiger, hatte versucht, seine Beobachtungen als Ingenieur für Wärmetechnik weltanschaulich umzusetzen. Als Wärmetechniker hatte sich Hörbiger bereits einen Namen gemacht: Er hatte 1894 ein nach ihm benanntes Ventil konstruiert, ein reibungsfreies «Plattenventil für Gebläse, Kompressoren und Luftpumpen».[58] Außerdem war Hörbiger 1902 an der Installation des Wiener Rohrpostsystems beteiligt. Zu dieser Zeit arbeitete er bereits an seiner Theorie, die zum Jahreswechsel 1912/13 unter dem Titel *Glacial-Kosmogonie. Eine neue Entwickelungsgeschichte des Weltalls und des Sonnensystems* knapp 780 Seiten dick mit mehr als 200 Abbildungen erschien[59] und in den Jahren nach dem Ersten Weltkrieg ein breites Publikum gewann.

Tatsächlich lassen sich sich seine Thesen «als universale Befruchtungserzählung» lesen.[60] Friedell nennt sie den «Schuß in den Weltraum» und beschreibt Hörbigers Lehre zusammenfassend so: «Irgendwo im Weltraum, in der Gegend der Taube, befindet sich die ‹Sternmutter›, ein riesiges Glutgestirn, zweihundertmillionenmal so groß wie die Sonne; ein ‹Eisling›, von etwa vierzigtausendfacher Sonnengröße, wird von ihr eingefangen, dringt, zum Teil unaufgelöst, in sie ein und beginnt langsam zu kochen; ist die Riesenexplosion erfolgt, so fällt der größte Teil der aufspritzenden Sternmassen wieder zurück, etwa ein Viertelprozent aber gelangt durch die Wucht der Entladung sowie durch nachdrängende Gase aus dem Gravitationsfeld. Dieser Schuß in den Weltraum ist unser Sonnensystem.»[61]

Verstiegen?

Dass Fachwissenschaftler Hörbigers Glazialkosmogonie für ein Phantasma hielten,[62] mag Friedell erst recht für das Modell interessiert haben. Dass Hörbiger seine Theorie in einer Art Vision, einer «Schau» empfangen haben will, dürfte ihre Anziehungskraft erhöht haben. Doch gibt es eine Reihe stichhaltiger Gründe, weswegen ihn die Welteislehre fasziniert hatte.

Grundsätzlich konnte Friedell in ihr eine dankbare Projektionsfläche eigener Ideen finden. Da ist zum einen der Anspruch auf universale Gültigkeit: Hörbiger war überzeugt, seine Tätigkeit sei nicht durch Spezialisierung gekennzeichnet, er sei vielmehr eine Art Universalgenie.

Mit dem Anspruch, der Friedells eigenem Verständnis ähnlich ist, «vereinnahmte» Hörbiger mithin naturwissenschaftliche und geistesgeschichtliche Fächer für sich: «Als Welteis-Forscher komme nur in Frage, wer ‹mathematisch, physikalisch, wärmetechnologisch, optisch, elektrisch, magnetisch, dynamisch, statisch, hydraulisch, gasphysikalisch, chemisch, auch philosophisch, prä- und posthistorisch, ja sogar auch geologisch und meteorologisch, last not least auch moralisch, biblisch, poetisch, prophetisch und theologisch› zu arbeiten verstehe»[63] – eine Generalisierungsgeste, die Friedells Begriff des «Dichters», der Wissenschaftler, Philosoph und Visionär in einem sein kann, nahekommt. So erklärt sich auch Friedells eigener Rückgriff auf überlieferte kosmologische Theorien als Möglichkeit umfassender Welterklärung. «Nach den uralten Weisheitslehren der Sterndeuter (...) vollzieht sich der Gang der Weltgeschichte in Zeitaltern von je 2100 Jahren, die sich nach dem

Frühlingspunkt der Sonne und dem Stand der Tierkreiszeichen bestimmen. Die vorletzte Ära war die ‹Widderzeit›: etwa das, was wir als die Antike bezeichnen; sie währte von 2250 bis 150 vor Christus. Um etwa 150 setzte das Zeitalter der Fische ein, das soeben zu Ende geht: es deckt sich mit der ‹abendländischen Epoche›. In der Tat beginnt gegen Ende des zweiten vorchristlichen Jahrhunderts die Erwartung des Heilands sich zu verdichten, und es hebt die Ära des Christentums an, wohlverstanden: des westlichen, das höchstwahrscheinlich nur eine Vorstufe des echten Christentums bildet.»[64]

Fast 2000 Jahre christlicher Zeit als «Vorstufe»: Hier deutet Friedell an, in welche Perspektive er am Ende sein Modell rücken wird. Und schon im übernächsten Satz heißt es so: «Wir sind im Begriffe, aus dem Sternbild der Fische in das des Wassermanns zu übersiedeln. Wassermann bedeutet: Einsamkeit, Innenschau, Hellsicht, Tiefenperspektive. Wassermann bedeutet das Ende des Glaubens an den Primat des Sozialen, an die Wichtigkeit der Oberfläche, die Beweiskraft der Nähe, die Realität der Realität.»[65] Bedeutet kurzum: die Überwindung der instrumentellen Vernunft, der Verzifferung, der Börse.

Dass Friedell in seinem Versuch, Geschichte über einzelne Perioden hinaus in universalen Räumen zu deuten, auf astrologische Mythen zurückgreift, ist bezeichnend, ebenso, dass er und eines seiner zeitgenössischen Vorbilder, Hermann Bahr, «in den Anhängerlisten des österreichischen *Vereins für Kosmotechnische Forschung* geführt wurden», zur gleichen Zeit, als «sich Mathematiker und Physiker wie Arnold Sommerfeld und Max Planck besorgt über die vielfältigen Formen scheinbar anachronistischen Wunderglaubens» zeigten.[66]

Auch muss Friedell der Versuch des Ingenieurs angezogen haben, seine Berufserfahrungen auf weltanschauliche Fragen anzuwenden. Friedells umfassender Begriff des «Dichters» zielt genau auf diese Verknüpfung ab, die er bereits bei Novalis finden konnte, der seine Erkenntnisse als Bergbauingenieur für seine Dichtung und seine universalistische Weltschau fruchtbar machte. So hat sich Friedell lange vor der *Kulturgeschichte* mit dieser Frage beschäftigt. Beispielsweise schrieb er in seinem 1917 in der *Schaubühne* veröffentlichten Aufsatz «Vom Schaltwerk der Gedanken»: «Wenn ein Naturforscher etwas von einem Künstler an sich hat, dann entsteht eine ungemein reizvolle Mischung, aus der einzig und allein ein lesbarer und fruchtbarer Schriftsteller hervorgehen kann: die Mischung aus Romantik und Sachlichkeit. (...) Sogar die

Annäherungen: die Droge Alkohol war zugleich Trost und Treibstoff der Phantasie – Friedell mit dem geliebten Slibowitz an seinem Schreibtisch.

Häupter der romantischen Schule hatten alle sehr viel vom Naturforscher, vom Experimentator, vom kühl sezierenden Philologen an sich.» Und mit einem Hinweis auf Novalis fährt er fort: «Es ist evident, daß gerade die besten Köpfe unserer Zeit sich wieder einem derartigen Mystizismus nähern und nähern müssen.»[67] Während der Fachmann im Gitterwerk seines Spezialwissens gefangen ist, hat der «Dichter», oder auch der «Dilettant», die visionäre Schau und die Kraft, verschiedene Wissensgebiete zu synthetisieren. «Denn die neuen Gedanken kommen fast immer nur von Außenseitern.»[68] In Hörbiger glaubt er, diesen Typus gefunden zu haben: als Naturwissenschaftler fachmännisch ausgebildet, doch als philosophischer und physikalischer Außenseiter unbefangen und in der Lage, das Ganze zu erfassen.

Die stärkste Anziehungskraft dürfte aber ein dritter Aspekt der Welteislehre ausgeübt haben: Sie bestätigt Friedells eigene geschichtstheoretische Annahme, Weltgeschichte vollziehe sich in Perioden von Untergängen und Neuanfängen. Hörbigers Theorie, obschon, wie Friedell selbst bemerkt, «eine Katastrophentheorie», war alles andere als trostlos: Denn der Untergang ist nur Bedingung des Neuanfangs. Wie das Sonnensystem aus einer planetaren Katastrophe entstanden ist, so entstehen in kosmischen Makrozyklen immer neue Welten. Mit diesem optimistischen Blick aber liefert Hörbiger ein wohltuendes Gegenmittel zur finsteren Aussicht des zweiten Hauptsatzes der Thermodynamik. So kann sich denn auch Hörbiger über den «Weltentod der Entropiegesetzgeber»[69] «nur lustig machen».[70] Und Friedell bemerkt: «Es kann natürlich niemand gezwungen werden, von der Richtigkeit der Welteislehre überzeugt zu sein (sie gehört in die Kunstgattung der Lehrdichtungen), aber zumindest dürfte sie nahegelegt haben, daß das Weltgebäude der sogenannten ‹klassischen Mechanik› nicht existiert.»[71] Oder, wie Hörbiger selbst zuversichtlich feststellt: eine «Umwälzung der ganzen Wissenschaft» bedeute.[72]

Friedells eigene Geschichtstheorie ist in ihrem Anspruch dann doch entschieden bescheidener und besonnener, da sie niemals den pseudowissenschaftlichen Anspruch erhebt, mit angeblich physikalischer Genauigkeit für alle Zeiten die Welt und das Universum erklärt zu haben. Im Gegenteil: Friedell betont ja gerade seine Unwissenschaftlichkeit und hebt immer wieder den künstlerischen Kern seines Entwurfs hervor, etwa wenn er behauptet: «‹Geschichte wissenschaftlich behandeln zu wollen›, sagt Spengler, ‹ist im letzten Grunde immer etwas Widerspruchsvolles (...) Natur soll man wissenschaftlich traktieren, über Geschichte soll man dichten. (...)› Der Unterschied zwischen dem Historiker und dem Dichter ist in der Tat nur ein gradueller.»[73] Das heißt nicht, der Geschichtsschreiber könne nach reiner Willkür verfahren und etwa «Alexander den Großen als Feigling» schildern oder «die Perser im Kampf gegen die Mazedonier siegen lassen».[74] Er müsse sich wohl an die verbürgten Daten halten. Indessen, so Friedell scharfsinnig – und beinahe im Sinne von Hayden Whites Satz, auch Klio, die Muse des Historikers, sei eine Dichterin – existiere für die Beurteilung von Geschichte kein allgemeingültiger Maßstab: «Ich weiß zum Beispiel, daß die Zahl 17 größer ist als die Zahl 3 (...), aber über historische Personen und Ereignisse vermag ich nicht Urteile von ähnlicher Sicherheit und Evidenz abzugeben.»[75] Zudem gelte für den Dichter wie den Geschichtsschreiber: «Wo das Leben beginnt, hört die Wissenschaft auf, wo die Wissenschaft beginnt, hört das Leben auf.»[76]

Friedell ist also als literarischer Geschichtsschreiber weit entfernt von dem Glauben, im naturwissenschaftlichen Sinne «objektiv» sein zu können oder gar ein ewig gültiges, zeitunabhängiges Geschichtsmodell zu formulieren. Das dürfte einer der zahlreichen Gründe sein, weshalb er heute noch gelesen wird, während Hörbigers Glazialkosmogonie nur noch als ideengeschichtliches Dokument interessant ist.

Doch in einem Punkt geht Friedell über Hörbigers Modell noch wesentlich hinaus. Er ist von dem Gedanken beseelt, die geistige Welt stehe über der empirischen Welt, die letztlich nur eine Ausformung der geistigen sei.

Christus und Meister Eckhart

Verfolgt man also zum Schluss die Spur, die zum letzten Angelpunkt seines eigenen geschichtstheoretischen Modells führt, zur gleichsam höchsten Verankerung seines Denkens, so führt der Weg an Novalis, Fichte, Kant vorbei und zurück zur Mystik des Mittelalters.

«Alle religiösen Erscheinungen» dieses Zeitalters, stellt Friedell im Kapitel «Die Inkubationszeit» fest, «sind von einem großen und gemeinsamen Grundwillen ins Leben gerufen worden: dem Willen, zu Gott zurückzufinden, nicht zu dem durch tausend äußere Zeremonien verdeckten und durch ein Gewirr spitzfindiger Syllogismen verdunkelten Kirchengott, sondern zu der tiefen, reinen und heiteren Quelle selbst, aus der alles Licht fließt.»[77] Innerhalb der Kirche seien «die Hauptträger» dieser Rückbesinnung auf die «urchristlichen Lehren und Sitten» die Mönchsorden gewesen, wobei die Dominikaner «die Klassiker der mystischen Philosophie» geworden seien. Deren «größte Leuchte» aber sei – Meister Eckhart gewesen, «einer der tiefsten und universellsten Köpfe, die Deutschland hervorgebracht hat».[78]

Meister Eckhart: Friedell lässt seinen einführenden Erklärungen eine Charakterisierung dieses mit der kanonischen Lehre nicht immer übereinstimmenden Denkers folgen, die im ersten Satz schon unmissverständlich klar macht, welche Bedeutung dieser Mystiker für Friedells eigenes Denken hat: «Eckhart ist eine eigenartige Kreuzung aus einem kristallklaren Denker von unvergleichlicher Wucht, Plastik und Originalität der Bildersprache und einem religiösen Genie. Seine Lehren (...) ziehen die Summe aller mystischen Spekulation.»[79] Bemerkenswert ist, dass Friedell zwei Schlüsselbegriffe seines Weltbilds aufeinander folgen lässt, die er oft auch synonym gebraucht: Dichter und Genie.

Der Dichter besitzt ja für Friedell seinen herausragenden Rang deshalb, weil er als Medium transzendenter Kräfte eingesetzt ist, ein beseelter Vermittler des «Geistes». Als solcher steht er Gott näher als der nicht schöpferische Charakter. Wenn Friedell also nun Meister Eckhart einen Dichter von «unvergleichlicher Wucht» nennt, so heißt das: kein

Der Denker im klassizistischen Format, den Blick in weite Fernen gerichtet, nachdenklich und immer interessant: Friedell in seinem Arbeitszimmer. Das Foto war am 9. Oktober 1932 in der Prager Presse *veröffentlicht.*

Dichter kommt ihm an visionärer und gestalterischer Kraft gleich, nicht einmal Friedells Dichterkönig Shakespeare oder Novalis verfügen über eine größere Gabe, zu schauen, zu denken und den Gedanken Ausdruck zu geben.

Dass diese Gedanken selbst von ebenso unvergleichlicher Größe sind, darauf verweist der Begriff des Genies: Das Genie überblickt Zusammenhänge, die der Normalbegabte nicht einmal ahnt. «Die geheimnisvolle Kraft, die dem Genie und nur dem Genie eigen ist», teilte Friedell, Schopenhauer folgend, bereits 1910 mit, «erklärt sich aus einer einfachen Tatsache. Es hat nämlich das größte Herz. (...) Darum haben seine Worte die Wirkung eines Orakels.» Wenn «die Dinge», bemerkt er weiter, «Genie» durch «Dichter» ersetzend, «durch seinen Kopf und sein Herz hindurch gegangen sind, so kommen sie reicher wieder ans Tageslicht (...). Daher sind die Dichter die großen Entdecker und Umwerter.»[80] Ersetzt man die Metapher «Herz» durch ihren eigentlichen

Begriff: Liebe, so wird der Bezug auf Gott deutlich – der Dichter als irdischer Schöpfer neuer Welten.

Und wenn nun Meister Eckhart ein Genie wie ein «*unvergleichlicher* Dichter» ist,[81] so ist damit gesagt: Er steht im Rang der Denker an erster Stelle, steht also am nächsten zu Gott. Was aus seinem Munde zu vernehmen ist, ist Wahrheit, Offenbarung: Er rangiert unmittelbar hinter Christus, Paulus und den Evangelisten.

So sind es denn auch zwei Kerngedanken Meister Eckharts, die Friedell fesseln. Einmal sieht Eckhart hinter dem personalen Gott die eigentliche Größe, das Unvordenkliche. «Diesen ganz jenseitigen Gott nennt Eckhart ‹Gottheit› oder ‹ungenaturte Natur›. Die Gottheit ist zu unterscheiden von ‹Gott› oder der ‹genaturten Natur›.»[82] Und Friedell erklärt, Eckhart anführend: «Gott ist nicht dies oder das: wenn einer wähnt, er habe Gott erkannt, und sich irgendetwas darunter vorstellt, so hat er wohl ‹irgendetwas› erkannt, nur Gott nicht. ‹Du sollst ihn erkennen ohne Hilfe eines Bildes einer Vermittlung oder Ähnlichkeit (…).›»[83]

Das Erkennen ist also nur über Inspiration, über Innenschau, möglich. Denn Gott, wie «der zweite große Grundgedanke» lautet, ist im Menschen selbst, in seiner Seele.[84] «‹Ei lieber Mensch›», lässt Friedell Eckhart zu Wort kommen, «‹was schadet es dir denn, wenn du Gott gönnest, in dir Gott zu sein.›»[85] Die Seele ist gleichsam ein Abbild Gottes.

So leuchtet ein, dass Friedell in Novalis den Versuch sah, Anschluss an die verlorene Mystik zu gewinnen, und in der romantischen Begeisterung des Mittelalters eigene Vorstellungen finden und formen konnte. «Hätte diese Bewegung», schließt er seinen Exkurs über Meister Eckhart, «sich durchgesetzt, so wäre für Europa ein neues Weltalter angebrochen; sie ist aber von der Kirche unterdrückt worden (…).» Dies spreche weniger gegen die Kirche, «die nur in ganz logischer Wahrung ihrer Interessen handelte, als gegen die europäische Menschheit, die offenbar für eine solche grundstürzende Erneuerung noch nicht reif war.»[86]

Möglicherweise aber ist nun, am Ausgang der Neuzeit, im offenkundigen Niedergang der Kultur, die Zeit reif – an diesem Punkt offenbart sich, was Friedell meint, wenn er am Schluss seiner geschichtstheoretischen Betrachtungen seine Hoffnung auf das Kommen eines neuen, und nunmehr vielleicht wahren Zeitalters des Geistes ausdrückt:

Ein Nero der Kulturphilosophie: Friedell als Standbild seiner selbst.

> «Die Seele ist überwirklich, die Materie ist unterwirklich. Zugleich aber erscheint ein schwacher Lichtschimmer von der anderen Seite. Das nächste Kapitel der europäischen Kulturgeschichte wird die Geschichte dieses Lichtes sein.»[87]

Und alles das ist, wie man weiß, im Grunde seinem Hund Schnick zu verdanken, der zu Friedells Betrübnis mitten im Entstehen der *Kulturgeschichte*, 1928, verschieden ist und der so bekannt war, dass ihm Alfred Polgar sogar einen Nachruf widmete. Friedell nahm einen Nachfolger ins Haus: Schnack.

Was aber Schnicks Bedeutung für die Entstehung der *Kulturgeschichte der Neuzeit* betrifft, so hat sie Friedell dem Journalisten Paul Frischauer anvertraut, der sie in einem Funk-Essay von Radio Wien nach dem Erscheinen der *Kulturgeschichte* an das Publikum weitergab: «Der treueste Gefährte Egon Friedells ist ein kleiner weißer Hund mit schwarzen Flecken, dessen Gesellschaft er zu Dialogen jeder anderen menschlichen Gesellschaft vorzieht. Das Gespräch mit dem kleinen Hund ist beileibe kein Selbstgespräch. Friedell fragt, der Hund bellt, wedelt mit dem Schwanz, schüttelt den Kopf, nickt (...). So mag er sich auch an seinen Fox gewendet haben, ehe er sein Hauptwerk schrieb. ‹Soll ich eine Kulturgeschichte der Neuzeit schreiben?›, mag er gefragt haben. ‹Ja?› Der Fox hat geantwortet. ‹Keine herkömmliche, wie?› – ‹Keine herkömmliche, nein!› Und es ist wahrhaftig keine herkömmliche Kulturgeschichte entstanden.»[88]

VII
DER LETZTE AKT

1. In Arkadien

Es war der 18. August – Kaisers Geburtstag! An diesem einstmals hohen, nunmehr gänzlich historisch gewordenen Tag reichsgeschichtlicher Mythenbildung stand Egon Friedell an der Pforte seines eben fertig gewordenen Sommerhauses. Das Grundstück streckt sich über einen Hügel hin, beschirmt von den Bergen Nordtirols, nicht weit oberhalb des gemächlich dahinströmenden graugrünen Inns. Heute, am Tag des Einzugs, begrüßt ein Schild die Ankömmlinge: «Herzlich Willkommen». Und vom Balkon des Hauses im alpenländischen Stil, einfach und gediegen, mit hölzernen Fensterläden, Giebeldach und Blumenkübeln vor der Tür, winkt ein mit Fichtenzweigen umranktes Plakat mit der Aufschrift: «Hasch mille Schabernack» – Friedells Ruf, wenn er mit den Hunden scherzte.[1]

Seit rund einem Jahr, seit im Spätherbst der dritte Band der *Kulturgeschichte* erschienen war, war Friedells Laufbahn als Schauspieler ins Stocken geraten. Mitte November 1931 war er nach Wien zurückgekehrt, nachdem in Berlin die von ihm und Hans Sassmann umgearbeitete *Schöne Helena* ein ganzes halbes Jahr lang über die Bühne gegangen war.

Dann kommt die erfolgreiche *Helena* nach Wien. Reinhardt aber besetzt diesmal die Rolle des Götterboten Merkur mit einem seiner Berliner Darsteller: dem auch im Film begehrten Hubert von Meyerinck, der im Deutschen Theater Paraderollen wie Mackie Messer oder Zuckmayers *Hauptmann von Köpenick* spielt.

In Wien war Friedell in letzter Zeit nur noch in den Kammerspielen in *Lottchens Geburtstag*, einem Schwank des bayerischen Heimatschriftstellers Ludwig Thoma, und als Goethe erschienen. Im Kabarett «Simplizissimus» hielt er im Mai 1932 die Festrede, als anlässlich des

Mit Fritz Grünbaum (links), neben seinem Bühnen-Partner Karl Farkas der beste, auch als Schlagertexter beliebte Kabarettist Wiens, und dem aus Frankfurt gebürtigen, zum Ensemble des Wiener Volkstheaters gehörenden Schauspieler Otto Schmöle, wurde Friedell im Mai 1932 im Simplizissimus *mit einer Büste geehrt. Die Festrede hatte Friedell gehalten. (Foto von Lothar Rübelt)*

20. Jubiläums dieser Bühne seine eigene Büste enthüllt wurde. Auch Fritz Grünbaum, ein Star des Revue-Theaters, war an diesem Abend dabei.[2] Und im Winter 1932 auf 33 kehrt er ans Josefstädter Theater zurück: In der Satire *Steuerakt 17/3/24/1* seines Freundes Hans Sassmann spielt er neben Attila Hörbiger, Hans Thimig und dem bekannten Münchner und Berliner Schauspieler Gustav Waldau. Seine große Zeit als Schauspieler aber ist vorbei.[3]

Es mag sein, Reinhardts Umbesetzung in der Wiener Aufführung der *Helena* hing mit Friedells angegriffenem Zustand zusammen. Nachdem er die Jahre über kerngesund schien – er ging schwimmen, machte Spaziergänge, schlief auch im Winter bei offenem Fenster, mochte das Wasser im Krug gefrieren –, scheint ihn die Venenentzündung, die er sich während der Arbeit am dritten Band der *Kulturge-*

schichte holte, als er zwischen den Theatern in Wien und Berlin hin und her hetzte, etwas angegriffen zu haben. Noch mehr machte ihm die Blinddarmentzündung zu schaffen, die ihn bald danach, im November 1930, ins Krankenhaus gezwungen hatte.[4]

Die Anstrengungen der letzten, zwischen Bühne und Schreibtisch verarbeiteten Jahre müssen ihm überhaupt so zugesetzt haben, dass er des Schauspielens überdrüssig wird. Schon Anfang 1931, er spielte in Goldonis *Diener zweier Herren* am Kurfürstendamm, hatte er an Lina geschrieben: «Das war ein schrecklicher Winter, es ist so ziemlich alles passiert, was es an Unannehmlichkeiten auf der Welt gibt. (...) Als ich mich endlich ein wenig erholt hatte, kamen sie mir mit einer neuen Rolle und es kostete mich wiederum viele Zeit, ihnen begreiflich zu machen, daß ich, obgleich sie ‹schön› ist und die Gage auch, doch lieber ohne Rolle und ohne Gage nach Wien fahren möchte.»[5] Es fehlt ihm die Lust, mit Emil Geyer, dem neuen Direktor des Theaters in der Josefstadt, weiterzuarbeiten. Gegenüber seiner Freundin Berta Zuckerkandl klagt er, sich von Geyer fehlbesetzt zu fühlen.[6] Lina hatte er mitgeteilt, er müsse «dem Geyer mühsam» begreiflich machen, «daß ich auch von ihm keine Rolle und keine Gage haben will.»[7]

Natürlich, er freut sich über die schöne «Füllfeder», die ihm Reinhardt zur 150. Aufführung der Shaw-Komödie *Der Kaiser von Amerika* verehrte: «Sie ist von Parker, welcher nach wissenschaftlichen Methoden jede einzelne Feder der Hand so genau anpaßt, daß man sie kaum spürt. Infolgedessen schreibe ich so leicht mit ihr, daß meine Schrift nun völlig unleserlich geworden ist.»[8]

Doch wenn er auch keinesfalls die Lust am Spötteln verloren hat: Es wurde Zeit, sich einen Ort zu suchen, an dem er, zurückgezogen und fort vom Lärm der politischen Ereignisse, sich ganz seinen neuen Projekten als Autor widmen konnte.

Am Anfang soll der aus Weinlaune geborene Einfall gestanden haben, mit dem Schriftsteller Hans Sassmann auf dem Lande eine Künstlerkolonie zu gründen.[9] Der Dritte im Bunde war eben jener Gustav Waldau, der zwischen 1924 und 1927 bei Max Reinhardt in Wien und Berlin gespielt hatte und mit Friedell unter anderem in Hofmannsthals *Der Schwierige* aufgetreten war. Friedell hatte Waldau auch mehrmals abgelöst, so als Hofmarschall Kalb in *Kabale und Liebe*. Damals hatte Friedell, immer auf wirksame Selbstvermarktung bedacht, den Journalisten Julius Bauer um gebührende Würdigung dieser Nachfolge gebeten: Er wäre «sehr dankbar», «wenn Sie in möglichst aufdringlicher Weise ihren Lesern bekannt geben wollten, daß ich bei Reinhardt das Repertoire Gustav Waldaus übernommen habe».[10]

Waldau, Sassmann und Friedell also – es wäre das erste Mal im Leben Egon Friedells gewesen, hätte sich der Plan ohne Reibungen umsetzen lassen. Ein Grundstück, auf dem sich hübsche Sommerdomizile errichten ließen, fand man offenbar rasch. Im Frühjahr 1932 begann auch schon die Bebauung des Friedellschen Grundstückanteils. Der Bau schritt zügig voran.

Dann gab es Ärger mit dem Architekten, Anton Stutzensteiner, der seinen Kostenvoranschlag weit überzog. In Wien traf man sich am 21. Januar 1934, das Haus war längst fertig, vor Gericht – es war Friedells 56. Geburtstag. Auch war der Tiroler Landschaftsschutz gegen den Bau zu Felde gezogen.[11] Vielleicht, dass der Schriftsteller Hans Sassmann sich von den Querelen hatte abschrecken lassen – lange Zeit begnügte er sich mit einer Bank auf seiner Grundstücksparzelle.[12] Später schaut der Nachbar, über den sich Friedell gerne in liebevoller Art lustig machte, oft bei Friedell vorbei, sie arbeiten auf der Terrasse oder spazieren ins Städtchen hinab.

Die folgenden Jahre, seine letzten, siedelt Friedell im Mai nach Kufstein um, dessen über dem Inn thronende Burg dem Ort einen Hauch spätmittelalterlichen Charakters gibt. Wenn es das Wetter zulässt, bleibt er bis Oktober.

Da er täglich arbeitet, hat er sich eine Bücherkiste anfertigen lassen, die per Bahn in einem stabilen Spezialkoffer transportiert wird. Hermine fährt mit – ohne ihre Unterstützung in Haushalt und Garten wäre Friedell hilflos. Er selbst, sonst von altmodischem Lebensstil, pflegt meist nur mit Handgepäck per Flugzeug nach München oder Salzburg zu reisen, um dort den Zug zu nehmen. In den Ferien kommen die Kinder Annemarie und ihr jüngerer Bruder Paul nach, manchmal auch Herma.

Er genießt sichtlich diese alljährlichen Monate in Tirol. In Wien schon hatte der schwere Mann regelmäßig das nur eine Straße weiter gelegene «Michaeler Bad» aufgesucht. Manchmal auch war er ins «Diana Bad» am Donaukanal, II. Bezirk, gegangen. Seiner regelmäßigen vormittäglichen Bäder-Besuche wegen brauchte er auch das Bad in seiner

In Arkadien: Friedell vermutlich mit Hund Lumpi am Prillsee bei Kufstein. (Foto von 1934)

Wohnung, das immerhin über eine Wanne und zwei Öfen verfügte, nur selten zu benutzen. Dafür aber hatte er die skurrile Idee gehabt, auf dem Dach des Hauses, das er und die «Familie» als Terrasse nutzten, ein «Lusthäuschen» zum Sonnenbad zu errichten, dem dann der Hausbesitzer einen Riegel vorschob.[13]

Hier freilich, im herrlichen Kufstein, kann er Tag für Tag, und gerne in den Morgenstunden, zu einem der drei Seen spazieren: zum 30 Minuten entfernten Prillsee, zum Stimmersee, mit dessen Uferpflanzen Friedell sein Haupt bekränzte, zum Hechtsee.[14] Der Freund Polgar schon hatte in seiner Würdigung zum 50. Geburtstag behauptet: «Friedell schwimmt wie ein Meisterschwimmer.»[15] Ob er wirklich ein guter, ein sportlicher Schwimmer war? Jedenfalls dreht er nahe am Ufer seine Runden, manchmal eine Stunde lang und länger, einmal derart lange, dass die anderen «ängstlich» wurden.[16]

Mit dem Spaten in der Hand philosophieren: Wenn Friedell Rousseau auch verabscheute, so folgte er doch dessen Gedanken, die Zivilisation entfremde den Menschen seiner natürlichen Grundlagen. In seinem Haus in Kufstein hatte er sein Refugium in einer bedrohlichen Zeit gefunden (hinter Friedell Hermine Schimann).

Ein wenig kurios mag es wohl ausgesehen haben, wenn der massige Mann mit dem Römerkopf auf dem Rücken liegend das Wasser verdrängte und der Hund auf seiner Brust saß. Der da saß, war dann wohl nicht mehr Schnack, denn Schnack war 1933 verstorben. Seine Nachfolger wurden Schacki, «der Landsknecht» genannt, da sich die «Straßenmischung» mit der Figur eines englischen Jagdhundes nötigenfalls auch mit Knödeln und Sauerkraut begnügte, sowie Lumpi, eine Fox-Spitz-Kreuzung. Einmal wird die Hose eines Zöllners Opfer ihres Spieltriebs.[17]

Natürlich, Friedell wäre nicht Friedell gewesen, hätte er auch in seinem Arkadien die Rolle Friedell ganz ablegt. Er gefällt sich als englischer Landedelmann, streift sich schicke helle Breecheshosen über, für die er sich hohe, rotbraune Stiefel hat anfertigen lassen. Dazu trägt er einen mittelbraunen Rock. Wenn er in den Ort flaniert, klemmt er sich gerne das Monokel ans Auge.

Doch bei all seiner kindlichen Freude am Auftritt – er ist glücklich im Anschluss ans Kreatürliche. Seine Tierliebe treibt zwar durchaus unbäuerliche Blüten: Zum Ärger von Hermine und Herma füttert er die Mäuse mit Mandeln und macht sich, was allerdings für seinen ökologischen Sinn spricht, Sorge um das Wohlergehen der Kreuzottern im Garten. Dann aber steht er mit nacktem Oberkörper, Spaten in der Hand, als Gärtner seinen Mann oder begeistert sich an der kurzen Blüte der Kürbisse.

Dass er sein bukolisches Dasein nicht nur als reizvolle neue Rolle versteht, lassen die Briefe vermuten, die er an Lina schickt. «Verzeih, daß ich solange nicht geschrieben habe, aber gerade im Frühjahr hat der Landwirt von früh bis abends zu tun.»[18] In der Tat: Nicht ohne Stolz berichtet er bisweilen von seinen Arbeiten im Stall eines Nachbarn: «Vorgestern habe ich schon wieder entbunden, wieder mit bestem Erfolg. Die Hauptsache ist, dass man das Kuhjunge sogleich mit Salz einreibt, damit es die Mutter gehörig ableckt.» Aus Freude über seine gelegentliche, und ganz offenbar nicht fingierte, Aushilfe als Veterinär muss er eine liebenwerte Stichelei anfügen: «Aber davon verstehst Du als verwelschte Stadtfunsen nichts.»[19]

Dennoch wünscht er manchmal, Lina käme vorbei. «Liebste Lina!», heißt es da in einem undatierten Brief, «(s)oeben kommt Sassmann und teilt mir zu meinem Befremden mit, daß Du Bedenken hast, hierherzukommen, weil es in Sievering so schön ist. Das ist ein großer Blödsinn, denn so schön wie hier ist es nirgends auf der Welt. Selbst schlechtes Wetter ist hier ein freudiges Ereignis, weil man ohne Selbstvorwürfe restlos gilen kann», was im Privatjargon der beiden das Gegenteil von «agil sein» bedeutet. Lina könnte es wirklich schön haben: «Dein Zimmer in pfauenblauem Lack ist bereits vollkommen instand gesetzt; wenn Dir aber eine andere Farbe, z. B. rosa, lieber ist, so kann es noch geändert werden. Auf Deinem Balkon, der auf den fünf Meter entfernten Wald geht, blühen bereits die Dahlien.» Und erst die Aussicht: «(...) fünf Rosenstöcke, ein Gemüsegarten, ein Erdbeerbeet mit Amseln, die sie essen, ein Wespennest und eine zahme Eidechse.» Endlich nicht zu vergessen: «Für Knödel, Kaffee und Zigaretten (Deine drei Lieblingsspeisen) ist auch gesorgt.»[20]

Vergebens – Lina verharrt im ländlichen Sievering, in ihrer kleinen, zweckmäßig nach Adolf Loos' gediegener Modernität eingerichteten Wohnung, spielt in ihrer allseits geschätzten Bescheidenheit ihre klei-

Stille Tage in Kufstein: Egon Friedell mit der unverzichtbaren Pfeife an einem der Seen nahe seinem Haus, in denen er fast täglich badete. Unten, hinter den Beinen der Dame halb versteckt, der Hund.

nen Rollen am Volkstheater, kommt gut mit den Kollegen aus und schreibt an Altenbergs Anekdoten-Stil geschulte kleine Feuilletons über das Leben hinter den Kulissen.

Davon abgesehen, dass der eng mit Lina befreundete Csokor gerne kommt und er und Friedell tagelang auf der Terrasse schreiben, scheint sich Friedell mit einer ansässigen Dame zu trösten, die, wenn er sich in Wien befindet, verheißungsvolle Briefe von ihm erhält: «(…) das war eine große Schurkerei von mir, daß ich den ganzen Winter über nicht geschrieben habe, aber Schurken haben ja die Frauen gern! (…) Ich freue mich schon sehr auf die Ruhe in Kufstein, wo kein Mensch einen antelefonieren kann und wir im Schutze der Natur unsere erotischen Beziehungen wieder aufnehmen werden, aber, entsprechend unserem inzwischen höher gewordenem Alter, auf lasterhafterer Basis! (…) Anbei schicke ich Dir zahlreiche Ausschnitte, aus denen Du ein Bild von dem Unfug gewinnen kannst, den ich inzwischen gemacht habe!»[21]

Doch mag Lina kommen oder nicht, Friedell verbringt in Kufstein die unbeschwerteste Zeit seines Lebens.

Zeichen an der Wand

So könnte das Leben im Fluss von Arbeit und Spiel dahingleiten, häuften sich nicht seit Jahren die Zeichen an der Wand.

Am 30. Januar 1933 beruft Hindenburg Hitler zum Reichskanzler. Gewerkschaften und Parteien werden verboten, rasch etabliert Hitler, gegen die Erwartung vieler, seine Diktatur. Und nachdem er im Jahr darauf im sogenannten Röhmputsch die ihm unliebsam gewordenen Anhänger beseitigt hatte, ist seine Macht gefestigt.[22]

Für die Republik Österreich sind diese Jahre entschieden krisenhaft. Die Spannung zwischen den beiden großen Parteien verhinderte eine zukunftsfähige, realpolitisch motivierte Zusammenarbeit. Bei den Christlichsozialen, angeführt von Kanzler Ignaz Seipel, hatte sich der republikanisch gesonnene Flügel gegen die Monarchisten durchgesetzt. Doch gewann Ende der 20er Jahre der Gedanke eines autoritären Einparteienstaates die Oberhand – dem die «Heimwehr» zusätzlich Einfluss verschaffte. Der am faschistischen Staat Italiens orientierte bewaffnete Verband der Christlichsozialen bekam von Mussolini Geld und Gewehre. Die Sozialdemokraten (SDAP), die in ihrem stellvertretenden Parteivorsitzenden Otto Bauer (von 1918 bis 1934) den führenden austromarxistischen Theoretiker hatten, stellten ihrerseits den republikanischen «Schutzbund» auf, «ebenfalls weniger gemäßigt (...) als die Partei».[23]

In Wien indessen, nunmehr ein eigener Bundesstaat, hatte seit Kriegsende die Sozialdemokratie das Heft in der Hand. Unter ihrem Parteichef Karl Renner führten die Genossen fort, was Karl Lueger auf den Weg gebracht hatte: Zu den Systemen der Wasser-, Strom- und Gasversorgung und des öffentlichen Nahverkehrs kamen die «Gemeindebauten», funktionale und einfache, gleichwohl nicht karge Wohnquartiere für Arbeiter, wie sie in Berlin bereits vor dem Ersten Weltkrieg errichtet worden waren. In neun Jahren, zwischen 1925 und 34, «entstanden über dreihundert Wohnhausanlagen mit 64 000 Wohnungen», so der berühmte, in seiner gleichsam expressionistischen Architektur beeindruckende Karl-Marx-Hof. Die Infrastruktur dieser fortschrittlichen, in ihrer Verbindung von Zweckmäßigkeit und Form nie mehr erreichten Bauten war den Bedürfnissen ihrer Bewohner angepasst: es gab Gemeinschaftswaschküchen, Freibäder, Spielplätze, Kindergärten.[24]

Zudem wurden Arbeiterbüchereien, Volks- und Parteihochschulen eingerichtet und mit kompetenten Lehrkräften besetzt, für die Grundlagen waren die Volks- und Bürgerschulen zuständig – dies großangelegte Programm sollte intellektuelle Bildung im klassischen Sinne mit praktischer Ausbildung verbinden, ein Anliegen, das den beruflichen Forderungen der Zeit wie der Tradition des «aufklärerisch orientierten Austromarxismus» Genüge leisten sollte.[25]

Das Bürgertum indessen hatte keine innere Bindung an diesen Staat mehr, die Regierenden waren zur Zusammenarbeit unfähig, die Loyalität der Republik gegenüber war entsprechend schwach.[26]

So verhärteten sich zwischen den ideologischen Gegnern die Fronten. Im selben Jahr, als der erste Band der *Kulturgeschichte* erschien, 1927, schossen im Burgenland Heimwehr-Männer auf Schutzbündler. Bei dem sozialdemokratischen Protest – die für den Tod eines 10-jährigen Knaben und eines Kriegsinvaliden verantwortlichen Schützen wurden freigesprochen[27] – brannte der Justizpalast, Prälat Seipel und der Polizeipräsident Johann Schober ließen Polizei und Soldaten auf die unbewaffneten Demonstranten feuern, es gab 89 Tote. Die Heimwehr lehnte «Demokratie und Parlamentarismus» dezidiert ab, und wenn auch ihr Putsch 1931 scheiterte, so konnte ein von bildungsbürgerlichen Anschauungen geprägter Zeitgenosse diese Aktion nicht weniger als die Gründung der «Ostmärkischen Sturmschaaren» unter Karl Schuschnigg als Zeichen der Bedrohung deuten. Und umso eher, als sich auch die NSDAP immer regeren Zulaufs erfreute und aus der steigenden Not, die der New Yorker Börsenkrach und die Weltwirtschaftskrise 1929 verursachten, weiteren Gewinn zu ziehen verstand. So erhielt die NSDAP bei den Wahlen im März 1932 14 Prozent der Stimmen. Und Anfang Oktober fand in Wien der «Gauparteitag» der österreichischen Nationalsozialisten statt, auf dem Goebbels und SA-Chef Ernst Röhm Ansprachen hielten.[28]

Zu dieser Zeit war der ehemalige Landwirtschaftsminister Engelbert Dollfuß, Mitglied der «Heimwehr», bereits zum Bundeskanzler gewählt worden. Dollfuß, seiner Körpergröße wegen im Volksmund

«Millimetternich» genannt, ging rücksichtslos gegen die Sozialdemokratie vor, obwohl die Partei in Wien «noch eine starke Position hatte».[29] Im Oktober 1932 waren den Oppositionsparteien, Sozialdemokraten, Kommunisten, indessen auch Nationalsozialisten, öffentliche Versammlungen verboten worden. Als gut ein Jahr später das Parlament bei einer Abstimmung wegen einer Stimme in Streit geriet und die Wahl wiederholt werden musste, nutzte Dollfuß die Gelegenheit, das Hohe Haus außer Kraft zu setzen und mittels Notverordnungen zu regieren. Das sollte Neuwahlen unterbinden – damit wollte Dollfuß die Sozialdemokraten kaltstellen, zugleich aber einen Stimmenzuwachs der NSDAP verhindern. Dollfuß setzte die demokratischen Institutionen außer Kraft und errichtete jene autoritäre Regierungsform, die als «Austrofaschismus» in die Geschichte einging.

Nachdem Dollfuß den bayerischen Justizminister Hans Frank ausgewiesen hatte, verhängte Hitler die «1000-Mark-Sperre», wonach Deutsche, die in Österreich einreisen wollten, 1000 Mark Gebühr entrichten mussten, heute etwa 10 000 Euro. Für die schwache Wirtschaft Österreichs eine ruinöse Verfügung, auf die Dollfuß mit dem Verbot der NSDAP reagierte. Das verstärkte die Aktionen der Unterorganisationen der Partei, SA und SS, die «den Staat auch durch Attentate und Terror» weiter destabilisierten.[30] Am 25. Juli 1934 versuchten die illegalen Nationalsozialisten einen Staatsstreich, SS-Leute drangen ins Bundeskanzleramt ein, Dollfuß wurde erschossen. Dennoch fiel «der Putsch (…) schnell in sich zusammen», da die Regierung noch handlungsfähig genug war.[31]

Karl Schuschnigg trat Dollfuß' Nachfolge an, und da Italien sich als Schutzmacht Österreichs zurückzog, schwand die «Sicherheitsgewähr für die Unabhängigkeit Österreichs». Von nun an war Schuschniggs Hauptproblem das Verhältnis zu Deutschland.[32]

Schon im Februar 1934 hatte sich Friedell auf den Rat Heinrich Becks hin entschieden, seinen Plan eines ironischen, rund 1500 Seiten starken «Konversationslexikons» aufzugeben. In den ersten Wochen und Monaten nach der «Machtergreifung» konnte er noch die Hoffnung haben, eine *Kulturgeschichte des Altertums* werde, da politisch weniger verfänglich als ein «Konversationslexikon» der ironischen Art, in Deutschland erscheinen können.

Es sind die ersten Frühlingstage, und nachdem im März der Verlagsvertrag unterzeichnet war, wird sich Friedell bald mit seiner Bücherkiste und Hermine nach Kufstein begeben haben. Auf dem Diwan auf der Terrasse liegend, schreibt er an seiner neuen *Kulturgeschichte*, die er im Untertitel: «Leben und Legende der vorchristlichen Seele» nennt. Obwohl er in dieses Werk keine schon veröffentlichten Passagen montieren kann, kommt der erste Teil, «Ägypten und Vorderasien», zügig voran. Friedell hatte einen detaillierten Entwurf ausgearbeitet, der auch ausformulierte Abschnitte enthält.[33]

Einige Zeit später, irgendwann im Sommer, kommt ein seltsamer Brief von Lina: «In der Nacht», berichtet sie, «vom Samstag zum Sonntag bin ich um 4 Uhr erwacht und auf den Balkon hinausgegangen. Da sah ich die seltsamste Wolke, die ich je gesehen. Eine aufsteigende Gewitterwolke, die aber – von der aufgehenden Sonne beleuchtet – glänzte wie die Sonne selbst. Mit der Erde war sie durch Blitze verbunden. Ich dachte: ‹Die Wolke aus der Judastragödie›». Nachdenklich legt sie sich wieder zu Bett, und als sie am Morgen in ihr Wohnzimmer kommt, erschrickt sie: Friedells Bild war «von der Wand gefallen» und lag «zerbrochen am Boden! Es war ein schrecklicher Tag, aber heute, als Deine Karte kam, war ich sehr glücklich.»[34]

Friedell selbst ist nicht frei vom Glauben an Zeichen. Anfang November, er ist zurück in Wien, lässt er sich das Horoskop stellen. Es sagt dem «Nativen» eine aussichtsreiche Zukunft voraus und enthält auch sonst allerhand Tröstliches: «Die Arbeit ist dem Nativen ein lebenswichtiges Gebiet, umso mehr, je älter er wird.» Vor allem aber: «In jedem Fall wird der Aufstieg des Nativen erst in der zweiten Lebenshälfte vollendet.»[35]

Die Erschütterungen im Nachbarland sind bis ins Café Herrenhof zu spüren. Zu den alten und neueren Stammgästen, zu denen seit einigen Jahren Robert Musil, Franz Werfel, der Prager Friedrich Torberg oder seine spätere Lieblingsfeindin, die Schwarzwald-Schülerin Hilde Spiel zählen, stoßen deutsche Schriftsteller und Intellektuelle. Im Herrenhof tauchte jetzt auch der große bayerische Schriftsteller Oskar Maria Graf auf – meist, wie er es gewohnt war, in Krachlederner und Lodenjoppe. Graf hatte vor dem Ersten Weltkrieg Erich Mühsams anarchistischem «Tat»-Kreis angehört, war an der Bildung der Münchner Räterepublik beteiligt und hatte während der 20er Jahre in München und Berlin ein etwas kraftprotzig-großmäuliges, doch von bodenständig bayerischem Katholizismus gemäßigtes Revoluzzertum an den Tag gelegt. Als der wortgewaltige Erzähler bäuerlichen Lebens in Zeiten der Kulturbrüche trotz seiner Vergangenheit freiwillig nach Brünn ins Exil ging, veröffentlichte er in der *Wiener Arbeiterzeitung* den berühmten Aufruf: «Verbrennt mich!». Er sah es als Missachtung seines Talents an, von der Bücherverbrennung ausgenommen worden zu sein. Auch der nach Berlin übersiedelte Alfred Polgar kehrt zwangsweise zurück, mit ihm der eng mit Polgar befreundete Max Pallenberg und dessen Gefährtin Fritzi Massary, die in den 20er Jahren immer wieder zu Gastauftritten ihre Heimatstadt besucht hatte.

Angesichts der Lage erfüllt Friedells Kufsteiner Haus klarer noch seinen Charakter als Rückzugsort. Auch die römischen Patrizier pflegten sich in schwierigen Zeiten auf ihre Landgüter zurückzuziehen. Da passt es, an einer *Kulturgeschichte des Altertums* zu schreiben. Als Friedell bereits am zweiten Band, «Hellas und Rom», arbeitet, teil er Lina zufrieden mit: «Zum Glück habe ich mich mit dem Thema griechische Kultur so viel befasst, daß es sich ganz von selbst schreibt.»[36]

Zu diesem Zeitpunkt scheint es für Friedell, als bestehe noch die Möglichkeit, in Deutschland trotz der radikalen antisemitischen Politik des Regimes weiterhin erscheinen zu können. Darin konnte ihn sogar noch die Äußerung eines Kritikers bestärken, die er am 1. August 1935 Lina übermittelt: «Mit großer Freude», versichert er anfangs, «habe ich Deinem Brief entnommen, daß es Dir nicht nur gesundheitlich gut geht, sondern Du auch bei vorzüglicher Laune bist», um dann zur Sache zu kommen: «Ein völkisches Blatt, das vor einiger Zeit schrieb: ‹Wenige verstehen das deutsche Wissen und Wollen so tief wie dieser Mischling›, scheint doch recht zu haben, denn ich habe der Limonade immer die deutsche Pflaume vorgezogen und, nicht genug damit, erzeugt Hermine jetzt unter meiner Regie eine vorzügliche Rhabarbermarmelade, von der ich Dir einige Gläser nach Wien mitbringen werde, damit Du Dir die artfemde gelbe wieder abgewöhnst. Nur das Packeln mit den ebenfalls gelben Japanern sagt meinem deutschen Empfinden nicht zu.»[37] Etwa um die gleiche Zeit äußert er sich Lina gegenüber ein weiteres Mal in diesem Sinne: «Täglich bekomme ich schriftlich und von den wenigen Leuten, die man herüberläßt, aus Deutschland die deprimierendsten Nachrichten. Da ich das deutsche

Volk nach wie vor liebe, geht mir das natürlich sehr nahe. Es ist dort das Reich des Antichrist angebrochen. Jede Regung von Noblesse, Frömmigkeit, Bildung, Vernunft wird von einer Rotte verkommener Hausknechte auf die gehässigste und ordinärste Weise verfolgt.»[38]

Das Urteil des völkischen Kritikers, der «Mischling» erfasse genau das «deutsche Wesen und Wollen», ist von einer giftigen Zweischneidigkeit, die Friedell kaum entgangen sein dürfte. In seinem Entsetzen vor dem «Reich des Antichrist» musste es ihn bestätigen.

«Das beglückendste Ereignis»: Hamsun

Mit dem Verlag C.H.Beck war vereinbart, der erste Band des *Altertums* solle zwei Jahre nach Vertragsabschluss beendet sein. Heinrich Beck hofft, das Manuskript werde früher fertig. Am 19. März 1934 schreibt er Friedell: «Durch ihre Manuskriptsendung werden Sie mir jederzeit grosse Freude machen. Vielleicht schicken Sie es mir als Ostergabe?»

Wenn Beck seinen Erfolgsautor treffen will, muss er sich nach Kufstein chauffieren lassen. Der Platz im Grenzbezirk scheint allerdings wenig einladend zu sein, denn im selben Brief schlägt Heinrich Beck vor: «Wenn Sie wieder nach Kufstein kommen werden (vielleicht schon im Frühjahr?), so sehen Sie doch zu, welchen komfortableren Platz auf bayerischem Boden Sie als alteingesessener Grenzbewohner besuchen dürfen. Vielleicht findet sich doch ein behaglicheres Wirtshaus als der in der kühlen Jahreszeit doch etwas ungeschützte Garten des Zollaufsehers. Aber ich werde auch mit diesem Rendezvous einverstanden sein.»[39]

Wie vereinbart, schickt Friedell Ende 1934 das erste Kapitel nach München. Heinrich Beck ist begeistert. Er antwortet am 16. Januar 1935, zunächst von privaten Dingen sprechend: «Lieber, verehrter Herr Doktor! Ihre Neujahrswünsche mit Bildnis haben mich sehr erfreut. Verzeihen Sie mir, dass ich sie erst heute erwidere. Ich wollte Ihnen auch irgendetwas Bildliches bieten. Da aber eine Fotografie von mir nach keiner Richtung hin besondere Bedeutung hätte und auch keine existiert, die ich verbreitet sehen möchte, so schicke ich Ihnen ein Bild meines Sohnes bei seinen ersten Versuchen sich im Sinn seiner Vorfahren als Verleger zu betätigen. Da ich Ihnen schon solche Intimitäten meines Familienlebens preis gebe, so darf ich erwähnen, dass am heiligen Abend meine Familie durch ein drittes Kind, ein Töchterchen, vermehrt wurde.»

Im nächsten Abschnitt kommt Heinrich Beck auf Friedells Text zu sprechen: «Ihr Manuskript zur Kulturgeschichte Ägyptens habe ich mit grösstem Genuss gelesen. Sie haben m. E. mit diesem Kapitel eine ganz neue Form der Darstellung gefunden. Diese übertrifft Ihre Kulturgeschichte der Neuzeit an Gemeinverständlichkeit und Volkstümlichkeit des Erzählertons, ohne deshalb auf feine Lichter und Pikanterie der Gedankenführung irgendwie zu verzichten. Wenn es Ihnen möglich ist, diesen Stil durch das ganze Buch durchzuhalten, werden Sie, glaube ich, die erste Darstellung des Altertums geben, die nicht schulhaft belehrend, sondern wirklich volkstümlich unterhaltend ist und dabei den geistigen Horizont erweitert mindestens in dem Masse wie ein großes Kunstwerk.»

Unterhaltung auf gelehrtem Niveau, Kulturgeschichte als Literatur: Friedell muss sich in seinem Selbstverständnis wie selten zuvor bestätigt gesehen haben. Ob er den Abschnitt abschreiben ließ, um ihn in den nächsten Brief an Lina zu kleben, wie er das mit Kritiken über sich handhabte, als er in Berlin Theater spielte? Man wüsste es gerne. Vor allem, wenn man Becks folgende Zeilen liest: «Ich möchte glauben, dass Frauen geradezu begeistert von diesem Werk sein müssten, aber selbstverständlich auch Männer, denn wer bringt im Grunde die Voraussetzungen mit, die die vielen gelehrten Verfasser historischer Werke an ihre Leser zu stellen pflegen. Vom Standpunkt des Verlegers ist Ihre Darstellungsart geradezu als ideal zu bezeichnen. Ich hatte den Eindruck schon gleich nachdem ich die ersten Seiten überflogen hatte (...).»[40]

Am 8. Mai 1936 stirbt Oswald Spengler. Hatte Spengler den Zusammenbruch der deutschen Republik anfangs noch als Beginn einer neuen imperialen Epoche begrüßt, wie er in *Jahre der Entscheidung* ausführte, war er kurz darauf von den neuen Machthabern abgerückt. Schon im Juni 1933 lehnte er einen Ruf auf eine Professorenstelle an der Universität Leipzig ab. Im August 1933 warf der *Völkische Beobachter* ihm vor, er habe in *Jahre der Entscheidung* den Nationalsozialismus nicht hinreichend gewürdigt. Im Rundfunk durfte Spenglers Name nicht mehr genannt werden.

Zum Tod eines seiner wichtigsten Autoren äußert sich Heinrich Beck gegenüber Friedell: «Seien Sie bestens bedankt für Ihre freundlichen Zeilen. Mein grosser Autor Spengler hat keine sehr freundliche Presse gehabt, als er so überraschend die Augen schloss. Deshalb ist es wirklich ein gewisser Trost, wenn mir von privater Seite mitgeteilt wird, dass man sein Scheiden als einen Verlust empfindet.»

Außerdem beklagt Beck den Tod seines Werbechefs: «Vor 10 Tagen ist auch Herr Albers, der Propagandaleiter meines Verlags, der sich seinerzeit für Ihr Werk mit großer Wärme eingesetzt hat, auf recht tragische Weise aus dem Leben geschieden. Für das interne Gesicht meines Verlags bedeutet dieses Frühjahr daher einen recht entscheidenden Einschnitt, der nach aussen hin durch den Tod Spenglers symbolisiert wird. Auch das Erscheinen Ihrer K. d. A. im Phaidon-Verlag wird in dieser Richtung wirken. Ich habe das Gefühl irgendwie von vorne anfangen zu müssen.»[41]

Trotz der widrigen Umstände hofft der Verlag, das Werk könne mit einem Umweg über Österreich doch noch auf den deutschen Markt zurückfinden. «Was den Vertrieb Ihrer K. d. A. anlangt», teilt Heinrich Beck weiter mit, «so zweifle ich nicht, dass der Phaidon-Verlag die geeigneten Wege finden wird, Ihr Buch in Deutschland abzusetzen. Ich nehme an, dass die Presse wahrscheinlich beträchtliche Zurückhaltung zeigen wird, dass Ihr Buch aber dank dem Glanz Ihrer Darstellung rasch von Mund zu Mund empfohlen werden wird.»

Und im selben Brief macht Beck Friedell den Vorschlag, ihn noch einmal zu treffen: «Darin sind Sie ja zu beneiden, dass Sie nun schon wieder in Kufstein sein dürfen. Ich würde Sie gerne in Ihrem Hause besuchen. Aber wir müssen es wegen der Einreiseschwierigkeiten wohl wieder so machen wie im vorigen Jahr.»[42]

Am 12. Juni 1936 stirbt einer der alten Wegbegleiter und frühen Mentoren Egon Friedells: Karl Kraus, der Wortgewaltige, der in den letzten Jahren angesichts der nationalsozialistischen Macht schweigsam geworden war. Friedells Kommentar hätte Kraus goutiert, zumal in diesen Worten bei allem Witz das Beben seiner Erschütterung mitschwingt: «Ein Mensch, der davon gelebt hat, die anderen umzubringen, kann doch nicht tot sein.» Nicht ohne Wehmut sinniert er: «Alle Menschen aus jener Zeit: Altenberg, Loos, mein Bruder Oskar u. s. w. hatten etwas so Lebendiges, was die heutigen Menschen gar nicht mehr haben, und ich kann bis heute noch nicht glauben, daß sie tot sind.»[43]

Und bald zerschlägt sich auch der Plan, den inzwischen beendeten Band bei Phaidon erscheinen zu lassen. Der österreichische Verlag druckt zwar das Manuskript, weicht aber für die Veröffentlichung auf seine Schweizer Tochter Helikon aus. Welche Gründe führten zu dieser Entscheidung? Waren es Bedenken, zur Rechenschaft gezogen zu werden, falls der lange Arm Hitlers irgendwann Österreich einholen würde? Es gibt keine Dokumente darüber.

Im Schweizer Helikon Verlag erscheint der erste Teil der *Kulturgeschichte des Altertums* im Spätsommer 1936, also kurz nachdem das Regime die Olympiade in Berlin zur groß inszenierten Selbstdarstellung genutzt und der schwarze Leichtathlet Jesse Owens mit vier Goldmedaillen (100 Meter, Weitsprung, 200 Meter und 4 x 100 Meter) erfolgreichster Sportler der Spiele geworden war.

Friedell hatte andere Sorgen. Inzwischen sind seine bisher geduldeten Werke verboten worden. Damit ist sein größter Markt, Deutschland, endgültig verloren. Ein Vorzeichen dieser Aktion war allerdings schon die Tatsache, dass sein Name aus «Kürschners Deutschem Literaturkalender», einem der Gradmesser der öffentlichen Geltung, gestrichen worden war.

In all diesen Wirrungen birgt dieser erste Band der *Kulturgeschichte des Altertums* für ihren Autor eine Anerkennung, die er als eine der wichtigsten, wenn nicht als die wichtigste seines Lebens empfindet. Das hängt mit dem Mann zusammen, dem die neue Kulturgeschichte gewidmet ist: «Knut Hamsun, dem letzten Dichter.»

Bereits in der *Kulturgeschichte der Neuzeit* hatte Friedell den norwegischen Romancier in eine Reihe mit Goethe und Homer gestellt, vor allem aber eine versteckte Hommage geliefert: Indem er sein vorletztes Kapitel nach einem längst vergessenen, 1910 in Düsseldorf erstaufgeführten Theaterstück Hamsuns nannte. Das Kapitel umspannt die Jahre zwischen 1888, dem sogenannten Dreikaiserjahr, in dem Wilhelm II. deutscher Kaiser wird, bis zu Friedells spannender und mit Kritik am Vorgehen der österreichischen Regierung nicht sparender Schilderung des Weges in den Ersten Weltkrieg, die mit den Worten endet: «Und nun fällt eine schwarze Wolke über Europa; und wenn sie sich wieder teilt, wird der Mensch der Neuzeit dahingegangen sein; weggeweht in die Nacht des Gewesenen (...).» Das Kapitel heißt: «Vom Teufel geholt.»[44]

Hamsuns Übersetzer Niels Mürer hatte die *Kulturgeschichte der Neuzeit* ins Norwegische übertragen, die Ausgabe war 1933/34 erschienen.[45] Als Friedell über Hamsuns Verlag den Schriftsteller fragte, ob Hamsun mit der Widmung einverstanden sei, antwortet ihm Mürer am 10. März dieses Jahres, 1936: Er, Mürer fühle sich Friedell gegenüber in «persönlichem Dankbarkeitverhältnis», habe er doch «die große Ehre» besessen, «Ihr wunderbares Werk (...) zu übersetzen». Mürer fügt indessen Hamsuns Antwort bei, die ablehnend ausfällt: «Ich glaube nicht, daß Sie alle mit mir Spaß treiben wollen, aber Herr Friedell kann ja nicht einmal meinen Namen kennen. Ich habe ein paar Mal früher mit Dank eine Ehre abgewiesen, die weniger unverhältnismäßig groß als diese war, und jetzt danke ich wieder und bitte Sie, mich zu entschuldigen.» Mürer fügt seinem Schreiben die Adresse Hamsuns bei und schließt mit der Bemerkung, er versichere, «daß Sie hier in Norwegen ein großes und dankbares Publikum haben (...).»

Mürer hakt allerdings bei Hamsun nach, indem er ihn dezent auf Friedells Kapitel «Vom Teufel geholt» aufmerksam macht. Wenige Tage später bereits erhält Friedell abermals Post von Mürer, in der Mürer mitteilt, Hamsun habe «seine Auffassung revidiert». Und wieder fügt der Übersetzer Hamsuns Brief an ihn bei. Friedell liest also die folgenden Zeilen aus des Meisters Feder: «Ja, dann sage ich in tiefster Hochachtung Dank für die Ehre und nehme sie an. Sie ist aber so allzu unverdient, und das bitte ich Sie Herrn Friedell von mir mitzuteilen.» Um anzufügen: «Nein, ich wage ihm nicht zu schreiben.»

Friedell wagt es, mit den Worten: «Hochverehrter, es hat mich geradezu gespenstisch berührt, daß Sie annehmen, ich hätte Ihren Namen nie gehört! Die Wahrheit ist, daß ich, auch wenn ich die Namen aller anderen Dichter vergessen hätte, noch immer den Ihren wüßte.» Dass er in seiner «Kulturgeschichte» nicht, wie er hätte müssen, «viele Seiten» über Hamsun geschrieben habe, liege zum einen daran, dass der Norweger als Dichter «Ausdruck der ganzen Welt von ihrer Erschaffung bis zum jüngsten Gericht sei», er sei daher kein Gegenstand des Historikers. Und weiter: «Der zweite Grund ist, daß man über das absolut Vollkommene eigentlich nichts sagen kann: es bietet keine Darstellungsmöglichkeiten. Es gibt nur einen einzigen Dichter, mit dem ich Sie vergleichen kann, nämlich Homer. (...) Millionen empfinden so wie ich, aber daß ich es Ihnen persönlich sagen darf, empfinde ich als das größte Geschenk meines Lebens.»[46]

Ob Friedell wusste, dass Hamsun zuvor öffentlich die Inhaftierung Carl von Ossietzkys, des Herausgebers der *Weltbühne*, in das KZ Esterwegen im Emsland gebilligt hatte?[47]

Der letzte Sommer: Friedell mit Herma Kotab und dem befreundeten Schriftsteller Hanns Sassmann (rechts) in Kufstein, September 1937.

Hamsuns Begeisterung für die *Kulturgeschichte der Neuzeit* und seine Annahme der Widmung war sicherlich das beglückendste Ereignis dieser sich verdüsternden letzten Jahre.

Unterdessen arbeitet Friedell unverdrossen am zweiten Band des *Altertums*.

2. Das Ende

Noch einmal Goethe: der Jubilar

Zu Beginn des Jahres 1938 schien das Klima ungut.

Friedells Freund Carl Zuckmayer hat es beobachtet: «Eine Reihe von Zeichen ging der Katastrophe voraus. Einige Wochen vorher erschien ein Nordlicht über ganz Österreich. Nordlichter sind in diesem Teil der Welt ungemein selten, die meisten Leute kennen sie nur vom Hörensagen. Man behauptete, seit dem Jahr 1866, in dem die Österreicher von den Preußen besiegt wurden, hätte sich keins mehr gezeigt. Dieses – im Januar 1938 – flammte so stark und flackerte so grell, daß es aussah wie eine mächtige Feuersbrunst.» In Wien wurde der «Pestvogel» gesichtet, «sein Auftauchen sogar von Ornithologen bestätigt: eine albinohafte Spielart des Sperlings, mit seltsamen fahlen Tupfen und Flecken im Gefieder. Angeblich soll er sich nur vor großen Seuchen oder vor einem Kriegsausbruch zeigen.»

Was folgte, hat Zuckmayer unmittelbar miterlebt: Der Dramatiker, im NS-Deutschland verboten und in Henndorf bei Salzburg lebend, hielt sich für Proben zu dieser Zeit in Wien auf, kannte auch von früheren Empfängen das Personal der deutschen Botschaft: «Auch den Botschafter hatte ich da und dort bei offiziellen Anlässen in Wien getroffen. Man grüßte einander und tat, als ob nichts wäre.»[48]

Die politische Lage war bedrohlich, außer für die Parteigänger der NSDAP. Schuschnigg hatte die Partei 1933 verboten. Dennoch hatte sich die Zahl illegaler Mitglieder in den vergangenen zwei Jahren noch einmal «beträchtlich» erhöht.[49] Unterstützt von Deutschland, stifteten sie mit Anschlägen Unruhe im ohnehin vom Konflikt der großen Parteien, der Wirtschaftskrise und der Arbeitslosigkeit instabilen Staatsgefüge.

Am 11. Juli 1936 war das «Juliabkommen» mit Deutschland geschlossen worden: Demnach erkannte Hitler die Souveränität Österreichs an und «versprach, sich nicht in dessen Angelegenheiten einzumischen». Auch hob er die Tausend-Mark-Sperre auf, die die angespannte wirtschaftliche Lage weiter verschärft hatte. Die Gegenleistungen indessen, die Hitler forderte, bedeuteten einen massiven Eingriff in die österreichischen Regierungsangelegenheiten: Amnestie für die inhaftierten Nationalsozialisten, vor allem aber sollte die Außenpolitik mit Berlin abgesprochen werden, zudem musste Schuschnigg zwei Anhänger der Nationalsozialisten in hohe politische Ämter berufen, Guido Schmitz als Staatssekretär im Außenamt und den General Edmund Glaise von Horstenau als Minister ohne Portefeuille.[50] «Das Juliabkommen war der Anfang vom Ende des freien Österreich.»[51]

Am 12. Februar 1938 bestellt Hitler den österreichischen Kanzler Karl von Schuschnigg auf den Obersalzberg in Berchtesgaden zu einer «inoffiziellen Begegnung» ein. Nachdem er den Besucher mit einem aufgebrachten Redeschwall und der Drohung eingeschüchtert hatte, militärisch zu intervenieren, stellt er neue Forderungen. Schuschnigg soll für einen «Pressefrieden» zwischen Deutschland und Österreich sorgen, vor allem aber sei die Militärpolitik zu vereinheitlichen, und: der NS-Parteigänger Arthur Seyß-Inquart müsse zum Innenminister

Die letzten Tage der Freiheit: Max Reinhardt (vorne rechts) mit Rudolf Beer bei der Premierenfeier von Franz Werfels Drama In einer Nacht *am 5. Oktober 1937. Es war Reinhardts letzte Inszenierung auf europäischem Boden. Rudolf Beer wurde wenige Tage nach dem Einmarsch der Nationalsozialisten derart misshandelt, dass er sich umbrachte.*

berufen werden, «und damit auch zum Chef der Polizei».[52] «Schuschnigg hatte keine Möglichkeit zum Widerspruch und verließ als gedemütigter Mann den Obersalzberg.»[53]

«Bei seinem Verhandlungsversuch auf dem Obersalzberg waren dem Kanzler Schuschnigg Bedingungen gestellt worden, die einer Kapitulation gleichkamen», urteilte später auch Carl Zuckmayer.[54] Und Goebbels hatte am 22. Februar «siegesgewiss» in sein Tagebuch notiert: «In Wien, Graz und Innsbruck große, ergreifende Nazidemonstrationen. Das ist so wunderbar. Jetzt rollt die Sache programmgemäß weiter.»[55]

Schuschnigg indessen entschließt sich gut zwei Wochen später, eine Volksabstimmung über «Anschluss oder Unabhängigkeit» Österreichs anzuberaumen. Nun bieten ihm die Sozialdemokraten an, ihn «im Kampf um die Unabhängigkeit Österreichs zu unterstützen». Im Gegenzug solle Schuschnigg die sozialdemokratische Partei und die Gewerkschaften wieder zulassen. Schuschnigg lehnt ab, «brüsk».[56] Dennoch befürworten auch die illegalen Sozialisten und Kommunisten den Volksentscheid, den Schuschnigg auf den symbolträchtigen 13. März festlegt, einen Sonntag: Am 13. März vor 90 Jahren, also 1848, hatte in Österreich die bürgerliche Revolution gegen die von Metternich beherrschte Regierung begonnen, ein Datum, das auch die Sozialdemokraten zum Gedenktag erhoben hatten.[57] Außerdem war am 13. März 1741 Kaiser Joseph II. geboren, der Sohn Maria Theresias: Der Anhänger Friedrichs des Großen war im österreichischen Gedächtnis als «Reformkaiser» wie als «Volkskaiser» präsent, auf ihn hatten sich auch die März-Revolutionäre berufen. Trotz der «gewaltigen Nazipropaganda und der Unzufriedenheit vieler Kreise mit den bestehenden Verhältnissen war es ziemlich gewiß», die Mehrheit der Bevölkerung werde sich für ein unabhängiges Österreich aussprechen.[58] Noch auch glaubte mancher, Italien, England und Frankreich würden im äußersten Falle eingreifen.[59]

Allerdings rechnete auch Hitler damit, die Abstimmung werde gegen ihn ausgehen.

Über diesen Ereignissen, am 21. Januar, war Egon Friedell 60 Jahre alt geworden. Er gab sich gelassen und trat in der Rolle des «lachenden Philosophen» auf, als den man ihn kannte. Die gedruckte Geburtstagskarte, die er an seine zahlreichen Bekannten versandte, war ein «klassischer» Friedell: «Von allen Glückwünschen, die ich erhalten habe, hat mich der Ihrige am meisten gefreut.» Alfred Polgar schreibt in seiner Würdigung des Jubilars: «Friedell sechzig! Schon vor zehn Jahren, als junger Mann von erst fünfzig, wurde Friedell vielseits belobt, daß er es dahin gebracht hatte.» Dann würdigt Polgar die *Neuzeit*: «Nur meiner Hochachtung vor seiner ‹Kulturgeschichte der Neuzeit› muß ich doch Ausdruck geben, einem Buch, in dem (nach allgemeinem Urteil) schwere Materie mit sehr leichter Hand geformt, in dem mit hohem Ernst fröhliche Wissenschaft vorgetragen wird.» Und er vergisst nicht, auf Friedells Lebensgewohnheiten einzugehen: «Friedells Lieblingsgetränk ist Pommard, doch hat er, einfachen Lebensformen und -verhältnissen geneigt, auch zu schlichtem Slibovitz eine gute Beziehung.» Haarscharf das Gleiche hatte er bereits zu Friedells Fünfzigstem geschrieben.[60]

In den vergangenen Jahren war Friedell nur noch selten auf der Bühne gestanden. Max Reinhardt war in Hollywood und hatte dort eine seiner legendären Bühneninszenierungen, den *Sommernachtstraum*, in einem Film umgesetzt – ein aufwendiges Kostümspektakel,

Zum letzten Mal Goethe: Egon Friedell am 7. Februar 1938 in einer Szene aus dem 1. Bild, mit Erika Herbert als Linerl.

das mit James Cagney als Zettel einen der großen Stars aufweisen konnte und dennoch finanziell kein Erfolg wurde. Der Film war auch nie Friedells Metier gewesen.

Für jüdische Schauspieler war es immer schwieriger, Engagements zu bekommen.[61] Dennoch hatte Friedell im Dezember 1935 in der «Scala», dem früheren Johann-Strauß-Theater, in der Uraufführung des Stücks *Mit dem Kopf durch die Wand*, einer eher lieblosen Auftragsarbeit Ödön von Horváths, gespielt, neben Karl Forest, Lina Loos' Bruder. Ein Jahr darauf, am 6. November 1936, war er an seiner alten Wiener Stamm-Bühne, dem Theater in der Josefstadt, in einem Stück von Jean Giraudoux mit Attila Hörbiger aufgetreten, für das Berta Zuckerkandl mit der bayerischen Schriftstellerin Annette Kolb die Übersetzung besorgt hatte. Der Titel: *Es kommt nicht zum Krieg.*[62]

In seine Goethe-Figur war er zum letzten Mal vor sechs Jahren, im Februar 1932, in den Wiener Kammerspielen geschlüpft. Nun aber, zur Feier seines Sechzigsten, gab er noch einmal den verehrten Frankfurter Dichter: Im Rahmen eines launigen Abends im Theater an der Wien, an dem sechs Einakter auf dem Spielplan standen, darunter *Lebensgefährten* von Felix Salten und ein Stück Arthur Schnitzlers. Schnitzler war bereits vor fünf Jahren, am 21. Oktober 1931, gestorben. Der

Schriftsteller, ein begeisterter Leser der *Kulturgeschichte der Neuzeit,* hatte zwei Tage vor seinem Tod noch voller Neugierde den dritten Band aufgeschlagen. Sein letzter Tagebucheintrag, 19. Oktober, lautet: «Begann Friedells Kulturgeschichte 3. Band zu lesen.»[63] Der Abend der sechs Einakter, an dem mit Oskar Karlweis und Fritz Grünbaum zwei weitere Lieblinge des Wiener Revue- und Operettentheaters mitmachten – Karlweis hatte zudem als Partner von Heinz Rühmann, Willy Fritsch und Lilian Harvey mit dem Film *Die drei von der Tankstelle* großen Erfolg –, stand bis zum 7. Februar 1932 auf dem Programm. Der jeweils letzte der sechs Einakter war aus Arthur Schnitzlers Feder. Er hieß *Abschiedssouper.*

38 Schnaps, 26 Pilsner – Treffen mit Zuckmayer

«Das Wetter in dieser Zeit war ebenso ungewöhnlich», erinnert sich Zuckmayer an diese letzten Tage. Wochenlang fiel weder Schnee noch Regen, der Himmel strahlte tagaus, tagein, man konnte mitten im Winter auf der nackten Grasnarbe in der Sonne liegen, und die Sonne brannte sommerlich in diesem unheilvollen März, so daß alle Vegetation, Obst, Wein, Fliedergesträuch, um Wochen verfrüht zu knospen und blühen begann.»[64]

Auch die Atmosphäre in Wien beschreibt der Dramatiker, der sich zu dieser Zeit wegen der Proben für die Uraufführung seiner neuen Komödie *Bellmann* dort aufhielt, als «sehr merkwürdig». Es herrschte ein Zug von groteskem Faschingstreiben: «Denn die Leitung der Nazipartei hatte von Deutschland aus einen unerhört raffinierten Befehl erhalten: Kinder auf die Straße!» So zogen Halbwüchsige, «Scharen von Jugendlichen aller Altersstufen», mit Hakenkreuzfahnen und «Heil-Hitler-Rufen» durch die Straßen. «Sonst geschah nichts, die Kinder zogen herum und schrien, die Erwachsenen standen schweigend da, teils belustigt, teils erbittert, teils in hämischer Erwartung.»[65]

In diesen Tagen begegnet Zuckmayer «gegen Mittag auf der Kärntner Straße unserm Freund Egon Friedell». Friedell interessiert sich für eine Rolle in Zuckmayers Komödie *Bellmann.* «Ich wurde daheim zum Mittagessen erwartet und wollte ihn mitnehmen, aber vergebens, er gehörte zu jenen Trinkern, die nicht mehr essen. Er lockte mich in die nahe gelegene und von Künstlern besuchte ‹Reiß-Bar› am Neuen Markt – nur für einen Schluck, wie er sagte.»[66] Zwei Stunden

Abschiedssoupé: Arthur Schnitzler 1931 mit der Schauspielerin Elisabeth Bergner im Garten seiner Villa in der Sternwartestraße 71, unweit von Friedells Wohnung. Am vorletzten Abend vor seinem Tod hatte er noch im druckfrischen dritten Band der Kulturgeschichte der Neuzeit *gelesen.*

später ruft Zuckmayer zu Hause an, er werde nicht mehr zum Essen kommen. «An diesem Nachmittag ergab sich, aus einer zunächst heiter und witzig angelaufenen Unterhaltung, ein für mich unvergesslich erschütterndes Gespräch.» Als Zuckmayer über Max Reinhardt spricht, fragt ihn Friedell unvermittelt: «Was tust du, (...), wenn die Nazis kommen?» Zuckmayer glaubt noch, sie kämen nicht, Friedell, der Historiker, widerspricht. Darauf Zuckmayer: «Dann (...) wird wohl nichts anderes übrig bleiben, als über die Grenze zu gehen.» Friedell: «Ich gehe nicht (...).» Er sagt es «störrisch und verzagt zugleich». In einem anderen Land, erklärt er, sei er nichts weiter als «ein Schnorrer und eine lächerliche Figur».[67] Friedells Kollege Anton Kuh, den Friedell nicht schätzte, soll laut Friedrich Torberg, bevor er in die USA emigrierte, gesagt haben: «Schnorrer kann man überall brauchen.»[68]

Und nun soll, laut Zuckmayer, Friedell ihm anvertraut haben, «was er wohl sonst allein mit sich herumtrug»: Ihm sei für den Fall des «Anschlusses» eine «‹Sonderbehandlung› angeboten und zugesagt» worden. «‹Ich könnte›, sagte er mehrere Male, ‹ich könnte zurückgezogen und unbehelligt leben und arbeiten, hat man mich wissen lassen. Allerdings nicht mehr in Wien. – Aber ob ich das kann (...), ob ich das kann, das weiß ich nicht.› Ein unbeschreiblicher Zug von stoischer Tragik war

Ein Bild aus den unbeschwerten Tagen des Erfolgs: Carl Zuckmayer mit seiner Frau Alice und den Töchtern Winnetou und Michaela auf dem Dachgarten ihrer Wohnung in Berlin-Schöneberg, 1928.

dabei in seinem Gesicht. Dann bat er mich, das zu vergessen, bestellte neuen Schnaps und wechselte das Thema.»

Es wird Abend, Zuckmayers Frau, mit der Friedell in unbeschwerten Tagen aus dem Stegreif improvisierte Szenen über angebrannte Suppen, Ehekrach oder verspätete Gäste im Stil Grillparzers, Ibsens, Strindbergs gespielt hatte, kommt vorbei, später Alma Mahler-Werfel mit Anna, der Tochter aus der Ehe mit Gustav Mahler. Als die fünf spätnachts die Reiß-Bar verlassen, beträgt die Zeche für Zuckmayer und Friedell «38 Glas Barack – ein ungarischer Schnaps – und 26 kleine Pilsner».[69]

Auch Alma Mahler-Werfel schildert in ihren Erinnerungen diese letzte Begegnung mit Friedell: Zuckmayer habe sie am 9. März angerufen, sie solle mit ihrer Tochter in die, wie sie schreibt, «Reichsbar» kommen, alle seien betrunken, «wirklich lustig würde es aber erst mit unserem Kommen. Egon Friedell war seit früh zehn Uhr mit Zuckmayer da. Dieser hatte ihn traurig auf der Straße gehen sehen und nahm ihn mit, um ihn zu zerstreuen. Friedell, der schon einen ziemlichen Rausch hatte, wurde sehr ernst, als ich ihm von meiner Vorausahnung sagte, daß Hitler vor den Toren Wiens stehe.» Er soll gesagt haben: «‹Das überleb ich nicht … ich habe nirgends auf der Welt etwas zu suchen (…) ich geh aber auch nicht fort. Hier habe ich Zyankali bei mir› (er zeigte mir eine kleine Phiole), ‹das nehm ich, wenn er kommt.› Alles war in einem tragischen Humor gesagt (…)». Später habe Friedell sie und Anna «schwankend zum Wagen» geführt, «wo er jede von uns, ungeachtet meines Chauffeurs, schnell noch einmal zwickte. So sah ich ihn zum letztenmal.»[70] Zuckmayer sieht die Szenerie anders: «Aber ein lustiger Abend, wie Alma Mahler in ihrem Buch sich erinnern zu dürfen glaubt, war das nicht gewesen.»[71]

Und noch immer glaubt Schuschnigg, der Ausgang der Volksbefragung am 13. März werde Österreich vor Hitlers Zugriff bewahren. Am 10. März notiert Goebbels in sein Tagebuch, der «Führer» denke, «die Stunde ist gekommen. Will nur noch die Nacht drüber schlafen. Italien und England werden nichts machen, vielleicht Frankreich, aber wahrscheinlich nicht.»[72] Zuckmayer schreibt, die Regierung Schuschnigg habe noch mit Mussolinis Hilfe gerechnet, «der schon einmal, im Jahr 1934, Österreich gerettet hatte, jetzt aber bereits ein Gefangener der aufschwellenden deutschen Militärmacht war».[73]

Friedells Freundin Dorothea Zeemann, die Journalistin, besucht ihn oft, auch Walther Schneider, der Zechbruder und Eckermann des vergangenen Jahrzehnts. Zu den späten Gästen gehören ebenso der Freund Franz Theodor Csokor und Friedells langjähriger Arzt, Rudolf Pollak, mit dessen Frau Friedell oft im Währinger Park spazieren gegangen war. «Friedell», schreibt Zeemann, «betrank sich jeden Tag.»[74] Seinen Hausarzt soll er um Gift gebeten haben, sogar, als dieser ablehnt und zur Emigration rät, auf Knien.[75] Auch Zeemann erinnert sich, Friedell sei vor ihr gekniet und habe um Gift gebeten, er sei vor Csokor gekniet und habe diesen angefleht, ihm eine Waffe zu besorgen.[76] «Ich will es nicht, ich will es nicht erleben.» Als Csokor ihn auffordert, mit nach Polen zu kommen, soll er geantwortet haben: «Dort kommen sie auch hin – sie kommen überall hin, und dann folgen die Chinesen. Unsere Welt ist am Ende. Alles ist aus, es ist aus.»[77]

Auch der alte Freund Polgar, von dem er sich über die Jahre ent-

Nachdenklich, bedrückt, angeschlagen: Friedell in seiner Wohnung um die Zeit seines 60. Geburtstages.

fremdet hatte, erscheint und beschwört ihn, mit ihm und seiner Frau in die Schweiz und nach Paris zu fliehen. Doch auch Polgar verlässt unverrichteter Dinge und erschüttert die Gentzgasse.

Der «Anschluß»

In der Nacht zum 11. März 1938 kommt starker Südwind auf, «ein Föhnsturm, heiß und trocken, als wehe er von der Wüste. Er wehte, bei wolkenlosem Himmel, den ganzen nächsten Tag und trieb die unzähligen Flugblätter, die zur Wahl aufforderten, wie welkes Laub durch die Straßen. Überall wirbelte Papier.» Auch Arbeiter verteilen die Flugblätter und demonstrieren «in unsicheren Sprechchören gegen Hitler und für die Regierung» – immer noch besser Schuschnigg als Hitler. «In den Wirtshäusern wurde debattiert oder gestritten. Eine fiebrige Erregung verbreitete sich in der papierdurchflatterten Stadt.»[78]

Dennoch geht Zuckmayer zur Probe seines neuen Stücks *Bellmann*, das in exzellenter Besetzung über die Bühne gehen sollte: Paula Wessely, Attila Hörbiger, Anton Edthofer, unter der Regie von Ernst Lothar. «Und so geschah es, am Morgen des Katastrophentags, daß im Dämmer eines schwach beleuchteten Bühnenhauses eine Handvoll Menschen die Welt draußen, die Lage, die Gefahr, die Krise, von der unser aller Schicksal abhing, völlig vergaß und für ein paar Stunden ganz und gar jenem unwiderstehlichen Zauber erlag, den das Theater ausübt; daß über Striche, Stellungen, Änderungen diskutiert und gekämpft wurde, als gäbe es nichts Wichtigeres, nichts Bedeutsameres auf der Welt.»[79]

Um diese Stunde hält vor der Gentzgasse 7 eine Limousine mit französischem Kennzeichen. Der Chauffeur öffnet eine Tür des Fonds, eine Dame in eleganter Toilette steigt aus und verschwindet im schlichten, angenehm ornamentierten Entree. Im Wagen warten: Paul Geraldy, 1885 als Paul Lefèvre geborener Autor von Theaterstücken, Erzählungen und Gedichten, und Paul Clemenceau, Bruder des ehemaligen, 1929 verstorbenen französischen Ministerpräsidenten Georges Clemenceau und Schwager Berta Zuckerkandls. Friedell empfängt die langjährige Freundin und Gönnerin, vielleicht führt er sie ins «Sitzzimmer», aber wohl eher ins Speisezimmer, wo die beiden bequemen Sessel stehen, deren Quasten manche Dame gerne zum Nachpudern ihres Teints verwandte.[80] Nach etwa einer Stunde verlässt Berta Zuckerkandl Friedells Wohnung allein. Nicht einmal die redegewaltige, energische alte Dame des klassischen Wiener Feuilletons, die Friedell publizistisch immer unterstützt hatte, konnte ihn bewegen.

Am Abend dieses 11. März hören die Wiener ihren Kanzler im Rundfunk: «Ich weiche der Gewalt. Gott schütze Österreich.» Es ist Schuschniggs letzte Ansprache. Zu seinem Nachfolger hat Hitler Arthur Seyß-Inquart bestimmt. An der Grenze sind Verbände der Wehrmacht und SS zusammengezogen. Tagsüber hatte Hitler angekündigt, er beabsichtige, «wenn andere Mittel nicht zum Ziele führen, mit bewaffneten Kräften in Österreich einzurücken, um dort verfassungswidrige Zustände abzustellen und weitere Gewalttaten gegen die deutsche Bevölkerung zu verhindern.» Der Beginn der Aktion war auf den «12. März 1938, 12 Uhr» festgesetzt.[81]

Kurz nachdem Zuckmayer und die Schauspieler das Josefstädter

Theater verlassen hatten, hörten sie Schuschniggs Ansprache im Radio. Und dann «brach die Hölle los.»

«Die Unterwelt hatte ihre Pforten aufgetan und ihre niedrigsten, scheußlichsten, unreinsten Geister losgelassen. Die Stadt verwandelte sich in ein Alptraumgemälde des Hieronymus Bosch: Lemuren und Halbdämonen schienen aus Schmutzeiern gekrochen und aus versumpften Erdlöchern gestiegen. Die Luft war von einem unablässig gellenden, wüsten, hysterischen Gekreische erfüllt, aus Männer- und Weiberkehlen, das tage- und nächtelang weiterschrillte. Und alle Menschen verloren ihr Gesicht, glichen verzerrten Fratzen: die einen aus Angst, die andren in Lüge, die andren in wildem, haßerfülltem Triumph. (...) Was hier entfesselt wurde, war der Aufstand des Neids, der Missgunst, der Verbitterung, der blinden böswilligen Rachsucht – und alle anderen Stimmen waren zum Schweigen verurteilt.»[82]

Mit einem Freund, dem Lektor des Zsolnay-Verlags und früheren Reinhardt-Dramaturgen Dr. Franz Horch, fährt Zuckmayer durch das Getöse, um mit «einigen Schicksalsgenossen» die Lage zu bereden. «Nun war es in jener Stunde kein Vergnügen, mit einem Taxi durch Wien zu fahren. Die Straßen waren derart von brüllenden und tobenden Menschen erfüllt, daß man kaum weiterkam und an manchen Plätzen, zum Beispiel der ‹Sirk-Ecke› bei der Oper, einfach in der Menge steckenblieb. Dann drängten sich wüste Kerle, typische Schlägergestalten, an die Fenster des Mietwagens und starrten bösartig hinein. Sie witterten in jedem Taxi bereits einen Flüchtling oder einen ‹Aussauger›. ‹Im Taxi fahrn – dös san polnische Juden – holts'es raus – schlagts'es zsamm›».[83]

Während Horch, «ein nervenschwacher Mensch, (...) am ganzen Leib» zitterte, kurbelt Zuckmayer, als Offizier im Ersten Weltkrieg hochdekoriert, das Fenster herunter und stößt einen Arm «ruckartig heraus, den Kerlen fast ins Gesicht». Dazu brüllt er «etwas, das wie ‹Hei'tler› klang, und zwar mit scharfem, reichsdeutschem Akzent, wie ein Oberfeldwebel vor der Truppe.» Die beiden kommen endlich an ihr Ziel, wo sich «schon ein Häuflein» versammelt hatte, «fast alle, seit einer Stunde, verlorene Existenzen, und wie oft habe ich in der Emigration dieses Zusammenhocken der vom bösen Wind verschlagenen erlebt». In der Runde sind: der ungarische Dramatiker Ödön von Horváth, Friedells Freund Franz Theodor Csokor, auch der aristokratische, den Niedergang der Donaumonarchie halb realistisch, halb surreal

Mit dem Einmarsch deutscher Truppen begann der Terror: Von SA-Leuten gezwungen und begleitet vom Hohngelächter der Zuschauer säubern Juden mit Zahnbürsten die Straße.

schildernde Erzähler Alexander Lernet-Holenia, den Karl Kraus einmal «Sterilke» tituliert hatte und «der – ohne selbst bedroht zu sein – sich uns zugehörig fühlte. (...) Sehr bald gewann eine Art von Galgenhumor die Oberhand.» Für Horváth liegt es nahe, zunächst nach Budapest zu gehen und von dort nach Paris auszufliegen. Auch Csokor plädiert «für eine Flucht nach Osten», auf die er Friedell hatte mitnehmen wollen. Sein Weg sollte ihn dann «über Polen, Ungarn, Rumänien, Belgrad und jugoslawische Partisanenverstecke» bis zu den amerikanischen Invasionstruppen in Italien führen.[84] Lernet-Holenia, Nicht-Jude und Erzähler symbolistisch-traumhafter Kriegsgeschichten, zog sich in die innere Emigration zurück, aber, versichert Zuckmayer, «er betrauerte schmerzlich nicht nur den Verlust seiner liebsten Freunde und den schmählichen Untergang seines Landes, sondern auch die bevorstehende Abwanderung der jüdischen Frauen und Mädchen, die er für die einzig begehrenswerten hielt. Er mußte umlernen».[85]

Am 12. März überschreiten die deutschen Truppen die Grenze. Sie gelangen ohne einen einzigen Schuss nach Linz, nach Wien. Hitler begibt sich zunächst in seine Lieblingsstadt Linz, wo er, wie Generalleutnant Heinz Guderian, Oberbefehlshaber der Panzerwaffe, schildert, jubelnd empfangen wird: «Die deutschen Fahrzeuge inklusive der Panzer wurden bei jedem Halt geschmückt, die Soldaten mit Blumen überhäuft.»[86]

Unterdessen beginnt Himmler in Wien den organisierten Terror gegen «Reichsfeindliche Elemente», gegen Journalisten, Juden, Kommunisten, Sozialisten, aber auch Anhänger der alten Monarchie, Kleriker. Binnen weniger Tage wurden 70 000 Menschen verhaftet, Tausende wurden ins KZ nach Dachau transportiert. «Vor allem alte und gebrechliche Ostjuden aus der Leopoldstadt, die mit ihren langen Bärten und der traditionellen Tracht unverkennbar waren, mussten mit Bürsten, oft auch Zahnbürsten, die Straßen säubern (...).»[87]

Rollkommandos durchkämmen die Stadt und suchen «die Wohnungen unliebsamer oder von bösartigen Nachbarn denunzierter Personen heim. (...) Leute wurden entführt, manche fand man, grauenvoll mißhandelt oder verstümmelt, in Krankenhäusern wieder, andere nie.» Dabei, erinnert sich Zuckmayer, «war gar nicht nötig, daß man etwas gegen die Gewaltherrscher, es genügte schon, daß man nichts für sie getan hatte. Über die politischen und rassischen Prinzipien hinaus genügte es, daß man ihnen nicht passte. Daß man anders roch als sie. Und in diesem Augenblick war man vogelfrei (...).»[88] Zu dem Terror auf der Straße und in Privathäusern kommt das Dröhnen der Flugzeuge und Lautsprecher: «Geschwader kreisten unablässig über der Stadt, niedrig, wie zornige Hornissen. Mit dem Geschrei von den Straßen und dem Brüllen der Lautsprecher, die Hitlers letzte Kundgebungen bis zur Erschlaffung wiederholten, mit dem sogenannten ‹Sägen›, ‹Sssieg-Heil›, ‹Sssieg-Heil›, ‹Sssieg Heil›, das pausenlos, aus schon heisergeschrienen Kehlen, die Stadt durchzischte, ergab das einen unsagbar enervierenden, wahrhaft teuflischen Lärm. Man empfand das nicht mehr als menschliche Laute oder technische Geräusche. Das Getöse des Weltuntergangs durchhallte die Luft.»[89]

Nachdem Adolf Hitler am 13. März in Linz den «Anschluß» Österreichs an das «Großdeutsche Reich» staatsrechtlich besiegelt hatte – Österreich wird nun «Ostmark» genannt, ab 1940 «Alpen- und Donau-Reichsgaue»[90] –, begibt er sich «mit seinem Tross» nach Wien, der Stadt, die

Hitler trifft unter dem Jubel der Wiener auf dem Heldenplatz ein. Hinter ihm im Auto sitzt der kurzzeitige Interims-Kanzler Arthur Seyß-Inquart.

ihn immer abgestoßen hatte. Als er am 14. März eintrifft, wird er mit Glockengeläute empfangen. Am 15. März gibt er auf dem Balkon der Neuen Hofburg am Heldenplatz, «für den ehemaligen Österreicher (...) eine höchst vertraute Kulisse», seine «Befreiungskundgebung», in der er, geschickt die Emotionen lenkend, den «Anschluß» als Vollendung der deutsch-österreichischen Geschichte mystifizierte: «Als Führer und Reichskanzler der deutschen Nation und des Reiches melde ich vor der Geschichte nunmehr den Eintritt meiner Heimat in das Deutsche Reich.»[91]

Sturz

Täglich besucht Walther Schneider den Freund. Auch Dorothea Zeemann ist ständiger Gast in der Gentzgasse. Man diskutiert über die ethische Rechtfertigung des Selbstmords.[92]

Es dürfte etwa zehn Jahre her sein, da hatte Friedell das Thema spaßeshalber, mit bewährter Ironie, behandelt und eine fingierte Pressemeldung notiert, die er «Selbstmordversuch Egon Friedell's» nannte:

«Wegen Mißtrauens in die Aufrichtigkeit der Presse.» Darin witzelte der Autor: «Egon Friedell hat gestern in seiner Wohnung einen Selbstmordversuch unternommen. Wir erfahren hierüber folgende Details. In seiner letzten Rolle, der Titelfigur in Geraldys ‹Ihr Mann›, in der er, wie wir ausdrücklich hervorheben, keineswegs unzulänglicher war, als in allen bisherigen, wurde er von der Presse wieder sehr gefeiert. Schon nach den ersten Kritiken zeigte er ein an ihm ganz ungewohntes einsilbiges Wesen, und als das ‹6 Uhr-Blatt› schrieb, es sei eine unvergessliche Gestalt auf der deutschen ‹Bühne›, verfiel er in tiefe Schwermut. In untröstlichem Tone erklärte er seinen Freunden gegenüber, daß er an die Aufrichtigkeit der Presse nicht mehr glauben könne und den künstlerischen Boden unter seinen Füßen wanken fühle.» Da Freunde das Äußerste befürchtet hätten, sei Friedells «Freundin Frau Lina Loos» in die Wohnung gekommen: «Der Eintretenden bot sich ein schrecklicher Anblick. Friedell lag neben einer vollständig geöffneten, halb geleerten Flasche Abzugsbier in bewusstlosem Zustand unter Symptomen schwerer Alkoholvergiftung. Er wurde ins Spital gebracht, wo es gelang, ihm das Gift auszupumpen. Wie wir hören, soll er schon im Sommer aus ähnlichen Gründen im Erholungsheim Grundlsee einen Alkoholvergiftungsversuch mit Punschtorte gemacht haben.»[93]

Diesmal, da die Lage ernst ist, erscheint Lina nicht. «Sie hatte in diesen Tagen so viele Menschen verloren, an denen sie hing. Sie war müde und starr geworden und bleibt in Sievering.»[94]

Zeemann sucht, wie sie in ihrer Autobiographie schreibt, Friedell von seinem Vorhaben abzubringen, in dem sie seine Historikerseele anspricht: «‹Es sollte dich interessieren, neugierig solltest du sein, wie es weitergeht› (...).» Friedell, verzweifelt: «‹Ich weiß es aber schon, ich weiß es genau.›» Und Zeemann kommentiert rückblickend: «Mit jedem dieser Worte machte er mich bei aller Zuneigung und aller Angst und wegen meiner Zuneigung und Angst böse.» Sie versucht es noch einmal mit einem Appell an seine Freundschaft: «‹Sei doch solidarisch, wenn du schon sicher bist, daß es uns alle trifft.›» Darauf Friedell: «‹Ich bin feige.›»[95]

In einer dieser Nächte könnte Friedell dann auch etliche Briefe und Manuskripte aus Regalen und Mappen geholt haben, um damit den Kachelofen im Arbeitszimmer zu schüren.

Am Abend des 15. März, dem Tag, an dem Hitler seine «Befreiungskundgebung» gegeben hatte, sitzt er mit Herma allein im Arbeitszimmer. Hermine, müde von den letzten endlosen Nächten, hat sich zu Bett begeben. Ferry, Hermas Mann und Anhänger der neuen Herren, ist nicht zu Hause. Auch Herma versucht, Friedell von seinem Gedanken an Selbstmord abzubringen. Er bittet sie, aus dem unveröffentlichten Manuskript der *Kulturgeschichte des Altertums* vorzulesen. Danach steckt Friedell das Manuskript in ein großes Kuvert, zusammen mit seiner unveröffentlichten Erzählung *Die Reise mit der Zeitmaschine*, um es in Hermas Obhut zu geben. Schweigend, wohl rauchend, trinkend, geht er auf und ab. Plötzlich soll er, in einem Anflug von Verzweiflung, seinen Kopf in Hermas Schoß geborgen und mit gequälter Stimme gebeten haben, man möge ihm doch helfen! Erst im Morgengrauen kann Herma ihn überreden, sich schlafen zu legen.

Seit Tagen hat er nichts gegessen, am Mittag dieses 16. März nimmt er ein wenig Suppe zu sich. Am Abend erscheinen Zeemann und Schneider, zudem Franz Theodor Csokor. Schneider soll Friedell angeboten haben, ihn in München bei Freunden unterzubringen. Friedell winkt ab. Als die Besucher aufbrechen, begleitet Friedell sie zur Tür. Auf dem Treppenabsatz umarmt Csokor den Freund noch einmal.

Gegen 22 Uhr an diesem 16. März, Friedell hat sich im Hausmantel auf den Diwan gelegt, klingelt es an der Tür. Herma Kotab öffnet. Zwei junge Burschen in SA-Uniform. Sie wollen wissen, ob «da der Jud Friedell» wohnt. Herma: «Wenn Sie Herrn Dr. Friedell meinen, der wohnt hier.» Hermine, die schon zu Bett gegangen war, kommt aus ihrem Zimmer, sieht die Männer und schreit.

Plötzlich steht Friedell in der Tür seiner Bibliothek, die auf den Wohnungsflur hinausgeht. Er steht, von Tür zu Tür, den SA-Männern gegenüber und verlangt eine Erklärung. In diesem Moment kommt «Ferry» Kotab, Hermas Mann, die steile Haustreppe heraufgehetzt. Die beiden Männer drehen sich um.

Friedell nutzt diesen Augenblick, die Bibliothekstür hinter sich zu schließen. Er eilt ins angrenzende Schlafzimmer, zieht die Jalousie des Fensters neben seinem Waschtisch hoch, rollt säuberlich den Gurt auf. Das Fenster liegt auf der Seite der Semperstraße.

In derselben Sekunde kommt eine Frau aus einem der Nachbarhäuser die Straße entlang. Sie sieht, wie sie später angibt, Friedell über dem Fensterbrett erscheinen. Höflich habe er einen anderen Passanten gebeten, zur Seite zu treten.

So muss die Perspektive der entsetzten Passanten gewesen sein, die Augenzeugen von Friedells Sprung aus einem Fenster seines Schlafzimmers im dritten Stock der Gentzgasse 7 waren.

3. Nachspiele

Die SA-Männer und Franz Kotab eilen nach unten und tragen den Leichnam, der, wie berichtet wird, nur eine Schramme am Kopf aufweist, in den Hausflur. Ein Notarzt eilt herbei, wenig später trifft Dr. Pollak ein. Nachdem er die Leiche untersucht hat, äußert er gegenüber Hermine, mit größter Wahrscheinlichkeit sei der Tod bereits im Sturz durch Herzversagen eingetreten. Dennoch wird am nächsten Tag – der Tote wurde noch in der Nacht in die Leichenhalle des jüdischen Friedhofs am nahegelegenen Währinger Park gebracht – nach einer Verfügung Friedells ein Herzstich vorgenommen.

Dann erscheint die Traueranzeige: «Vom tiefsten Schmerz gebeugt geben die Unterzeichner allen teilnehmenden Freunden die traurige Nachricht von dem Hinscheiden ihres innigst geliebten, unvergeßlichen Onkels und Schwagers, Dr. phil. Egon Friedell, welcher Mittwoch, den 16. März 1938, im 61. Jahre, aus dem Leben geschieden ist.»[96] Unterzeichnet haben als Erstes die Witwe von Friedells Bruder Oskar und deren Sohn Hans, ein Schauspieler, Hermine und Herma und Franz Kotab. Fünf Tage später, am 21. März, findet die Beerdigung im evangelischen Teil des Zentralfriedhofs statt, Tor IV, Gruppe 9, Reihe 1, Nr. 29. Eine Handvoll Trauergäste umsteht das Grab des Berühmten, die «Familie», Walther Schneider. Davon abgesehen, dass die Teilnahme an dieser Trauerfeier gefährlich war, waren die meisten von Friedells Freunden und Kollegen zerstreut, verhaftet oder auf der Flucht.

Auch Lina Loos kam nicht – sie hatte 1914, nach dem Tode ihres Verlobten, beschlossen, Beerdigungen zu meiden. Dorothea Zeemann kam zu spät, «weil ein Aufmarsch die Straßenbahn aufhielt». Als sie vor dem offenen Grab steht, wirft sie einen Strauß Veilchen hinein.[97] Friedells Tod wird in europäischen Zeitungen und in New York gemeldet.

Zwei Tage nach dem Begräbnis wird der Totenschein ausgestellt: Friedel mit einem «l», «Selbstmord durch Fenstersturz».

Danach versammeln sich in Friedells Arbeitszimmer Hermine Schimann, Herma Kotab, die Witwe seines Bruders und deren Sohn. Ein Notar, Dr. Hartmann, nimmt die Testamentseröffnung vor, Friedell vermacht seinen gesamten Besitz Hermine. Die Verwandten gehen leer aus. Wenige Monate später erwirkt Friedells Neffe, ihm war, wie Dr. Pollak, die Flucht nach New York gelungen, beim New Yorker Verlag der *Kulturgeschichte der Neuzeit* als rechtmäßiger Erbe anerkannt zu werden, so dass die Tantiemen nun an ihn ausbezahlt werden. Sein nach dem Zweiten Weltkrieg unternommener Versuch, das Testament anzufechten, indem er das Gerücht aufbrachte, Friedell sei vor seinem Sturz in den Hals geschossen worden und Herma trage Mitschuld an diesem Mord, bleibt erfolglos.[98]

Nach Friedells Tod übergibt Herma bei einem heimlichen Treffen das ihr anvertraute Kuvert mit den beiden Manuskripten Erwin Goldarbeiter, einem ehemaligen Vertrauten Max Reinhardts, der in den letzten Jahren Friedell bei der Abwicklung seiner Verlagsangelegenheiten behilflich war. Das Manuskript des zweiten Bands der *Kulturgeschichte des Altertums*, «Hellas und Rom», gelangt auf abenteuerlichen Wegen nach Oslo, wo das Buch 1940 erscheint. Die *Reise mit der Zeitmaschine. Phantastische Novelle* erscheint 1946 im Piper Verlag, München.[99]

Hermine und die Familie Kotab wohnen weiterhin in der Gentzgasse. Das Haus in Kufstein wird zwei Monate nach Friedells Tod von der örtlichen SS beschlagnahmt, «in Verwaltung genommen», wie es in

Egon Friedell: Totenmaske

der Mitteilung des SS-Sturmbanns II/8 hieß.[100] Nach Monaten, in denen Hermine Schimann, unterstützt von dem Kufsteiner Notar Albert Schließer, vergebens Eingaben und Gesuche an die einschlägigen Behörden gerichtet hatte, an den «SS-Oberabschnitt Oesterreich, Wien I», an die Gestapo Innsbruck, an den «Reichskommissar und Gauleiter Josef Bürckel, Wien I» sowie an die «Bezirkshauptmannschaft Kufstein», wird Friedells Haus wieder freigegeben, am Ende nur, weil Hermine den «Ariernachweis» erbringen konnte. [101]

1940 stirbt Hermine Schimann an Krebs. Franz Kotab ist an der Front, Herma lebt mit den Kindern Annemarie und Paul allein in der Wohnung in Wien. Nach dem Krieg wird sie als ehemaliges Parteimitglied aus der Wohnung, die bei einem Bombenangriff beschädigt worden war, ausgewiesen. Sie zieht sich nach Kufstein zurück. Bevor die neue Mieterin, mutmaßlich die Freundin eines Sowjet-Offiziers, einzieht, wird die Wohnung geplündert. Dennoch gelingt es Herma, die

1948 nach Wien reist, um sich von Franz Kotab scheiden zu lassen, Teile des Nachlasses und der stark in Mitleidenschaft gezogenen Bibliothek zu retten.[102] Auch Walther Schneider hatte etliches an Büchern und Unterlagen an sich genommen, in der Not der Nachkriegsjahre verkaufen er und Herma immer wieder Manuskripte, Briefe, Autographen daraus.

Am 6. Juni 1950 stirbt Lina Loos, «nach schwerer Krankheit».[103] Ihren Nachlass erbt ihre «beste Freundin», die Zeichnerin und Fotografin Le Rüther, die, bald in finanzielle Schwierigkeiten geraten, das Meiste davon einem Antiquar überlässt, darunter einen Großteil der Briefe Friedells. [104]

Ein Jahr nach Friedells Tod, am 11. März 1939, erschien in der Pariser Emigrantenzeitung «Die Österreichische Post» ein mit «Egon Friedell» betitelter Nachruf Alfred Polgars. Darin heißt es: «Es gab kein großes Abschiednehmen von diesem Schriftsteller, Philosophen, Satiriker, der des freiesten, hellsten Geistes voll war. Sein Schatten verschwand sehr rasch im dichten Schattenzug der Märzgefallenen 1938, aber ihn wird heraufbeschwören müssen, wer ein Bild des geistigen Österreich wird zeichnen wollen, wie es im ersten Drittel unseres Jahrhunderts, mit vielen feinen Facetten funkelnd, sich offenbarte.»[105]

Dank

Wie immer gilt es als erstes, derjenigen zu gedenken, die Jahre und Jahrzehnte eines langen Forscherlebens einem einzigen Gegenstand widmen und deren Arbeit dem Biographen unverzichtbar ist. Dies gilt im vorliegenden Falle für Heribert Illig, der in akribischer Kleinarbeit sämtliche verfügbaren journalistischen und essayistischen Arbeiten Friedells sowie dessen Auftritte als Schauspieler, Kabarettist und Vortragender gesichtet, erhoben und aufgelistet hat. Ohne diese Arbeit und die Herausgabe zahlreicher wichtiger Zeitungsbeiträge Friedells und seiner mit Alfred Polgar verfassten Sketche und Einakter wäre es unmöglich, Friedells scheinbar disparate Schriften und seine Theaterarbeit als gedanklich und ästhetisch zusammenhängendes Werk zu beschreiben.

Darüberhinaus gilt mein erster Dank Mag. Werner Rotter, der im Literaturarchiv der Österreichischen Nationalbibliothek den Teilnachlass Egon Friedells verwaltet und mir in zahlreichen Gesprächen wertvolle Hinweise zu Friedells Lebensart und Charakter gegeben hat, mir für Fragen jederzeit zur Verfügung stand und mir schließlich vorab seinen Beitrag zu der im März in der Österreichischen Nationalbibliothek in Wien stattfindenden Ausstellung *Nacht über Österreich* anlässlich des 75. Jahrestags der Annexion überlassen hat. Außerdem danke ich den Mitarbeitern des Literaturarchivs, Mag. Andrea Hipfinger und Mag. Martin Wedel, sowie den Bibliothekaren und Bibliothekarinnen der Wien Bibliothek im Rathaus und des Deutschen Literaturarchivs in Marbach für ihre rasche und kundige Unterstützung. Und ebenso sei Dr. Ulrich Weinzierl gedankt, der mich nicht zuletzt auf das Lokal in Alfred Polgars ehemaligem Wohnhaus hinwies. Nicht vergessen will ich auch das Café Prückl in Wien, dessen anheimelnd gelassene, damals noch durch keinerlei Rauchverbot getrübte Atmosphäre die Erinnerung an die hohe Zeit des Kaffeehauses entschieden beflügelt.

Abermals gilt mein besonderer Dank Prof. Dr. Rolf Schieder von der Theologischen Fakultät der Humboldt-Universität zu Berlin für die theologische Beratung, insbesondere auch in der Frage nach Friedells Konversion und dessen Haltung dem Judentum gegenüber.

Zu Dank bin ich auch Dr. Andrea Hemminger für ihr sorgfältiges

Lektorat verpflichtet, nicht weniger Dr. Tamara Al Oudat für ihre aufmerksame Korrektur. Dank gebührt zumal auch Dr. Raimund Bezold vom Verlag C.H.Beck, der auch dieses Projekt mit Interesse und Umsicht begleitet hat – und Rosemarie Mayr, die mir bei der Beschaffung der Bilder und der Bearbeitung der Druckfahnen wieder unverzichtbare Dienste leistete.

Zudem danke ich auf das herzlichste Dr. Andreas Rötzer vom Verlag Matthes & Seitz Berlin, der mir das noch unveröffentlichte Manuskript der Wiener Wissenschaftshistorikerin Christina Wessely über Hanns Hörbigers «Glacialkosmogonie» überließ, das im Frühjahr 2013 erscheinen wird. Dem Schulleiter der Modellschule Obersberg in Bad Hersfeld, Karsten Backhaus, sei für seine Auskünfte nicht weniger gedankt als Dr. Michael Fleck für seinen hilfreichen Beitrag zur Geschichte des ehemaligen Königlich Preußischen Gymnasiums Hersfeld. Dem Historiker Arnulf Moser verdanke ich die rasche Bewältigung einiger graphologischer Hürden in Friedells Original-Briefen.

Und endlich gilt meine stete Dankbarkeit meiner Frau Maria-Luise, in deren bewährt streitbarer Diskussionslust sich die Argumente schärfen.

Doch mein letzter und damit, nach neutestamentlicher Auffassung, eigentlich erster Dank gilt natürlich meinen Agenten Johan de Blank, dessen Unerschütterlichkeit sich in angespannten Lagen stets bewährt und auf dessen Charlottenburger Balkon es sich im Sommer vortrefflich arbeiten ließ.

Anmerkungen

Einleitung

1 KgN, S. 1513 u. 1493.
2 KgN, S. 1513.
3 KgN, S. 44.
4 Vgl. auch Varnedoe, *Wien 1900*, S. 36 f.
5 Le Rider, *Kein Tag ohne Schreiben*, S. 13.
6 Ebd.
7 Zweig, *Die Welt von Gestern*, S. 40.
8 Le Rider, *Schreiben*, S. 14; vgl. auch Kratzer: «Das ‹Weib› ist zum irritierenden Faktor geworden, der die gesellschaftliche Ordnung bedroht. Denn die ‹höheren Töchter› haben es satt, von umfassender Bildung und Ausbildung ausgeschlossen zu sein.» (S. 8).
9 Gay, *Freud*, S. 26–31, Zitat S. 26; außerdem die übersichtlichen Darstellungen von Vocelka (S. 87–91) und Hamann, *Österreich*, S. 103–115, ausführlicher Hamann, *Wien.*
10 So Eva Gesine Baur in *Freuds Wien*, S. 82.
11 Weininger, S. 443.
12 Schorske, *Wien*, S. 190.
13 KgN, S. 1518.
14 Brief vom 28. April 1885, in: *Briefe*, S. 144 f.
15 Brief vom 31. Mai 1936, in: *Briefe*, S. 445; vgl. auch Gay, *Freud*, S. 1 f.

I. Kindheit und Jugend

1 Die Zitate und Gedanken Egon Friedmanns und des Lehrers sind, an manchen Stellen dem Zusammenhang entsprechend modifiziert, entnommen: Friedell: *Goethe*, in: Gus, S. 9–20, u.: KgN, S. 875–877. Die Noten finden sich im «Abgangs-Zeugnis» des Städtischen Gymnasiums zu Frankfurt am Main, 2. März 1894, in: Dencker, S. 26.
2 So das «Abgangs-Zeugnis» v. 2. März 1894, in: Dencker, S. 26.
3 Schreiben Reinhardts an das «Prov.-Schul-Kolleg» zu Kassel v. 23. Februar 1894, in: Dencker, S. 24.
4 «Abgangs-Zeugnis» des Städtischen Gymnasiums zu Frankfurt am Main, 2. März 1894, in: Dencker, S. 26.
5 Horoskop für Egon Friedell v. 10. November 1933, Typoskript, in: Literaturarchiv der Österreichischen Nationalbibliothek, Wien (LIT), Teilnachlass Egon Friedell, Sign.: ÖLA 233/W1- W42; 233 B1 - B30; 233/L1-D – L17 G; 233/S1-D – S95, S. 3.
6 Kershaw, Bd. 1, S. 547–551.
7 Zit. nach ebd., S. 548.

8 Ebd., S. 547 f. u. 577.
9 Vgl. Kershaw, Bd. 1, S. 279–330.
10 Horoskop für Egon Friedell v. 10. November 1933, Typoskript, in:Teilnachlass Egon Friedell, LIT S. 3 ff.
11 In *Ecce Poeta*, S. 37.
12 Goethe, *Dichtung und Wahrheit*, Münchner Ausgabe, Bd. 16, S. 13.
13 Vgl. Stern, S. 28.
14 Gay, *Freud*, S. 28.
15 Kriegleder, S. 330.
16 Gay, *Freud*, S. 28 ff.; vgl. auch Hamann, *Österreich*, S. 105.
17 Stern, S. 28.
18 Ebd.
19 Spiel, S. 81.
20 Spiel, S. 9.
21 Hamann, *Österreich*, S. 103.
22 Spiel, S. 24. Zum psychologischen Zusammenhang der Niederlage von Königgrätz und der bis zu den 1930er Jahren andauernden Kulturblüte vgl. ebd., das Kapitel «Die Früchte der Niederlagen», S. 7–24.
23 Hamann, *Österreich*, S. 110; Schönerer zit. nach ebd.
24 Hamann, *Österreich*, S. 103.
25 Gay, *Freud*, S. 29.
26 Hamann, *Österreich*, S. 104.
27 Wie Schnitzler in *Jugend in Wien*, S. 17, berichtet.
28 Gay, *Freud*, S. 28.
29 Hamann, *Österreich*, S. 104.
30 Gay, *Freud*, S. 29.
31 Brief v. 18. September 1872, in: *Selbstdarstellung*, S. 107 f.
32 Schnitzler, *Jugend*, S. 77.
33 Baur, S. 20; vgl. auch Gay, *Freud*, S. 22.
34 Schnitzler, *Jugend*, S. 138.
35 Zuckmayer, S. 160.
36 Ebd., 161.
37 Gay, *Schnitzler*, S. 299.
38 Egon Friedmann hat in diesem Brief nur Ort und Wochentag angegeben: «Wien, Montag – Liebe Tante!». Aus dem Inhalt geht aber hervor, es müsse Weihnachten, also der 24. Dezember, gewesen sein, wahrscheinlich 1892, in: Teilnachlass Egon Friedell, LIT.
39 Brief v. mutmaßlich 24. Dezember 1892, in: Teilnachlass Egon Friedell, LIT.
40 Ebd.
41 Ebd.
42 Undatierter Brief aus dem Jahr 1899 (in: Schneider, *Aphorismen und Briefe*, S. 139).
43 Urkunde im Teilnachlass Friedells in: Teilnachlass Egon Friedell, LIT.
44 Friedell, *Das Büchlein vom vollkommenen Leben*, in: AG, S. 208–213, hier S. 210 f. u. 212.
45 KgN, S. 679.
46 Undatierter Brief aus dem Jahr 1899, in: Schneider, *Aphorismen und Briefe*, S. 139 f.
47 Dencker, S. 62, dort auch das Zitat.
48 Zit. nach Scheipl/Seel, S. 54.

49 Vocelka, S. 84; vgl. auch Hamann, *Österreich*, S. 79.
50 Scheipl/Seel, S. 54.
51 Vgl. Vocelka, S. 77.
52 Scheipl/Seel, S. 55.
53 Nipperdey, *Geschichte 1800–1866*, S. 451.
54 Vgl. Scheipl/Seel, S. 11–19.
55 Vgl. Nipperdey, *Geschichte 1800–1866*, S. 451.
56 Grossmann/Wimmer, *Schule und politische Bildung 1*, Klagenfurt 1977, hier zit. nach: Scheipl/Seel, S. 57.
57 Zit. nach Scheipl/Seel, S. 56.
58 Scheipl/Seel, S. 56.
59 Ebd.
60 Ebd., S. 58.
61 Karl Vocelka, *Verfassung oder Konkordat?* Wien 1978, hier zit. nach: Scheipl/Seel, S. 58.
62 Eder, *Der Liberalismus in Altösterreich*, Wien 1955, hier zit. nach: Scheipl/Seel, S. 59.
63 Zit. nach Scheipl/Seel, S. 58.
64 Nipperdey, *Geschichte 1800–1866*, S. 464.
65 So legt es §3 des «Reichsvolksschulgesetzes» fest; zit. nach Scheipl/Seel, S. 58 f.
66 Scheipl/Seel, S. 59.
67 Ebd., S. 58.
68 «Schulnachricht» des Schuljahrs 1886/87, Klasse 4a, in: Teilnachlass Egon Friedell, LIT.
69 Vgl. Dencker, S. 13 u. Abschrift seiner Jugendbriefe: *Egon Friedell: Briefe aus der Schulzeit*, I, in: Teilnachlass Egon Friedell, LIT.
70 Friedell: undatierter Brief an Olga Gumpf (LIT); dass er ihn wahrscheinlich am Beginn seines Besuchs am Badener Gymnasium schrieb, lässt sich aus einer Bemerkung über den Kurort schließen: «Doch glaube ich, daß es mir hier ganz gut gehen wird. Die Saison ist ja hier gerade in den Sommermonaten.»
71 So das Resümee der Zeit zwischen April 1892 u. September 1893, in: Dencker, S. 16.
72 Egon Friedmann: *Kurfürst Moritz von Sachsen*, Aufsatz in Geschichte v. Frühjahr 1893, zit. nach: Dencker, S. 18.
73 Ebd., S. 19.
74 E. Friedmann: «Cyrus der Jüngere», Aufsatz in Geschichte v. 15. September 1893, zit. nach: Dencker, S. 19–23.
75 Ebd., S. 23.
76 Jünger, *Autorschaft*, S. 7.
77 Friedell: *Der Lausbub*, NWJ v. 31.5.1914, unter dem Titel *Büberei* wieder in: WT, S. 238–243.
78 Brief an Marie Gabriel v. 2. April 1894, in: Teilnachlass Egon Friedell, LIT.
79 Brief an Emanuel Kohn, v. 2. April 1894, in: Teilnachlass Egon Friedell, LIT.
80 Brief an Rettich v. 3. April 1894, in: Teilnachlass Egon Friedell, LIT.
81 Ebd.
82 Brief an Marie Gabriel v. 2. April 1894, in: Teilnachlass Egon Friedell, LIT.
83 Ebd.
84 Brief an Rettich v. 3. April 1894, in: Teilnachlass Egon Friedell, LIT.
85 So auch Werner Rotter, der Friedells Nachlass am Literaturarchiv der Öster-

reichischen Nationalbibliothek betreut, in einem Gespräch vom 27. Oktober 2011.

86 Brief an Rettich v. Nachmittag, 3. April 1894, in: Teilnachlass Egon Friedell, LIT.

87 Vgl. Haage, *Partylöwe*, S. 46.

88 So Egon Friedmann in seinem Schreiben an das Vormundschaftsgericht in Wien, in: Teilnachlass Egon Friedell, LIT.

89 Ebd.

90 So Ruff in einer Beurteilung Egon Friedmanns v. 22. Mai 1897, in: Teilnachlass Egon Friedell, LIT.

91 Egon Friedmann in seiner Petition an das Vormundschaftsgericht in Wien, in: Teilnachlass Egon Friedell, LIT.

92 Vermerke der Vormünder auf den ihnen zugegangenen Abschriften von Friedells Petition an das Vormundschaftsgericht in Wien, in: Teilnachlass Egon Friedell, LIT.

93 Zur Schulgeschichte vgl. Fleck, Vortrag v. Dezember 2009, Privatdruck, sowie ders.: Vortrag zur Schulgeschichte v. 2012, Typoskript.

94 Zit. nach ebd., S. 15 f.

95 Nietzsche, *Unzeitgemäße Betrachtungen*, *Erstes Stück*, S. 159 und 198.

96 Die folgenden Zitate aus den Prüfungsprotokollen, die im Archiv der heutigen Modellschule Bad Hersfeld, dem Nachfolger des Königlich Preußischen Gymnasiums, lagern.

97 So der damalige Jahresbericht, hier zit. nach: *Klosterbote*, S. 3.

98 «Gymnasialreform»,in: SZ, S. 21.

99 KgN, S. 1362, vgl. auch SZ, S. 26.

II. Erziehung im Kaffeehaus

1 Wie eine Wahlhelferin, Vertraute und spätere Geliebte, die Gesellschaftsmalerin Marianne Beskiba, in ihren Erinnerungen berichtet: *Lueger*, S. 11.

2 Ebd., S. 18.

3 Vocelka, S. 77.

4 Vgl. Beskiba, *Lueger*, S. 18.

5 Ebd., S. 7.

6 Ebd., S. 1.

7 Ebd., S. VII.

8 Ebd., S. 4 u. 18.

9 Ebd., S. 24.

10 Vgl. Hamann, *Österreich*, S. 113.

11 Beskiba, *Lueger*, S. 51.

12 Zit. nach Hamann, *Österreich*, S. 114.

13 Zit. nach Vocelka, S. 90.

14 Vgl. ebd.

15 Vgl. Lorenz, S. 34.

16 Vocelka, S. 88.

17 So Hilde Spiel in ihrer Betrachtung zum «Kaffeehaus als Weltanschauung», in: *Der Aquädukt* 1963, S. 188.

18 Vgl. Lorenz, S. 36 f.

19 Zuckerkandl, *Erinnerungen,* S. 11 f.; diesem Bericht sind auch die oben zitierten Sätze Hermann Bahrs entnommen.
20 Ebd., S. 13.
21 Dialog aus Schnitzler: «Gespräch in der Kaffeehausecke», in: ders., *Sterben,* S. 113.
22 Schnitzler, Tagebucheintrag v. 2. April 1890, in: *Tagebuch 1879–1892.*
23 So ein Zeitzeuge, der Musikkritiker Max Graf in seinen Erinnerungen «Der junge Alfred Polgar», S. 156 ff.
24 Schnitzler, *Die drei Elixiere,* in: *Sterben,* S. 118–123, hier S. 118 u. 121 f.
25 Max Graf, S. 156 ff.
26 Spiel, *Untergang,* S. 82.
27 Wunberg, *Bahr,* S. VIII.
28 Schnitzler, Tagebuch v. 27. Oktober 1879, in: *Tagebuch 1879–1892.*
29 Spiel, *Untergang,* S. 82.
30 Bahr, «Ibsen», in: *Überwindung,* S. 8.
31 Ebd., S. 9.
32 Vgl. auch Lorenz, S. 47.
33 Ebd. S. 12.
34 Bahr, *Überwindung,* S. 17.
35 Ebd., S. 14.
36 Vgl. Sprengel/Streim, *Moderne,* S. 71.
37 Bahr, «Überwindung», in: *Überwindung,* S. 85.
38 Friedell, «Hermann Bahrs Katholizismus», in: AG, S. 183 f.
39 Spiel, *Untergang,* S. 82.
40 Ebd.
41 Vgl. Illig, *Schriftspieler,* S. 140 u. 142.
42 Spiel, *Untergang,* S. 92.
43 Salten, *Mutzenbacher,* S. 19.
44 So überliefert von: Markus, *Karl Farkas,* S. 15.
45 Zit. nach: Markus, ebd., S. 15 f.
46 v. Hofmannsthal, *Sämtliche Werke I, Gedichte I,* S. 54. Das Gedicht mit dem Titel *Manche freilich* hatte Hofmannsthal am 7. Februar 1896 an Stefan George gesandt, den er als Dichter bewunderte, mit dem er persönlich allerdings nicht zurande kam (vgl. Karlauf, *Stefan George,* S. 9–27). Es erschien im März 1896 in Georges «Blätter für die Kunst», Dritte Folge, Zweiter Band, S. 39. Bemerkenswert, wenn auch den Sinn wohl ein wenig reduzierend, ist Schorskes sozialethische Interpretation, das Gedicht rufe «zu einer stärkeren sozialen Verantwortung» auf (Schorske, S. 296).
47 Schnitzler, Tagebucheintrag v. 27.3.1891, in: *Tagebuch 1879–1892,* S. 321.
48 Vgl. Farese, S. 48.
49 Vgl. Spiel, *Untergang,* S. 83.
50 Ebd., S. 105.
51 Ebd., S. 105.
52 Zit. nach Spiel, *Untergang,* S. 106; in gleicher Art äußerte sich Karl Kraus bald darauf in *Die demolirte Litteratur,* wenn er gegen «die französierende Art» polemisierte, zu der sich «ein Herr aus Linz», also Hermann Bahr, berufen fühle, dessen Worte in «blasierte Behaglichkeit» gekleidet seien (S. 6–11).
53 Kraus, *Litteratur,* S. 13.
54 Zit. nach ebd.

55 Spiel, *Untergang*, S. 109.
56 So heißt es in den Erinnerungen des «skrupellosen Mäzens und feinsinnigen Wirtschaftsverbrechers» (Weinzierl, *Polgar*, S. 20) Richard Kola, einem Jugendfreund Alfred Polgars (*Rückblick ins Gestrige*, S. 54).
57 So beschreibt der mit Polgar befreundete Schriftsteller Stefan Großmann die Szenerie (*Ich war begeistert. Eine Lebensgeschichte*, S. 137).
58 Wie Weinzierl, *Polgar*, S. 19, vermutet.
59 Spiel, *Untergang*, S. 99.
60 Vgl. Weinzierl, *Polgar*, S. 29.
61 Spiel, *Untergang*, S. 99 u. 98 f.
62 Polgar, «Die großen Boulevards», in: *Fensterplatz*, S. 17 f.
63 Polgar, zit. nach Weinzierl: *Polgar*, S. 28.
64 Vgl. Weinzierl, *Polgar*, S. 48.
65 Polgar, «Peter Altenberg», in: *Kleine Schriften*, Bd. 4: *Literatur*, S. 16.
66 So berichtet Schnitzler in *Jugend in Wien*, S. 210–260.
67 Ebd., S. 210.
68 Bunzel, in: *Hansers Sozialgeschichte der deutschen Literatur*, S. 294 f.
69 Kraus, *Litteratur*, S. 3.
70 Ebd., S. 3 f.
71 Ebd., S. 26.
72 Ebd., S. 18.
73 Ebd., S. 29.
74 Ebd., S. 18.
75 Ebd., S. 13.
76 Ebd., S. 31.
77 Schnitzler, Tagebucheintrag v. 1. Dezember 1896, in: *Tagebuch 1893–1902*, S. 227.
78 Schnitzler, Tagebucheintrag v. 15. Dezember 1896 in: *Tagebuch 1893–1902*, S. 229.
79 Kraus, *Litteratur*, S. 37.
80 Polgar, «Theorie des ‹Café Central›», in: *Fensterplatz*, S. 7–12. hier: S. 7–9.
81 Wie Hilde Spiel in «Das Kaffeehaus als Weltanschauung» befindet, in: *Der Aquädukt*, S. 177.
82 Polgar, «Peter Altenberg», in: *Fensterplatz*, S. 206.
83 So der Altenberg-Biograph Andrew Barker in: *Killy Literaturlexikon*, Bd. 1, S. 104.
84 Pammesberger, *Narr*, S. 1 f. u. Anm. 2.
85 Altenberg, zit. nach Spiel, *Untergang*, S. 57.
86 So Barker, in: *Killy Literaturlexikon*, Bd. 1, S. 104.
87 Hauptmann zit. nach Barker, in: *Killy Literaturlexikon*, Bd. 1, S. 104; Thomas Mann: Brief vom 22. August 1920, in: Friedell, *Briefe*, S. 122–127, hier S. 125.
88 Vgl. Schwaner, *Kaffeehaus*, S. 73.
89 So Marie, verheiratete Mauthner, im Vorwort zu dem 1930 erschienenen Altenberg-Buch *Nachlese*; wieder in: Lunzer/Lunzer-Talos, *Extracte*, S. 36.
90 Marie Mauthner, in: Lunzer/Lunzer-Talos, *Extracte*, S. 36.
91 Lunzer/Lunzer-Talos, *Extracte*, S. 37.
92 Ebd., S. 64.
93 Nipperdey, *Deutsche Geschichte 1866–1918*, Bd. I, S. 679.
94 Kuh, «Paralegomina zu Peter Altenberg», in: ders., *Luftlinien*, S. 459–464, hier: S. 463 (ursprüngl. in: *Der unsterbliche Österreicher*, München 1931).
95 Mühsam: *Seine Methode*, zit. nach: Barker/Lensing, S. 336.

96 Polgar, «Peter Altenberg», in: ders., *Fensterplatz*, S. 206–208, hier: S. 207.
97 Vgl. den pointierten Überblick von Lorenz, S. 36 f.; dort auch der Verweis auf Nietzsche.
98 Nietzsche, *Wagner*, S. 27.
99 Friedell, «Peter Altenberg. Zu seinem fünfzigsten Geburtstag», in: AG, S. 56–66, hier: S. 57.
100 So noch einmal Kuh, in: «Paralegomina zu Peter Altenberg», in: ders., *Luftlinien*, S. 459–464, hier: S. 460.
101 Altenberg, *Geleit*, zit. nach: Barker/Lensing, S. 44.
102 Friedell, AG, S. 61.
103 Baur, *Wien*, S. 101.
104 Salomé, *Lebensrückblick* , S. 106 f.; vgl. auch Hülsemann, S. 298 f.
105 Hofmannsthal, in: Friedell, AB, S. 155.
106 Loos, in: Friedell, AB, S. 366.
107 Ewers, zit. nach: Barker/Lensing, S. 31.
108 Friedell, *Peter Altenberg*, in: AG, S. 61.
109 Zit. nach Barker/Lensing, S. 29.
110 Altenberg, undatierter Brief, vermutlich v. 11. November 1903, zit., nach Barker/Lensing, S. 261 f.
111 Ebd., S. 28.
112 Polgar, «Theorie des ‹Café Central›», in: *Fensterplatz*, S. 7–12, hier: S. 11.
113 Schnitzler, Brief v. 29. Juli 1892, in: Hofmannsthal-Schnitzler, *Briefwechsel*, S. 25.
114 Eintrag v. 2. Juni 1898, in: Schnitzler, *Tagebuch 1893–1902*, S. 286.
115 Eintrag v. 10. Februar 1906, in: Schnitzler, *Tagebuch 1903–1908*, S. 184. Überhaupt hat sich Schnitzler über Polgar, den er für talentiert, aber für ressentimentgeladen und gleißnerisch hielt (vgl. auch Weinzierl, *Polgar*, S. 44–53), wie auch über Großmann oftmals wenig freundlich geäußert. Mehr als einmal notiert er, «wie zuwider sie mir sind» (Tagebucheintrag v. 28.11.1910, in: *Tagebuch 1909–1912*, S. 197). Im Zusammenhang mit dessen Nekrolog auf Peter Altenberg äußert sich Schnitzler zu Polgar so: «Was für kläglicher Geselle.» Ein andermal nennt er Polgar, der seine Stücke meist abschätzig bespricht, «unbeherrscht neiderfüllt» (Tagebucheintrag vom 24.12.1918, in: *Tagebuch 1917–1919*, S. 211), und nachdem er in Polgars frühem Erzählband *Der Quell des Übels* (1908) gelesen hatte, vermerkt er: «Man versteht manches. Die bohrende Intelligenz – und totaler Mangel an Gestaltungskraft ...» (Tagebucheintrag v. 12.7.1912, in: *Tagebuch 1909–1912*, S. 343) In seiner Tragikomödie *Das Wort* lässt er Polgar unter dem vielsagenden Namen Gleissner auftreten.
116 Lorenz, S. 30.
117 Bunzel, S. 297 f., vgl. auch S. 289.
118 Ebd., S. 298.

III. Der geformte Friedell oder die Geburt des Ichs aus dem Geist der Romantik

1 Die folgenden Beschreibungen der Wohnung Friedells sind dem Lageplan und der Liste der Einrichtungsgegenstände entnommen, die die Enkelin von Friedells späterer Haushälterin, Annemarie Kotab, im Nachlass Friedells hinterlassen hat. (Teilnachlass Friedell, LIT).

2 Zuckerkandl, S. 96.
3 Novalis, *Fragmente und Studien bis 1797*, in: Werke, S. 304; Fichte zit. n. KgN, S. 90 u. KgN, S. 909.
4 Ebd., S. 294.
5 *Novalis*, S. 55. Innerhofer bemerkt, ein großer Teil bestehe aus «Kryptozitaten» (Innerhofer, in: *Komik*, S. 179). Heute würde man das Plagiat nennen und Friedell den Doktortitel aberkennen.
6 Gutachten aus dem Jahr 1930, in: AB, S. 138.
7 Der Brief an den Vermögensverwalter ist undatiert, Friedell muss ihn aber aufgrund der Angaben im Frühjahr 1899 geschrieben haben. In: AB, S. 139.
8 Vgl. Höffe, S. 261.
9 KgN, S. 1225.
10 KgN, S. 1226.
11 KgN, S. 1226.
12 Höffe, S. 261.
13 KgN, S. 764.
14 KgN, S. 763.
15 KgN, S. 762 f.
16 Vgl. auch Haage, *Partylöwe*: Friedell habe durch Fichte die Möglichkeit gesehen, sich selbst nicht mehr «als Abfallprodukt einer Familientragödie zu sehen». (S. 47).
17 Safranski, *Romantik*, S. 73.
18 KgN, S. 908 f.
19 KgN, S. 910; über Fichte hatte Friedell bereits am 9. April 1922 in einem im *Neuen Wiener Journal* erschienenen Artikel geschrieben, den er wörtlich in seine Fichte-Betrachtung in der KgN übernimmt (Nachdruck in SZ, S. 130–136). Von Friedells virtuos gehandhabter Methode der Zweit- und Drittverwertung wird noch die Rede sein.
20 Brief Schillers an Goethe v. 28. Oktober 1794, zit. nach: Safranski, *Romantik*, S. 79.
21 Vgl. hierzu Safranski, *Romantik*, S. 70–88, insb. S. 73–80.
22 Vgl. KgN, S. 342–347; Friedells Kritik betrifft dabei die Form des damaligen Papsttums, nicht die katholische Religion selbst (vgl. hierzu insb. KgN S. 137–140).
23 *Das Lebensrezept*, in: WT, S. 253–258, hier: S. 253 f. (erstmals in der Theaterzeitschrift *Das blaue Heft*, Berlin, v. 29. Mai 1921.
24 *Die entdeckte Frau*, in: AG, S. 233–237, hier S. 237 (erstmals in NWJ, 25. 11. 1917).
25 Altenberg, «So wurde ich», in: *Semmering* 1912, S. 35 f. (Erstdruck: *Die Fackel* v. 1.4.1913, Nr. 372).
26 Wie Anm. 5.
27 *Novalis*, S. 53.
28 Ebd., S. 53 f.
29 Das wird Friedell in seiner am 16. September 1917 im NWJ erschienenen Betrachtung «Hat Christus gelebt?» so erklären (in: AG, S. 229–233).
30 Novalis, «Blüthenstaub»-Fragmente, in: *Werke*, S. 329.
31 Friedrich Jodl, «Bericht über die Dissertation des Cand. Phil. Egon Friedmann, Novalis als Philosoph», in: Dencker, S. 59 f.; zu Friedells Studienfächern vgl. ebd., S. 58 f.
32 Vgl. Haage, *Partylöwe*, S. 24.
33 Vgl. Anm. 26.

34 Rilke in seinem Vortrag v. 5. März 1898, nach Erscheinen der zweiten Ausgabe von *Wie ich es sehe*, in: *Sämtliche Werke*, Bd. 5: Worpswede, Rodin, Aufsätze, Frankfurt a. M. 1965, S. 387 f. Zu Altenbergs zeitgerechter Mimesis der Flüchtigkeit vgl. auch Lorenz, S. 188–192.

35 Hamann, *Österreich*, S. 111.

36 Leopold Gratz, «Karl Lueger», in: *Österreichische Porträts. Leben und Werk bedeutender Persönlichkeiten von Maria Theresia bis Ingeborg Bachmann*, hrsg. v. Jochen Jung, Salzburg/Wien 1985, Bd. 1, S. 379.

37 Vgl. Hamann, *Österreich*, S. 96, 109 ff., u. Vocelka, S. 93 f.

38 Hamann, *Österreich*, S. 109, 116.

39 Vgl. ebd., S. 109 f.

40 Vgl. Vocelka, S. 78, 79 f., 89 f., u. Hamann, *Österreich*, S. 114 f.

41 Hamann, *Österreich*, S. 112.

42 Ebd.; zur Elektrifizierung der Straßenbahn in deutschen Städten vgl. z. B. *Propyläen Technikgeschichte. Netzwerke, Stahl und Strom 1840 bis 1914*, hrsg. v. Wolfgang König und Wolfhard Weber, Frankfurt am Main/Berlin 1990, S. 343–349.

43 Zweig, *Welt*, S. 85.

44 Polgar, *Fensterplatz*, S. 9.

45 Polgar, «Theorie des ‹Café Central›», in: *Fensterplatz*, S. 7 f.

46 Polgar, «Theorie des ‹Café Central›», in: *Fensterplatz*, S. 8.

47 Vgl. auch die Erinnerung Olga Schnitzlers, in: Lorenz, S. 184 f.

48 Polgar, «Peter Altenberg», in: *Fensterplatz*, S. 208.

49 Altenberg, Brief an Friedell aus dem Jahr 1905, Abschrift v. Annemarie Kotab in: Teilnachlass Egon Friedell, LIT.

50 Polgar, «Peter Altenberg», in: *Fensterplatz*, S. 207.

51 Hartleben, Brief v. 6. August 1902, Teilnachlass Egon Friedell, LIT.

52 Hartleben, Brief v. 9. März 1902, Teilnachlass Egon Friedell, LIT.

53 Hartleben, Brief v. 17. Dezember 1903, Teilnachlass Egon Friedell, LIT.

54 Hartleben, Brief v. 15. Januar 1902, Teilnachlass Egon Friedell, LIT.

55 Hartleben, Brief v. 29. August 1903, Teilnachlass Egon Friedell, LIT.

56 Hartleben, Brief v. Silvester 1902, Teilnachlass Egon Friedell, LIT.

57 Hartleben, Brief v. 7. August 1904, Teilnachlass Egon Friedell, LIT.

58 Lina Loos, *Buch*, S. 208.

59 AG, S. 233 f.

60 «Ea oder die Freundin bedeutender Männer» nennt Elisabeth Albertsen ihr «Porträt einer Wiener Kaffeehaus-Muse» (in: *Musil-Forum* 5 (1979), S. 21–37 und S. 135–153).

61 In: *Der Ruf*, Februar 1912, S. 42.

62 Lina Loos, *Buch*, S. 82.

63 So verzeichnet es Herma Kotab in dem tabellarischen Lebenslauf, den sie von Friedell erstellte (Teilnachlass Egon Friedell, LIT).

64 Vgl. Haage, *Partylöwe*, S. 17 f.

65 Zur Rolle der Frau und ihrem eingeschränkten Zugang zu intellektueller und künstlerischer Bildung und den gleichzeitigen Willen zum Aufbruch in die Eigenständigkeit vgl. Lisa Fischer, *Lina Loos*, S. 39–58. Zu den sich rasch erweiternden Möglichkeiten sozialer und beruflicher Tätigkeit vgl. das instruktive Kapitel «Frauen» in Nipperdey: *Deutsche Geschichte 1866–1918*, Bd. 1, S. 73–95, sowie in Hobsbawm, *Zeitalter*, das Kapitel «Die neue Frau», S. 243–274.

66 So Lina Loos in einem Brief an den mit ihr befreundeten Frauenarzt Dr. Gustav Grotte (11. März 1918) in: *Dame*, S. 123.
67 Vgl. Hamann, *Wien*, S. 529.
68 Vgl. ebd., S. 531–537.
69 Vgl. ebd., S. 529.
70 *Die entdeckte Frau*, in: AG, S. 233–237, hier S. 233 f.
71 In einem undatierten Brief (vermutlich v. 1913). Abschrift v. A. Kotab, Teilnachlass Egon Friedell, LIT.
72 Undatierter Brief, Abschrift v. A. Kotab, Teilnachlass Egon Friedell, LIT.
73 Walther Schneider, undatierter Brief an Annemarie Kotab, Teilnachlass Egon Friedell, LIT.
74 In einem undatierten, v. August 1937 stammenden Brief, in: *Du silberne Dame du*, S. 87 f., hier S. 88.
75 In seiner späten Abhandlung *Das Unbehagen in der Kultur*, S. 49.

IV. Die Welt ist die Bühne

1 Wie die vorherigen Zitate aus: Lina Loos, «Unsre Hochzeit», in: *Buch*, S. 82–84 u. 54.
2 Ebd., S. 96.
3 Ebd., S. 80.
4 Opel, in: *Buch*, S. 10; zu dieser Affäre vgl. auch Fischer, S. 96 f.
5 Vgl. Fischer, S. 96 f.
6 Opel, in: *Buch*, S. 10.
7 Altenberg, zit. nach Fischer, S. 96.
8 Lina Loos, S. 81.
9 Adolf Loos, Brief v. 16. Juli 1903, in: *Dame*, S. 22.
10 «Über Dilettantismus», AG, S. 266 u. 268 (ursprüngl. in NWJ v. 14. Juli 1918).
11 Vgl. Nipperdey, *Deutsche Geschichte 1866–1918*, Bd. I, S. 692–796.
12 Lina Loos, *Neues Wiener Tagblatt*, 14. August 1904, erneut in: *Buch*, S. 86–91, hier S. 86 f.
13 Adolf Loos, Brief v. 6. Oktober 1904, in: ebd., S. 31 f., hier 32.
14 Brief Altenberg v. 9. August 1906, in: *Dame*, S. 98.
15 Vgl. Opel, in: *Buch*, S. 11.
16 Adolf Loos, Brief v. Januar 1905, zit. nach Fischer, S. 103; Csokor, der Herausgeber der Briefsammlung *Du silberne Dame du*, hat Loos' «Mein Mädi» zu «Meine liebe Frau» geglättet (*Dame*, S. 33).
17 Opel, in: *Buch*, S. 11 f.
18 In: GW XI, S. 469 (= Gesammelte Werke in dreizehn Bänden, Frankfurt am Main 1974 u. 1990).
19 Selbstanzeige v. Wilhelm Bölsche, in: *Die Zukunft*, XIII. Jahrg., Nr. 14, S. 39 f.
20 Selbstanzeige v. Egon Friedell, in: *Die Zukunft*, XIII. Jahrg., Nr. 17, S. 148.
21 Zwischen 11. Dezember 1905 u. 31. Mai 1906, zu den einzelnen Daten vgl. Illig, *Schriftspieler*, S. 96 f.
22 Die folgenden Datumsangaben nach Illig, *Schriftspieler*, S. 96–152.
23 AG, S. 9.
24 AG, S. 16.

25 «Vorurteile», in: AG, S. 9–16, hier S. 9 (urspr. in: *Die Fackel*, v. 11. Dezember 1905, VII, Nr. 190, S. 4).
26 AG, S. 12.
27 So Haage, *Partylöwe*, S. 61.
28 Dokument v. Annemarie Kotab, Wohnungsplan, in: Teilnachlass Egon Friedell, LIT.
29 Vgl. z. B. Haage, *Partylöwe*, S. 14 u. 36.
30 «Der Panamahut», AG, S. 18–20.
31 Vgl. Illig, DS, S. 71–73.
32 DS, S. 13–22, hier S. 22.
33 Illig, DS, S. 235.
34 AG, S. 75–102, hier S. 79.
35 Ebd., S. 84 u. 96.
36 DS, S. 217–221, hier S. 217 f.
37 DS, S. 218 f.
38 DS, S. 219.
39 Kraus, zit. nach Rösler, S. 63 f.
40 Zuckerkandl, *Wiener Allgemeine Zeitung* v. 19. 11. 1901, zit. nach: Veigl, S. 17; zu Kolomann Moser vgl. ebd., S. 16.
41 DS, S. 219.
42 DS, S. 219 f.
43 Rösler, S. 64.
44 Ebd.
45 Vgl. Illig, *Schriftspieler*, S. 66 u. 193 u. Veigl, S. 26.
46 Vgl. Veigl, S. 26.
47 Vgl. ebd., S. 66.
48 Vgl. ebd.
49 Vgl. Rösler, S. 64 f. u. Illig, S. 66.
50 Altenberg, «Eröffnung des Cabaret ‹Nachtlicht›», zit. nach: Rösler, S. 76.
51 «Wie ich Regisseur war und was dann noch weiter geschehen ist», WT unter dem falschen Titel «Als ich Regisseur war», S. 31–34, hier S. 32 (urspr. in: *Die Muskete*, 3. 1. 1908, Nr. 118, S. 107).
52 «Warum ich nicht Theaterdirektor geworden bin», SZ, S. 136–142, hier S. 136–139 (urspr. in: NWJ v. 16. 4. 1922).
53 «Mein armer Bruder», in: *Blätter des Deutschen Theaters und der Kammerspiele*, 10, 1923, S. 15 f.
54 «Geschichte der ‹Fledermaus›», SZ, S. 219 f. (urspr. in: NWJ, 2. 12. 1928).
55 Vgl. Rösler, S. 65.
56 Vgl. Veigl, S. 28.
57 Varnedoe, S. 94.
58 Vgl. Veigl, S. 31.
59 Zur «Fledermaus» als «so etwas wie das informelle Hauptquartier der Wiener Avantgarde» vgl. auch Varnedoe, S. 92 u. Veigl, S. 28 f.
60 Zit. nach Varnedoe, S. 92, (Original in: Werner J. Schweiger, *Wiener Werkstätte: Kunst und Handwerk*, Wien 1982, S. 140).
61 Zit. nach Veigl, S. 29.
62 Zit. nach Veigl, S. 30.
63 Zit. nach Veigl, S. 32.

64 «Geschichte der ‹Fledermaus›», SZ, S. 219 f. (urspr. in: NWJ, 2. 12. 1928).
65 Zit. nach Veigl, S. 30.
66 Zit. nach Veigl, S. 31.
67 Friedell, «Kabarett Fledermaus», in: WT, S. 185 f.
68 Friedell, «Kabarett Fledermaus», in: WT, S. 185 f., hier S. 186.
69 Tucholsky als Peter Panter, «Alte Weltbühnen», in: *Die Weltbühne*, 12. 8. 1920, Nr. 33, S. 197, wieder in: ders.: *Gesammelte Werke*, Bd. 2 1919–1920, S. 400.
70 «Dramaturgie des Dichters», SZ, S. 194–198, hier S. 197 f.; Erstdruck in: NWJ v. 23. Mai 1926.
71 Zit. nach Veigl, S. 33.
72 Polgar habe im «sechsten Stock» gewohnt, wie er 1944 in seiner Erinnerung *Wien, I. Stallburggasse 2*, berichtet. (In: Kleine Schriften, Bd. I, *Musterung*, S. 201–205; erstmals in dem 1934 in New York gegründeten deutsch-jüdischen Magazin «Aufbau» v. 28. 7. 1944, 10. Jg., Nr. 30, S. 5 f.) Den Hinweis auf das Lokal im Erdgeschoss verdanke ich Ulrich Weinzierl (Gespräch im Bräunerhof v. Montag, 24. Oktober 2011).
73 Lina Loos in: *Buch*, S. 194.
74 *Goethe, Groteske in zwei Bildern*, in: *Goethe und die Journalisten*, S. 9–20, hier 9 f.
75 Zit. nach Veigl, S. 33.
76 Polgar in der *Schaubühne* v. 5. Mai 1910, VI. Jg., Nr. 18, zit. nach Veigl, S. 33.
77 Vgl. Weinzerl, *Polgar*, S. 70.
78 Polgar in der *Schaubühne* v. 5. Mai 1910, VI. Jg., Nr. 18, zit. nach Veigl, S. 32.
79 *Goethe*, Originalmanuskript verschollen, Typoskript in: Teilnachlass Egon Friedell, LIT, hier zit. nach GuJ, S. 20.
80 «Geschichte der ‹Fledermaus›», SZ, S. 219 f. (urspr. in: NWJ, 2. 12. 1928).
81 Ebd.
82 *Altenberg Anekdoten*, in: Teilnachlass Friedell, LIT.
83 Zit. nach Veigl, S. 34 (urspr. in: *Wiener Allgemeine Zeitung*, v. 6. 3. 1908).
84 Nicht genau datierter Brief v. 1912 an Lina Loos, in: AB, S. 165.
85 Polgar, «Egon Friedell sechzig», 21. Januar 1938, in: Teilnachlass Egon Friedell, LIT.
86 Vgl. Illig, *Schriftspieler*, S. 204.
87 Vgl. Illig, *Schriftspieler*, S. 205.
88 Stern, S. 84.
89 Zit. nach Stern, S. 101 f.
90 Undatierter Brief an Lina Loos, der aufgrund der Angaben wohl im Oktober/November 1913 geschrieben wurde (in: *Dame*, S. 48–50).
91 Vgl. Stern, S. 88.
92 Brief an Lina Loos, Berlin 1913, auf September datierbar (in: *Dame,* S. 45–48).
93 Friedell scheint Anfang 1910, vielleicht auch 1911 daran gearbeitet zu haben. Das Manuskript des ersten Entwurfs ist verschollen (vgl. Illig, S. 102 u. 147).
94 Vgl. Veigl, S. 36.
95 Vgl. Haage, S. 50.
96 Der Text ist unter dem Titel «Ecce Poeta. Von Richard Schaukal» in der Theater- und Musikzeitschrift *Der Merker* v. 1. 7. 1912, Nr. 13, erschienen.
97 «und schließlich habe ich ein Filmstück geschrieben». Brief an Lina Loos, «Berlin 1913», vermutlich September (in: *Dame*, S. 48).
98 Altenberg, Brief aus dem Jahr 1912, in: Teilnachlass Egon Friedell, LIT.

99 Brief an Lina Loos, undatiert, Wienbibliothek im Rathaus, Handschriftensammlung, Teilnachlass Lina Loos, Sign. H.I.N. 126991.
100 Vgl. die «Synoptische Chronologie» v. Herma Kotab, in: Teilnachlass Egon Friedell, LIT.
101 «Über die Weiber», in: *Der Ruf: ein Flugblatt für Junge Menschen*, hrsg. vom Akademischen Verband für Literatur und Musik in Wien, 1912; Deutsches Literaturarchiv Marbach, S. 41 f.
102 Lina Loos, *Aphorismus*, zit. nach Fischer, S. 46.
103 Vgl. Fischer, S. 125.
104 Vgl. Fischer, S. 127.
105 Dienstbuch Hermine Schimann, ausgestellt am 18. Mai 1899 in Wien, in: Teilnachlass Egon Friedell, LIT.

V. Krieger am Schreibtisch, Maulheld und Tintensklave

1 Zit. nach Nipperdey, *Geschichte 1866–1918*, Bd. II, S. 779.
2 Nipperdey, *Geschichte 1866–1918*, Bd. II, S. 781; Haase zit. nach ebd., S. 782.
3 Ebd., S. 779 f.
4 Vgl. Vocelka, S. 94 f.
5 Nipperdey, *Geschichte 1866–1918*, Bd. II, S. 687.
6 Ebd., S. 685.
7 Ebd., S. 691.
8 Ebd., S. 692.
9 Ebd., S. 699.
10 Nipperdey, *Geschichte 1866–1918*, Bd. II, S. 699.
11 Zweig, *Welt*, S. 246.
12 Vgl. Illig, *Schriftspieler*, S. 52.
13 Zit. nach ebd.
14 Zweig, *Welt*, S. 296.
15 Mühsam, *Tagebücher*, Eintrag v. «Montag/Dienstag d. 3./4. August 1914», S. 101.
16 Nach Nipperdey, *Geschichte 1866–1918*, Bd. II, S. 779.
17 Undatierter Brief an Lina Loos, zit. nach Illig, *Schriftspieler*, S. 52.
18 Friedell an Lina Loos, Sommer 1914, in: Loos, *Buch*, S. 197 f.
19 Diesen Verdacht konnte zudem das Gespräch mit Werner Rotter im LIT am 28. Oktober 2011 erhärten.
20 Friedell an Lina Loos, Sommer 1914, in: Loos, *Buch*, S. 198.
21 Zit. nach Baur, S. 89.
22 So Felix Dörmann, der Mit-Librettist der Operette *Walzertraum*, zit. nach Veigl, S. 51.
23 «Westbarbaren», in: *Schaubühne* 10 (1914), S. 318–323.
24 So zitiert die *Frankfurter Allgemeine Zeitung* in ihrem Beitrag «Die auffällige Unterlegenheit der Mittelmächte. Zur Ingolstädter Dauerausstellung über den Ersten Weltkrieg» vom 9. Januar 1999. Vgl. auch Schwilk, S. 168.
25 Undatierter, der genannten Ereignisse wegen auf Dezember 1914 datierbarer Brief (in: *Dame*, S. 54 f).
26 *Die Philosophie des Weltkrieges*, in: *Schaubühne* 11, I (1915), S. 531–535, hier S. 532.
27 Vgl. auch Illig, *Schriftspieler*, S. 53 u. 110.

28 Friedell, Brief an Lina Loos v. 23. Februar 1915, in: *Dame*, S. 59 f.

29 Zit. nach Niall Ferguson: *Der falsche Krieg. Der Erste Weltkrieg und das 20. Jahrhundert*, Stuttgart 1999, S. 243; vgl. auch Schwilk, S. 168.

30 «Der unbeliebte Deutsche», in: *Die Schaubühne*, 11, I (1915), S. 486–492, hier S. 488.

31 «Der Erbfeind», NWJ v. 1. 11. 1917, in: Teilnachlass Egon Friedell, LIT.

32 Mann, *Betrachtungen*, S. 233 f.; Friedells Rezension in: SZ, S. 15–20 (urspr. in: NWJ v. 9. 3. 1919; vgl. auch SZ, S. 232).

33 Zweig, *Welt*, S. 31.

34 *Komödie. Wochenrevue für Bühne und Film*, Jahrg. IV, Nr. 11, 10. März 1923, Titelseite.

35 «Egon Friedell nach der Probe. Ein Gespräch im Regen», in: ebd., S. 5 f.

36 *Hamburger Fremdenblatt* v. 9. März 1923, in: Teilnachlass Egon Friedell, LIT.

37 Beitrag zur Festschrift *150 Jahre Burgtheater*, hrsg. v. der Direktion, Wien 1926, S. 72, zit. nach AB, S. 136.

38 Vocelka, S. 95.

39 Zit. nach: Haage, *Partylöwe*, S. 76.

40 Vgl. Hamann, *Österreich*, S. 132 f.

41 Annemarie Kotab, Begebenheiten aus dem Alltag Friedells I, Teilnachlass Egon Friedell, LIT (Grammelknödel: Knödel mit ausgelassenen Speckwürfeln).

42 Vgl. Vocelka, S. 96.

43 «Warum ich nicht Theaterdirektor geworden bin», in: SZ, S. 136–142, hier S. 139 u. 141 (urspr. in: NWJ v. 16. 4. 1922).

44 Vgl. Hamann, *Österreich*, S. 135.

45 Vgl. Hamann, *Österreich*, S. 136 f.

46 Vocelka, S. 97.

47 Lina Loos, *Dame*, S. 201; vgl. auch Haage, *Partylöwe*, S. 81.

48 Ebd. S. 98.

49 Vgl. Hamann, *Österreich*, S. 134.

50 Burckhardt, S. 31–34.

51 Kraus' Grabrede wurde in Einzelexemplaren zugunsten der «Wiener Kinder-Schutz- und Rettungsgesellschaft» verkauft, der Altenberg auch sein Vermögen hinterließ, das er zum Erstaunen und Ärger von Feinden und Freunden hinterlassen hatte: laut Anton Kuh 107.843 Kronen. (Kuh, *Luftlinien*, S. 463; zu Altenbergs Tod vgl. auch Barker/Lensing, S. 328–339). Karl Kraus druckte seine Grabrede auch in der *Fackel* ab (1919, S. 8–14).

52 Kuh, «In memoriam: Peter Altenberg. Seine letzten Tage», in: *Luftlinien*, S. 464 f.

53 Obwohl Haeckel der wichtigste «Popularisator» des Darwinismus war, hatte Friedell Haeckels pantheistischer Ideen wegen Sympathie für diesen naturwissenschaftlichen «Dichter» (vgl. KgN, S. 1162 ff. u. Illig, *Schriftspieler*, S. 114 u. 117).

54 Lt. *Biographie der häuslichen Atmosphäre* v. Herma Kotab, S. 9, in: Teilnachlass Egon Friedell, LIT.

55 Vgl. Illig, *Schriftspieler*, S. 18 u. 114–122.

56 Vgl. ebd., S. 129.

57 Spiel, *Zeiten*, S. 65.

58 Weinzierl, *Polgar*, S. 115; *Prager Tagblatt* zit. nach ebd., S. 114.

59 Vgl. Weinzierl, *Polgar*, S. 121 f.
60 Mahler-Werfel, S. 194.
61 Vgl. Spiel, *Zeiten*, S. 53 u. 56; Zuckmayer, S. 85.
62 Torberg, S. 144; vgl. Hilde Spiel, die Schwarzwald «trotz ihrer zuweilen penetranten Rührigkeit ein Vorbild an Nächstenliebe und Mut» nennt (in: *Zeiten*, S. 58).
63 Vgl. Hilde Spiel, *Zeiten*, S. 58 u. *Glanz*, S. 79 u. 166.
64 Vgl. Stern, S. 181–187; Zitat auf S. 212 ebd., S. 186.
65 Zuckmayer, S. 353.
66 Torberg, S. 190 f.
67 Zuckmayer, S. 85.
68 Vgl. Fischer, S. 155.
69 Csokor, Brief an Lina Loos v. 17. 6. 1939, in: Wiener Stadt- und Landesbibliothek, Handschriftensammlung, I. Nr. 186.496.
70 Wassermann, S. 58 f.
71 Lina Loos, *Buch*, S. 202.
72 Zit. nach Baur, S. 13 u. 16.
73 Ebd., S. 12.
74 «Der Fünfziger Egon Friedell», in: *Die Stunde* v. 19. Jänner 1928, Teilnachlass Egon Friedell, LIT.
75 Salten: «Auch ein Fünfziger. Egon Friedell zum 21. Januar», in: *Neue Freie Presse* v. 21. Jänner 1928, Teilnachlass Egon Friedell, LIT.

VI. Die Kulturgeschichte

1 Viktor Pordes, «Egon Friedell nach der Probe – ein Gespräch im Regen», in: *Komödie* v. 10. 3. 1923, Teilnachlass Friedell, LIT.
2 «Adolf Loos. Zu seinem fünfzigsten Geburtstag», in: SZ, S. 86–92, hier S. 89; urspr. in: *Freie Deutsche Bühne, Berlin*, II, 20, S. 450.
3 Annemarie Selinko, «Egon Friedell spricht mit einer schlechten Schülerin», in: *Die Bühne* v. 1. 11. 1937, Teilnachlass Egon Friedell, LIT.
4 Vgl. zwei Briefe an Hermine, undatiert, vermutlich Frühjahr u. Dezember 1925, Teilnachlass Egon Friedell, LIT.
5 Brief an Hermine, undatiert, vermutlich Frühjahr 1925, Teilnachlass Egon Friedell, LIT.
6 Brief an Hermine, 3. 3. 1925, Teilnachlass Egon Friedell, LIT.
7 Wohnungsplan, S. 7, Teilnachlass Egon Friedell, LIT.
8 Annemarie Kotab, *Begebenheiten*, Teilnachlass Egon Friedell, LIT.
9 Heute ist von Bettauer leider nur noch *Die Freudlose Gasse* bekannt, vor allem wegen der Verfilmung durch Georg Wilhelm Papst 1925 und ihrer grandiosen Besetzung: mit der Berliner Ausdruckstänzerin und Schauspielerin Valeska Gert, mit Asta Nielsen, der jungen Greta Garbo und dem Reinhardt-Schauspieler Werner Krauß.
10 Karl Marilaun, *Gespräch mit Egon Friedell*, SZ, S. 187–191, hier S. 187 u. 191; urspr. in: NWJ v. 3. 8. 1924.
11 Vgl. www.biographie-portal.eu.
12 Zeemann, S. 101.
13 Vgl. Illigs minutiöse Auflistung in *Schriftspieler*, S. 99–140.

14 Begriff von Illig, in: *Schriftspieler*, S. 27–36.
15 So Sven Brömsel in seinem Klages-Essay «Wirklichkeit kommt nur dem Augenblick zu», in: *Frankfurter Allgemeine Zeitung* vom 9. 11. 2011; vgl. auch Gert Mattenklott, *Der übersinnliche Leib*.
16 So in seinem letzten Kapitel «Sturz der Wirklichkeit», KgN, S. 1505.
17 Vgl. Rotter, «Dicta und Facta», in: *Bunte Blätter* (ohne Seitenzählung).
18 Siehe die noch unsortierte Nachlassbibliothek Friedells im LIT.
19 Ebd.
20 Haage, *Partylöwe*, S. 121.
21 Vgl. Illig, *Schriftspieler*, S. 23.
22 Undatierter Brief an Louis Ullstein, in: AB, S. 106 f.
23 Heinrich Beck an Egon Friedell, Brief v. 18. 4. 1929, in: Teilnachlass Egon Friedell, LIT.
24 Kiaulehn, *Berlin*, S. 18 u. 21–23.
25 Vgl. Friedells Bemerkungen in seinem Essay «Film und Kunst» (NWJ, 14. 10. 1920, gekürzt unter dem Titel «Kunst und Kino» in: WT, S. 99–107), in dem er die kinematographische Massenproduktion als minderwertig bezeichnet, dem Film aber grundsätzlich die Möglichkeit einräumt, Kunst im klassischen Sinne sein zu können, sowie den Abschnitt «Der Turmbau zu Babel» (KgN, S. 1512 f.), in dem er nur dem Stummfilm künstlerisches Potential zugesteht, vom Tonfilm aber behauptet, er habe entlarvt, dass die neue Kunst nur eine «tote[n] Maschine» sei.
26 Vgl. Illig, *Schriftspieler*, S. 24 u. 214.
27 Angaben lt. *Das Wiener Abendblatt* vom 5. 11. 1929.
28 Ebd.
29 Vgl. Markus, S. 43 f.
30 Vgl. Illig, *Schriftspieler*, S. 208–213.
31 Annemarie Selinko, «Egon Friedell spricht mit einer schlechten Schülerin», in: *Die Bühne* v. 1. 11. 1937.
32 SZ, S. 162–179, hier: S. 162 f., 167, 171.
33 Kiaulehn, *Gesichter*, S. 152.
34 KgN, S. 283.
35 KgN, S. 90.
36 «Der Dichter», in: AG, S. 75–102 (uspr. dreiteilige Artikelserie in der *Schaubühne*, 12., 19. u. 26. 5. 1910, Nr. 19, 20, 21, S. 505, 534, 560); «Der Haß des Künstlers», in: AG, S. 49–55 (urspr. in: *Schaubühne* v. 10. 12. 1908, Nr. 850, S. 561).
37 Annemarie Kotab, *Begebenheiten*, II, Teilnachlass Egon Friedell, LIT.
38 KgN, S. 18.
39 Hier zit. nach Weinzierl, S. 134.
40 Oskar Maria Graf, S. 9.
41 KgN, S. 63.
42 KgN, S. 1519
43 Freud, *Über die allgemeinste Erniedrigung des Liebeslebens*, in: *Schriften über Liebe und Sexualität*, S. 109.
44 Viel, S. 16; auch ebd., S. 308–27.
45 KgN, S. 332 f.
46 Vgl. Wessely, S. 28 f.; Viel, S. 325 f.
47 Nernst, S. 8.

48 Vgl. Viel, S. 11 u. 325.
49 Wessely, S. 11.
50 Hobsbawm. S. 76 u. 337; vgl. auch Nipperdey, *Geschichte*, Bd. I, das Kapitel «Krisen und Konjunkturen», S. 283–287.
51 KgN, S. 1162.
52 KgN, S. 1296.
53 Beispielsweise im erwähnten Essay *Von Schaltwerk der Gedanken*, AG S. 219–224.
54 KgN, S. 1516.
55 KgN, S. 1507.
56 Wessely, S. 4; dort auch das ausführliche Zitat aus *Der Mann ohne Eigenschaften*, S. 3 f.
57 KgN, S. 1498.
58 Wessely, S. 55.
59 Ebd. S. 66.
60 Ebd., S. 40.
61 KgN, S. 1498.
62 Vgl. Wessely, S. 59–62.
63 Hörbiger, zit. von Wessely, S. 7 f.
64 KgN, S. 1500 f.
65 KgN, S. 1501.
66 Wessely, S. 12.
67 AG, S. 219–224, hier S. 219 ff.; urspr. in: *Schaubühne* v. 17. 5. 1917, XIII, 20, S. 451.
68 So Friedell in seiner Betrachtung «Über Dilettantismus», AG, S. 266–270, hier S. 267; urspr. in: NWJ v. 14. 7. 1918.
69 Hörbiger, *Glacial-Kosmogonie*, zit. nach Wessely, S. 37.
70 Wessely, ebd.
71 KgN, S. 1500.
72 Zit. nach Wessely, S. 6.
73 KgN, S. 15.
74 KgN, S. 15 f.
75 KgN, S. 9.
76 KgN, S. 15.
77 KgN, S. 159.
78 KgN, S. 160.
79 Ebd.
80 «Die Wurzel der Genialität», AG, S. 94–102, hier S. 94 f.
81 Herv. v. Verf.
82 Störig, S. 285; zu Meister Eckhart, auch im Hinblick auf seine Vereinnahmung als inspirierender Dichter oder Kirchengegner, vgl. auch Haas, S. 398–403.
83 KgN, S. 160.
84 Störig, S. 285.
85 KgN, S. 161.
86 KgN, S. 162.
87 KgN, S. 1523.
88 Paul Frischauer: Egon Friedell, zur Vorlesung am Mittwoch, 30. Dezember (1930 od. 31), Teilnachlass Friedell, LIT.

VII. Der letzte Akt

1 So die *Begebenheiten* Herma Kotabs, S. 5.
2 Vgl. Illig, *Schriftspieler*, S. 203.
3 Vgl. ebd., S. 75.
4 Wie der Bericht des *Neuen Wiener Journals* am 23. 11. 1930 vermeldet (Teilnachlass Egon Friedell, LIT); vgl. auch Haage, *Partylöwe*, S, 140 ff.
5 Brief an Lina, undatiert, Abschrift v. Annemarie Kotab (auf Anfang 1931 datiert), Verlag C.H.Beck.
6 Vgl. Illig, *Schriftspieler*, S. 75.
7 Brief an Lina, undatiert, Abschrift v. Annemarie Kotab, Verlag C.H.Beck.
8 Ebd.
9 So Lina Loos in *Buch ohne Titel*, S. 205 f.
10 Undatierter Brief, zit. nach Illig, *Schiftspieler*, S. 74 f.
11 Darüber berichtet *Der Wiener Tag* am 21. Jänner 1934, Teilnachlass Egon Friedell, LIT; vgl. auch Haage, *Partylöwe*, S. 145.
12 Jedenfalls überliefert das Lina Loos in *Buch*, S. 206.
13 So dokumentiert in Annemarie Kotabs *Begebenheiten aus dem Alltag Friedells*, S. 11 f., Teilnachlass Egon Friedell, LIT.
14 Wie Annemarie Kotab, *Begebenheiten aus dem Alltag Friedells*, S. 6, berichtet, Teilnachlass Egon Friedell, LIT.
15 Polgar, «Fünfzig Jahre Friedell», in: *Kleine Schriften*, Bd. 4, S. 59; urspr. in: *Die Weltbühne* v. 7. 2. 1928 (XXIV, 6), S. 218–221.
16 Gleichfalls dokumentiert in *Begebenheiten aus dem Alltag Friedells* Annemarie Kotabs, S. 6, Teilnachlass Egon Friedell, LIT.
17 Lt. Herma Kotab, *Begebenheiten aus dem Alltag Friedells* Annemarie Kotabs, S. 5, Teilnachlass Egon Friedell, LIT.
18 Brief aus Kufstein v. 1937 (nicht genauer datiert), in: *Dame*, S. 81.
19 Brief aus Kufstein an Lina Loos v. 1. 8. 1935, in: *Dame*, S. 84.
20 Undatierter Brief aus Kufstein an Lina Loos in: *Dame*, S. 80 f.
21 Undatierter Brief, von Herma Kotab auf vermutlich 1935 datiert, Abschrift von H. Kotab, die den Namen der Empfängerin getilgt hat. Typoskript beim Verlag C.H.Beck.
22 Kershaw, Bd. 1, S. 585–657.
23 Vocelka, S. 101.
24 Vgl. ebd., S. 103.
25 Ebd., S. 103 f.
26 Vgl. Vocelka, S. 96 f.
27 Hamann, *Österreich*, S. 144.
28 Vgl. ebd., S. 145.
29 Vocelka, S. 106.
30 Ebd., S. 107.
31 Ebd., S. 107 f.
32 Ebd., S. 108.
33 Vgl. Illig, *Schriftspieler*, S. 25.
34 Brief v. Lina Loos, undatiert, nach Csokor 1933, in: *Dame*, S. 69.
35 Horoskop für Egon Friedell v. 10. November 1933, Typoskript, S. 11 u. 3; Teilnachlass Egon Friedell, LIT.

36 Undatierter Brief an Lina Loos, von Csokor auf September 1937 datiert, in: *Dame*, S. 8.

37 Brief an Lina Loos v. 1. 8. 1935, in: *Dame*, S. 83 f.

38 Undatierter Brief aus Kufstein an Lina Loos, datiert auf 1935, in: *Dame*, S. 79.

39 Heinrich Beck, Brief v. 19. März 1934, Teilnachlass Egon Friedell, LIT.

40 Heinrich Beck, Brief v. 16. 1. 1935, Teilnachlass Egon Friedell, LIT. Es ist an diesem Punkt angebracht, ein Wort zu dem spekulativen, von einigen Autoren erhobenen Vorwurf zu äußern, Friedell sei von *antisemitischer* Gesinnung gewesen und habe damit ideologisch gar mit den Nationalsozialisten paktiert (so insbesondere Innerhofer in *Kulturgeschichte*, in den Kapiteln «Antisemitismus», S. 43 ff., und «Das Verhältnis zum Nationalsozialismus», S. 40–43), wobei die Begriffe «Faschismus» und «Nationalsozialismus» in ahistorischer Weise synonym gesetzt werden. Als Indizien werden insbesondere Friedells Schilderungen in den Abschnitten «Boden und Geist», «Volk, Staat, Sprache», «Die Antinomie» und «Die Religionsrassen» im ersten Band seiner *Kulturgeschichte des Altertums: Ägypten und Vorderasien*, später als *Kulturgeschichte Ägyptens und des Alten Orients* erschienen, vorgeführt.
Wie man bereits an letzterer Kapitelüberschrift erkennt: Friedell benutzt natürlich den Begriff der Rasse. So sagt er in dem Abschnitt «Boden und Geist», es bestehe in der geschichtlichen Entwicklung der Völker und Kulturen eine «Wechselwirkung zwischen Erde und Geist, Boden und Rasse (...). Man kann ebenso gut sagen: die Rasse schafft den Boden, wie: der Boden erzeugt die Rasse.» (S. 89)
Dass Friedell den Begriff «Rasse» verwendet, entspricht dem gängigen Sprachgebrauch von Historikern und Kulturphilosophen im 19. Jahrhundert, von nationalkonservativen Autoren wie Sybel, Droysen und Heinrich v. Treitschke bis zu nationalliberalen wie Theodor Mommsen: mit «Rasse» war jede Art sozialer Gruppe gemeint, die sich durch Sprache, Geschichte, Religion, Sitte und Kult als kulturelle Gemeinschaft verstand, ob nun innerhalb einer Nation oder eines Staates. Erst mit Houston Stewart Chamberlain (*Grundlagen des 19. Jahrhunderts*, 2 Bände, 1898) biologisiert sich der Begriff eindeutig, definiert Zugehörigkeit also genetisch, das heißt: über Vererbung, über das «Blut». Friedell begründet soziale Gruppen indessen niemals über das «Blut». Auch sein mehrmals verwandter Begriff der «Religionsrasse» steht im Geist Herders und der Romantiker und ist nicht antisemitisch aufgeladen: Es ist die «Seele», die Gemeinschaft begründet, ein geistiges Prinzip, weswegen Kulturen auch dem Wandel unterworfen sind. Der rassistische Antisemitismus setzt hingegen kulturelle Merkmale wie Glauben, Sitte, Eigenart als definitiv.

41 Heinrich Beck, Brief vom 28. 5. 1936, Teilnachlass Egon Friedell, LIT.

42 Ebd.

43 Undatierter Brief an Walther Schneider, von Schneider nachdatiert: «Kufstein 1937», in: AB, S. 174.

44 KgN, S. 1349, Zitat S. 1490; zu Hamsun vgl. ebd., S. 1103.

45 Vgl. Illig, *Schriftspieler*, S. 141

46 Undatierter Brief, von Walther Schneider auf 1937 datiert, in: AB, S. 117 f.

47 Hamsum hatte sich zunächst geweigert, «eine Solidaritätserklärung norwegischer Künstler» für Carl von Ossietzky zu unterschreiben, um dann, im November 1935, in zwei norwegischen Zeitungen jenen «skandalöse[n] Artikel» zu veröffentlichen, in dem er sich gegen die Verleihung des Friedensnobelpreises an Ossietzky ausspricht, da ihn das aus dem Konzentrationslager befreien könnte (vgl. Baumgart-

ner, S. 115 f.). Doch noch einmal: Aus der Tatsache, dass Friedell Hamsum *als Dichter* verehrt (der Vergleich mit Homer dürfte hinreichend signifikant sein), lässt sich nicht *notwendig* ableiten, Friedell habe Hamsum zugleich auch als *Antisemiten* verehrt und müsse daher zwingend selbst Antisemit und als solcher NS-Anhänger gewesen sein.

48 Zuckmayer, S. 92, obiges Zitat S. 81 f.

49 Hamann, *Österreich,* S. 150.

50 Vgl. ebd.

51 Ebd.

52 Ebd., S. 151; vgl. auch Vocelka, S. 109.

53 Hamann, *Österreich*, S. 151.

54 Zuckmayer, S. 81.

55 Zit. nach Hamann, *Österreich*, S. 151.

56 Ebd., S. 151.

57 Hamann, *Wien*, S. 160 f.

58 Zuckmayer, S. 81.

59 Hamann, *Österreich*, S. 150.

60 Polgar, «Fünfzig Jahre Friedell», in: *Schriften*, Bd. 4, S. 56–59, urspr. in: *Die Weltbühne* v. 7. 2. 1928, (XXIV, 6, S. 218–221). Artikel zum 60. Geburtstag Friedells, in: *Der Wiener Tag* v. 23. 1. 1938 (LIT).

61 So schreibt Carola Stern in ihrer Fritzy-Massary-Biographie über den Schauspieler Fritz Kortner: «In seiner Vaterstadt Wien machte er die Erfahrung, daß die Theater sich in vorauseilendem Gehorsam scheuten, jüdische Künstler einzuladen.» (Stern, S. 296).

62 Vgl. Illig, *Schriftspieler*, S. 215 f.

63 Schnitzler, zit. nach Farese, S. 335. Da der 3. Band erst Ende Oktober 1931 erschien, vermutet Schnitzlers Biograph, Friedell habe Schnitzler ein «Vorausexemplar» geschickt (ebd.).

64 Zuckmayer, S. 82.

65 Ebd., S. 83.

66 Ebd., S. 86.

67 Ebd.

68 So überliefert von Torberg, S. 186.

69 Zuckmayer, S. 86 f.

70 Mahler-Werfel, S. 273.

71 Zuckmayer, S. 87.

72 Hamann, *Österreich*, S. 151 f.

73 Zuckmayer, S. 87.

74 Zeemann, S. 78.

75 Vgl. Haage, *Partylöwe*, S. 158 f.

76 Zeemann, S. 104.

77 Ebd., S. 102.

78 Zuckmayer, S. 87.

79 Ebd., S. 87 f.

80 So jedenfalls berichtet Annemarie Kotab in ihrer Beschreibung von Friedells Wohnung, S. 5, Teilnachlass Egon Friedell, LIT.

81 Zit. nach Hamann, *Österreich*, S. 152.

82 Zuckmayer, S. 88.

83 Ebd., S. 90.
84 Ebd.
85 Ebd., S. 90.
86 Heinz Wilhelm Guderian, zit. nach Hamann, *Österreich,* S. 153.
87 Hamann, *Wien*, S. 153 f.
88 Zuckmayer, S. 94 u. 92.
89 Ebd., S. 93 f. Zum Einmarsch Hitlers vgl. auch den von Ulrich Weinzierl herausgegebenen Band *Österreichs Fall*, der zahlreiche Berichte von Zeitzeugen versammelt, darunter Franz Theodor Csokor, Stefan Zweig, Hilde Spiel, Walter Mehring, Friedrich Torberg, Gina Kaus.
90 Vocelka, S. 110.
91 Hamann, *Wien*, S. 168.
92 Friedell, berichtet Walther Schneider im Vorwort des von ihm 1947 herausgegebenen Sammelbandes *Friedell-Brevier*, dem ersten Friedell-Buch nach dem nationalsozialistischen Regime (S. 7–13), habe seine Lage mit der Senecas verglichen (S. 11). Schneider bestätigt darin auch, für Friedell sei Emigration nicht in Frage gekommen, da er seine Epoche für abgeschlossen hielt und er im Übrigen «so sehr in seinem Standpunkt befestigt» gewesen sei, «daß ihm die geringste Veränderung der Umwelt, durch eine Reise etwa, als ein schier unlösbares Problem erschien» (S. 9). Die Stilisierung Friedells zum unerschütterlichen Philosophen, dessen «Verhalten in den letzten Tagen und Stunden (...) äußerlich nicht verschieden von dem vor einer Premiere war», ist angesichts der Berichte Zuckmayers und Dorothea Zeemanns wohl doch mit einiger Skepsis zu bewerten.
93 Den Text hat Friedell nie veröffentlicht, er liegt als Manuskript und als Abschrift vor. Anhand der genannten Rolle datiert Illig die Notiz auf April 1928 (Illig, *Schriftspieler*, S. 142; Abschrift des Friedell-Textes in: Teilnachlass Egon Friedell, LIT).
94 Haage, S. 161.
95 Zeemann, S. 102.
96 Traueranzeige, in: Haage, *Partylöwe*, S. 168, vgl. auch Herma Kotab, *Biographie der häuslichen Atmosphäre*, S. 14 f., LIT.
97 Zeemann, S. 104.
98 Vgl. Haage, *Partylöwe*, S. 174 f.
99 Illig, *Schriftspieler,* S. 149 u. 151.
100 Schreiben v. 23. 5. 1938, Teilnachlass Egon Friedell, LIT.
101 Das geht aus den Briefen Hermine Schimanns und dem Schriftverkehr zwischen Hermine Schimann und dem Notar Albert Schließer von Mai bis September 1938 hervor. (Teilnachlass Egon Friedell, LIT).
102 Vgl. Haage, *Partylöwe*, S. 170 u. 171 f.
103 Wie es im Nachruf der *Stimme der Frau* v. 17. 6. 1950 heißt, des Magazins des Bunds Demokratischer Frauen Österreichs, dem Lina Loos nach dem Zweiten Weltkrieg nahestand (in: *Buch*, S. 290 f.).
104 Vgl. den Bericht der Wiener «Arbeiter Zeitung» v. 3. 10. 1963, in: Lina Loos, *Buch*, S. 297–299.
105 Polgar, «Nachruf», in: *Kleine Schriften,* Bd. 4, S. 59–62, hier S. 60; urspr. in: *Die Österreichische Post*, 1, 8, 11.3.1939, S. 3.

Zeittafel

1878 21. Januar: Egon Friedmann, nachmals Egon Friedell, wird als zweites Kind des jüdischen Tuchfabrikanten Moritz Friedmann und Caroline Eisenberger in Wien, Mariahilf, geboren.
Theodor Fontanes Debütroman *Vor dem Sturm* erscheint.

1879 Caroline Friedmann verlässt die Familie wegen ihres Geliebten, dem Sprachlehrer Tritsch. Friedell wird ihr diesen Schritt ein Leben lang verübeln. Marie Gabriel kommt als Haushälterin und Kindermädchen, Friedell sieht sie bis zu ihrem Tod als seine eigentliche Mutter an.

1882 9. Oktober: Lina Obertimpfler, spätere Frau des Architekten Adolf Loos, als Tochter des Kaffeesieders Carl Obertimpfler und Besitzer der bekannten «Casa Piccola», einem der späteren Treffpunkte Egon Friedells, geboren.

1883 Egon Friedmann an der städtischen allgemeinen Volksschule in Wien, Stumpergasse 10 im 6. Bezirk, eingeschult.
Ibsen-Feier, von den jungen Literaten Wiens unter Federführung Hermann Bahrs zu Ehren des norwegischen Dramatikers ausgerichtet; Schlüsselereignis für die junge, der künstlerischen Moderne verpflichteten Literatur Wiens.

1887 28. November: Ehe zwischen Moritz und Caroline Friedmann geschieden.

1888 «Dreikaiserjahr» beim deutschen Nachbarn: Kaiser Wilhelm I. stirbt am 9. März knapp 91-jährig, sein Sohn und Nachfolger Friedrich III. stirbt nach nur 99 Regierungstagen an Kehlkopfkrebs, Wilhelm II. besteigt den Kaiserthron.
Im Schuljahr 1888/89 wechselt Egon Friedmann auf das Mariahilfer Gymnasium.

1891 15. Dezember: Moritz Friedmann stirbt, Egon, 13 Jahre alt, kommt zu seiner Tante Olga Gumpf nach Frankfurt. Ein Vormundschaftsgremium, Max Neuda, Alfred Schmidt und Emanuel Kohn, kümmert sich fortan um Egon Friedmann.

1892 Friedmann besucht das Städtische Gymnasium Frankfurt, später Goethe-Gymnasium. Die anfangs guten schulischen Leistungen beginnen abzufallen.

1894 22. Februar: Auf einstimmigen Beschluss der Lehrerkonferenz wird Egon Friedmann wegen schlechten Benehmens relegiert.
März: Friedmann kommt ins Gymnasial-Konvikt der Stadt Horn/Niederösterreich. Schwere seelische Krise, verzweifelte Briefe an Marie Gabriel und den Vormund.
Nach wenigen Wochen Wechsel an das Internat in Baden bei Wien.

1896 Juli: Egon Friedmann wird trotz der Bemühungen seines Privatlehrers, des Lehramtskandidaten und Mathematikers Heinrich Ruff, nicht zur Matura zugelassen.
Peter Altenbergs erstes und wichtigstes Buch, *Wie ich es sehe*, erscheint bei S. Fischer in Berlin (2. veränderte und erweiterte Auflage 1898).
1. Dezember: Wechsel an ein Heidelberger Gymnasium.

1897 20. April: Karl Lueger tritt sein Amt als Bürgermeister von Wien an; umfangreiches Sanierungs-, Verkehrs- und Wohnungsbauprogramm.

19. Mai: Friedmann schreibt sich auf Anraten des Schuldirektors Uhlig an der Universität Heidelberg für Philosophie ein. Entscheidende Begegnung mit dem Philosophieprofessor Kuno Fischer, der ihm Kant, Fichte und die Romantiker nahebringt.

2. Juli: Friedmann konvertiert zum «Augsburger Bekenntnis», dem kanonischen Text des Protestantismus lutherischer Richtung. Scheitert Ende August bis September abermals am Abitur, diesmal am Gymnasium in Berlin-Steglitz. Danach Rückkehr nach Wien.

Im Januar 1897 wird das Café Griensteidl, Treffpunkt der jungen Wiener Literaturszene, abgerissen. Der noch kaum bekannte Karl Kraus nutzt die Gelegenheit, in seinem Traktat *Die demolirte Litteratur* mit den Autoren von «Jung Wien» abzurechnen. Café Central wird neue Heimat der Literaten und Intellektuellen, dort installiert der von Hermann Bahr und Schnitzler entdeckte Peter Altenberg seine Runde. Um diese Zeit stößt auch Egon Friedmann zu Altenbergs Kreis.

1898 26. September: Zulassung zur Matura am Akademischen Gymnasium in Wien, in dem u. a. auch Hugo v. Hofmannsthal maturierte.

11. Oktober: Matura wieder nicht bestanden. Noch im folgenden Monat besucht Egon Friedmann Vorlesungen an der Berliner Friedrich-Wilhelm-Universität. Könnte bereits zu diesem Zeitpunkt dem Naturalisten O. E. Hartleben begegnet sein, der eine Art Mentor wird. Bald holt das Vormundschaftsgremium Friedmann nach Wien zurück.

1899 21. Februar: Legt in Wien Prüfung zum «Einjährig Freiwilligen» ab, die begüterten jungen Männern die Möglichkeit gibt, den Militärdienst auf ein Jahr zu verkürzen. «Gedient» hat Egon Friedmann aber nicht.

Rückkehr nach Heidelberg; bewirbt sich beim «Provinzialschulkollegium» in Kassel um erneute Zulassung zum Abitur.

1. April: Erste Ausgabe von Karl Kraus' *Die Fackel* erscheint.

2. August: Friedmann erhält von Konrad Duden, Leiter des Gymnasiums im preußischen Hersfeld, die Nachricht, dort zum Abitur antreten zu können; mit Privatlehrer Ruff nach Hersfeld.

28. August bis 20. September: Abitur (vierter Anlauf) bestanden. Beginnt Studium in Wien; bekommt, inzwischen volljährig, Erbteil überschrieben.

Freuds *Traumdeutung* erscheint, vordatiert auf 1900.

1900 Zieht in die – gekaufte – Wohnung in der Gentzgasse 7, XVIII. Bezirk. Nimmt Marie Gabriel als Haushälterin mit.

25. August: Nietzsche stirbt in Weimar.

1901 Lernt Lina Obertimpfler kennen.

Im Oktober 1901 erscheint Thomas Manns Roman *Buddenbrooks* bei S. Fischer (2 Bde.)

1902 21. Juli: Lina Obertimpfler heiratet den Architekten Adolf Loos.

1903 Im Mai erscheint Otto Weiningers von dem Philosophen Friedrich Jodl angenommene Dissertation *Geschlecht und Charakter* und macht in den intellektuellen Zirkeln Wiens Furore.

1904 23. Juni: Friedmanns gleichfalls von Jodl betreute Dissertation über Novalis angenommen.

19. Oktober: Hermine Schimann kommt als Dienstmädchen in Friedmanns Haushalt.

24. Oktober: Mündliche Promotionsprüfung im zweiten Anlauf bestanden; gleich danach erster Schritt auf die Bühne: wahrscheinlich als Regieassistent in der Burgtheater-Aufführung von O. E. Hartlebens Stück *Im grünen Baum zur Nachtigall.*

Im November erscheint die Dissertation *Novalis als Philosoph* im renommierten Bruckmann Verlag in München, unter dem nicht ganz korrekt geschriebenen Namen «Egon Fridell». Erste Auftritte im Kabarett «Hölle» mit anekdotischen Vorträgen.

1905 Ende Mai erste Bühnenrolle als Polizeikommissär in Wedekinds *Die Büchse der Pandora*; bis Ende der 20er Jahre lebhafte Schauspieler-Tätigkeit in klassischen und zeitgenössischen Stücken, u. a. in Shaws *Androklus und der Löwe*, Ibsens *Wildente,* Schillers *Kabale und Liebe.*

Im Sommer angeblich 14-tägige Ägypten-Reise.

19. Juni: Scheidung Lina und Adolf Loos, Lina behält ihren Ehenamen.

11. Dezember: Erster Text in der *Fackel* erschienen; dort bis Mai 1906 weitere Beiträge, einige davon sind Kabarett-Vorträge.

1906 Januar: Kabarett «Nachtlicht» eröffnet; Friedell bald darauf mit anekdotischen Vorträgen und Szenen beteiligt, u. a. mit Erich Mühsam und Roda Roda.

10. Mai: Erster Beitrag für die Berliner *Schaubühne*, von da an regelmäßige Mitarbeit; zudem gibt Friedell den von ihm übersetzten Sammelband *Emerson. Sein Charakter aus seinen Werken* heraus (über den US-Philosophen Ralph Waldo Emerson, Nachwort von Friedell).

Gegen Ende des Jahres kurzes Zwischenspiel als «Literat» und Dramaturg im «Intimen Theater», der Bühne seines älteren Bruders Oskar Friedmann.

1907 2. Oktober: Conférence am Eröffnungsabend zur zweiten Saison des Kabaretts «Hölle».

Ab November: Im kürzlich eröffneten Kabarett «Fledermaus» mit dem Sketch *Regieprobe bei Max Reinhardt* beteiligt, der vermutlich ersten – verschollenen – Gemeinschaftsarbeit mit Alfred Polgar.

1908 1. Januar, null Uhr: Uraufführung des mit Polgar verfassten Einakters *Goethe* zur Eröffnung des neuen «Fledermaus»-Programms; Friedell spielt, auch bei den weiteren Aufführungen, seine eigene Goethe-Figur. Bis 1910 entstehen in Zusammenarbeit mit Polgar acht weitere Sketche, darunter die Operettenparodie *Der Petroleumkönig oder Donauzauber* und die Militär-Klamotte *Soldatenleben im Frieden* (in Wien verboten, Uraufführung erst 1911 in München; erscheint 1910 als Buch).

Übernimmt vermutlich ab März die künstlerische Leitung der «Fledermaus»; in der nächsten Zeit regelmäßig Kabarett-Auftritte, u. a. mit den bald beliebten *Altenberg-Anekdoten.*

8. April: 100. Aufführung *Goethe.*

Mai bis Juli: Tournee der «Fledermaus», u. a. nach Frankfurt und München. Lina Loos als Linerl dabei.

1909 Im Mai mit der «Hölle» in Berlin in den Kammerspielen des Deutschen Theaters; danach gibt Friedell *Hebbel – ein verkleinertes Bild seines Gedankenlebens* (mit Nachwort) heraus.

30. September: Neueröffnung der «Fledermaus» unter neuem Direktor, nachdem Friedell als künstlerischer Leiter bereits zurückgetreten war; tritt dort trotz des nunmehr kommerziellen Kurses weiter mit Anekdoten und als Goethe auf.

Ab 25. Oktober vereinzelt Artikel für die Wiener Theaterzeitschrift *Der Merker.*
Ab 25. Dezember regelmäßig Essays, Betrachtungen, Satiren für die Tageszeitung *Neues Wiener Journal,* Mitarbeit bis zum Lebensende.

1910 Im Winter erscheint die von Friedell herausgegebene und eingeleitete Lichtenberg-Sammlung.
10. März: Karl Lueger stirbt.
Von März bis April als *Goethe* in Hamburg (mit Claire Waldoff als Kohn).
Kabarett-Tätigkeit tritt zurück, im folgenden Jahrzehnt noch vereinzelt Auftritte mit Sketchen an verschiedenen Kleinkunstbühnen, u. a. der «Hölle»; bis Mitte der 30er Jahre hin und wieder Vorträge (u. a. über Maeterlinck und Wedekind) und Conférencen.

1912 22. Februar 1912: Aphorismen *Über die Weiber* in der jugendbewegten Kulturzeitschrift *Der Ruf.*
Ostern: *Ecce Poeta* erscheint bei S. Fischer, anlässlich Altenbergs 50. Geburtstag (bereits am 9. März 1909).

1913 Im Frühsommer mit der «Hölle» in Berlin.
September: Gastspiel im Berliner Linden-Kabarett; Filmdrehbuch *Die Bekehrung des Dr. Wundt* (verschollen); bis November erster Auftritt bei Max Reinhardt (Untersuchungsrichter in Tolstois *Der lebende Leichnam*).
14. November: Schriftlicher Heiratsantrag an Lina Loos, schwere seelische Krise.
Von Ende November bis Anfang Februar 1914 wieder bei Max Reinhardt (als Kaiser in Shaws *Androklus und der Löwe*).

1914 Friedell im Sommer in München in der Thalkirchner Klinik auf Entziehungskur; bei Kriegsbeginn angeblich der Versuch, sich als Freiwilliger zu melden.
28. Juni: Österreichischer Thronfolger Franz Ferdinand in Sarajevo erschossen.
5./6. Juli: Kaiser Wilhelm II. gibt österreichischer Führung «carte blanche».
23. Juli: Österreich stellt Ultimatum an serbische Regierung.
28. Juli: Österreich erklärt Serbien den Krieg.
29. Juli: Russische Mobilmachung.
1. August: Kriegserklärung Deutschlands an Russland.
3. August: Kriegserklärung Deutschlands an Frankreich.
4. August: Deutscher Reichstag billigt einstimmig Kriegskredite; Kriegserklärung Englands an Deutschland.
11. Oktober: Friedell veröffentlicht seine patriotische Propagandaschrift *Westbarbaren*; danach erscheint *Heldenverehrung*, der von ihm übersetzte und eingeleitete Sammelband über Thomas Carlyle, beim Georg Müller Verlag München.
Herma, Tochter Hermine Schimanns, in Friedells Haushalt aufgenommen; bis heute unbestätigte Mutmaßungen, Friedell sei der Vater.

1915 Im Sommer erscheint *Von Dante zu d'Annunzio*, eine Sammlung seiner Kriegsschriften (u. a. *Das hysterische Frankreich* und *Der unbeliebte Deutsche*).

1916 6. April: Der Name Friedell wird amtlich anerkannt.
Im Frühsommer schließt Friedell die im Vorjahr ausgearbeitete *Judastragödie* ab; Mitglied des Ensembles an der Wiener Volksbühne unter Alfred Bernau, Arthur Rundt und Hans Ziegler.
19. Februar: Der Wiener Philosoph Ernst Mach stirbt.
21. November: Kaiser Franz Joseph I. stirbt nach 68 Regierungsjahren; Thronfolger wird sein Großneffe Erzherzog Karl.

1917 Marie Gabriel stirbt, Hermine Schimann übernimmt den Haushalt; in den folgenden Jahren rege feuilletonistische Aktivität Friedells.

1918 Im Juni wütet in Wien und Berlin die «Spanische Grippe» unter der vom Hunger geschwächten Bevölkerung.

Ende September zerfällt der Vielvölkerstaat der Habsburger.

3. November: Mit dem Waffenstillstand endet für Österreich der Erste Weltkrieg.

9. November: Wilhelm II. gibt Thronverzicht bekannt; Revolution in Berlin.

10. November: Wilhelm II. flieht ins holländische Exil.

11. November: Unterzeichnung des Waffenstillstands mit Deutschland in Compiègne; in Österreich verzichtet Kaiser Karl auf die Herrschaft.

12. November: Die provisorische Nationalversammlung in Wien ruft die kleinstaatliche Republik Deutschösterreich aus; kommunistischer Revolutionsversuch in Wien unter Führung von Egon Erwin Kisch.

1919 8. Januar: Peter Altenberg stirbt.

16. Februar: Wahlen in Österreich, vorerst Koalition von Sozialdemokraten und Christlichsozialen unter Führung des sozialdemokratischen Bundeskanzlers Karl Renner; miserable wirtschaftliche Lage, auch in den folgenden Jahren; in den Wintern 1918/19 und 1919/20 Hungersnot.

28. Juli: Unterzeichnung des Vertrags von Versailles.

Von September bis April 1920 arbeitet Friedell intensiv als Theaterkritiker und satirischer Kommentator der Zeitung *Der Morgen* (mit Felix Salten; etliche Nachdrucke seiner Artikel in der *Berliner Zeitung am Mittag*); nach der *Morgen*-Pleite wieder rege Mitarbeit am *Neuen Wiener Journal.*

Im September 1919 veröffentlicht Friedell mit *Das Leben Jesu* den ersten Essay in der *Weltbühne*; bis 1932 hin und wieder Beiträge für das jetzt von Carl v. Ossietzky herausgegebene Nachfolgeblatt der *Schaubühne.*

10. September: Friedensvertrag mit Österreich in St. Germain, die Bezeichnung «Deutsch-Österreich» wird von den Siegermächten verboten.

1920 Im Mai erscheint die *Judastragödie* als Buch.

22. August: Max Reinhardt eröffnet mit der Uraufführung von Hofmannsthals *Jedermann* auf dem Domplatz die Salzburger Festspiele.

1921 29. Januar: Mit Polgar das *Böse Buben Journal*, die erste der bis Januar 1925 von der «Polfried AG» verfassten und herausgegebenen parodistischen fünf Faschingszeitungen.

Im Mai erscheint *Das Jesusproblem*, Friedells Sammlung der zwischen 1916 und 1919 geschriebenen drei religionsgeschichtlichen Essays, die als Widerlegung der kritischen Leben-Jesu-Forschung gedacht sind.

29. Juli: Adolf Hitler wird in München zum Vorsitzenden der 1919 gegründeten NSDAP gewählt.

1922 Im Januar erscheint *Das Altenbergbuch*, im Frühsommer gibt Friedell die Sammlung mit Nestroy-Worten *Das ist klassisch* heraus, kurz danach erscheint seine Aphorismensammlung *Steinbruch. Vermischte Meinungen und Sprüche.*

Der Prälat Ignaz Seipel, Führer der Christlichsozialen, wird Bundeskanzler (bis 1929); Seipel gelingt durch internationale Anleihen, die Wirtschaft zu beleben; die destabilisierenden Spannungen zwischen Konservativen und Sozialdemokraten nehmen weiter zu.

Im November spielt Friedell in dem Film *Die Marquise von Clermont* die Rolle eines Königs; es bleibt die erste und letzte Filmrolle (Film verschollen).

Friedell beginnt mit der Arbeit an der *Kulturgeschichte der Neuzeit.*

Infolge der Inflation verliert Friedell sein ererbtes Mietshaus in der Mariahilferstraße 110.

1923 3. März: Sechs Jahre nach ihrer Entstehung wird *Die Judastragödie* im Burgtheater uraufgeführt, bereits nach wenigen Vorstellungen wieder abgesetzt.

Von April an Theaterkritiker für das Boulevardblatt *Die Stunde.*

Juni: Herma Schimann heiratet Franz Kotab.

20. August: Auftritt als Doktor Diafoirus in der legendären Max-Reinhardt-Inszenierung von Molières *Der eingebildete Kranke* auf Schloss Leopoldskron (neben Max Pallenberg in der Hauptrolle).

1924 Wegen der am 27. Januar erscheinenden Parodie auf *Die Stunde*, *Die böse Buben Stunde*, endet für Friedell die einträgliche, ihm aber längst lästige Arbeit als Theaterkritiker; dies auch die letzte Gemeinschaftsarbeit mit Polgar.

Im Frühjahr erscheint die von Friedell herausgegebene Sammlung *Lord Macaulay. Essays* (Vorwort Friedell).

28. März: Annemarie Kotab geboren.

Max Reinhardt nimmt Friedell in sein Ensemble auf, von nun an Auftritte an den Reinhardt-Bühnen in Berlin und Wien, vor allem im Theater in der Josefstadt.

Von November bis April 1925 in der Komödie am Kurfürstendamm (z. B. als Dottore in Goldonis *Diener zweier Herren*).

1925 Erster Band der *Kulturgeschichte der Neuzeit* im Berliner Ullstein Verlag gedruckt; Ullstein zögert mit der Herausgabe, Friedell zieht sich aus dem Vertrag zurück.

1926 Im März mit Hans Sassmann die Nestroy-Bearbeitung *Alles und Nichts oder der Traum von Schale und Kern* (verschollen).

1927 Im Mai veröffentlicht der Verlag C.H.Beck in München den ersten Band der *Kulturgeschichte der Neuzeit.* Das Buch macht Friedell berühmt.

Im Oktober Paul Kotab geboren; Friedells Haushalt zählt nun sechs Personen.

1928 21. Januar: 50. Geburtstag, zu dem u. a. Alfred Polgar mit einem längeren – und nicht ironiefreien – Artikel gratuliert.

Auftritte vor allem im Theater in der Josefstadt.

Im Sommer Tournee mit dem Reinhardt-Ensemble, auch in München.

Im Herbst mit Vorträgen und Anekdoten in Berlin.

Während dieser Zeit Alimentationsprozess in Wien, den Friedells Mutter, nach Jahrzehnten aufgetaucht, anstrengt; endet mit Vergleich. Friedell setzt seine Haushälterin als Universalerbin ein.

Im Oktober erscheint der zweite Band der *Kulturgeschichte der Neuzeit.*

1929 Im Januar erscheint *Das letzte Gesicht*, eine von Friedell kommentierte und von Emil Schaeffer herausgegebene Sammlung von Totenmasken berühmter Männer.

Von Oktober bis September 1930 am Deutschen Theater in Berlin in Shaws Erfolgskomödie *Der Kaiser von Amerika* (mit Werner Krauß, Willi Forst und Helene Thimig).

Venenentzündung.

1930 Im Herbst wieder in Berlin (Komödie und Kammerspiele).

Schwere Blinddarmoperation.

Amerikanische Ausgabe der *Kulturgeschichte der Neuzeit* erscheint.

1931 15. Juni: Premiere der von Friedell mit Hans Sassmann und Berta Zuckerkandl

bearbeiteten, von Erich W. Korngold musikalisch neu gestalteten Operette *Die schöne Helena* (Jacques Offenbach); das Stück mit großem Erfolg in der Inszenierung von Max Reinhardt im Theater am Kurfürstendamm, Friedell darin als Merkur (mit Hans Moser und Theo Lingen).
27. Oktober: Premiere der ebenfalls von Reinhardt inszenierten und von Friedell und Sassmann bearbeiteten Oper *Hoffmanns Erzählungen* (Jacques Offenbach); Friedell zieht sich danach aus dem Theaterleben weitgehend zurück.
Im November erscheint der dritte Band der *Kulturgeschichte der Neuzeit.*
Weltwirtschaftskrise verschafft der NSDAP auch in Österreich Zulauf.

1932 20. Mai: Der christlichsoziale Engelbert Dollfuß wird Bundeskanzler.
18. August: Friedell zieht in sein neu gebautes Landhaus in Kufstein und verbringt dort von nun an die Sommermonate; arbeitet konzentriert am ersten Band der *Kulturgeschichte des Altertums.*

1933 22. Januar: Hindenburg beruft Hitler zum Reichskanzler.
In Österreich steigende Arbeitslosigkeit, reger Zulauf zur NSDAP; schrittweise werden die demokratischen Institutionen abgeschafft.
Mai bis Juni: Parlament aufgelöst, Kommunistische Partei und NSDAP verboten; verschärfter Terror illegaler NSDAP-Mitglieder.
Friedell kann in Deutschland nicht mehr auftreten, hofft aber noch, die *Kulturgeschichte des Altertums* dort zu veröffentlichen.
Friedells Mutter stirbt.
Im Februar eskaliert der Konflikt zwischen Sozialdemokraten und der Dollfuß-Regierung, kurzer Bürgerkrieg.
5. März: Neuwahlen in Deutschland leiten die «Machtergreifung» Hitlers ein.

1934 25. Juli 1934: Dollfuß bei einem Putschversuch der Nationalsozialisten erschossen; die Nachfolge tritt der bisherige Justizminister Kurt von Schuschnigg an.

1935 Friedells *Kulturgeschichte des Altertums* kann Beck nicht veröffentlichen. Auch die bei Piper in München geplante Veröffentlichung der überarbeiteten *Reise in die Vergangenheit* ist nicht mehr möglich.
Friedells Name wird aus «Kürschners Literaturkalender» gestrichen.

1936 7. Mai: Oswald Spengler, dessen *Untergang des Abendlandes* gleichfalls im Verlag C.H.Beck erscheint, stirbt.
12. Juni: Karl Kraus stirbt in Wien.
1. bis 16. August: Olympiade in Berlin.
Im November erscheint der erste Band der *Kulturgeschichte des Altertums* im Zürcher Helikon-Verlag.

1937 Bei Friedell wird Diabetes diagnostiziert.
Friedells Schriften in Deutschland verboten; trotzdem arbeitet er mit Eifer am zweiten Band der *Kulturgeschichte des Altertums, Hellas und Rom.*

1938 21. Januar: Friedell spielt anlässlich seines 60. Geburtstages im Theater an der Wien den Goethe; es ist sein letzter Auftritt.
12. Februar: Hitler befiehlt Schuschnigg nach Berchtesgaden; Schuschnigg beraumt Volksabstimmung für den 13. März an, um Hitlers Einmarsch zu verhindern.
12. März: Deutsche Truppen überschreiten die österreichische Grenze. In Wien randalieren SA-Trupps und tausende Parteigänger Hitlers; in den nächsten Tagen werden in Wien Juden, Kommunisten, Sozialisten wie Christlichsoziale verfolgt und deportiert.

15. März: Hitler hält seine frenetisch bejubelte Ansprache auf dem Wiener Heldenplatz.

16. März, gegen 22 Uhr: Als zwei SA-Männer vor Friedells Wohnungstür stehen, springt Friedell aus dem Fenster. Vom zweiten Band der *Kulturgeschichte des Altertums* sind die ersten beiden Kapitel fertig, das dritte existiert nur im Entwurf.

1940 In Oslo erscheint die unvollständige Erstausgabe des zweiten Bands der *Kulturgeschichte des Altertums.*

1949 Die ersten beiden Kapitel der *Kulturgeschichte des Altertums* erscheinen ungekürzt bei Phaidon Press in London unter dem Titel *Kulturgeschichte Griechenlands* (ohne drittes Kapitel).

1950 Der erste Band der *Kulturgeschichte des Altertums* erscheint bei C.H.Beck unter dem Titel *Kulturgeschichte Ägyptens und des Alten Orients,* ebenso der zweite Band unter dem Titel *Kulturgeschichte Griechenlands* (ohne drittes Kapitel).

Literatur

Die ergiebigste Quelle für die Rekonstruktion der Lebensgeschichte Egon Friedells bilden – neben Heribert Illigs Erhebung der Arbeit Friedells als Autor und Schauspieler – die in Friedells Teilnachlass enthaltenen Briefe, Fotos und Dokumente, die sich im Besitz des Literaturarchivs der Österreichischen Nationalbibliothek (LIT) befinden. Vieles davon, das bisher unveröffentlicht geblieben ist oder kaum berücksichtigt wurde, findet in dieser Biographie zum ersten Mal angemessen Verwendung, so Friedells Aufzeichnungen aus der Gymnasialzeit oder der detaillierte Lageplan der Wohnung in der Gentzgasse 7. Als ergiebig erwiesen sich zudem die in der Wienbibliothek im Rathaus verwahrten Briefe und Billetts Friedells an Lina Loos sowie die im Archiv des Verlags C.H.Beck vorhandenen Unterlagen, zudem die u. a. im Deutschen Literaturarchiv in Marbach zu findenden zahlreichen Zeitungs- und Zeitschriftenartikel.

I. Friedell: Primärliteratur

1. Friedell als Autor: die Schriften

Novalis als Philosoph, München 1904 **(NaP)**
Ecce Poeta, Berlin 1912 (Nachdruck Zürich 1996)
Von Dante zu d'Annunzio, Wien/Leipzig 1915
Das Jesusproblem. Mit einem Vorwort von Hermann Bahr, Wien u. a. 1921
Steinbruch. Vermischte Meinungen und Sprüche (Josef Popper-Lynkeus gewidmet), Wien 1922 **(St)**
Kulturgeschichte der Neuzeit. Die Krisis der europäischen Seele von der Schwarzen Pest bis zum Ersten Weltkrieg, München 2008, 2. Aufl. der ungekürzten und mit einem Nachwort von Ulrich Weinzierl versehenen Sonderausgabe 2007, seitenidentisch mit der seit 1989 erscheinenden einbändigen Sonderausgabe. (Erstausgabe in 3 Bdn., München 1927–1931, Einl. u. 1. Buch 1927, 2. u. 3. Buch 1928, 4. u. 5. Buch u. Epilog 1931) **(KgN)**
Kulturgeschichte Ägyptens und des Alten Orients. Leben und Legende der vorchristlichen Seele. Mit einem Nachwort von Daniela Strigl, München 1998 (Erstveröffentlichung Zürich 1936 unter dem Titel *Kulturgeschichte des Altertums. Leben und Legende der vorchristlichen Seele. Erster Teil: Ägypten und Vorderasien*, zweite Veröffentlichung 1947 London unter dem jetzigen Titel, 3. Ausgabe München 1950) **(KgO)**
Kulturgeschichte Griechenlands. Leben und Legende der vorchristlichen Seele, München 2002 (ursprünglicher Titel: *Kulturgeschichte des Altertums. Leben und Legende der vorchristlichen Seele. Zweiter Teil: Hellas und Rom* (unvollendet) (unvollständige Erstveröffentlichung der ersten beiden Kapitel 1940 in Oslo in norwegischer Übersetzung, zweite Auflage unter dem jetzigen Titel u. den vollständigen ersten beiden Kapiteln London/Wien 1949, 3. Ausgabe München 1950) **(KgG)**
Die Reise mit der Zeitmaschine. Phantastische Novelle, München 1946 (erster Entwurf 1910 unter dem Titel *Die Reise in die Vergangenheit*, Manuskript verschollen. 1935 über-

arbeitete Fassung, neue Einleitung nach Vertragsabschluss bei Piper, doch erst postum, 1946, unter obigem Titel erschienen. Nachdruck Zürich 1974 unter dem Titel *Die Rückkehr der Zeitmaschine*) **(RZ)**
Das Altertum war nicht antik und andere Bemerkungen, hrsg. v. Walther Schneider, Wien 1950 **(DANA)**
Friedell-Brevier. Aus Schriften und Nachlass. Ausgew. v. Walther Schneider, Wien 1947
Aphorismen zur Geschichte. Aus dem Nachlass hrsg. v. Walther Schneider, Wien u. Stuttgart o. J. (1955)
Wozu das Theater? Essays, Satiren, Humoresken, hrsg. u. eingel. v. Peter Haage, München 1965 **(WT)**
Abschaffung des Genies. Essays bis 1918, hrsg. u. mit einem Nachwort *Friedell als Buchautor* v. Heribert Illig, Wien und München 1982 **(AG)**
Selbstanzeige. Essays ab 1918, hrsg. u. mit einem Nachwort *Der ganze Friedell* v. Heribert Illig, Wien und München 1983 **(SZ)**
Meine Doppelseele. Taktlose Bemerkungen zum Theater, hrsg. u. mit einem Nachwort *Friedells Doppelseelen* v. Heribert Illig, Wien und München 1985 **(DS)**
Über das Heroische in der Geschichte, hrsg. u. mit einem Kommentar v. Wolfgang Lorenz, Bozen 1997 **(HG)** [Friedells Essays über Carlyle]

2. Briefausgaben

Briefe. Ausgew. u. eingel. v. Walther Schneider, Wien und Stuttgart, o. J. [1959]
Aphorismen und Briefe, hrsg. v. Walther Schneider, München 1961 **(AB)**
«Du silberne Dame Du». Briefe von und an Lina Loos, hrsg. v. Franz Theodor Csokor u. Leopoldine Rüther, Wien 1966 [enthält Briefe an Egon Friedell, Peter Altenberg, Joseph Roth, Franz Lehár und Franz Theodor Csokor]

3. Friedell als Bühnenautor: Stücke, Sketche, Kabarett

Die gemeinsam mit Alfred Polgar verfassten Stücke sind versammelt in:
Egon Friedell u. Alfred Polgar, *Goethe und die Journalisten. Satiren im Duett*, hrsg. u. mit einem Nachwort *Kollaborateure* v. Heribert Illig, Wien 1986 **(GuJ)** – enthält folgende Stücke:
Goethe (S. 9–20; Uraufführung 1. 1. 1908, Erstdruck im Mai 1908 in: *Erdgeist*, Wien III (10) 347, Erste Buchausgabe: *Goethe. Eine Szene von Egon Friedell und Alfred Polgar*, Wien 1908)
Die Wohltäter. Eine gespenstische Komödie in 12 Szenen (S. 21–30; Uraufführung 13. 3. 1908 in der «Fledermaus», nach Illig ist «kein Druck bekannt». Der Text wurde erstmals abgedruckt in: Maria-Christine Werba, *Das Wiener Kabarett im Zeichen des Jugendstils*, Wien 1976)
Der Petroleumkönig oder Donauzauber. Musteroperette in vier Bildern (S. 31–49; Uraufführung 1. 10. 1908 im Wiener Kabarett «Fledermaus». Textfassung erschienen im Selbstverlag der «Fledermaus», 1908. Vgl. dazu Weinzierl, *Polgar*, S. 73; Kommentar v. Karl Kraus in: *Fackel* v. 19. 1. 1909, «Grimassen über Kultur und Bühne», teilw. zit. in Illig, S. 262)
Der Freimann oder Scharfrichter Käse. Groteske (S. 50–60; Uraufführung 1. 10. 1908 in der «Fledermaus»; lt. Illig undatiertes Typoskript)
Der Kabarettgedanke. Szenischer Prolog (S. 61–66; Uraufführung 1. 12. 1908 in der «Fledermaus»)

Die zehn Gerechten. Eine Kabarettrevue (S. 67–72; Uraufführung 1. 2. 1909 in der «Fledermaus»)
Der Schatten des Lord Rahu (oder: Sherlock Holmes in der Parterrewohnung, oder: Hilfe, ein Detektiv fällt vom Himmel), Detektivkomödie frei nach Ferdinand Bonn (Erstaufführung 1. 2. 1909)
Soldatenleben im Frieden. Ein zensurgerechtes Militärstück, in das jede Offizierstochter ihren Vater ohne Bedenken führen kann. Mit Illustrationen von Fritz Schönpflug, erschienen als Buchausgabe, Wien 1910 (lt. Illig Parodie auf *Feldherrnhügel* von Roda Roda u. Carl Rößler)
Die schöne Helena. Buffo-Oper von Jacques Offenbach, Textgestaltung von Egon Friedell und Hanns Sassmann unter Beteiligung von Berta Zuckerkandl für die Inszenierung v. Max Reinhardt, musikalische Neugestaltung Erich Wolfgang Korngold. Premiere 15. 6. 1931

4. Friedell als Herausgeber und Übersetzer

Das Altenbergbuch, hrsg. v. Egon Friedell, Leipzig, Wien und Zürich 1921 (mit einem Vorwort von Friedell, S. 9–22, Beiträgen von Loos, Heinrich u. Thomas Mann u. a., grandiose Charakterisierung Altenbergs v. Felix Salten, mit Briefen v. Altenberg) **(AlB)**
Das ist klassisch. Nestroy-Worte, hrsg. u. mit einem Vorwort v. Egon Friedell, Wien 1922 **(DIK)**
Das letzte Gesicht, hrsg. v. Emil Schaeffer, mit einer Einleitung v. Egon Friedell, Zürich und Leipzig 1929
Lord Macaulay. Essays, hrsg. [u. mit einer Einleitung] v. Egon Friedell, Wien, Leipzig und München 1924
Carl Sternheim, in: Neues Wiener Journal, 1. 1. 1921 (wieder abgedruckt in: Egon Friedell: *Vom Schaltwerk der Gedanken. Ausgewählte Essays*, hrsg. v. Daniel Keel u. Daniel Kampa, Zürich 2009) **(CS)**
Lichtenberg. Ein verkleinertes Bild seines Gedankenlebens, Vorwort von Egon Friedell, Stuttgart 1910 (Bd. 14 der Reihe «Aus der Gedankenwelt großer Geister». Vorwort teilweise in die *Kulturgeschichte der Neuzeit* übernommen, S. 687)
Hebbel. Ein verkleinertes Bild seines Gedankenlebens. Zusammengestellt [u. mit einem Vorwort] v. Egon Friedell, Stuttgart 1909 (Bd. 10 der Reihe «Aus der Gedankenwelt großer Geister»)
Emerson. Sein Charakter aus seinen Werken, Vorwort und Übers. v. Egon Friedell, Stuttgart 1906 (Bd. 3 der Reihe «Aus der Gedankenwelt großer Geister». Friedells Text wieder abgedruckt in: *Emerson. Repräsentanten der Menschheit.* Plato, Swedenborg, Montaigne, Shakespeare, Napoleon, Goethe. Mit einem Nachwort von Egon Friedell, Zürich 1989 (Nachdruck der 1894 in Halle/Saale erschienenen Übersetzung der Originalausgabe *Representative Men* von 1850) **(RWE)**

II. Verzeichnis der zitierten Literatur

Achleitner, Friedrich: «Adolf Loos». In: Österreichische Porträts. Leben und Werk bedeutender Persönlichkeiten von Maria Theresia bis Ingeborg Bachmann, Bd. 2, hrsg. v. Jochen Jung, Salzburg und Wien 1985

Andreas-Salomé, Lou: Lebensrückblick. Grundriß einiger Lebenserinnerungen, aus dem Nachlaß hrsg. v. Ernst Pfeiffer, Frankfurt am Main 1968
Auernheimer, Raoul: Das Wirtshaus zur verlorenen Zeit. Erlebnisse und Bekenntnisse, Wien 1948
Backhaus, Knut / Häfner, Gerd: Historiographie und fiktionales Erzählen. Zur Konstruktivität in Geschichtstheorie und Exegese, Neukirchen-Vluyn 2007
Bahr, Hermann: Zur Überwindung des Naturalismus. Theoretische Schriften 1887–1904, ausgew., eingel. u. erläutert v. Gotthart Wunberg, Stuttgart 1968
ders.: Prophet der Moderne: Tagebücher 1888–1904, ausgew. u. kommentiert v. Reinhard Farkas, Wien 1987
ders.: Tagebücher, Skizzenbücher, Notizhefte, 5 Bde., hrsg. v. Moritz Csáky, Wien, Köln und Weimar 1994–2003
Barker, Andrew: Telegrammstil der Seele. Peter Altenberg – eine Biographie, Wien 1998
Barker, Andrew / Lensing, Leo A.: Peter Altenberg: Rezept die Welt zu sehen. Kritische Essays, Briefe an Karl Kraus, Dokumente zur Rezeption, Titelregister der Bücher. Untersuchungen zur österreichischen Literatur des 20. Jahrhunderts, hrsg. v. Wendelin Schmidt-Dengler, Bd. II, Wien 1995
Baumgartner, Walter: Knut Hamsun, Reinbek 1997.
Baur, Eva Gesine: Freuds Wien. Eine Spurensuche, München 2008
Beskiba, Marianne: Aus meinen Erinnerungen an Dr. Karl Lueger, Wien 1911 (Selbstverlag)
Beßlich, Barbara: Faszination des Verfalls. Thomas Mann und Oswald Spengler, Berlin 2002
Bourdieu, Pierre: «Die biographische Illusion», In: BIOS 3, 1990, S. 75–81
Brandstetter, Gabriele / Neumann, Gerhard (Hrsg.): Genie Virtuose Dilettant. Konfigurationen romantischer Schöpfungsästhetik, Würzburg 2011
Bunzel, Wolfgang: «Kaffeehaus und Literatur im Wien der Jahrhundertwende». In: Hansers Sozialgeschichte der Deutschen Literatur vom 16. Jahrhundert bis zur Gegenwart, begr. v. Rolf Grimminger, Bd. 7: Naturalismus, Fin de siècle, Expressionismus 1890–1918, hrsg. v. York-Gothart Mix, München 2000, S. 287–299
Burckhardt, Carl Jacob: Erinnerungen an Rilke und Hofmannsthal, Basel 2009
Csokor, Franz Theodor / Rüther, Leopoldine (Hrsg.): Du silberne Dame Du. Briefe von und an Lina Loos, Wien und Hamburg 1966
Dencker, Klaus Peter: Der junge Friedell. Dokumente der Ausbildung zum genialen Dilettanten, München 1977
Detering, Heinrich: «Juden, Frauen und Litteraten». Zu einer Denkfigur beim jungen Thomas Mann, Frankfurt am Main 2005
Döblin, Alfred: «Der historische Roman und wir». In: ders.: Aufsätze zur Literatur. Ausgewählte Werke in Einzelbänden, hrsg. v. Walter Muschg, Band 8, Olten und Freiburg i. Br. 1963, S. 163–186 (Erstdruck Moskau 1936, in: Das Wort, hrsg. v. Bertolt Brecht, Lion Feuchtwanger u. Willi Bredel, Heft 4)
Doerry, Martin: Übergangsmenschen. Die Mentalität der Wilhelminer und die Krise des Kaiserreichs, Weinheim und München 1986
Ehrlich, Anna: Kleine Geschichte Wiens, Regensburg 2011
Eichinger, Barbara / Stern, Frank (Hrsg.): Wien und die jüdische Erfahrung 1900–1938. Akkulturation – Antisemitismus – Zionismus, Wien, Köln und Weimar 2009
Farese, Giuseppe: Arthur Schnitzler. Ein Leben in Wien 1862–1931, München 1999
Ferguson, Niall: Der falsche Krieg. Der Erste Weltkrieg und das 20. Jh., Stuttgart 1999

Fiedler, Leonhard M.: Max Reinhardt in Selbstzeugnissen und Bilddokumenten, Reinbek bei Hamburg 1975
Fischer, Lisa: Lina Loos oder Wenn die Muse sich selbst küsst. Ein Biographie, Wien u. a. 1994
Fleck, Michael: Die Schularchitektur des Hersfelder Gymnasiums im Spiegel zeitgenössischer Auffassungen, mit Fotos v. Bernd Raacke. Vortrag zur 100-Jahr-Feier der Konrad-Duden-Schule Bad Hersfeld, Dezember 2009, Privatdruck
Freco, Janos / Sembach, Klaus-Jürgen: Berlin im Licht. Photographien der nächtlichen Stadt, Berlin 2002
Freud, Sigmund: Das Unbehagen in der Kultur. Und andere kulturtheoretische Schriften, Einleitung v. Alfred Lorenzer u. Bernhard Görlich, Frankfurt am Main 1994 (Erstdruck Wien 1930)
ders.: Vorlesungen zur Einführung in die Psychoanalyse. Biographisches Nachwort v. Peter Gay, hrsg. v. Ilse Grubrich-Simitis, Frankfurt am Main 1991
ders.: Briefe 1873–1939, 2. erweiterte Aufl., ausgew. u. hrsg. v. Ernst u. Lucie Freud, Frankfurt am Main 1968
ders.: Briefe an Arthur Schnitzler, hrsg. v. Henry Schnitzler. In: Die Neue Rundschau 1955 (66/1), S. 95–106
ders.: Schriften über Liebe und Sexualität, mit einer Einleitung von Reimut Reiche, Frankfurt am Main 1994, S. 103–115.
Friedel, Gernot: Egon Friedell: Abschiedsspielereien. Romanbiographie, Wien 2003
Gall, Lothar: Walther Rathenau. Porträt einer Epoche, München 2009
Gay, Peter: Die Republik der Außenseiter. Geist und Kultur in der Weimarer Zeit: 1918–1933. Mit einer Einleitung v. Karl Dietrich Bracher, Frankfurt am Main 1970
ders.: Freud, Juden und andere Deutsche. Herren und Opfer in der modernen Kultur, Hamburg 1986
ders.: Das Zeitalter des Doktor Arthur Schnitzler. Innenansichten des 19. Jahrhunderts. Aus dem Amerikanischen v. Ulrich Enderwitz, Monika Noll u. Rolf Schubert, Frankfurt am Main 2003
ders.: Freud. Eine Biographie für unsere Zeit, Frankfurt am Main 2006 (2. Aufl., 1. Aufl. ebd. 1989)
Gedye, George Eric Rowe: Als die Bastionen fielen. Die Errichtung der Dollfuß-Diktatur und Hitlers Einmarsch in Wien und den Sudeten. Eine Reportage über die Jahre 1927–1938, Wien 1981 (Erstausgabe unter dem Titel: *Fallen Bastions. The Central European Tragedy*, London 1939)
Goethe, Johann Wolfgang: Aus meinem Leben. Dichtung und Wahrheit, hrsg. v. Peter Sprengel, in: Sämtliche Werke nach Epochen seines Schaffens, Münchner Ausgabe, hrsg. v. Karl Richter in Zusammenarbeit mit Herbert G. Göpfert, Norbert Miller und Gerhard Sauder, Bd. 16, München 1985
Graf, Max: «Der junge Alfred Polgar». In: ders., Jede Stunde war erfüllt. Ein halbes Jahrhundert Musik- und Theaterleben, Wien und Frankfurt 1957
Graf, Oskar Maria: Gelächter von außen. Aus meinem Leben 1918–1933. In: ders.: Werkausgabe Bd. X, hrsg. v. Wilfried Schoeller, München und Leipzig 1994 (nach dem Text der Erstausgabe, München 1966)
Großmann, Stefan: Ich war begeistert. Eine Lebensgeschichte, Königstein/Ts. 1979 (Erstdruck Berlin 1931)
Haage, Peter: Der Partylöwe, der nur Bücher fraß. Egon Friedell und sein Kreis, München 1971

ders.: Einleitung zu: *Wozu das Theater? Essays, Satiren, Humoresken*, hrsg. v. Peter Haage, München 1965
ders.: Egon Friedell und der Journalismus. Zum Selbstbewußtsein eines Außenseiters, Wien 1964 (Dissertation)
Haas, Alois M.: Mystik als Aussage. Erfahrungs-, Denk- und Redeformen christlicher Mystik, Frankfurt am Main und Leipzig 2007
Hamann, Brigitte: Hitlers Wien. Lehrjahre eines Diktators, München 1996
dies.: Österreich, München 2009
Hobsbawm, Eric J.: Das imperiale Zeitalter 1875–1914. Aus dem Englischen v. Udo Rennert, Frankfurt am Main 1995
Höffe, Otfried: Kleine Geschichte der Philosophie, München 2001
Hofmannsthal, Hugo v.: Sämtliche Werke, Kritische Ausgabe, Sämtliche Werke I, Gedichte I, hrsg. v. Eugene Weber, Frankfurt am Main 1984
Horoskop für Egon Friedell, 10. November 1933, Typoskript, Literaturarchiv der Österreichischen Nationalbibliothek, Wien (LIT), Teilnachlass Egon Friedell
Hugo von Hofmannsthal – Arthur Schnitzler: Briefwechsel, hrsg. v. Therese Nickl und Heinrich Schnitzler, Frankfurt am Main 1964
Hülsemann, Irmgard: Lou. Das Leben der Lou Andreas-Salomé, München 1998
Ihering, Herbert: Theater in Aktion. Kritiken aus drei Jahrzehnten. 1913–1933, hrsg. v. Edith Krull u. Hugo Fetting, Berlin (DDR) 1987
Illig, Heribert: Schriftspieler – Schausteller. Die künstlerischen Aktivitäten Egon Friedells, Wien 1987
ders.: «Schuld und Sühne». In: Das Friedell-Lesebuch, hrsg. v. Heribert Illig, München 1988, S. 276–282
ders: Kultur ist Reichtum an Problemen. Extrakt eines Lebens gezogen und vorgesetzt von Heribert Illig, Zürich 1990
Innerhofer, Roland: Kulturgeschichte zwischen den beiden Weltkriegen: Egon Friedell, Wien und Köln 1990
ders.: «Die Polfried AG. Satirisches Kabarett von Egon Friedell und Alfed Polgar». In: Komik in der österreichischen Literatur, hrsg. v. Wendelin Schmidt-Dengler, Johann Sonnleitner u. Klaus Zeyringer, Berlin 1996
Jünger, Ernst: Autor und Autorschaft, Stuttgart 1984
Jung, Jochen (Hrsg.): Österreichische Porträts. Leben und Werk bedeutender Persönlichkeiten von Maria Theresia bis Ingeborg Bachmann, 2 Bde., Salzburg/Wien 1985
Karlauf, Thomas: Stefan George. Die Entdeckung des Charisma, München 2007
Keller, Ursula: Böser Dinge hübsche Formel. Das Wien Arthur Schnitzlers, Berlin und Marburg 1984
Kershaw, Ian: Hitler 1889–1936, Stuttgart 1998
Kiaulehn, Walther: Berlin. Schicksal einer Weltstadt, München 1997 (Erstveröffentlichung München 1958)
ders.: «Die Gesichter Egon Friedells». In: Der Aquädukt. Im 200. Jahre ihres Bestehens hrsg. v. der C.H.Beck'schen Verlagsbuchhandlung, München 1963, S. 148–161
Klosterbote der Vereinigung ehem. Hersfelder Klosterschüler E. V., Nr. 34, Januar 1975
Knatz, Lothar: Leben und Geschichte. Studien zur deutschen Geistesgeschichte des 19. und 20. Jahrhunderts, Würzburg 2008
Koch, Joachim: Kulturgeschichte als Erkenntnismodell. Egon Friedells *Kulturgeschichte der Neuzeit*, St. Ingbert 1993 (= Saarbrücker Beiträge zur Literaturwissenschaft, Bd. 43)

Kola, Richard: Rückblick ins Gestrige. Erlebtes und Empfundenes, Wien, Leipzig und München 1922
Kos, Wolfgang (Hrsg.): Kampf um die Stadt, Katalog der 361. Sonderausstellung des Wien Museums, 19. November 2009 – 28. März 2010, Wien 2009
Koselleck, Reinhart: Sinn und Unsinn der Geschichte. Aufsätze und Vorträge aus vier Jahrzehnten, Berlin 2010
Kratzer, Hertha: Die großen Österreicherinnen. 90 außergewöhnliche Frauen im Porträt, Wien 2001
dies.: Die unschicklichen Töchter. Frauenporträts der Wiener Moderne, Wien 2003
Kraft, Thomas: Jakob Wassermann, Biographie, München 2008
Kraus, Karl: Die demolirte Litteratur, Wien 1897 (2. Aufl.)
ders.: Rede am Grabe Peter Altenbergs. 11. Januar 1919, in: Die Fackel (Hrsg. Karl Kraus) Nr. 508–513, April 1919, XXI. Jahr
Krebs, Wolfgang: Die imperiale Endzeit. Oswald Spengler und die Zukunft der abendländischen Zivilisation, Berlin 2008
Kriegleder, Wynfried: Eine kurze Geschichte der Literatur in Österreich, Wien 2011
Kuh, Anton: Luftlinien. Feuilletons, Essays und Publizistik, hrsg. v. Ruth Greuner, Wien 1981
Kurzke, Hermann: Thomas Mann. Das Leben als Kunstwerk, München 1999
Le Rider, Jacques: Das Ende der Illusion. Die Wiener Moderne und die Krisen der Identität. Aus dem Französischen übersetzt von Robert Fleck, Wien 1990
ders.: Kein Tag ohne Schreiben – Tagebuchliteratur der Wiener Moderne. Aus dem Französischen v. Eva Werth, Wien 2002
Loos, Lina: Das Buch ohne Titel. Erlebte Geschichten, hrsg. v. Adolf Opel u. Herbert Schimek, Wien, Köln und Graz 1986
Lorenz, Dagmar: Wiener Moderne. 2., aktualisierte u. überarbeitete Aufl., Stuttgart und Weimar 2007
Lorenz, Wolfgang: Egon Friedell. Momente im Leben eines Ungewöhnlichen. Eine Biographie, Bozen 1994
Lunzer, Heinz/Lunzer-Talos, Victoria: Peter Altenberg. Extracte des Lebens. Einem Schriftsteller auf der Spur, Salzburg – Wien – Frankfurt am Main 2003
Mahler-Werfel, Alma: Mein Leben. Biographie, Vorwort v. Willy Haas, Frankfurt am Main 2011, 41. Aufl. (Erstausgabe 1960)
Mann, Heinrich: Die Jagd nach Liebe. Roman. Mit einem Nachwort von Alfred Kantorowicz u. einem Materialanhang zusammengestellt v. Peter-Paul Schneider, Frankfurt am Main 1987
Mann, Thomas: Betrachtungen eines Unpolitischen. Mit einem Vorwort v. Hanno Helbling, Frankfurt am Main 1993 (textidentisch mit der 1974 u. 1990 erschienenen Ausg. Gesammelte Werke in dreizehn Bänden, hrsg. v. Hans Bürgin und Peter de Mendelssohn, Frankfurt am Main, Bd. XII; Erstausgabe Oktober 1918)
Markus, Georg: Karl Farkas. ‹Schau'n Sie sich das an› – Ein Leben für die Heiterkeit, Wien und München 1983
Martynkewicz, Wolfgang: Salon Deutschland. Geist und Macht 1900–1945, Berlin 2009
Mattenklott, Gert: Der übersinnliche Leib. Beiträge zur Metaphysik des Körpers, Reinbek bei Hamburg 1983
Mattl, Siegfried: Wien im 20. Jahrhundert, Wien 2000
Mohler, Armin: «Ein Löwe, der nur Bücher fraß». In: Nürnberger Zeitung, 25. 9. 1971

Mühsam, Erich: Tagebücher 1910-1924, hrsg. u. mit einem Nachwort v. Chris Hirte, München 1994
Musil, Robert: Der Mann ohne Eigenschaften. Roman, Bd. I, Erstes und Zweites Buch, hrsg. v. Adolf Frisé, Reinbek bei Hamburg 1987
Nernst, Walter: Rede v. 24. Juni 1922, anlässlich der Gedenkfeier zu Ehren Rudolph Clausius, Bonn 1922
Nietzsche, Friedrich: Unzeitgemäße Betrachtungen, Erstes Stück: David Strauss. Der Bekenner und der Schriftsteller. In: Nietzsche: Werke. Kritische Gesamtausgabe, hrsg. v. Giorgio Colli u. Mazzino Montinari, Dritte Abteilung, Erster Band, Berlin und New York 1972, S. 153–238 (Erstausgabe Leipzig 1873)
Nipperdey, Thomas: Deutsche Geschichte 1866–1918. Bd. I: Arbeitswelt und Bürgergeist, München 1990, Bd. II: Machtstaat vor der Demokratie, München 1992
ders.: Deutsche Geschichte 1800–1866, 5. durchges. Aufl., München 1991 (Erstausg. 1983).
ders.: «War die wilhelminische Gesellschaft eine Untertanen-Gesellschaft?» In: Nachdenken über die deutsche Geschichte. Essays, München 1990, S. 208–224 (Erstausgabe München 1986)
Novalis Werke, hrsg. u. kommentiert v. Gerhard Schulz, 4. Aufl., München 2001 (auf der Grundlage der 2., neubearbeiteten Aufl. 1981, Erstauflage München 1969)
Osmančević, Samir: Oswald Spengler und das Ende der Geschichte, Wien 2007
Osterhammel, Jürgen: Die Verwandlung der Welt. Eine Geschichte des 19. Jahrhunderts, München 2009
Pammesberger, Elisabeth: … und im Leben war er ein Narr (Egon Friedell): ein Versuch, mit Hilfe psychoanalytischer Erkenntnisse Peter Altenberg als Mensch und Dichter zu verstehen und zu erklären, Salzburg 1992
Polgar, Alfred: Fensterplatz, Hamburg 1959
ders.: Kleine Schriften. Hrsg. v. Marcel Reich-Ranicki in Zusammenarbeit mit Ulrich Weinzierl, Bd. I: Musterung. Reinbek bei Hamburg 1982
ders.: Kleine Schriften. Hrsg. v. Marcel Reich-Ranicki in Zusammenarbeit mit Ulrich Weinzierl, Bd. 4: Literatur. Reinbek bei Hamburg 1984
Politzer, Heinz: «Diagnose und Dichtung. Zum Werk Arthur Schnitzlers». In: ders.: Das Schweigen der Sirenen. Studien zur deutschen und österreichischen Literatur, Stuttgart 1968
Prager, Willy: Sie werden lachen. Nichts erfunden – alles erlebt, Berlin 1948
Radkau, Joachim: Das Zeitalter der Nervosität. Deutschland zwischen Bismarck und Hitler. München 1998
Reik, Theodor: Arthur Schnitzler als Psycholog. Minden 1913 (Neuausgabe Frankfurt am Main 1993, hrsg. u. mit einer Einleitung u. Anmerkungen versehen v. Bernd Urban)
Renner, Rolf Günter: «Identifikatorische Essayistik: Goethe und andere Vorbilder». In: Helmut Koopmann (Hrsg.): Thomas-Mann-Handbuch, Stuttgart 1990, S. 665–677
Rohbeck, Johannes: Geschichtsphilosophie zur Einführung, Hamburg 2004
Rösler, Walter: Gehn ma halt a bisserl unter. Kabarett in Wien von den Anfängen bis heute, Berlin 1993
Rotter, Werner: «Vom Pennälerschreck zur Kulturquelle. Wandlungen des Homerbildes bei Egon Friedell (1878–1938)». In: Cornelia Eva Römer (Hrsg.): Das Phänomen Homer in Papyri, Handschriften und Drucken, Wien 2009
ders.: «Dicta und Facta. Egon Friedell: Exposé zu ‹Der Schatten der Antike›». In: Bunte Blätter. Wendelin Schmidt-Dengler zum 60. Geburtstag, überreicht vom Österreichischen Literaturarchiv, Wien 2002 (Seiten nicht paginiert)

Rühle, Günther: Theater in Deutschland 1887–1945. Seine Ereignisse – seine Menschen, Frankfurt am Main 2007
Safranski, Rüdiger: Schopenhauer und die wilden Jahre der Philosophie. Eine Biographie, Reinbek bei Hamburg 1990
Salten, Felix (mutmaßlich): Josephine Mutzenbacher. Roman einer Wiener Dirne von ihr selbst erzählt, hrsg. v. Roland W. Pinson, mit einem Vorwort v. Schmuel Bieringer, Berlin, Darmstadt und Wien o. J. (Erstausgabe Wien 1906)
ders.: Romantik. Eine deutsche Affäre, München 2007
Schebera, Jürgen: Damals im Romanischen Café. Künstler und ihre Lokale im Berlin der zwanziger Jahre, 2. durchgesehene Aufl., Leipzig 1990 (Erstauflage 1988)
Scheipl, Josef / Seel, Helmut: Die Entwicklung des österreichischen Schulwesens von 1750–1938, Graz 1987
Schmidl, Erwin A.: März 38. Der deutsche Einmarsch in Österreich, Wien 1987
Schmidt-Dengler, Wendelin: Ohne Nostalgie. Zur österreichischen Literatur der Zwischenkriegszeit. Literaturgeschichte in Studien und Quellen, Bd. 7, hrsg. v. Klaus Amann, Hubert Lengauer u. Karl Wagner, Wien, Köln und Weimar 2002
Schneider, Walther (Hrsg.): Friedell-Brevier, s. «Primäliteratur, Friedell als Autor: die Schriften»
Schnitzler, Arthur: Briefe 1913–1931, hrsg. v. Peter Michael Braunwart, Richard Miklin, Susanne Pertlik u. Heinrich Schnitzler, Frankfurt am Main 1984
ders.: Jugend in Wien. Eine Autobiographie, hrsg. v. Therese Nickl u. Heinrich Schnitzler. Mit einem Nachwort von Friedrich Torberg, Frankfurt am Main 1968
ders.: Sterben. Erzählungen 1880–1892, 3. Aufl., Frankfurt am Main 2000 (Erstaufl. ebd. 1992, nach der Erstausgabe ebd. 1962)
ders.: Tagebuch 1879–1892, hrsg. v. der Kommission für literarische Gebrauchsformen der Österreichischen Akademie der Wissenschaften, Obmann Werner Welzig (auch Hrsg. sämtlicher weiterer Bde.), unter Mitwirkung v. Peter Michael Braunwart, Susanne Perlik u. Reinhard Urbach, Wien 1987
ders.: Tagebuch 1893–1902, unter Mitwirkung v. Peter Michael Braunwart, Konstanze Fliedl, Susanne Perlik u. Reinhard Urbach, Wien 1989
ders.: Tagebuch 1903–1908, unter Mitwirkung v. Peter Michael Braunwart, Susanne Perlik u. Reinhard Urbach, Wien 1991
ders.: Tagebuch 1909–1912, unter Mitwirkung v. Peter Michael Braunwart, Richard Miklin, Maria Neyses, Susanne Perlik, Walter Ruprechter u. Reinhard Urbach, Wien 1981
ders.: Tagebuch 1913–1916, unter Mitwirkung v. Peter Michael Braunwart, Richard Miklin, Susanne Perlik, Walter Ruprechter u. Reinhard Urbach, Wien 1983
ders.: Tagebuch 1917–1919, unter Mitwirkung v. Peter Michael Braunwart, Richard Miklin, Susanne Perlik u. Reinhard Urbach, Wien 1985
ders.: Tagebuch 1920–1922, unter Mitwirkung v. Peter Michael Braunwart, Susanne Perlik, Reinhard Urbach, Wien 1993
Schopenhauer, Arthur: Die Welt als Wille und Vorstellung I, in: ders.: Sämtliche Werke, textkritisch bearbeitet u. hrsg. v. Wolfgang Frhr. von Löhneysen, Bd. I, Stuttgart und Frankfurt am Main 1986
Schorske, Carl E.: Wien. Geist und Gesellschaft im Fin de Siècle. Deutsch von Horst Günther, Frankfurt am Main 1982
Schulze, Hagen: Staat und Nation in der europäischen Geschichte, München 1994
Schwaner, Birgit: Das Wiener Kaffeehaus. Legende Kultur Atmosphäre, Wien 2007

Schweiger, Werner J.: Wiener Werkstätte. Kunst und Handwerk 1903–1932, Wien 1982
Schwilk, Heimo: Ernst Jünger. Ein Jahrhundertleben, München 2007
Spiel, Hilde: Die hellen und die finsteren Zeiten. Erinnerungen 1911–1946, München 1989
dies.: Glanz und Untergang. Wien 1866–1938, Wien 1987
dies.: «Das Kaffeehaus als Weltanschauung». In: Der Aquädukt, Festschrift zum 200jährigen Verlagsjubiläum, C.H.Beck, München 1963
Sprengel, Peter/Streim, Gregor: Berliner und Wiener Moderne. Vermittlungen und Abgrenzungen in Literatur, Theater, Publizistik, Wien 1998
Stein, Gerd: Peter Altenberg und Egon Friedell. Zum Wiener Impressionismus der Jahrhundertwende, Salzburg 1937
Stern, Carola: Die Sache, die man Liebe nennt. Das Leben der Fritzi Massary, Reinbek bei Hamburg 2000
Sternburg, Wilhelm v.: Lion Feuchtwanger. Ein deutsches Schriftstellerleben, Berlin und Weimar 1994
Störig, Hans Joachim: Weltgeschichte der Philosophie, Berlin, Darmstadt und Wien u. a. (o. J.)
Stürmer, Michael (Hrsg.): Die Weimarer Republik. Belagerte Civitas, Königstein/Ts. 1980
Torberg, Friedrich: Tante Jolesch oder der Untergang des Abendlands in Anekdoten, München 1975
ders.: Die Erben der Tante Jolesch, München 1978
Tucholsky, Kurt: Gesammelte Werke in 10 Bdn., hrsg. v. Mary Gerold-Tucholsky u. Fritz J. Raddatz, Reinbek bei Hamburg 1980
Urban, Bernd: Einleitung zu Theodor Reik: Arthur Schnitzler als Psycholog, hrsg. u. mit einer Einleitung u. Anmerkungen versehen v. Bernd Urban, S. 7–25
Varnedoe, Kirk: Wien 1900. Kunst, Architektur & Design, Köln 1987 (Katalog zur Ausstellung «Traum und Wirklichkeit: Wien, 1870–1930» von März bis Oktober 1985 im Wiener Künstlerhaus. Originalausgabe in englischer Sprache 1986, The Museum of Modern Art, New York)
Veigl, Hans: Lachen im Keller. Von den Budapestern zum Wiener Werkel – Kabarett und Kleinkunst in Wien, Wien 1986
Viel, Bernhard: Utopie der Nation. Ursprünge des Nationalismus im Roman der Gründerzeit, Berlin 2009
Vocelka, Karl: Geschichte Österreichs. Kultur – Gesellschaft – Politik, Graz, Wien und Köln 2000
ders.: Österreichische Geschichte. München 2007, 2. Aufl. (Erstauflage 2005)
Wagner, Nike: Traumtheater – Szenarien der Moderne, Frankurt am Main und Leipzig 2001
Wassermann, Jakob: Laudin und die Seinen. Roman, Berlin 1925
ders.: Mein Weg als Deutscher und Jude. Hrsg. u. mit einem Nachwort versehen v. Ru dolf Wolff, Berlin 1987
Weininger, Otto: Geschlecht und Charakter. Ein prinzipielle Untersuchung, München 1997 (Erstausgabe Wien 1903)
Weinzierl, Ulrich: Er war Zeuge. Alfred Polgar. Ein Leben zwischen Publizistik und Literatur, Wien 1978
ders.: (Hrsg.): Februar 1934. Schriftsteller erzählen, Wien 1984
ders.: Alfred Polgar. Eine Biographie, Wien 1985

ders.: Österreichs Fall. Schriftsteller berichten vom «Anschluß», Wien 1987
ders.: Arthur Schnitzler. Lieben Träumen Sterben, Frankfurt am Main 1994
Werba, Maria-Christine: Das Wiener Kabarett im Zeichen des Jugendstils, Wien 1976
Wessely, Christina: Welteis. Eine wahre Geschichte. (erscheint vorauss. März 2013)
White, Hayden: Auch Klio dichtet oder Die Fiktion des Faktischen. Studien zur Tropologie des historischen Diskurses, Stuttgart 1986
Wisemann, Raymond: Egon Friedell: Die Welt als Bühne, München 1987
Worbs, Michael: Nervenkunst. Literatur und Psychoanalyse im Wien der Jahrhundertwende, Frankfurt am Main 1983
Zeemann, Dorothea: Einübung in Katastrophen, Frankfurt am Main 1997 (Erstdruck 1979, enthält auch *Jungfrau und Reptil*, den zweiten, 1982 als Einzelband erschienenen Teil der Autobiographie)
Zuckmayer, Carl: Als wär's ein Stück von mir. Horen der Freundschaft, Frankfurt am Main 1966
Zweig, Stefan: Briefwechsel mit Hermann Bahr, Sigmund Freud, Rainer Maria Rilke und Arthur Schnitzler, hrsg. v. Jeffrey B. Berlin, Hans-Ulrich Lindken u. Donald A. Prater, Frankfurt am Main 1987
ders.: Die Welt von Gestern. Erinnerungen eines Europäers, Frankfurt am Main 2012, 39. Aufl. (1. Aufl. 1970, Erstausgabe 1942 im Bermann-Fischer Verlag Stockholm)
Zwenger, Thomas: Geschichtsphilosophie: eine kritische Grundlegung, Darmstadt 2008

III. Lexika und Nachschlagewerke

Ackerl, Isabella/Weissensteiner, Friedrich: Österreichisches Personenlexikon, Wien 1992
Biographisches Lexikon der Weimarer Republik, hrsg. v. Wolfgang Benz u. Hermann Graml, München 1988
Brockhaus' Conversations-Lexikon. Allgemeine deutsche Real-Enzyklopädie. Dreizehnte, vollständig umgearbeitete Auflage. Mit Abbildungen und Karten. In sechzehn Bänden, 8. Bd., Leipzig 1884
Deutsch-österreichisches Künstler- und Schriftsteller-Lexikon, Erster Band: Biographien der Wiener Künstler und Schriftsteller, hrsg. v. Herm. Cl. Kosel, Wien 1902
Geschichte Österreichs in Stichworten, v. Erich Scheithauer, Herbert Schmeiszer, Grete Woratschek u. a., Teil IV: Von 1815 bis 1918, Wien 1976. Teil V: Die Zeit der demokratischen Republik Österreich, von 1918 bis 1934, Wien 1983. Teil VI: Vom Ständestaat zum Staatsvertrag, von 1934 bis 1955, Wien 1984
Killy Literaturlexikon. Autoren und Werke des deutschsprachigen Kulturraums. Zweite, vollständig überarbeitete Ausgabe, hrsg. v. Wilhelm Kühlmann in Verbindung mit Achim Aurnhammer, Jürgen Egyptien u. a., 12 Bde., Berlin 2008–2011
Religion in Geschichte und Gegenwart. Handwörterbuch für Theologie und Religionswissenschaft. 4., völlig neu bearbeitete Aufl., hrsg. v. Hans Dieter Betz, Don S. Browning u. a., Bd. 1, Tübingen 1998 u. Bd. 4, Tübingen 2001

Bildnachweis

Archiv Verlag C.H.Beck: Frontispiz, S. 217, 302
Imagno Bildagentur, Wien: S. 19, 25, 60, 63, 65, 70, 74, 79, 85, 86, 87, 90, 93, 95, 117, 120, 121, 127, 147, 160, 164, 167, 171, 176, 178, 186, 192, 199, 200, 205, 209, 211, 231, 285, 290, 295, 297
zit. n. Klaus Peter Dencker: Der junge Friedell. Dokumente der Ausbildung zum genialen Dilettanten, München 1977: S. 43
Österreichische Nationalbibliothek: S. 44, 46, 82, 108, 125, 129 oben, 131, 136, 140, 142, 151, 161, 165, 173, 212, 215, 220, 222, 225, 228, 235, 236, 238, 239, 241, 257, 260, 262, 266, 269, 270, 272, 283, 287, 289, 292
Archiv des Verfassers: S. 54, 98, 129 unten, 197, 300
zit n. Janos Frecot und Klaus-Jürgen Sembach: Berlin im Licht. Photographien einer nächtlichen Stadt, Berlin 2002: S. 233

Personenregister